"十二五"国家重点图书

42

财政政治学译丛

刘守刚 主编

上海财经大学
公共经济与管理学院

Making the Modern American Fiscal State
Law, Politics, and the Rise of Progressive Taxation, 1877–1929

美国现代财政国家的形成和发展

法律、政治与累进税的兴起，1877—1929年

阿贾耶·K.梅罗特（Ajay K. Mehrotra） 著

倪霓 童光辉 译

上海财经大学出版社
SHANGHAI UNIVERSITY OF FINANCE AND ECONOMICS PRESS

上海学术·经济学出版中心

图书在版编目(CIP)数据

美国现代财政国家的形成和发展：法律、政治与累进税的兴起：1877—1929年/(美)阿贾耶·K.梅罗特(Ajay K.Mehrotra)著；倪霓，童光辉译. -- 上海：上海财经大学出版社，2025.7

(财政政治学译丛／刘守刚主编)

书名原文：Making the Modern American Fiscal State: Law, Politics, and the Rise of Progressive Taxation, 1877—1929

ISBN 978-7-5642-3951-0/F.3951

Ⅰ.①美… Ⅱ.①阿… ②倪… ③童… Ⅲ.①财政制度-研究-美国 Ⅳ.①F817.121

中国国家版本馆 CIP 数据核字(2023)第 244639 号

□ 责任编辑　胡　芸
□ 封面设计　张克瑶

美国现代财政国家的形成和发展
法律、政治与累进税的兴起，1877—1929年

阿贾耶·K.梅罗特　著
(Ajay K. Mehrotra)

倪　霓　童光辉　译

上海财经大学出版社出版发行
(上海市中山北一路369号　邮编200083)
网　　址：http://www.sufep.com
电子邮箱：webmaster@sufep.com
全国新华书店经销
上海华业装潢印刷厂有限公司印刷装订
2025年7月第1版　2025年7月第1次印刷

710mm×1000mm　1/16　26印张(插页:2)　402千字
定价:138.00元

This is a simplified Chinese edition of the following title published by Cambridge University Press:

Making the Modern American Fiscal State: Law, Politics, and the Rise of Progressive Taxation, 1877—1929 (ISBN 9781107619739) by Ajay K. Mehrotra, first published by Cambridge University Press 2014.
All rights reserved.

This simplified Chinese edition for the People's Republic of China (excluding Hong Kong, Macau and Taiwan) is published by arrangement with the Press Syndicate of the University of Cambridge, Cambridge, United Kingdom.

© Shanghai University of Finance and Economics Press 2025

This simplified Chinese edition is authorized for sale in the People's Republic of China (excluding Hong Kong, Macau and Taiwan) only. Unauthorized export of this simplified Chinese edition is a violation of the Copyright Act. No part of this publication may be reproduced or distributed by any means, or stored in a database or retrieval system, without the prior written permission of Cambridge University Press and Shanghai University of Finance and Economics Press.

Copies of this book sold without a Cambridge University Press sticker on the cover are unauthorized and illegal.

本书封面贴有 Cambridge University Press 防伪标签，无标签者不得销售。
图字：09-2024-0784 号

2025 年中文版专有出版权属上海财经大学出版社
版权所有　翻版必究

总　序

"财政是国家治理的基础和重要支柱",自古以来财政就是治国理政的重要工具,中国也因此诞生了丰富的古典财政思想。不过,近代以来的财政学发展主要借鉴了来自西方世界的经济学分析框架,侧重于财政的效率功能。不仅如此,在此过程中,引进并译介图书,总体上也是中国人开化风气、发展学术的不二法门。本系列"财政政治学译丛",正是想接续近代以来前辈们"无问西东、择取精华"的这一事业。

在中国学术界,"财政政治学"仍未成为一个广泛使用的名称。不过,这个名称的起源其实并不晚,甚至可以说它与现代财政学科同时诞生。至少在19世纪80年代意大利学者那里,就已经把"财政政治学"作为正式名称使用,并与"财政经济学""财政法学"并列为财政学之下的三大分支学科之一。但随着20世纪经济学成为社会科学皇冠上的明珠,财政经济学的发展也在财政学中一枝独大,而财政政治学及其异名而同质的财政社会学,一度处于沉寂状态。直到20世纪70年代,美国学者奥康纳在他的名著《国家的财政危机》中倡导"财政政治学"后,以财政政治学/财政社会学为旗帜的研究才陆续出现,不断集聚,进而成为推动财政学科发展、影响政治社会运行的积极力量。

当前以财政政治学为旗帜的研究大致可分为两类:一类是从财政出发,探讨财政制度构建与现实运行对于政治制度发展、国家转型的意义;另一类是从政治制度出发,探索不同政治制度对于财政运行与预算绩效的影响。在"财政政治学译丛"的译著中,《发展中国家的税收与国家构建》是前一类著作的典型,而《财政政治学》则是后一类著作的典型。除了这两类著作外,举凡有利于财政政治学发展的相关著作,如探讨财政本质与财政学的性质、研究财政制度的政治特征、探索财政发展的历史智慧、揭示财政国家的阶段性等作品,都在这套译丛关注与引进的范围内。

自 2015 年起,在上海财经大学公共政策与治理研究院、公共经济与管理学院支持下,"财政政治学译丛"已经出版了 30 本,引起了学界的广泛关注。自 2023 年 7 月起,我们公共经济与管理学院将独立承担起支持译丛出版工作的任务。

上海财经大学公共经济与管理学院是一个既富有历史积淀,又充满新生活力的多科性学院。其前身财政系始建于 1952 年,是新中国成立后高校中第一批以财政学为专业方向的教学科研单位。经过 70 多年的变迁和发展,财政学科不断壮大,已成为教育部和财政部重点学科,为公共经济学的学科发展和人才培养做出了重要贡献。2001 年,在财政系基础上,整合投资系与设立公共管理系,组建了公共经济与管理学院,从而形成了包含应用经济学和公共管理的"双支柱"基本架构。近年来,学院在服务国家重大战略、顶天立地的科学研究和卓越的人才培养等方面均取得了不错的成绩。

我们深信,"财政政治学译丛"的出版,能够成为促进财政学科发展、培养精英管理人才、服务国家现代化的有益力量。

范子英
2023 年 7 月 7 日

目 录

引言 / 001

第一篇　旧财政秩序

第一章　日益严重的社会对抗：党派性税收以及早期对财政改革的抵制 / 037
　旧有税收的不公平性 / 041
　税收的政治发展与社会动态 / 045
　对党派性税收的司法遵从 / 055
　受益原则与财政公民权利的社会契约基础 / 060
　社会运动以及税收改革的障碍 / 065

第二章　逐步走向衰亡：现代力量、新生观念与经济危机 / 084
　瓦解旧税收体系的现代力量 / 085
　"新学派"经济学家、"支付能力"以及一种充满争议的财政公民身份 / 093
　经济危机和1894年的所得税 / 116
　司法障碍：通往波洛克之路 / 125

第二篇　现代财政国家的兴起

第三章　对抗波洛克案：寻找思想的中间地带 / 139
　对收入的质疑 / 144
　捍卫累进税 / 148
　边际主义、牺牲最小化和现代财政国家 / 168

第四章　财政的创新工场：州和地方层面的制度改革 / 178
对一般财产税日益严重的不满情绪 / 184
拯救财产税 / 193
探寻州的新税收来源 / 214

第五章　公司资本主义和宪法变革：现代财政国家的法律基础 / 233
财政改革的关键背景 / 238
复兴的改革运动 / 244
通往宪法修订案的批准之路 / 259
进步政治经济学家对立法的持久性影响 / 266

第三篇　新财政秩序的巩固

第六章　律师、枪炮和公共资金：美国财政部、第一次世界大战和现代财政国家的行政管理 / 281
战时国家主义、财政革命以及行政资源的注入 / 287
财政部的各位律师 / 295
新财政秩序的战后愿景 / 329

第七章　削减的悖论：战后的共和党支配以及现代财政国家的韧性 / 335
政治的不确定性和保守派梦想幻灭的十年 / 339
精英论述与新财政秩序的提升 / 343
失败的1921年销售税、经济学家与财政短视 / 361
梅隆计划和财政国家的加强 / 379

总结 / 394

译丛主编后记 / 404

引 言

"美国的税收体系是不公正的,"纽约市的裁缝康拉德·卡尔(Conrad Carl)在1883年的夏天大胆地告知美国的立法者,"它是间接税,完全让劳动者承担……劳动者是他们可依赖的最后一个人,他们从劳动者身上榨取税收。我认为,在美国,只有劳动者才是纳税人。"在美国参议院的劳资关系调查委员会的听证会上,卡尔清晰地描述了美国的税收制度(以进口税和消费税为主)如何进一步加剧美国普通劳工本已惨淡的日常生活。另外,他还解释这些间接税如何给穷人施加更重的税负,并且从更穷困的人民手中榨取更高额的税收。[①]

作为一名工作近三十年的老裁缝,卡尔亲身见证了工业革新和技术变革(对他而言是缝纫机的问世)的巨大影响,它彻底改变了生产的流程并导致工人的工资大幅降低。他收入微薄,常常不足以养家糊口;他工作疲劳,从日出忙碌到日落而且完全"没时间吃晚饭";他和其他工人一样,全家住在肮脏的"四到五层楼高的公寓房"里。不仅如此,低微的收入让他们几乎无法存款,只能买得起"他们做的最廉价的衣服"。[②]

各位聚集在纽约进行调查的立法者当然清楚,卡尔的证词和他们在全国各地听到的内容相互佐证,这些调查对象既有其他的普通工人和工会领袖,也有活跃的社会改革者。实际上,现代工业生活带来的各种变化,特别是城镇化,几乎对美国社会的方方面面都造成了毁灭性的破坏。尽管阶段性的经济

[①] "Testimony of Conrad Carl, New York, August 20, 1883" in U. S. Senate Committee on Education and Labor, *Report of the Committee of the Senate upon the Relations Between Labor and Capital*, Vol. 1 (Washington, D. C.: Government Printing Office, 1885), 413—21.

[②] 同上, 419, 413—16。

上行缓解了之前充满暴力和怨愤的劳工关系冲突,但"劳动者问题"依然困扰着大多数美国人。在这个大环境下,参议院的劳资关系调查委员会需要负责找到改善劳资关系的解决办法。他们询问卡尔,国会怎样才能帮助美国的工人。"只要立法对穷人不公正,"卡尔回答说,"让收入微薄的穷人缴纳税金、向他们征收间接税,那就不可能改善工人的状况。"[①]

不仅如此,财政制度的不公正性不只限于经济范畴。卡尔和其他的被调查者都强调了另外一点——这种党派政治的税收让富有的公民逃避了自身的社会义务和公民责任。另外,卡尔还指出一点:进口关税这样的间接税保护了国内的某些行业,让它们免受来自海外的竞争。"富人,"卡尔认为,"通过立法得到了国家的赞助。"这些党派性的"赞助",卡尔强调,被牢牢地掌握在那些"贿赂法院和立法机构的百万富翁手上"。因此,富裕的美国人往往通过设定法律规则来保护自身的私人利益、几乎从不关心社会的利益;也就是说,他们完全丧失了支持公共福利的道德义务感。这些百万富翁"不在乎法律甚至宪法,对这个国家毫无爱国情怀,也没有任何责任感",卡尔总结道。难怪这些富人变得日益自负和野蛮,甚至叫嚣着"该死的公众"[②]。

一些立法者看似理解了卡尔的核心想法——"劳动者是背负所有重担的驮马"。不过,这些立法者提出的问题过于简洁,口气也过于温和,意味着他们并没有能力,或者没有意愿去改变如此糟糕的工业大环境。卡尔警告各位参议员,如果他们继续无视这种财政负担分配上的严重失衡,那么这个国家的存亡将受到威胁。"间接税是对劳动者的欺诈与犯罪,而整个社会迟早会受到惩罚,"卡尔告诫他的各位听众,"当社会的基底存在如此严重的错误——以间接税向劳动者征税,而我们不去纠正它,那么整个社会将日益走向歧途,直至堕

[①] "Testimony of Conrad Carl, New York, August 20, 1883" in U. S. Senate Committee on Education and Labor, *Report of the Committee of the Senate upon the Relations Between Labor and Capital*, Vol. 1 (Washington, D. C.: Government Printing Office, 1885), 419. 关于当时美国参议院委员会调查劳资关系的起源,请参阅 Melvyn Dubofsky, *The State & Labor in Modern America* (Chapel Hill: University of North Carolina Press, 1994), 12—13。

[②] "Testimony of Conrad Carl", 419.

入深渊。"①

这个饱受抨击的联邦税收体系主要包含关税以及针对烟酒的消费税,它们是19世纪后期联邦收入的两大主要来源。尽管当时的经济学家并不能确定谁最终承担了这些间接税,但普遍性的观点认为消费者承担了绝大多数的间接税税负。特别地,人们认为关税中的进口税不合理地提高了生活的成本,因为它提高了"日常生活必需品"的价格。一方面,人们认为商人在把进口制成品出售给消费者时,为了补偿关税的成本而提高了商品的最终价格;另一方面,商人如果使用了关税清单上的进口原材料,就会把关税记为额外的生产成本并最终提高商品的销售价格。换言之,无论经济学家做何见解,19世纪后期的绝大多数美国民众认为关税是阴险的,并且被商人通过提价的方式转嫁到了最终消费者的身上。总而言之,关税是一项隐匿的税收,它的税负被转嫁给普通的消费者,因为他们消费的主要商品就是日常商品。②

在19世纪后期,关税清单的商品覆盖范围确实令人震惊。举例来说,1883年关税法对11大类的不同商品征税,其中包括化学制品、陶器和玻璃器皿、金属、木材和木制品、糖、棉和棉制品、麻布、黄麻布和亚麻制品、羊毛和羊

---

① "Testimony of Conrad Carl",419. 更多关于19世纪后期美国工人阶层抗争的资料,请参阅Rosanne Currarino, *The Labor Question in America: Economic Democracy in the Gilded Age* (Urbana: University of Illinois Press, 2011); David Montgomery, *Citizen Worker: The Experience of Workers in the United States with Democracy and the Free Market in the Nineteenth Century* (New York: Cambridge University Press,1995)。

② 经济和政治历史学家准确地描述了关税的影响:如何保护特定的行业以及如何提高生活成本。具体请参阅 Paul Wolman, *Most Favored Nation: The Republican Revisionists and U.S. Tariff Policy, 1897—1912* (Chapel Hill: University of North Carolina Press, 1992); Joanne Reitano, *The Tariff Question in the Gilded Age: The Great Debate of 1888* (University Park: Pennsylvania State University Press,1994); John Mark Hansen, "Taxation and the Political Economy of the Tariff," *International Organization*, 44:4 (autumn 1990),527—51; Mark Bils, "Tariff Protection and Production in the Early U.S. Cotton Textile Industry", *Journal of Economic History*, 44:4 (December 1984), 1033—45; Brad J. DeLong, "Trade Policy and America's Standard of Living: An Historical Perspective", in *Imports, Exports, and the American Worker*, ed. Susan Collins (Washington, D.C.: Brookings Institution, 1998); Douglas A. Irwin, "Tariff Incidence in America's Gilded Age", *Journal of Economic History*, 67:3 (September 2007), 582—607; Mark Aldrich, "Tariffs and Trusts, Profiteers and Middlemen: Popular Explanations for the High Cost of Living, 1897—1920", *History of Political Economy* (forthcoming). 关于关税是如何成为这一时期国家政府的众多隐藏权力之一,请参阅 Brian Balogh, *A Government Out of Sight: The Mystery of National Authority in Nineteenth-Century America* (New York: Cambridge University Press, 2009), 129—32。

毛制品、丝绸和丝绸制品、书籍和纸张以及包含其他所有类别的"杂项"。仅1883年关税法的"条款"附表中就包括如下的日常必需品："牛肉和猪肉、火腿和培根、起司、牛油以及相关替代品、猪油、小麦、黑麦和大麦、燕麦、棒子面、麦片、黑麦面粉、马铃薯或玉米淀粉、土豆、大米、干草、蜜糖、啤酒花、牛奶、三文鱼和其他鱼类、各种酱菜和酱料、蔬菜、醋、巧克力、枣、李子和梅子、橘子、柠檬、葡萄干以及各种各样的坚果。"尽管关税的税率相对较低(具体的税率范围从最低的"每磅牛肉和猪肉的百分之一"到最高的"每磅奶酪4美分"),但关税对日常生活成本有着极大的影响。①

国家层面的税收体系对大多数普通人(作为消费者)都产生了不利的影响;与此同时,州和地方层面的财产税制度也对农民和其他小产权人(作为生产者)造成了类似的负面影响。具体来说,一般财产税在整个19世纪都是占据主导地位的州的地方税,而它同样是一种高度政治化和两极分化的税收。同关税一样,它也破坏了公众对法律规则以及社会团结的信心。从理论上讲,一般财产税的目标是统一对待所有类别的财产,但它在实际操作中极其不统一。一方面,富裕的财产持有者能够隐藏自身的财产从而逃避财产税的纳税义务;另一方面,通过政治委任或当地选举的税务官员往往任意地裁定财产的估值,从而导致极为不统一的税收义务。举例来说,伊利诺伊州于1883年正式对"州内所有的不动产和个人财产"征收一般财产税,应税财产具体包括"农业工具、器具以及机器的价值"。尽管法律还要求:所有的"个人财产",包括"所有现金、借款、债券、股票以及其他投资",按照"公允现金价值"进行估值,但由于纳税人的不主动申报和估税官员刻意忽视,这些无形资产往往能够逃避税收义务,并不被作为应税财产进行估值。②

一般财产税在实践操作上的问题造成了严重的后果。美国的农场家庭被这种混乱的、由政治驱动的应税资产估值所深深困扰。举例来说,在威斯康星

---

① Schedules A-N, Section 2502, Chapter 121, Tariff Act of March 3, 1883, *The Statutes at Large of the United States of America*, Vol. XXII (Washington, D. C.: Government Printing Office, 1883).

② Revised Statutes of the State of Illinois, Chapter 120, Sections 1, 3, 25 (Chicago: Chicago Legal News Co., 1883); Clifton K. Yearley, *The Money Machines: The Breakdown and Reform of Party Finance in the North, 1860—1920* (Albany: State University of New York Press, 1970); Morton Keller, Affairs of State: Public Life in Nineteenth Century America (Cambridge, Mass.: Harvard University Press, 1977), 322—4.

引 言

州奥什科什的亚诺斯农场,玛丽·阿诺告诉她的母亲奥古斯塔·赫德,亚诺斯农场在1887年的收入根本无法支撑按期支付农场的财产税。因此,同他们的邻居们一样,她不得不出售部分财产以保证足额纳税。令人意外的是,奥古斯塔·赫德向女儿承认,她并没有为自己的小额租赁财产缴纳任何财产税,因为她的名字不知怎么回事从奥什科什的应税估值清单上"滑落"了。事实上,全国各地都发生了类似事件,由此可见一斑——州和地方的一般财产税体系带来了极为有害的影响。①

即便是在休闲活动中,普通的美国人也会受到政府税收的盘剥。当普通的工人或农民经历了一天的忙碌,想要放松一下,无论是享用最爱的酒精饮料或者点一袋烟草,他们都会马上想到税收那张阴沉沉的"面孔"。这是因为,这些能够在沉闷的一天偶尔为他们带来短暂快乐的烟草、酒精甚至扑克牌,都是必须缴纳国家税收的。②

相反,较为富裕的美国人在这种税收体制下则完全是另外一种体验。诚然,作为消费者和财产的持有者,他们也需要承担关税、消费税和一般财产税的经济义务。不过,由于他们具备更高额的财富和更强大的赚钱能力,因此富裕的美国人并没有被日常的税收捏住命运的喉咙。与卡尔以及阿诺斯农场不同,美国的富人可以轻松地承担日常消费品之中的间接税以及财产的直接税,而且还颇有余力,能够存款、投资以及享受奢侈品。真正的有钱人,他们在19世纪后期的工业革新和技术变革之中积累了巨大的财富,所以这些税收几乎是可以忽略不计的存在。举例来说,洛克菲勒家族和范德比尔特家族几乎注意不到他们的税收负担,但即便如此,他们依旧竭尽所能地减少自己的纳税义

---

① 请参阅 Mary Arno to Augusta Hurd, January 3, 1887; May 14, 1894, Hurd-Arno Papers, Folder No. 21, Box 1, American Manuscript Collections, Newberry Library, Chicago, IL. 还可参阅 Helen Hazen Cooperman, ed., *The Letters of Ann Augusta Jaquins Hurd and Mary Olivia Hurd Arno, 1858—1897* (Chicago: H. H. Cooperman, 1988)。

② Revenue Act of 1894, 28 Stat. 509, 522 (Schedule F, Tobacco and Manufactures of), 525—6 (Schedule H, Spirits, Wines and Other Beverages), 533 (Playing Cards)。

务,无论是对联邦还是对州和地方。[1]

更有甚者,富裕的美国人在某些情况下甚至完全不需要承担某些类别的税收。在20世纪之交,这些富人持有的大部分财产并不是房地产,而是无形的个人财产,即债券、股票和其他金融资产。因此,州和地方财产税的无效管理对他们而言极为有利,因为他们能够隐匿自身的财产,从而几乎不需要缴纳任何税收。在这种大环境之下,富人不屑参与任何有关财政问题的公共讨论。不仅如此,"特殊评估"在地方层面上无所不在,这意味着私人公民可以直接为"公共"改善支付费用,而这种公共改善的主体受益者并不是整个社区,而是他们的私人财产。[2] 由于公共部门的收入筹集方式与富人群体的切身利益几乎毫不相关,所以这些富人及其所属的群体与整个社会和政治日益脱节。因此,当时的社会理论家称他们为新兴的"休闲阶层",而这个阶级完全把个人的野心和消费置于公共责任与社会义务之上。[3]

在随后的五十年中,美国的财政体制发生了根本性的变化。到20世纪20年代末期,19世纪后期占据主导地位的进口关税和消费税体系(它们是间接税,隐匿、分散、累退并且充斥着党派政治)将在累进税体系(它们是直接税,透明、集权并且由专业的方式管理)面前相形见绌,较大程度上改变了税负的分配并且彻底改变了联邦政府的融资模式。虽然1913年联邦所得税(美国第一个永久性的所得税)的免征额较高而且税率结构也相对温和,但它很快就超

---

[1] "New York City The Paradise of Rich Men: Millions Escape Taxation at Home", *New York Herald*, February 5, 1899, 21; Ron Chernow, *Titan: The Life of John D. Rockefeller, Sr.* (New York: Random House, 2004), 107—8, 566—7; Michael McGerr, "The Public Be Damned": The Kingdom and the Dream of the Vanderbilts, Ch. 16 (forthcoming). 关于美国人逃避关税的其他方法,请参阅 Andrew Wender Cohen, "Smuggling, Globalization, and America's Outward State, 1870—1909", *Journal of American History*, 97: 2 (2010), 371—98。

[2] Robin L. Einhorn, *Property Rules: Political Economy in Chicago, 1833—1872* (Chicago: University of Chicago Press, 1991), 16—17; Stephen Diamond, "The Death and Transfiguration of Benefit Taxation: Special Assessments in Nineteenth-Century America", *Journal of Legal Studies*, 12 (1983), 201—40。

[3] Thorstein Veblen, *The Theory of the Leisure Class* (New York: Macmillan Co., 1899); Richard T. Ely, *Taxation in American States and Cities* (New York: Thomas Y. Crowell & Co. Publishers, 1888), 288。

越了所有其他的税种,成为联邦税收的主要来源。① 具体来说,在1880年,关税和消费税加总占联邦总收入的约90%;但到了1930年,它们仅占联邦总收入的25%;而在同一时间段内,个人和公司的所得税从完全不存在飙升至占联邦政府总收入的近60%(具体请参阅表0.1)。②

表0.1　1880—1930年联邦政府收入(按收入来源分类)占总额的百分比　单位:%

	1880年	1890年	1900年	1910年	1917年	1920年	1930年
关税	56	57	41	49	21	5	14
酒精和烟草消费税	34	35	43	39	35	7	11
所得税	—	—	—	—	33	66	59
其他*	10	8	16	12	11	22	16
总额	100	100	100	100	100	100	100

注:*包含来自公共土地的销售收入、遗产及赠予税、印花税以及制造和产品税。

资料来源:*Historical Statistics of the United States, Millennial Edition*, ed. Susan B. Carter et al. (New York: Cambridge University Press, 2006), Table Ea588－593; *Statistical Appendix to Annual Report of the Secretary of the Treasury on the State of the Finances for the Fiscal Year Ended June 30, 1971* (Washington, D.C.: Government Printing Office, 1971), 12。

州和地方的税收也发生了类似的变化,不过程度略轻。具体来说,对收入、利润和遗产的税收逐步挑战一般财产税的主导地位。虽然直接和累进税在次国家层面的影响强度与持续时间都不及国家层面的变革,但这种新形式的税收给州和地方政府创造了新的契机,让它们得以实验除一般财产税之外的其他税种。具体来说,北方的工业州率先开始这种尝试:它们在实验新的税

---

① 1913年的所得税之中包含一项"常规"税,对超过3 000美元的个人收入(已婚夫妇为4 000美元)按照1%的税率征税,并且对超过5 000美元的收入征收最高税率为6%的附加税。Pub. L. No. 63,Statute Ⅰ-1913,Chapter 16,Sections Ⅱ-A,Ⅱ-C,*Statutes at Large of the United States of America from March 1911 to March 1913*, Vol. ⅩⅩⅩⅧ,Part 1 (Washington, D.C.: Government Printing Office,1913)。由于免征额非常高,因此早期的所得税大概仅覆盖了2%的美国家庭。John F. Witte,*The Politics and Development of the Federal Income Tax* (Madison: University of Wisconsin Press,1985),78; W. Elliot Brownlee,*Federal Taxation in America: A Short History*,2nd ed. (New York: Cambridge University Press,2004),57。

② Susan B. Carter et al., eds., *Historical Statistics of the United States: Millennial Edition* (New York: Cambridge University Press,2006),Table Ea588－593。

种的同时,还不断尝试创新税收的管理模式。这些创新举措立即赢得了其他各州的注意。很快,这些财政创新便传到了邻近各州并且逐渐影响了国家层面的税收改革运动。

最终,20世纪之交的财政变革成为现代美国公共财政发展的分水岭:从向商品征税转变为向个人和流程征税。美国通过个人所得税、企业利润税以及代际财富转移税实现了这种改变,凸显了此次财政变革的彻底性。借用法律史学家劳伦斯·弗里德曼(Lawrence Friedman)的精准描述,20世纪之初的税法尽管在最初相对温和,但代表着"美国社会重大变革的开端"[①]。简言之,19世纪后期的税收结构(它让普通的美国人深陷沉重的税负之中,却对富人影响甚微)在20世纪之交被彻底地改变了。

向直接和累进税的国家税制迈进,这标志着美国新财政政体的出现。它是一种全新的税收管理模式:不仅关注于增加收入的税收功能性需求,还考虑经济公正、公民身份、行政管理能力以及公共权力。更具体地说,这个新的财政国家具备如下四大核心目标:在阶层和地理之间重新分配税负、推动社会民主的全新公民身份感、创建更为集权化和专业化的财政治理体系,并且为更强有力的政府奠定坚实的基础。这些目标促使各大改革团体共同努力、携手构建现代财政国家。虽然有些目标直到更晚的时候才得以完全实现,但无论如何,从重建时期的尾声到大萧条伊始的这段时间之内,现代美国财政国家的核心基础已然塑造成型。不仅如此,就这次根本性的财政转型而言,它的根源极具争议,而它的后果也颇为矛盾。因此,本书的目的是揭示它的根源与后果,并且具体解释美国为何以及如何形成了这个新的财政政体。

美国公共财政的这次伟大转型,究其根源,始自一场概念革命。具体来

[①] Lawrence Friedman, *History of American Law*, 3rd ed. (New York: Simon & Schuster, 2005), 430. 其他经济学家和法律历史学家也承认税收对美国的国家—社会关系有着非常重要的影响。举例来说,哈里·舍伯(Harry Scheiber)认为,税收、土地征用权以及其他的管制权力是国家"权力三位一体"的一部分。Scheiber, "The Road to Munn: Eminent Domain and the Concept of Public Purpose in the State Courts", *Perspectives in American History*, V(1971), 329—402, 400. 相似地, J. 威拉德·赫斯特(J. Willard Hurst)指出,政府的"税收和支出权力"以及公共土地的控制权是影响国内投资方向的两大主要手段,因此为能量的释放提供了有利环境。Hurst, *Law and the Conditions of Freedom in the Nineteenth-Century United States* (Madison: University of Wisconsin Press, 1956), 61—2.

引　言

说,经过专业训练的新一代学者,致力于借鉴现代工业时代的社会经验解决巨大的物质不平等问题;他们最终改变了受过教育的美国人与政策制定者对政府项目融资基础的思考范式和未来愿景。① 在这场翻天覆地的转变之中,处于核心地位的是一种思想理念:它认为公民对整体社会的义务应该对应于公民自身的"支付能力"。这个简短但至关重要的短语概括了一个重要的思想:有更大经济力量的个体也拥有更高的社会义务(为公共产品做出贡献的社会义务),而且这种义务随着经济实力的增加应该累进增加,并不是等比增加。不仅如此,有影响力的思想家和政治领袖使用"支付能力"这个关键词作为全社会的认知导图和思想框架,以展示现代社团日益扩大的责任和社会义务。

他们还使用"支付能力"和类似的关键词作为政治工具,在关键的危急时刻激发了对累进税收改革运动的社会支持。"每个词语都有自身的实践经济价值",实用主义哲学家威廉·詹姆斯(William James)的名言用在这里恰到好处。事实上,我们用语言来做事,而累进税的活动家亦如此。通过这些关键的短语和自身的行动,他们说服立法者、政府管理者和普通的美国民众去接受这种基于"支付能力"的新财政体制,从而改变了美国的政府和社会。从这个意义上讲,理念是构建强大政治联盟的关键武器和指导性蓝图。② 另外,税收的改革者也清楚地明白一点:"公平"和"支付能力"是具备多重含义并且时有变化的概念,而他们的目标是塑造这些词语及其内在的思想以激发反抗旧有

---

① 正如斯蒂芬·斯科罗内克(Stephen Skowronek)所观察到的,这一时期的新一代学者已经成为"美国国家建设的先锋"。Skowronek,*Building a New American State*:*The Expansion of National Administrative Capacities*,*1877—1920* (New York:Cambridge University Press,1982),42—5. 人们对19世纪后期经济不平等日益清楚的认知,请参阅 James L. Huston,*Securing the Fruits of Labor*:*The American Concept of Wealth Distribution*,*1765—1900* (Baton Rouge:Louisiana State University Press,1998)。

② Daniel T. Rodgers,*Contested Truths*:*Keywords in American Politics since Independence* (New York:Basic Books,1987);William James,*Pragmatism*:*A New Name for Some Old Ways of Thinking* (1907). 关于经济理念对制度变迁的重要性,请参阅 Mark Blyth,*Great Transformations*:*Economic Ideas and Institutional Change in the Twentieth Century* (New York:Cambridge University Press,2002);John L. Campbell,"Institutional Analysis and the Role of Ideas in Political Economy",*Theory and Society*,27 (1998),377—409.

财政秩序的敌对情绪、社会活动和政治运动。[1]

毫无疑问,这些新的税收理念是时代的产物。具体来说,那些具备改革意识的政治经济学家引领了一场有关财政的思想运动,而这种思想最终塑造了新的财政秩序。具体来说,他们利用对旧财政体制与日俱增的社会挫败感来质疑上一个时代的、落后的思想与理念。一方面,他们意识到现代力量对社会结构的巨大冲击(把原子式的个体构成转变为更加相互依存的社会),所以反复强调加强行政权力与提高社会合作的必要性;[2]另一方面,他们致力于抨击支撑19世纪后期税收体系的维多利亚理论(基于原子个体主义)、自由放任思想的政治经济学以及宪政主义。在这些被质疑的、过时的理论之中,占据核心地位的思想是税收受益原则:它认为个体对政府的经济义务仅限于个体从政府处得到的益处。累进税的专家不断抨击这种"受益原则",认为它是极其过时的、完全不符合现代财政关系的原则。事实上,这个原则以及它所对应的政府观念(仅负责保护私人产权的消极政府)最终能够被替代,这些理论家居功至伟。取代受益原则的是一个更加平等的、基于"能力"或"支付能力"的税收原则,而这个原则所对应的是一个重新分配税收负担、重塑公民身份并且强化行政管理权力的积极政府。对于这些改革者而言,国家是"人类进步不可或缺的道德代理"——借用威斯康星大学的政治经济学家和劳工活动家理查

---

[1] 部分法律理论家和哲学家激烈地抨击支付能力原则,但他们忽视了这一原则在历史上并不是一个连贯的、无懈可击的政治理论。实际上,它也只不过是一种常用的政治工具。相关内容请参阅 Henry C. Simons, *Personal Income Taxation*; *The Definition of Income as a Problem of Fiscal Policy* (Chicago: University of Chicago Press, 1938); Louis Eisenstein, *The Ideologies of Taxation* (New York: Ronald Press, 1961); Walter J. Blum and Harry Kalven, *The Uneasy Case for Progressive Taxation* (Chicago: University of Chicago Press, 1963). 更多哲学家的近期批判,请参阅 Liam Murphy and Thomas Nagel, *The Myth of Ownership: Taxes and Justice* (New York: Oxford University Press, 2002).

[2] Thomas L. Haskell, *The Emergence of Professional Social Science: The American Social Science Association and the Nineteenth-Century Crisis of Authority* (Urbana: University of Illinois Press, 1977); Robert H. Wiebe, *The Search for Order, 1877—1920* (New York: Macmillan, 1966); Samuel P. Hays, *The Response to Industrialism, 1885—1914* (Chicago: University of Chicago Press, 1957).

引 言

德·T. 伊利(Richard T. Ely)的简洁评论。[①]

事实证明,"新学派"的经济学家,或者也叫"伦理"政治经济学家,在旧有的财政体制和新的财政体制之间搭起了关键的桥梁,把对前者日益严重的社会怨愤转换成为后者新兴成长的动力。[②] 这些年轻的、在德国接受过教育的进步公共财政经济学家引领了有关收入、利润和遗产累进税的概念性革命。这次概念性运动属于"第一次伟大的法律和经济学运动"(借用法律历史学家的评价)之中的一部分。其中,亨利·卡特·亚当斯(Henry Carter Adams)、理查德·伊利,特别是埃德温·R. A. 塞利格曼(Edwin R. A. Seligman)为美国引入了跨大西洋关于自我、社会、经济以及国家的新思潮。另外,鉴于美国对国外思想的警惕态度,这些经济学家还精心编排了这些欧洲的思想,从而保证它们能够被美国的听众所接受。总而言之,这些进步的公共财政经济学家很快就成为现代美国财政国家的建筑设计师。[③]

新财政政体的兴起对美国的现代经济、社会以及政治生活都产生了巨大的影响。第一,新财政体制在不同的收入阶层和国家地区之间重新分配了经济责任,以承担现代工业民主日益增加的支出需求;第二,它重新定义了现代公民身份的社会含义;第三,它促进了政治安排和制度化的根本性变革;第四,

---

[①] Richard T. Ely,"Report of the Organization of the American Economic Association", *Publications of the American Economic Association*,1 (1886),6—7. 美国的思想历史学者已经确认了累进税对当时一般性改革的重要意义。"累进税,基于每个公民都应根据自身的支付能力承担社会义务的这一理念",詹姆斯·洛彭伯格(James T. Kloppenberg)写道,"可能是一种典型的进步改革"。Kloppenberg, *Uncertain Victory: Social Democracy and Progressivism in European and American Thought, 1870—1920* (New York: Oxford University Press,1986),355。

[②] 学者经常称这批新一代的思想家为"新学派"或"伦理"经济学家。Mary O. Furner, *Advocacy and Objectivity: A Crisis in the Professionalization of American Social Science, 1865—1905* (Lexington: University Press of Kentucky, 1975); Nancy Cohen, *The Reconstruction of American Liberalism, 1865—1914* (Chapel Hill: University of North Carolina Press, 2002); Bradley W. Bateman, "Make a Righteous Number: Social Surveys, the Men and Religion Forward Movement, and Quantification in American Economics", *History of Political Economy*, 33 (2001), 57—85。

[③] Herbert Hovenkamp, "The First Great Law and Economics Movement", *Stanford Law Review*, 42:4 (1989), 993—1058; Barbara H. Fried, *The Progressive Assault on Laissez Faire: Robert Hale and the First Law and Economics Movement* (Cambridge, Mass.: Harvard University Press, 1998). 正如霍温坎普(Hovenkamp)所注意到的,这些进步的政治经济学家影响了美国的法律,因为他们的税收书籍常被当作法律专著或经济学教材,而法院也将它们视为"法律"和"经济学"。Hovenkamp, "The First Great Law and Economics Movement", 1008—9。

它为美国式自由国家的后续扩张提供了充足的资金支持。

在19世纪后期,推动根本性税收改革运动的主要有两股力量:一方面是民粹主义者;另一方面是呼吁更平等财政体制的进步力量。通过以直接、透明、集权并且专业化管理的累进税体系取代间接、隐性、分类并且党派性质的消费税体系,税收改革者致力于迫使美国社会之中最有支付能力的群体(也就是最富裕的个人和东北部的公司)分担现代工业国家的税收负担。[①] 需要强调一点,他们的目标并不是从根本上重新分配财富,而是要确保拥有最高纳税能力的个人承担他们应付的税负份额。

诚然,"应付"的税负份额是难以确定的,累进税的改革者也认同"应付"是一个可变的概念。不过,他们的基本原则非常清晰,即美国当时的、间接和累退性的税收体系在本质上是不公平的。因此,这些思想家和政治领袖致力于解决财政负担分配的不公正问题(借用康拉德·卡尔和其他社会活动家的词汇),并且最终实现了美国公共财政的重大转型。正如国会议员科德尔·赫尔(Cordell Hull,田纳西州的民主党人,他是1913年累进所得税法的主要起草者)所解释的,"我并没有意图对财富进行不必要或不公正的征税,但我确实相信这个国家的财富应该承担它应付的税负份额,不应允许它逃避自身的纳税责任"[②]。

赫尔和累进税运动的其他支持者都认为,对美国公共财政的根本性重构能够重新塑造公民的社会义务与民主责任。在当时,美国民主的社会层面是至高无上的;社会改革家简·亚当斯(Jane Addams)称,这个时代认为"普通大众的认同是民主的基本思想"。因此,这种新的税收形式(它以复兴的公平

[①] Charles Postel, *The Populist Vision* (New York: Oxford University Press, 2007); Elizabeth Sanders, *Roots of Reform: Farmers, Workers, and the American State, 1877—1917* (Chicago: University of Chicago Press, 1999); Michael Kazin, *The Populist Persuasion: An American History* (New York: Basic Books, 1995).

[②] *Congressional Record*, 61st Cong., 1st sess. (1909), 44: 536, 533.

原则为基础)能够重新调整大众关于财政公民身份的思考。① 在这个新的财政公民身份中,个人从属于政治与社会的共同体,这意味着税收不再只是政府服务和福利的经济成本;相反,公民身份的民主新含义是基于这样一种思想:公民对社会的义务与他或她的"支付能力"成正比。简言之,他们通过这种税收改革来重新构建公民与国家之间的双向责任关系;人们通过它来重新协商新的社会契约,并且为现代的美国政体重振"想象之中的共同体"②。

作为重构社会契约的一部分,富裕的公民将承担自身的社会责任——为公共产品与服务提供亟须的资金。在这个过程中,公民作为纳税人将接受(大部分情况下甚至是欣然接受)现代国家日益增强的力量,因为它能够解决新生的各种问题、构建经济发展所需的基础,并且在压力和危急时刻为社会集体提供关键的援助和帮助。不仅如此,新财政政体的运作和公民生活之间的互动也会增多。总的来说,团结、道德义务和政治意识都将体现在直接和累进税的相关概念之中。

另外,税收的概念转变也在党派政治的正式范畴之内促进了制度化的变革,从而使政党税收体系(它在19世纪后期居于主导地位)逐步走向消亡。尽管关税在19世纪后期还是定义两大国家党派核心差异的一大政治议题,但到20世纪之初,全新的财政治理体系随着直接和累进税的兴起而日益壮大、复

---

① Jane Addams, *Democracy and Social Ethics* (New York: Macmillan Co., 1902), 11. 更多亚当斯关于美国社会民主的研究理论,请参阅 Louise W. Knight, *Citizen: Jane Addams and the Struggle for Democracy* (Chicago: University of Chicago Press, 2005), Ch. 15. 关于时代联想的重要性,更为一般地,请参见 Michael McGerr, *A Fierce Discontent: The Rise and Fall of the Progressive Movement in America, 1870—1920* (New York: Free Press, 2003); Maureen A. Flanagan, *America Reformed: Progressives and Progressivisms, 1890s—1920s* (New York: Oxford University Press, 2007); Eldon J. Eisenach, *The Lost Promise of Progressivism* (Lawrence: University Press of Kansas, 1994). 对当时民主愿望重要性研究的最近总结,请参阅 Robert D. Johnston, "The Possibilities of Politics: Democracy in America, 1877—1917", in *American History Now*, ed. Eric Foner and Lisa McGirr (Philadelphia: Temple University Press, 2011), 96—124.

② Benedict Anderson, *Imagined Communities: Reflections on the Origins and Spread of Nationalism* (London: Verso Books, 1983). 对当前美国所得税基于相似财政公民身份原则的辩护,请参阅 Lawrence Zelenak, *Learning to Love Form 1040: Two Cheers for the Return-Based Mass Income Tax* (Chicago: University of Chicago Press, 2013).

杂化和精密化。① 比较而言，在政党税收体系阶段，决定关税和消费税的途径是立法的选票交易，征收进口关税的机构是海关，而管理税收的官员是经由党派政治委任的；在现代财政治理时期，核心税种是对个人收入、企业利润以及财富转移的所得税，而它的税收征管要求更加复杂并且专业化的知识（以了解收入来源并且准确地定义税基）以及更加复杂的全新管理规则（以管理征税和纳税的复杂流程）。

因此，这些新的税收法律、政策以及相关的管理规则就成了原型——行政国家兴起的"急先锋"。在实践运用各种税收新理念的过程之中，强大的政治领袖以及富有创新精神的政府官员共同为这个新的税收体系构建了基础的行政管理框架，旨在保障新税法的生命力和可持续性。正如马克斯·韦伯（Max Weber）所言，"一个稳定的税收体系是行政管理体制永久存在的基本前提"；美国的累进改革者也非常清楚反之亦然。② 换言之，有效的行政管理基础对新税收体系的未来发展至关重要。总的来说，随着美国的政治变得愈发分裂和多元化，再加上党派主义的日渐衰微和利益集团的逐步壮大，现代税法的复杂性促进了税收行政管理体制的发展。更重要的，这种新的税收管理体制不再屈从于党派政治，而是遵守专业人士的行政管理运作。③

最后，也许是最重要的一点，新税收体系产生了高额的税收收入，为这个新兴的、社会福利的行政管理国家带来了生命的青春之泉。与传统的关税体

---

① 关于关税对当时党派的重要性，请参阅 Richard L. McCormick, *Party Period and Public Policy: American Politics from the Age of Jackson to the Progressive Era* (New York: Oxford University Press, 1988); Richard Franklin Bensel, *The Political Economy of American Industrialization, 1877—1900* (New York: Cambridge University Press, 2000); John J. Coleman, *Party Decline in America: Policy, Politics, and the Fiscal State* (Princeton: Princeton University Press, 1996)。

② Max Weber, "Bureaucracy" in *From Max Weber: Essays in Sociology*, ed. H. H. Gerth and C. Wright Mills (New York: Oxford University Press, 1958), 208 (emphasis in the original).

③ Michael E. McGerr, *The Decline of Popular Politics: The American North, 1865—1928* (New York: Oxford University Press, 1988); Elisabeth S. Clemens, *The People's Lobby: Organizational Innovation and the Rise of Interest Group Politics in the United States, 1890—1925* (Chicago: University of Chicago Press, 1997). 通过关注行政权力的起源，本书结合了其他最近的、致力于追溯现代美国行政国家早期起源的社会—历史法律研究。请参阅 Jerry L. Mashaw, *Creating the Administrative Constitution: The Lost One Hundred Years of American Administrative Law* (New Haven: Yale University Press, 2012); Nicholas Parrillo, *Against the Profit Motive: The Salary Revolution in American Government, 1780—1940* (New Haven: Yale University Press, 2013)。

引　言

制(它的主要目的是保护国内的产业,并非筹集收入)相反,新的税收体系(直接和累进税)能够产生大量的公共收入。随着时间的不断推移,这个新的税收体系逐步成为政府收入的主要来源,为一系列的公共物品和服务提供了资金,从而得以实现美国自由主义的新愿景,这个愿景强调构建"伟大的共同体"——借用哲学家约翰·杜威(John Dewey)的精准描述。① 事实上,到20世纪20年代的尾声,现代财政政体的思想、法律和行政构架已经被牢固建成了。②

新的联邦税收体系日益繁荣,从而推动了美国积极国家的兴起与发展,特别是在第二次世界大战期间(届时所得税已经成为广受社会和文化认可的大众型税收)。③ 实际上,到20世纪末,累进所得税已成为现代美国公共财政的核心基础;具体来说,所得税在2000财年产生的税收收入占联邦收入的近60%以及州政府平均收入的约40%。④ 因此,为了理解美国自由主义在20世纪的发展,有必要对这次公共财政的根本性改革进行深入的历史分析,特别是它的四大推动因素:社会的结构性力量、创新的理念、政治环境以及偶然的历史事件。

诚然,新的财政范式既没有彻底击败或完全取代之前的税收体制,也不是毫无争议的制度进步或发展。事实上,政治变革与体系构建的历史进程往往会带来意想不到的甚至颇具讽刺意味的后果;在美国政治发展的关键时期,新

---

① John Dewey, *The Public and Its Problems* (New York: Henry Holt & Co., 1927), 144; Josiah Royce, *The Hope of the Great Community* (New York: Macmillan Co., 1916).

② 在整个20世纪20年代,个人和公司所得税收入占联邦总收入的约60%。Carter, *Historical Statistics*, Table 588—593.

③ Bartholomew H. Sparrow, *From the Outside In: World War II and the American State* (Princeton: Princeton University Press, 1996); Carolyn C. Jones, "Class Tax to Mass Tax: The Rise of Propaganda in the Expansion of the Income Tax during World War II", *Buffalo Law Review* 37:3 (1989), 685—737; James T. Sparrow, *Warfare State: World War II Americans and the Age of Big Government* (New York: Oxford University Press, 2011), 122—33.

④ *Statistical Abstract of the United States: 2002* (Washington, D.C.: Government Printing Office, 2001), Table No. 464, 315. 最近的经济下行降低了所得税的税收收入,2010年它大约占联邦总收入的50%。Statistical Abstract of the United States: 2012 (Washington, D.C.: Government Printing Office, 2012). 即便如此,这一数据也支持乔治·莫利(George Mowry)的早期主张:"现代民主的社会服务型国家可能更依赖于所得税税法而不是任何其他的单一法案。"Mowry, *The Era of Theodore Roosevelt and the Birth of Modern America, 1900—1912* (New York: Harper, 1958), 263.

015

的思想和制度结构往往用一种模糊、混杂甚至是对立的方式覆盖旧有的思想与制度结构。① 在这个过程中,思想和行为的长期影响往往超出了历史参与者的预想。正如马克斯·韦伯所指出的,如果理念可以像"扳道工"一样随意地改变历史的进程,那么就无法看清历史轨道的真正终点究竟在何方。②

那些政治经济学家引领了美国公共财政的概念革命,但他们难以预见自己的思想和行为会对后世产生如此深远的影响,并且造成出乎意料的后果。事实上,在抨击受益原则并推崇支付能力原则的过程中,这些有影响力的思想家也意外地切断了国家支出与税收收入之间的理论联系。具体来说,受益原则认为,税收是支付给公共产品和服务的代价,而支付能力原则仅仅关注缴纳税收的社会义务和道德责任,全然没有考虑政府预算的支出层面。③

诚然,这些进步的政治经济学家也一直关注政府支出的效率以及预算程序的合理化④,但是,在运用新财政政体解决现代工业资本主义引致的社会脱节问题时,他们却仅仅关注于财政政体的收入层面,也就是应该由谁来承担税负。换言之,他们忽略了关键的一点:累进性的公共支出可以用来抵消某些累退性的税负。受限于自身所处时代的历史条件,尤其是财富的日益集中以及对旧有财政体制日益严重的社会对抗,这些税收改革者并没有能力预见自身的短期行为将导致如此负面的长期影响。具体来说,这些理论学家以及改革活动家完全放弃了财政政府巨大的支出力量,最终大幅缩小了税收转移支付体系之内的政策组合选择。他们贬低所有的消费税,声称它代表过时的受益

---

① Morton Keller, *Regulating a New Economy: Public Policy and Economic Change in America, 1900—1933* (Cambridge, Mass.: Harvard University Press, 1990), 2; Karen Orren and Stephen Skowronek, *The Search for American Political Development* (New York: Cambridge University Press, 2004); Robert C. Lieberman, "Ideas, Institutions, and Political Order: Explaining Political Change", *American Political Science Review*, 96:4 (2002), 697—712.

② Weber, "Social Psychology of the World's Religions", in *From Max Weber*, 280.

③ 20世纪中期的公共财政经济学家是第一批发出这种质问的学者,他们悲叹支付能力原则切断了支出与税收之间的理论联系。Richard A. Musgrave and Alan T. Peacock, "Introduction", in *Classics in the Theory of Public Finance*, ed. Richard A. Musgrave and Alan T. Peacock (London: Macmillan, 1958), xiii—xxiii.

④ Charles H. Stewart, *Budget Reform Politics: The Design of the Appropriation Process in the House of Representatives, 1865—1921* (New York: Cambridge University Press, 1989); Jonathan Kahn, *Budgeting Democracy: State Building and Citizenship in America, 1890—1928* (Ithaca: Cornell University Press, 1997).

原则；遗憾的是，他们的这种行为在长期制约了未来美国税收理论家和立法者的财政视野。在他们贬低受益原则的同时，还赋予支付能力原则至高无上的优越性，最终造成了严重并且长期性的财政短视问题——一个持续困扰美国政策分析者、立法者以及利益集团长达数百年的问题，并且一直延续到21世纪。

如果从20世纪后期的国际比较视角来看，这种财政短视的症状就更为明显。当其他的西方工业民主国家都开始尝试宽税基的累退消费税（目的是为现代的福利社会融资），美国固执地抵制了这种全球性趋势。换言之，其他的现代民主国家都愿意尝试采用各种原型消费税作为所得税的补充，并通过累进性的公共支出（来自这些消费税所产生的巨大收入）抵消消费税的累退性税负。[①] 相比之下，美国依旧坚持将收入作为联邦税收的首要税基。最终，美国的决策者并没有发展出一套全面的、包含税收转移支付完整体系的财政国家视野，而是陷入了狭隘的泥潭——仅仅关注于所得税的累进性、获取收入的征税流程以及"对富人课以重税"的税收目标。总而言之，他们完全无视重要的一点——宽税基的消费税可以产生巨大的公共收入，而由这些收入支付的、累进性的公共福利支出能够抵消消费税的累退性税负。[②]

诚然，这种财政上的短视并不能完全归咎于当时的思想潮流。事实上，美国的原始政治权力以及矛盾的公民身份观都在一定程度上参与塑造了这种本质上狭隘的财政政策框架。具体来说，美国历史上的公民身份观一直饱经挫折，充斥着各种因为阶层、种族、民族、性别或者信仰而完全否认个人公民身份的经历。因此，美国发展出这种充满妥协、在本质上精神分裂的现代财政国家（忽视对贫困和从属群体的社会福利支出）也完全不足为奇。一方面，特有的

[①] Peter Lindert, *Growing Public: Social Spending and Economic Growth since the Eighteenth Century* (New York: Cambridge University Press, 2004); Junko Kato, *Regressive Taxation and the Welfare State: Path Dependence and Policy Diffusion* (New York: Cambridge University Press, 2003); Harold L. Wilensky, *Rich Democracies: Political Economy, Public Policy, and Performance* (Berkeley: University of California Press, 2002), Ch. 12; Monica Prasad and Yingying Deng, "Taxation and the Worlds of Welfare", *Socio-Economic Review*, 7:3 (2009), 431—57.

[②] 正如莫妮卡·普拉萨德(Monica Prasad)最近提出的，美国在这个关键时期对消费和累进税的关注可能关闭了美国走向欧洲式福利国家的通道。Monica Prasad, *The Land of Too Much: American Abundance and the Paradox of Poverty* (Cambridge, Mass.: Harvard University Press, 2012).

美国现代财政国家的形成和发展

奴隶制度对美国的政治发展产生了持久性的影响;另一方面,美国历史上几乎所有时刻的公民身份都是由"美国式非平等归属传统"塑造的。这个传统借用了罗杰斯·史密斯(Rogers Smith)的命名。[1]

同样地,跨国政治制度的历史差异也能够部分地解释美国这种财政短视的源起。正如政治学家斯文·斯坦因莫(Sven Steinmo)的研究所表明的:美国的政治决策结构一直是割裂的,传统上将税收和支出决策分开;相反,其他国家的决策机构是统合的,从而会综合考虑税收和支出政策。[2] 无论如何,以能力支付原则替代受益原则的财政思想(它们在19世纪后期开始流行,并在20世纪初得到了政治领袖和立法者的青睐)并没有缓和这种政治上和制度上的财政短视趋势,反而进一步强化了它。最终,这造就了现代美国财政国家的一个根深蒂固的核心悖论:税收改革的初衷是解决现代城镇工业社会的诸多弊端,但它对积极财政国家的阻碍可能并不亚于它所做出的贡献。[3]

现在让我们回到20世纪之交(也就是新财政秩序的形成之际),这种新的财政秩序标志着全新治理模式的诞生。事实上,这种独特的治理模式具备广义的平均主义潜力。不过,旧有财政秩序之中的某些要素依旧得以保留,甚至一直延续到20世纪中叶甚至更晚。具体来说,关税常年是国际贸易政策的一

---

[1] Robin L. Einhorn, *American Taxation/American Slavery* (Chicago: University of Chicago Press, 2006); Rogers M. Smith, *Civic Ideals: Conflicting Visions of Citizenship in U.S. History* (New Haven: Yale University Press, 1997); Gary Gerstle, *American Crucible: Race and Nation in the Twentieth Century* (Princeton: Princeton University Press, 2001). 莫莉·米歇尔莫尔(Molly Michelmore)最近以编年体的方式记录了"自由国家建设者"如何在整个20世纪都秉持这种财政的短视。具体来说,他们一直在概念上分割间接的社会福利收益和用于支付这类收益的重要直接税。Molly C. Michelmore, *Tax and Spend: The Welfare State, Tax Politics, and the Limits of American Liberalism* (Philadelphia: University of Pennsylvania Press, 2012).

[2] Sven Steinmo, *Taxation and Democracy: Swedish, British and American Approaches to Financing the Modern State* (New Haven: Yale University Press, 1993). 更多关于美国社会福利支出隐匿本质的内容,请参阅 Christopher Howard, *The Hidden Welfare State: Tax Expenditures and Social Policy in the United States* (Princeton: Princeton University Press, 1999); Suzanne Mettler, *The Submerged State: How Invisible Government Policies Undermine American Democracy* (Chicago: University of Chicago Press, 2011).

[3] 如果说美国联邦销售税的经历存在任何标志性的特征,那么这个特征很可能就是虽然开征了累退的消费税,但并不会采用累进性的支出去弥补这种累退性的税负。Katherine S. Newman and Rourke L. O'Brien, *Taxing the Poor: Doing Damage to the Truly Disadvantaged* (Berkeley: University of California Press, 2011).

引 言

部分；一般财产税也一直是地方政府各项行为的资金来源之一；而党派政治以及联邦制的压力依旧影响着整体的财政政策。① 无论如何，这个新的、直接和累进的税收体系（它以累进的"支付能力"概念为基础、以复兴的民主公民意识为前提，并且以专业人士的行政管理为手段）已经逐步成为现代美国财政国家的标志。

20 世纪之交的美国公共财政转型以及由此兴起的现代美国财政国家也带来了数个关键的根本性问题：第一，美国的公共财政体制为何能够以及如何得以实现这种重大的变迁？第二，哪些历史因素影响了这次财政体制的重大转型；反之，它又影响了哪些历史因素？第三，在美国联邦体制的结构内，这种新的财政力量是如何被分配和分担的？第四，哪些人是创建现代财政体制的关键性历史人物？第五，为什么相关的社会团体、具备改革意识的政治经济学家、进步的立法者和法学家以及关键的政府官员有能力在 20 世纪之初改变美国的税收政策，而不是更早？第六，也是最重要的一个问题，新财政秩序的兴起如何重构了现代美国公民身份的含义，并且如何改变了美国原有的制度安排？总而言之，本书的分析旨在回答这些重要的问题。

换言之，本书的主题是现代美国财政国家的源起及其影响。本书首先讲述关于理念如何变迁的故事，即理论家和政策分析者在研究和讨论税收问题时的概念性转变。这个故事关注的是新财政理念如何被付诸实践、如何在法律之中得以实施，以及如何被立法者、法官、管理者和美国大众所逐步接受。它并不想讲述一种"辉格式"的历史，去具体地记录现代财政国家毫无争议的线性发展历程。实际上，我们将会在后文中看到，现代财政政体的形成充满了艰难的制度斗争、偶然的历史事件以及令人震惊的悖论。

我们的故事也绝不是冗长的叙事，去喋喋不休各种错失的机会或者声讨强盗资本家与特殊利益集团的阴险诡计；相反，本书的目的是揭示美国财政国家极为复杂的历史进程，并且说明新的财政秩序如何能够产生如此巨大的影响：它极大地改变了美国的税负分配、公民身份的现代含义、国家的治理范式

---

① Keller, *Regulating a New Economy*; Coleman, *Party Decline in America*; Kimberley S. Johnson, *Governing the American State: Congress and the New Federalism, 1877—1929* (Princeton: Princeton University Press, 2007).

以及积极政府行为的可行范畴。

究其根本,美国的这次公共财政转型仅仅是一次有限的成功,因为它并没有实现一些改革者和社会活动家的预期和构想。具体来说,它既没有像激进的民粹主义者所期望的那样,从根本上重新分配财富;也没有像一些财政专家和立法者所期待的那样,保留第一次世界大战时期的利润税并用以打击垄断或者在战后尝试开征联邦销售税。不仅如此,颇具讽刺意味的是,新的财政秩序导致美国没有能够开征联邦销售税,而这似乎限制了美国采用整体性公共政策应对现代工业资本主义各种社会问题的潜力。具体来说,它似乎限制了强大的财政国家的发展空间,也就是通过累进的社会福利支出以抵消各种累退性的税负。无论如何,这个新的财政政体(尽管可能不尽如人意)确实为一个全新的、更为积极的美国国家奠定了基础。

毫无疑问,有关税收的冲突在整个美国历史上一直持续不断。从革命时期的"无代表不纳税"到最近的"统一税",或对百万富翁的高额累进税,税收一直是美国社会与文化体系中屹立不倒的一大政治议题。[①] 部分原因是,税收代表着公民与其所属国家之间最为宽泛也最为持久的一种相互关系。税收时刻提醒着人们一点:私人领域和公共范畴之间是紧密相连、密不可分的,绝不是相互独立或泾渭分明的。"个体的自由需要付出公共的代价,"法律理论家斯蒂芬·霍姆斯(Stephen Holmes)和卡斯·桑斯坦(Cass Sunstein)如是表述,"个人的自由是由集体的贡献所构成并且强化的。"由于贡献的提取往往会导致潜在的利益冲突,因此税收的争论在自由民主国家之中从未得到真正的解决,只是不断地周而复始的重复。在整个美国的历史上,税收的核心一直充斥着一种潜在的紧张关系,这意味着美国的个体公民与国家之间的关系长久

---

① Charles Adams, *Those Dirty Rotten Taxes: The Tax Revolts That Built America* (New York: Free Press, 1998); Robert E. Hall and Alvin Rabushka, *The Flat Tax*, 2nd ed. (Stanford: Hoover Institution Press, 1995); Steve Forbes, *Flat Tax Revolution: Using a Postcard to Abolish the IRS* (Washington, D.C.: Regnery Publishers, 2005).

引　言

地经历着反复协商和修订。①

如果说税收辩论是自由民主国家的一大固有构成，那么在19世纪后期和20世纪之初，这种辩论在美国发生了巨大的转变。在这几十年之中，一方面，强大的社会运动（为了抗争镀金年代巨大的经济差距）推动了有效的税制改革；另一方面，为了解决社会整体对旧有税收体制日益严重的厌恶情绪，一群具备改革意识的学者开启了一场概念性运动，最终转变了旧有财政秩序。通过自身的著作、辩论以及行动，这些学者说服了颇具影响力的立法者，而后者则抓住了经济危机带来的政治机遇，成功地将直接和累进税从政治的边缘地带（独立的第三党派努力了数十年都未能促成根本性的税收改革）带入了美国政治和法律的辩论核心。接下来，在这些立法者构建了必需的法律基础之后，相关的政府官员则利用第一次世界大战的国家紧急状态，为新的财政政体建设了必需的行政管理能力，从而巩固了新生财政政体的权力。他们的努力确实颇富成效，从战后十年充满悖论的正式税收削减之中就可以看出这种新财政秩序的累进承诺和制度韧性。

在美国国家财政的历史发展之中，诚然存在其他的关键时刻，但20世纪之交是极其重要和独特的，因为这时出现了美国根本性财政转型（并且实现美国现代财政国家）的三大必要条件：关键的历史背景、偶然的历史机遇以及关键的学者和政治人物。诚然，在建国时代和早期共和时代，美国已经为它的现代财政—军事国家奠定了原始的制度框架和发展基础，不过，即使在《联邦公约》的财政失败之后，美国的各位开国元勋仍采取了各种手段以恢复共和，但他们也

---

① Stephen Holmes and Cass R. Sunstein, *The Cost of Rights: Why Liberty Depends on Taxes* (New York: W. W. Norton, 1999); Charles Tilly, *Democracy* (New York: Cambridge University Press, 2007), 143—5; Isaac William Martin, Ajay K. Mehrotra, and Monica Prasad, "The Thunder of History: The Origins and Development of the New Fiscal Sociology" in *The New Fiscal Sociology: Taxation in Comparative and Historical Perspective*, ed. Isaac William Martin et al. (New York: Cambridge University Press, 2009), 1—29.

建立了这个被后代美国人强烈抨击的、累退、不公和无效的传统税收体系。[1]

尽管内战为美国打开了一扇得以实验联邦直接和累进税的机遇之窗,但内战时期的直接和累进税显然只是一项临时性的收入举措。因此,它对应的只是一种转瞬即逝的社会责任意识,即自由民主国家在战时的牺牲共担和社会义务。[2] 也就是说,这种责任意识并不足以成为新财政政体的概念基础。事实也确实如此,直到19世纪八九十年代,新财政政体的现代概念基础才在届时严重经济危机的刺激以及不平等问题与社会对抗(造成这种对抗的是现代工业资本主义的结构性力量)的推动之下,得以成型。尽管罗斯福新政与第二次世界大战都是极其重大的历史事件,但届时的财政成就并不是重大的转型,它的根源依旧是20世纪之交构建的思想、法律和行政基础。[3] 总而言之,在20世纪之交,社会团体、政治活动家、具有改革意识的学者、关键的立法者、法学家和政府官员共同完成了这项极具想象力和感染力的艰苦工作,从而为美国的税法和税收政策奠定了第一次重大转型的关键基础。

为了解释20世纪之交的财政转型,学者通常采用三种常规方法。第一种主要关注税收的功能性需求——增加公共收入,特别是在国家冲突并且亟须公共支出的时期。政治学家和法律学者谢尔登·D. 波拉克(Sheldon D. Pol-

---

[1] Max Edling, *A Revolution in Favor of Government: Origins of the U. S. Constitution and the Making of the American State* (New York: Oxford University Press, 2003); Roger H. Brown, *Redeeming the Republic: Federalism, Taxation, and the Origins of the Constitution* (Baltimore: Johns Hopkins University Press, 1993); Dall W. Forsythe, *Taxation and Political Change in the Young Nation, 1781—1833* (New York: Columbia University Press, 1977); Calvin Johnson, *Righteous Anger at the Wicket States: The Meaning of the Founders' Constitution* (New York: Cambridge University Press, 2005). 关于奴隶制对于内战前美国财政体系和民主制度的重要性,请参阅 Einhorn, *American Taxation/American Slavery*。

[2] Richard Franklin Bensel, *Yankee Leviathan: The Origins of Central State Authority in America, 1859—1877* (New York: Cambridge University Press, 1990), 332—5; Heather Cox Richardson, *The Greatest Nation of the Earth: Republican Economic Policies During the Civil War* (Cambridge, Mass.: Harvard University Press, 1997), 112—37; Steven A. Bank, Kirk J. Stark, and Joseph J. Thorndike, *War and Taxes* (Washington, D. C.: Urban Institute Press, 2008), Ch. 2; Christopher Shepard, *The Civil War Income Tax and the Republican Party, 1861—1872* (New York: Algora Publishing, 2010).

[3] Mark Leff, *The Limits of Symbolic Reform: The New Deal and Taxation, 1933—1939* (New York: Cambridge University Press, 1984); Sparrow, *From the Outside In*; Jones, "Class Tax to Mass Tax", Sparrow, *Warfare State*, 122—33.

lack)写道:"各大战争时期都激发了美国的国家建设,而国家建设和战争都要求政治领袖采用更为激进的收入举措,以保证支持更为扩张的政府行为。"①这种叙事往往是基于大量欧洲国家建设的相关文献,旨在说明美国的政治发展路径与欧洲各国高度相似,尽管从历史变迁的结构模式和社会学模型来看,美国最初的经历是颇为不同的。

这种从理论出发、解释西方国家形成的研究方法确实能够带来深刻的见解。具体来说,历史社会学家通过宏观层面的比较分析,颇有说服力地说明了以下四点:第一,战争和征税对民族国家的创建起到了关键性的作用;第二,统治者和立法者如何致力于在一定的理性约束下达到税收收入的最大化;第三,不同的政治文化、价值观以及历史制度如何决定税收体制在不同时间和不同地点的不同变化;第四,社会对现代工业化与国家集权化的反抗如何决定了各国初始税制的具体差异。事实上,在许多这类结构—功能性的研究中,各国社会与政治对外来战争的不同反应造就了不同的民族国家。借用查尔斯·提利(Charles Tilly)的精简论断,"战争创造了国家"②。

---

① Sheldon D. Pollack, *War, Revenue, and State Building: Financing the Development of the American State* (Ithaca: Cornell University Press, 2009), 293. 同样可参阅 Sparrow, *From the Outside In*; Bensel, *Yankee Leviathan*, and the essays contained in *Shaped by War and Trade: International Influences on American Political Development*, ed. Ira Katznelson and Martin Shefter (Princeton: Princeton University Press, 2002)。

② Charles Tilly, ed., *The Formation of National States in Western Europe* (Princeton: Princeton University Press, 1975); *Coercion, Capital, and European States, AD 990—1990* (New York: Basil Blackwell, 1990); Michael Mann, "State and Society, 1130—1815: An Analysis of English State Finances", in *States, Wars, and Capitalism: Studies in Political Sociology*, ed. Michael Mann (New York: Basil Blackwell, 1988), 73—123; Margaret Levi, *Of Rule and Revenue* (Berkeley: University of California Press, 1988); Carolyn Webber and Aaron Wildavsky, *A History of Taxation and Expenditure in the Western World* (New York: Simon and Schuster, 1986); Steinmo, *Taxation and Democracy*; Kimberly J. Morgan and Monica Prasad, "The Origins of Tax Systems: A French-American Comparison", *American Journal of Sociology*, 114:5 (2009), 1350—94. 同样可参阅 Richard Bonney, ed., *The Rise of the Fiscal State in Europe, c. 1200—1815* (New York: Oxford University Press, 1999); John Brewer, *The Sinews of Power: War, Money, and the English State, 1688—1783* (London: Century Hutchinson, 1988). Charles Tilly, "War Making and State Making as Organized Crime", in *Bringing the State Back In*, ed. Peter Evans, Dietrich Rueschemeyer, and Theda Skocpol (Cambridge: Cambridge University Press, 1985), 169—87, 170. 关于战争对全球累进税发展重要性的最近的评估,请参阅 Kenneth Scheve and David Strasavage, "The Conscription of Wealth: Mass Warfare and the Demand for Progressive Taxation", *International Organization*, 64:4 (2012), 529—61。

023

这些广泛的比较研究为我们理解税收与国家形成的关系做出了巨大的贡献。不仅如此，它们还开始影响一个日益跨学科的子领域——美国的政治发展（以下简称 APD）。APD 的各位学生致力于强调历史决定的政治制度的重要性，并且高度专注于社会政策以及公共支出（特别是公共支出促进美国社会福利国家发展的各种途径）。然而，在"找回国家"的过程中[①]，这些学者依旧忽略了每个国家最为强大的权力来源，即征税能力。从这个意义上讲，运用西方各国的形成模型来解释美国的经历确实有助于揭示税收如何成为（并且一直将会是）现代美国政治和经济发展中的一大基本构成。

不过，尽管上述这种比较历史—社会学的研究确实具备很好的启发性，但该解读缺乏必要的可塑性，因此它往往低估了历史偶然性和人为因素的重要影响。不仅如此，这种研究范式以及它过分确定的理论框架和解释模型倾向于把混乱的历史强行放置在整齐的分类之中。虽然这些学者认识到"关键节点"对"依赖路径"的政治发展历程存在重要的影响，但他们一般更关注其他两点：一是广义的结构性力量的发生顺序；二是政策选择的"正向反馈"机制，这一机制将初始的政策选择固定在独特的制度路径之上。这样一来，他们常常会忽略很多关键问题：关键决策在本质上通常是充满争议的；在关键的历史节点存在大量其他的可能性；各种潜在可能的但是并没有选择的发展路径。[②]

当然，在美国财政国家的形成过程中，广义的结构性力量有着至关重要的影响。本书的后续章节将具体说明这一点（特别是现代工业资本主义和战争所带来的、巨大的结构性压力），以及这些压力如何在 20 世纪之交极大地影响了新财政秩序的基本框架。不过，这些力量并没有自然或不可避免地促成了

[①] 请参阅当前经典文集中的论文，*Bringing the State Back In*. 关于社会支出大量文献的例子，请参阅，如 Theda Skocpol，*Protecting Soldiers and Mothers：The Political Origins of Social Policy in the United States*（Cambridge，Mass.：Harvard University Press，1992）；*The Politics of Social Policy in the United States*，ed. Margaret Weir et al.（Princeton：Princeton University Press，1988）。

[②] Paul Pierson，*Politics in Time：History，Institutions，and Social Analysis*（Princeton：Princeton University Press，2004）；James Mahoney，"Path Dependency in Historical Sociology"，*Theory & Society*，29（2000），507—48. 这并不是说历史社会学家和 ADP 的学者忽视了偶然性。他们关注制度发展的历史顺序，强调了存在偶然性的时刻。但是，变革的潜力往往局限于制度进程的临时性序列之中，这意味着结构性力量的压力是偶然性发展的关键驱动力；然而，这些制度进程也是由在特殊历史时期利用稀缺资源的个体和群体塑造的。请参阅 James T. Kloppenberg，"Institutionalism，Rational Choice，and Historical Analysis"，*Polity*，28：1（1995），125—8。

美国独有的新财政秩序。事实上，人为因素有着非常重大的影响：社会运动家、政治活动家、公共财政学者、有影响力的立法者以及关键的政府官员都深深影响并最终决定了美国新财政政体的思想理念、法律规定以及制度设计。另外，尽管周期性的经济危机和第一次世界大战确实是引发财政变革的重要诱因，但它们的作用更像是催化剂而绝非根本性的动因。不仅如此，国家建设的历史比较往往会忽略个人和团体的付出与努力。实际上，他们竭尽全力、按照自身不同的理念和愿景去构建现代的财政国家。总而言之，在这些概括性的叙述之中，个人和团体被不可避免的结构性力量踢下了舞台，替代他们的是一些独立的影响因素（如战争和收入的功能性需求），而这些因素则变成了主导性的历史角色。

简言之，仅仅通过广义的结构性力量或收入的功能性需求无法解释美国国家形成的复杂路径。事实上，有影响力的个人和组织，以及他们做出的各种选择、采取的不同行动都深深地影响了历史的进程。这些人抓住了现代结构性力量变动所带来的机遇，旨在强调20世纪之交税收改革背后的社会民主推力。对于这些历史参与者来说，税收不仅仅具备收入的功能性作用，它还与社会公正、民主的公民认同以及理性和有效的行政管理息息相关。"尽管以往开征所得税的首要原因通常是筹集收入，"政治经济学家埃德温·塞利格曼在1894年指出，"但最近有一种日益增强的趋势，特别是在更加民主的社区之中，即将所得税作为一种补偿性的措施，其目的是获得更高程度的公正。"①

第二种研究方法带来一个更为迎合历史的解释：它认为这次财政变革虽然发生于一个变革时代，但本质是一场宫廷革命。换言之，这种研究方法认为，美国的这次财政变革只是一种老练的保守主义手段，目的是避免更为激进的财富分配手段，所以退而求其次，接受这种相对不那么激进的举措（仅仅重新分配税负）。附和上一代美国历史主义者的研究观点（他们认为20世纪之

---

① Edwin R. A. Seligman, "The Income Tax", *Political Science Quarterly*, 9:610 (1894), 616.

交并不是改革的进步时代,只不过代表美国"公司自由主义"的一种形式而已)①,这些新左派的历史学家(第二种研究方法的代表性流派)坚持认为,19世纪后期的"古典法律思想"的税收法学,其背后的驱动力是在美国的税法和税收政策之中融入并且巩固一种"反再分配的原则"。根据这一逻辑,所得税变成了一种"中间派"的思维,而相对自主的立法者则成了资本主义体系的"受托人"。因此,税收的改革运动并不是"减轻穷人和中产阶级负担的、真实的经济与民主表述",罗伯特·斯坦利(Robert Stanley)辩称:"它只不过是用来反抗更为激进制度的变革(由某些学者和政治左翼与右翼的街头抗议所倡导的)的一种让步手段。"他们认为,社会公正只不过是空洞的国家口号,而税法和税收政策在早期阶段相对有限的再分配效应则变成了他们口中的明证。从这个角度来看,所得税体系的出现意味着美国错失了实施真正民主和平等改革的关键机会。②

这种公司自由主义的解读可能有一定的可信度,因为确实存在一些"中间派"的立法者,如密苏里州的众议员乌里尔·赫尔(Uriel Hall),而且他支持所得税的原因也确实是将其视为"消灭无政府主义者以及压制社会主义者的一

---

① 对这个时期公司自由主义的主要解读,请参阅 William A. Williams, *Contours of American History* (Cleveland: World Publishing Co. ,1961); James Weinstein, *The Corporate Ideal in the Liberal State*, 1900—1918 (Boston: Beacon Press,1968); Gabriel Kolko, *The Triumph of Conservatism: A Reinterpretation of American History*, 1900—1916 (New York: Free Press,1963); Martin J. Sklar, *The Corporate Reconstruction of American Capitalism*, 1890—1916 (New York: Cambridge University Press,1988); James Livingston, *Origins of the Federal Reserve System: Money, Class, and Corporate Capitalism*, 1890—1913 (Ithaca: Cornell University Press,1986); Jeffrey R. Lustig, *Corporate Liberalism: The Origins of Modern American Political Theory*, 1880—1920 (Berkeley: University of California Press,1982).

② Morton J. Horwitz, *The Transformation of American Law*, 1870—1960: *The Crisis of Legal Orthodoxy* (New York: Oxford University Press,1992),19—27; Robert Stanley, *The Dimensions of Law in the Service of Order: Origins of the Federal Income Tax*, 1861—1913 (New York: Oxford University Press,1993),12,230—1. 将公司自由主义的解读应用于后期美国财政历史的示例,请参阅 Ronald F. King, *Money, Time, and Politics: Investment Tax Subsidies and American Democracy* (New Haven: Yale University Press,1993); James O'Connor, *The Fiscal Crisis of the State* (New York: St. Martin's Press,1973). 经济历史学家也持有相似的主张,认为国会给关键州分配联邦支出的能力"在塑造通过所得税修订案的政治联盟方面起到了关键的作用"。Bennett D. Baack and Edward John Ray, "Special Interests and the Adoption of the Income Tax in the United States", *Journal of Economic History*, 45:3 (1985), 607—25.

种手段"①。但是，对所得税的这种批判，往往高估了公司自由主义的立法者以及改革者在化解政治挑战（左翼和右翼）方面的能力。大量证据（尤其是在第一次世界大战期间）表明，累进税的改革者充分利用经济危机的契机和战争国家紧急情况所带来的机遇，从而成功克服了保守派的抵抗并且支持了社会民主党的国家主张。他们之所以这样做，是因为他们具备高度务实的态度：他们追求的并不是难以实现的、激进的财富再分配。事实上，他们的最终目标既不是从任何极端意义上财富再分配，也不是维持现有的财政现状；他们致力于在不同地理区间和经济社会阶层之间重新分配现代国家的运行成本。正如科尔·赫尔所说，他们致力于确保富人"不能逃避"自身的财政负担与公民义务。②

第二种研究方法也就是标准的中间派解读过度关注财政国家的局限性，这不仅低估了税收改革的巨大力量与影响；更重要的，它还掩盖了这一阶段（美国历史上的重要形成期）的真实成就。具体来说，在这一阶段，美国从累退、隐匿、分权并且高度政治化的旧税收体系转变为累进、透明、集权并且专业管理的新税收政体，这无疑是一项惊人的伟大成就。这种转变也许并不如一些人（如持反对意见的活动家、理论家或立法者）所预期的那样激进，但它的确为美国财政关系的巨大变革奠定了关键的基础。如果仅把这种转变视为一场宫殿革命，那同第一种研究方法（也就是结构性—功能性的解读）一样，都只能片面地解释20世纪之交这个时点——一个复杂并且具有重大影响的历史时刻。

与前两种不同，第三种研究方法既不强调结构性的力量，也不强调中间派的公司自由主义动机，而是关注民主和平等主义的目的论演进。对上一代的学者（他们在新政时期成长或成熟）而言，20世纪之交的财政革命从属于进步时代"人民"超越"利益"的重大胜利。同那个时代的其他许多改革一样，直接和累进税运动被这些学者描述为新政自由主义所必需的萌芽阶段以及最终胜

---

① 赫尔引用了 Stanley, *Dimensions of Law*, 117。由于斯坦利的研究的终点是1913年所得税的创建，所以他完全忽视了美国财政国家的后续发展，特别是在第一次世界大战时期的发展。这在很大程度上质疑了他文中的中间派思想和制度（这些内容在文中占据重要的主导地位）。

② *Congressional Record*, 61st Cong., 1st sess. (1909), 44:536, 533.

利的先驱动力。这批老一代的进步史学家将富兰克林·D. 罗斯福(Franklin D. Roosevelt)视为救世主,认为大众所得税(在20世纪40年代通过的相关税法)是美国财政的命中注定的归宿,而在之前发生的、促成这种大众所得税的一系列事件都不过是这种命定归宿的必要前提。在新政期间和之后的一系列报道中,西德尼·拉特纳(Sidney Ratner)、罗伊和格拉迪斯·布莱克(Roy and Gladys Blakey)以及伦道夫·保罗(Randolph Paul)等学者都称赞这场大众所得税运动是无限制民主平均主义的胜利,并且是新财政秩序的开篇序幕。[1]

同结构性的解读一样,旧的进步主义史学解读也低估了历史偶然事件对新民主财政体制发展的重要影响。不仅如此,他们也因此忽略了新政和第二次世界大战期间的各种财政成就必须存在一些关键的前提基础,即早在20世纪三四十年代就建成的、新财政政体的思想、法律以及行政管理基础。这种解读简单地预设新政带来了爆炸性的成就,从而忽略了建立现代所得税制度的漫长历史进程以及其中诸多颇具争议的历史节点。相似地,尽管40年代开征的大众所得税确实促成了美国财政史上的第二次转型(这次转型将直接和累进税制度化),但如果没有20世纪之交的概念性思潮巨变,就不可能出现第二次财政革命。简言之,发生在20世纪之交的、美国公共财政的思想转变为直接和累进税的法律体系与行政框架奠定了关键的基础,它是绝对不可或缺的。因此,复原第一次财政转型的重大历史意义、不再重复进步主义史学的线性目的论解读,正是本书的核心目标之一。

即便是第三种研究方法(即旧的进步主义史学解读)可能已经过时并且被第二种研究视角(即公司自由主义的解读)所超越,但前者强调历史的多种可能性,特别是人为因素(改革者的重要成就)的影响,依旧是非常值得借鉴的。

---

[1] 对拉特纳而言,直接和累进税的历史发展是关于"美国人民努力……塑造税收的故事,而这里的税收并不仅仅是一种收入来源,更是实现经济公正和社会福利的一种关键手段"。Sidney Ratner, *American Taxation, Its History as a Social Force in Democracy* (New York: W. W. Norton, 1942), 9. 在所得税立法史的经典研究中,布莱克夫妇也认同"没有其他的关键税种更加契合民主的理念"。Roy G. Blakey and Gladys C. Blakey, *The Federal Income Tax* (New York: Longmans, Green and Co., 1940), 559, 577. 另外,对于伦道夫·保罗(他是新政期间财政部的一位官员,也曾是一名税收律师)而言,大众所得税的创建意味着,"大多数民众已经赢得了一场争取民主控制税收的战役"。Randolph E. Paul, *Taxation in the United States* (Boston: Little Brown and Co., 1954), 764.

引 言

因此,本书试图复苏旧的进步主义史学研究的部分层面,目的是同时强调现代美国财政国家的成就与局限。另外,本书还结合了近期研究中所采用的"民主制度主义者"方法,借用历史学家 W. 埃利奥特·布朗利(W. Elliot Brownlee)的称呼。这种方法同时承认"政府制度的影响"以及"国家之外的其他民主力量",其中就包括思想理念在政体塑造中的重要作用。[1]

不过,与新进步主义史学的解读不同,本书还强调了法律、司法制度和法律专业人员以及法律流程在建立新财政秩序中的重要作用。简言之,本书致力于揭示促成重要法律变迁和制度变革的社会基础与政治前提。从这个意义上讲,法律是至关重要的通俗用语。借用亚历克西斯·托克维尔(Alexis de Tocqueville)的表述,法律是能够接触到所有美国人的"通俗语言",这些人中当然也包括致力于挑战旧有税收体系的草根社会活动家。[2] 不仅如此,法律也是国家权力的传统语言:一方面,它是进步的政治经济学家用以影响法学家和立法者的交流话语;另一方面,它也是政府管理人员赖以创建并且保持新财政政体行政自治的习惯用语。

新财政政体造成了复杂并且相互矛盾的影响与后果,而本书对法律基础的特别关注能够很好地揭示这种复杂性。换言之,本书展现了"法律的双重作用"(借用社会法律学者的术语),即法律能够促进也能够遏制社会、经济以及

---

[1] W. Elliot Brownlee, *Federal Taxation in America*: *A Short History* (New York: Cambridge University Press, 1996), 266; "Historical Perspective on U. S. Tax Policy Toward the Rich", in Joel B. Slemrod, ed., *Does Atlas Shrug? The Economic Consequences of Taxing the Rich* (New York: Russell Sage Foundation, 2002), 29—74; "The Public Sector", in Stanley L. Engerman and Robert E. Gallman, eds., *The Cambridge Economic History of the United States*, Vol. Ⅲ: *The Twentieth Century* (Cambridge: Cambridge University Press, 2000), 1013—60; W. Elliot Brownlee, ed., *Funding the Modern American State, 1941—1995*: *The Rise and Fall of the Era of Easy Finance* (New York: Cambridge University Press, 1996). 遵照"民主—制度主义"模式的近期研究包括:Elizabeth Sanders, *Roots of Reform*, Ch. 7; Steven R. Weisman, *The Great Tax Wars*: *Lincoln-Teddy Roosevelt-Wilson*, *How the Income Tax Transformed America* (New York: Simon & Schuster, 2002); Richard Joseph, *The Origins of the American Income Tax*: *The Revenue Act of 1894 and Its Aftermath* (Syracuse, N. Y.: Syracuse University Press, 2004); Joseph J. Thorndike, *Their Fair Share*: *Taxing the Rich in the Age of FDR* (Washington, D. C.: Urban Institute Press, 2012); Prasad, *The Land of Too Much*.

[2] Alexis de Tocqueville, *Democracy in America*, Vol. 1, ed. Philips Bradley (New York: Vintage Books, 1990), 280.

政治的变革。① 从正向的角度来说,创建现代美国财政国家的主要历史人物诉诸法律、司法制度以及法律流程,不仅帮助他们实现了改革税收体系的短期经济目标,而且推动了新的公民义务感、改善了当时的治理模式,并且为积极政府奠定了必要的制度基础(可能是最重要的成就)。但从负向的角度来说,他们也通过法律基础驯化了更为激进的、要求财富再分配的呼吁,并且限制了现代美国财政国家的另一种可能性——采用全面的税收—转移支付体系以解决现代工业资本主义的诸多社会弊端。总而言之,税法既促进又限制了这次重要的税收体系改革。

为了理解建立新财政政体的重要意义,首先必须理解旧财政体制的普遍性以及社会对其日益增强的反抗情绪。本书第一章首先描述19世纪后期的整体财政状况。它展示了托马斯·M.库利(Thomas M. Cooley)法官(代表其他主要法学家的观点)以及普通美国工人(如劳动骑士团的成员)所识别出的、旧有税收体系的各种缺陷,并且特别说明了一点:它是一种经济上极为不平等的税收体系。除此之外,第一章还阐明了如此落后又不平等的税收体系得以长期存续的两大主要原因:一是制度层面的原因。旧有税收体系的决策是高度政治化的,依赖于"法院和政党"制度。② 二是思想层面的原因。旧有税收体系的思想基础是传统的社会契约理念,它认为税收是人们为了获得政

---

① Robert A. Kagan, Bryant Garth, and Austin Sarat, "Facilitating and Domesticating Change: Democracy, Capitalism, and Law's Double Role in the Twentieth Century", in *Looking Back at Law's Century*, ed. Austin Sarat, Bryant Garth, and Robert A. Kagan (Ithaca: Cornell University Press, 2002), 2. 通过强调法律概念、正式法条与法规以及立法流程在财政国家建设过程中的重要性,本书结合了法律史、新政治史以及美国国家建设中法律作用的各种跨学科研究。关于这类文献的示例,请参阅 Daniel R. Ernst, "Law and American Political Development, 1877—1938", *Reviews in American History*, 26:1 (1998); John D. Skrentny, "Law and the American State", *Annual Review of Sociology*, 32 (2006), 213—44; William E. Forbath, "Politics, State-Building, and the Courts, 1870—1920", in *The Cambridge History of Law in America*, Vol. II, ed. Michael Grossberg and Christopher Tomlins (New York: Cambridge University Press, 2008), 643—96; William J. Novak, "The Myth of the 'Weak' American State", *American Historical Review*, 113 (2008), 752—72; Julian E. Zelizer, *Governing America: The Revival of Political History* (Princeton: Princeton University Press, 2012).

② Skowronek, *Building a New American State*. 对斯科罗内克(Skowronek)的经验研究以及对"法院和党派"时期的近期评估,请参阅 Richard R. John, "Ruling Passions: Political Economy in Nineteenth-Century America", *Journal of Policy History*, 18:1 (2006), 1—20; 也可参阅 "Roundtable: Twenty Years after Building a New American State", in *Social Science History*, 23:3 (2003).

府益处(由公共产品带来的各种收益)而付出的经济代价。其他改革运动,如亨利·乔治(George Henry)的单一税改革,以及美国社会主义日益强大的运动浪潮,尽管不时激励,但也时常削弱(吸引注意力)时断时续的、根本性税收改革运动。无论如何,到19世纪80年代的尾声,整体社会对旧有税收体系的仇视态度日益严重。康拉德·卡尔(Conrad Carl)在1883年就观察到,"税收"这个话题"引起了劳动者的极大兴趣"。①

尽管农业协会和劳工组织的某些部门确实为20世纪之交的财政转型带来了一定的推动力,但结构性力量以及由此导致的意外事件为财政改革创造了关键的契机,使改革者有机会加速旧有财政秩序的谢幕。这一部分将是第二章的主题。这些结构性的力量包括:工业化、城镇化以及大规模的移民,它们导致美国各级政府的公共收入压力与日俱增。与此同时,工业资本主义的周期性经济下行进一步恶化了旧有税收体系的融资能力。这些结构性力量进一步加剧了原本就极为严重的不平等问题,并且为美国的公共财政带来了巨大的危机——一种长期性的财政失衡(日益增长的支出需求以及严重不足的公共收入)。鉴于此,一群具备改革思想的学界和政界活动家开始致力于解决这场危机。事实证明,他们在旧的财政体制与新的财政体制之间搭建了关键的桥梁,把对前者日益严重的社会怨愤转换为后者新兴成长的动力。

进步公共财政经济学家的思想逐渐被改革者和有影响力的立法者所接纳和吸收。不过,改革者和立法者接纳这些思想是有动机的,目的是利用这些思想克服所得税的制度障碍,特别是来自美国最高法院的制度障碍(它在1895年废除了第一项和平时期的联邦所得税法)。第三章的核心内容将展示这些思想家如何对抗最高法院的这项裁定,具体来说,他们在反对累进税率和累进税的保守主义力量以及更为激进的社会主义变革诉求之间找到了一条中间道路。最终,这些理论家的思想从城镇联盟的大厅到农村的集会再到政治的权力中心,不断谆谆教导美国民众和他们的政治代表一个问题,即根本性税收改革的重要性。

值得一提的是,新税收体系的基础构建并不仅仅发生在联邦政府的层面。

---

① "Testimony of Conrad Carl",419.

事实上，州和地方层面的政府同样为新财政政体奠定了关键的思想、法律和行政管理的基础。不同的是，州和地方层面改革者的重点在于挑战日渐过时的一般财产税（联邦层面挑战的是累退的联邦消费税体系）。本书第四章就考察这些发生在次国家层面的税收改革。州一级的税收活动家在最开始并不愿意放弃一般财产税，因为当初的设计目的是实现对财产的公平且有效的课税。有趣的是，拯救一般所得税的早期尝试（主要是改善一般所得税的行政管理）为州尝试新的税收来源（其中包括所得税）创造了思想层面和制度层面的契机。威斯康星州于1911年开征了第一个实质上的所得税，成为第一个成功管理所得税的州，而其他州很快也竞相效仿。由此可以看出，次国家级政府快速地成为美国财政的创新工厂。

州和联邦政府在实施累进税方面有一点是高度相似的，即它们都试图使用政府的征税权力去控制日益壮大的、新兴的公司资本力量。事实上，使用税收政策限制公司权力是修订宪法（为了对抗美国最高法院对1894年所得税法的废除）流程的一个中间步骤。第五章按照发生时间分别记录了：利用对公司资本主义的各种社会焦虑，改革者为所得税建立了必需的宪法基础——第一部永久性所得税法，并且为现代财政国家构建了至关重要的行政管理框架。有影响力的政治领袖吸收了进步政治经济学家的思想，以说服联邦立法者接受席卷全球的、累进所得税的浪潮——借用威廉·詹宁斯·布莱恩（William Jennings Bryan）的描述。这些立法者还充分利用了美国管理资本主义的兴起，即通过新兴巨型公司的强大信息能力对这些工业巨头的利润、薪金以及分红征税。总而言之，如果说理论家是新财政政体的建筑设计师，那么立法者在随后很快成为遵循税收改革设计蓝图的施工承包商。

在所得税的宪法基础奠定之后不久，美国就加入了第一次世界大战，而这一重大事件使得新财政政体的征税、支出以及借贷权力都变得日益清晰明确。事实上，政府管理者（他们其中的很多人是法律专业人士）在国家的战争紧急情况下为新财政秩序的制度构建和管理结构建设做出了关键性的贡献。本书第六章将讲述这些法律专业人士（尤其是一群独特的华尔街律师）在担任财政部的职位之后，如何在社团主义的政策环境中创建、管理并且捍卫一个强大税收体系（也是参与全球战争所必需的体系）。在战争的磨炼之下，这些财政部的律师成了建造新财政政体的伟大"泥瓦匠"。这些在财政部以"年薪1美元"就职的专业公司律师在战争之前并不一定会支持一个强大的财政国家,但是战争的经历改变了他们。这些曾经的财政部律师,如拉塞尔·C. 莱芬韦尔(Russel C. Leffingwell)、丹尼尔·C. 罗珀(Daniel C. Roper)和亚瑟·A. 巴兰廷(Arthur A. Ballantine),在战后都返回到私人部门工作,并且乐此不疲地维护并继续推动财政国家的相对自治,这种自治正是他们在战时紧急情况下塑造并且坚决捍卫的。

在第一次世界大战结束后,新财政政体的发展经历了一段高度偶然的巩固阶段。本书第七章将介绍战后的情况。具体来说,在财政部长安德鲁·梅隆(Andrew Mellon,他在共和党主导的20世纪20年代一直担任财政部长)的领导下,新财政政体经历了一段自相矛盾的、所谓的紧缩历程。一方面,梅隆与志同道合的共和党人迅速取消了战时高额累进的税率结构,并且废除了用以对抗垄断的超额利润税;另一方面,他们也意识到数十年的社会动荡和思想激荡已经彻底改变了美国政治与法律文化。换言之,在第一次世界大战的激发之下,已经形成了一套全新的公民与国家关系的共识,这使得累进和所得税的体系得以长期存续。甚至连美国的最高法院也卷入了这场紧缩的历程——他们限制了第十六条修正案的适用范围。但具有讽刺意味的是,最高法院的裁定,尽管目的是缩减所得税,但为所得税体系的未来发展奠定了必要的行政框架。

尽管20世纪20年代经常被描述为"回归常态"(即废除新的累进和所得税体系、回到以关税和消费税为主的旧有税收体系)的阶段,但最终,战后十年的税法和税收政策并不能代表累进税改革的终结;相反,它们进一步捍卫了累进主义的社会民主目标。事实上,在第一次世界大战的三十余年之前,由相关社会团体、具有改革意识的学者以及法律制定者所提倡的、大胆的新思想,到20世纪20年代已经成为美国主流政治、经济和社会话语体系中的公认词汇了。

在康拉德·卡尔大胆陈述联邦的间接和累退税是如何不公的近五十年之后,新财政政体的基础已然稳固建立。卡尔本人可能并不认同他的孙子孙女所处时代的现代公共财政体制,但他一定会备感欣慰,因为劳动者不再是唯一

"承担所有税负的驮马"。不仅如此,他可以确定一点:富人不再能够逃避自身应承担的税负份额。另外,他必然会非常高兴,因为他有幸见证了现代美国财政国家建设的第一步。①

---

① "Testimony of Conrad Carl", 419.

第一篇

旧财政秩序

第一章 日益严重的社会对抗：
党派性税收以及早期对财政改革的抵制

在过去三十余年，摇摇欲坠的奴隶制度带来了战争等众多难题，并且一直牢牢地牵制着美国政界的注意力。不过，这个时代已经落幕，一个新的、以经济问题为核心的时代正在开启。在所有的经济问题之中，最重要的是关税问题，因此必须尽快确定这一问题的政党路线并且展开广泛的政治讨论。

——亨利·乔治（Henry George）

1878 年 5 月 22 日，托马斯·M. 库利（Thomas M. Cooley），一位杰出的法官与法律学者，在美国社会科学联合会（ASSA）的年会上报告了一篇论文。ASSA 成立于 1856 年，致力于研究各种当代社会问题；到 19 世纪 70 年代，它已经发展成为一个由改革者、教育家和民间领袖联合构成的著名的国家级联合会。库利法官当时已经出版了大量的作品，包括宪法的专题论文、《黑石的评论》的编译版以及刚刚出版的税法宣传单。这些作品被广为传阅，也深受 ASSA 的推崇。不过，尽管 ASSA 曾多次邀请库利出席年会，但直到 1878 年库利才终于接受了 ASSA 的邀请，届时库利刚刚从约翰霍普金斯大学（访问讲师职位）回到密西根州，担任密西根州最高法院大法官。[1]

---

[1] Frank B. Sanborn to Thomas M. Cooley, March 3, 1875; June 24, 1876; June 13, 1877, Box 6, Thomas M. Cooley Papers, Bentley Historical Library, University of Michigan, Ann Arbor, Michigan [hereinafter TMCP]. 关于美国社会科学联合会的起源以及它在社会科学中承担的专业功能，请参阅 Thomas L. Haskell, *The Emergence of Professional Social Science: The American Social Science Association and the Nineteenth-Century Crisis of Authority* (Urbana: University of Illinois Press, 1977).

在这个春夏交替之际,ASSA 的成员聚集在俄亥俄州的辛辛那提市,对诸多重要议题展开讨论,包括教育改革、"白银问题"①、慈善团体的管理以及禁酒令等。在会议的第二天晚上,库利大法官在 ASSA 的一般会议上发表讲话,介绍他的著作——《拟定税法的管理原则》,听众除了法律从业者之外,还有许多致力于改善美国社会的民众。②

康拉德·卡尔和阿诺斯农场的抗议相似,库利的文章也讨论了旧财政秩序存在的各种问题。首先,他批评了联邦的进口和消费税体系。他解释道:"所有间接税的最终承担者都是消费者。"因此,"当对生活必需品和便利品征税时……绝大部分的税负由贫困阶层所承担",而且,底层人民都"忍受着极端的压迫"。其次,库里还指出,保护性关税是其中最为严重的问题,而且它已经完全背离了自身的初衷(作为公共收入的核心来源)。事实上,保护性关税已经变成了一项保护国内特权产业的国际贸易政策。③

毫无疑问,大多数人认为关税早已不再只是一项国外来源的公共收入。正如亨利·卡特·亚当斯(库利在密西根大学的同事)所指出的,在革命战争之后,关税最初主要是一种地缘政治工具,目的是对抗英国的海上帝国主义。但是,随着时间的推移,这一特定的历史任务早已完结,而关税的目的也逐步转变为保护国内的幼稚产业。到 19 世纪 70 年代后期,亨利·卡特·亚当斯等诸多经济学家一致认为:早期对关税的政治操纵(对抗英国海上帝国主义)

---

① 美国国会当时重要的议题之一,讨论是否将白银作为法定货币。——译者注
② Thomas M. Cooley, *Principles That Should Govern in the Framing of Tax Laws* (St. Louis: G. I. Jones, 1878); "Social Science: Second Day's Session of the American Association", *Washington Post*, May 22, 1878, 1; Frank B. Sanborn, "Social Science at Cincinnati", *The Independent ··· Devoted to the Consideration of Politics, Social and Economic Tendencies, History, Literature and the Arts*, June 27, 1878, 4.
③ Cooley, *Framing of Tax Laws*, 8—9.

第一章 日益严重的社会对抗：党派性税收以及早期对财政改革的抵制

直接导致美国在19世纪滥用关税特权并用以保护国内的特权利益。[1] 同库利一样，亚当斯也是一个杰克逊主义的民主党人，而且坚定地反对私人特殊利益集团从公共权力中获益。对亚当斯而言，关税显然是一种"篡夺"以及"对政府权力的直接滥用"。[2]

不仅如此，州和地方的一般财产税也存在大量的严重缺陷。库里认为，州和地方的一般财产税同样是一个"不合时宜并且极不公平的体系，在这个体系中，声名狼藉的财产估值官员明目张胆、寡廉鲜耻，并且玩忽职守"。他们漠视管理的责任，从而造就了"州和地方税收体系中的臭名昭著的弊端"——在评估土地及房产价值时的"习惯性低估"，以及在评估个人财产价值时"对绝大部分财产的忽略不计"。为了克服这些问题，库利提议采纳一项全新的、更为有效的税收形式。尽管库利并没有倡议开征直接税，但他认为直接税在原则上"具备最小的欺瞒、逃税和诈骗的空间"，从而能够对"社区内的成员征税，并且征税额在大体上和他们的个人收入成正比"。作为出发点，库利认为，可以先对"具有垄断性质的企业股票"征税。[3]

库利的言论代表了当时的主流评价（对联邦以及州和地方的税收体系）。他在ASSA的发言（概述了他不久前发表的税法专题论文）总结了美国税收体系的各种技术性缺陷以及整体性的不公平问题。同绝大多数令人尊重的专题论文作者一样，库利实质上归纳了美国法学领域中得到高度认可的主流观点。作为最著名的美国法学专家之一，库利经常是各种法律议题中最重要的专家，这其中当然包括税法。因此，他在ASSA上的发言也反映了19世纪后

---

[1] Henry Carter Adams, *Taxation in the United States*, 1789—1816 (Baltimore: Johns Hopkins University Press, 1884). 这本书最早是亚当斯在约翰霍普金斯大学的博士论文。另外，他在约翰霍普金斯大学获得了他的第一个博士学位。"First Bestowal of Degrees", Johns Hopkins University Flyer, June 13, 1878, Box 1, Henry Carter Adams Papers, Bentley Historical Library, University of Michigan, Ann Arbor, MI [hereinafter HCAP]. 同时可参阅 William J. Barber, "Political Economy in the Flagship of Postgraduate Studies: The Johns Hopkins University", in *Economists and Higher Learning in the Nineteenth Century*, ed. William J. Barber (New Brunswick, N. J.: Transaction Publishers, 1993). 关于早期共和国时期关税对英美关系的重要性，请参阅 Paul A. Gilje, *Free Trade and Sailors' Rights in the War of 1812* (New York: Cambridge University Press, 2013).

[2] Cooley, *Framing of Tax Laws*, 8—9; Alan R. Jones, *The Constitutional Conservatism of Thomas McIntyre Cooley: A Study in the History of Ideas* (New York: Garland, 1987).

[3] Cooley, *Framing of Tax Laws*, 14, 17, 19, 20.

期美国社会对公共财政体制日益加重的失望与沮丧之情。[1]

从许多方面来说,托马斯·库利为美国公共财政的概念性革命带来了意义深远的重要影响。第一,他对19世纪的税收研究(同时涵盖联邦层面税收和州层面)强调了旧财政秩序不合理的税收负担分配。第二,他的研究明确指出了旧税收体系的关键问题:一方面,联邦的税收政策在本质上是高度政治化并且极其令人厌恶的;另一方面,州和地方的税收体系在管理层面,特别是应税财产估值方面存在严重的滥用职权与玩忽职守。第三,他对税收的哲学公正性(税收仅仅是政府保护的等价回报)的思考以及对所得税的怀疑态度都清晰地反映了一个关键的问题,即当时尚未树立清晰的公民权概念。第四,他对政府征税权力范围和程度的模棱两可的态度,也反映了美国大众对权力集中以及税收体系转变(从旧税制向现代财政国家的转变)的不安。有趣的是,库利本人的法律从业经历恰好反映了19世纪后期美国政府治理与政治体制的巨大变迁——他的职业成长几乎涵盖了法律职业的所有维度,从小镇律师到法庭书记员,再到受人尊敬的法学家、教职科研人员和专题论文作者,最后到联邦铁路的管理者。具体来说,他的职业轨迹反映了美国政府从党派治国到原始行政国家的巨大转变,同时还反映了职业专长对现代美国财政政体日益重要的作用。总结来说,库利是美国财政政体转型的一位关键人物。尽管他的诸多想法仍根植于旧财政秩序,但他对旧有税收体系的批判为税收改革者提供了一个关键的切入点。[2]

库利绝不是唯一详尽讨论旧有税收体系缺陷的学者或个人。事实上,他代表了19世纪后期美国国内对法律、经济与社会的一种较为普遍性的观点。其他的思想家、政治领袖以及社会改革者往往也赞同他的看法。不仅如此,他的著作还吸引了广大受过教育的群众以及新一代的税收专家,而后者常常在

---

[1] Jones, *Constitutional Conservatism of Thomas McIntyre Cooley*; Paul D. Carrington, "'The Common Thoughts of Men': The Law-Teaching and Judging of Thomas McIntyre Cooley", *Stanford Law Review*, 49 (1997), 495—546.

[2] Jones, *Constitutional Conservatism of Thomas McIntyre Cooley*.

第一章 日益严重的社会对抗:党派性税收以及早期对财政改革的抵制

教学、研究和政策建议中引用或借鉴他的研究。① 尽管现代学者对库利的研究动机与学术传承并没有达成共识,但是大家都认可库利对19世纪后期美国法律与政治经济的敏锐观察。② 另外,在库利的各种见解之中,最准确的是国家采用间接税往往是对"贫困阶层"的"极端压迫"。③

旧有税收的不公平性

尽管很少有人质疑库利的重要论断——联邦的间接税是不公平的,但很多经济学家对具体税种(特别是关税)的税收归宿以及最终影响都持有更为谨慎的态度。事实上,绝大多数经济学家认为关税的最终效应是不确定的。亨

---

① Richard T. Ely to Thomas M. Cooley, February 13, 1888; Edwin R. A. Seligman to Thomas M. Cooley, November 9, 1886; November 15, 1892, TMCP. 从库利收到的大量读者来信以及出版商的请求(表达对他税收作品的强烈兴趣),可以见证库利的影响力和受欢迎程度,以及他著作的巨大收入潜力。请参阅,如 W. H. Burroughs to Thomas M. Cooley, Dec. 18, 1874; Banks & Brothers to Thomas M. Cooley, Oct. 8, 1875, Box 6; Edwin R. A. Seligman to Thomas M. Cooley, Nov. 15, 1892; Dec. 3, 1892, Box 5; Richard T. Ely to Thomas M. Cooley, Feb. 13, 1888, Box 3, TMCP.

② 上一代的学者将库利描述为自由放任宪制主义和公司资本主义的辩护者,但最近的修正观点解读则更加充分地描述了库利法官的作品和行为所表达的复杂且矛盾的心理。前一类解读的范例请参阅 Benjamin R. Twiss, *Lawyers and the Constitution: How Laissez Faire Came to the Supreme Court* (Princeton: Princeton University Press, 1942); Clyde S. Jacobs, *Law Writers and the Courts: The Influence of Thomas M. Cooley, Christopher G. Tiedman, and John F. Dillion upon American Constitutional Law* (Berkley: University of California Press, 1954); Arnold M. Paul, *Conservative Crisis and the Rule of Law: Attitudes of Bar and Bench, 1887—1895* (Itacha: Cornell University Press, 1960). 对库利和他同时代的法学家的修订主义观点,请参阅,如 Jones, The Constitutional Conservatism of Thomas McIntyre Cooley; Herbert Hovenkamp, *Enterprise and American Law, 1836—1937* (Cambridge, Mass.: Harvard University Press, 1991); Charles W. McCurdy, "Justice Field and the Jurisprudence of Government-Business Relations: Some Parameters of Laissez-Faire Constitutionalism, 1863—1897", *Journal of American History*, 61: 4 (March 1975), 970—1005; Robert Stanley, *Dimensions of Law in the Service of Order: Origins of the Federal Income Tax, 1861—1913* (New York: Oxford University Press, 1993); Howard Gillman, *The Constitution Besieged: The Rise and Demise of Lochner Era Police Powers Jurisprudence* (Durham, N. C.: Duke University Press, 1993); William J. Novak, *The People's Welfare: Law and Regulation in Nineteenth-Century America* (Chapel Hill: University of North Carolina Press, 1996); Jeffrey Sklansky, *The Soul's Economy: Market Society and Selfhood in American Thought, 1820—1920* (Chapel Hill: University of North Carolina Press, 2002); David M. Rabban, *Law's History: American Legal Thought and the Transatlantic Turn to History* (New York: Cambridge University Press, 2013), 21—7.

③ Cooley, *Framing of Tax Laws*, 8.

利·西季威克(Henry Sidgwick),一位英国的哲学家和政治经济学家,在1883年宣称:"没有任何一种理论方法能够确定"关税对国内消费者或生产者的最终影响。美国的经济学家则一致认为,由于存在诸多实践性的因素,所以任何理论上的分析结论都不可信。埃德温·R. A. 塞利格曼,一位哥伦比亚大学的教授,也是直接和累进税未来最主要的支持者之一,在他早期的税收专题论文中也证实了这一点——确定关税的最终影响是极其艰难的。塞利格曼写道,影响进口税税收归宿的因素"极为众多并且非常复杂,因此在考察对任一类商品的实际税收影响时,仅仅熟悉理论细节是完全不够的,还需要全面了解影响被征税商品的供给与需求的各方面信息"。因此,对于绝大多数19世纪后期的经济学家来说,"谁支付关税"这个问题,并没有一个确定的答案。[①]

不过,保护主义的地区效应是非常确定的。当时的人们已经注意到这一点——19世纪的关税存在显著的财富再分配效应(现代经济历史学家也证实了这一点)。具体来说,它将财富从农业部门(也就是美国的南部和西部)向工业部门(其中心位于美国的东北部)转移。换言之,保护性关税通过提高竞争性进口商品的国内价格来保护东北部制造商的利益,也就是为它们提供了一种隐性的补贴。

与此同时,关税也损害了南方原材料(如棉花和烟草)的出口商和中西部农产品(如小麦和玉米)的出口商,因为他们的出口在实质上是被征税的。南部和西部的领袖在南北战争之前就充分意识到关税的地区性分配效应,所以在内战后的数十年间不断地声讨保护性关税体系,反复强调它以牺牲南部和西部出口商为代价保护了东北部制造商的利益。一份南方报纸在1878年发表了这种看法:"鉴于整个棉花种植部门显而易见的优势,任何重要的关税立法都应该"将棉花"设为免税"。尽管作为一种出口商品,棉花并没有被列入关税清单,但这位主编显然理解关税将在实质上对出口商品征税。这位主编还呼吁国会中的南方立法者"关注这一问题的重要性,并且倾尽全力为出口棉花

[①] Henry Sidgwick, *The Principles of Political Economy* (London: Macmillan, 1883), 492; Edwin R. A. Seligman, *The Shifting and Incidence of Taxation*, 2nd ed. [New York: Macmillian, 1899 (1892)], 374. 关于当时经济学家对关税税负的不确定性看法,请参阅 Douglas Irwin, *Against the Tide: An Intellectual History of Free Trade* (Princeton: Princeton University Press, 1996), 111—13。

第一章 日益严重的社会对抗:党派性税收以及早期对财政改革的抵制

的各州免除这项税收"①。

原材料(如棉花)的出口商并不是唯一的受害者。即使经济学家一致认为间接税(如关税)的税收归宿是高度不确定的,但社会批评家一再强调:大众(作为消费者)认为进口关税是极其不公平的。英国的一位法律学者——亨利·梅因爵士(Sir Henry Maine)在他1885年出版的著作中明确指出,美国的关税是"所有国家所经历过的、最具压迫性的"税收。他的观点得到了美国大众和诸多社会评论家的支持。《纽约时报》指出,"美国的保护性关税政策,在本质上是人为并残酷地提高衣食住行和数以千计日常必需品的价格"。由于对日常消费品征税,所以这个税收体系在本质上是累退的,也就是从贫困者身上榨取更高比重的税收。与康拉德·卡尔在参议院的证词一样,畅销杂志《基督教联合会》批判道:"长期以来,普通技工、劳工和小农场主超过四分之三的平均收入被间接税及其附带的价格效应所榨干",而"资产阶层只有不到四分之一的储蓄受到同样的影响"。不仅如此,一些批评家还认为,更糟糕的是,这些间接税潜伏在暗处、隐匿在消费商品的最终价格之中。因此,民众往往无法察觉到这种税收的存在。《华盛顿邮报》指出:"大众完全没有意识到自己长期以来遭受如此严重的盘剥,我们能够轻易找到100个有能力引用荷马和维吉尔诗作的人,却无法找到一个知道自己被税收严重压榨的人(发现自己购买的衣服和晚餐之中所包含的税收)。"②

毫无疑问,经济学家对进口税的认知(认为关税的税收归宿是难以确定

---

① "Cheaper Bagging for Baling Cotton:The South's Interest in Tariff Reform", *Georgia Weekly Telegraph*, January 1, 1878, at 3;Jeremy Atack and Peter Passell, *A New Economic View of American History from Colonial Times to 1940* (New York, 1994), 139—40;Richard Franklin Bensel, *The Political Economy of American Industrialization, 1877—1900* (New York:Cambridge University Press, 2000), 458—68. 道格拉斯·欧文(Douglas Irwin)展示了19世纪后期的保护主义如何为国内的制造商提供低于关税名义税率的补贴,农业出口商如何承担了高关税的首要压力,以及保护主义如何轻微地损害了将收入花费在出口商品(即食品)之上的消费者。更重要的,欧文估算出关税在不同生产群体和消费者之间再分配了约8%的GDP。Douglas Irwin, "Tariff Incidence in America's Gilded Age", *Journal of Economic History* 67:3 (2007), 582—607.

② Sir Henry Maine, *Popular Government:Four Essays* (London, 1895), 247; "Taxing Food", *New York Times*, June 1, 1891, 4; "Industrial Problems", *Christian Union*, August 20, 1885, 8; "Methods of Taxation", *Washington Post*, August 6, 1883, 2. 更多关于关税导致高生活成本的主流见解,请参阅Mark Aldrich, "Tariffs and Trusts, Profiteers and Middlemen:Popular Explanations for the High Cost of Living, 1897—1920", *History of Political Economy* (forthcoming).

043

的)和公众对进口税的认知存在极为明显的偏差。不过,所有人对州和地方一般财产税的态度是完全一致的。到19世纪后期,几乎每个人都认同一般财产税(州和地方政府的主要收入来源)令人失望至极——不仅无法产生足够的税收收入,还导致了极其不公平的影响(持有实体且可见财产的个人比持有无形资产的个人承担了更高比重的税负)。作为直接税,许多人会认为一般财产税应该是累进的。通常来说,一般财产税无法被转嫁,因为土地和房产是财富的主要形式;从理论上说,这样能够对富人征收更高的税收。但是,在工业时代中期,金融资本主义彻底改变了财富和收入的主要形式(出现了越来越多的无形资产,如股票、利息等),所以一般财产税也不再像早期(农业时期)那样能够实现它的累进功能。①

许多人认为,应税资产价值的普遍性低估与明目张胆的逃税导致州和地方政府一般财产税让小额资产所有者承担了更多的税负(这个观点与库利的批评是一致的)。一方面,公司和富人急切地隐藏他们的应纳税财产;另一方面,财产估值流程的问题严重到令人绝望。正如历史学家克里夫顿·K.伊利(Clifton K. Yearley)所指出的:"各州的一般财产税体系都非常落后,但避税手段繁多并且极其复杂老练。"在绝大多数州,财产估值官员是由地方选举或经政治委任的兼职人员并且负责计算和征收一般财产税。这些地方的财产估值官员要负责计算自己邻居的财产价值,而他们既不具备所需的专业技能,也没有足够的能力准确测算这些房地产或个人无形资产(如股票、债券、抵押以及其他金融资产)的价值。因此,全国的税收专家都认为,一般财产税在实质上歧视相对较不富裕的财产所有者(特别是农场主),因为他们所持有的土地(尽管是少量的)、家畜和机器都是一目了然的实体财产。相反,城里的富人所持有的财富主要是薪金或无形的私人资产(如金融资产),而这些往往都能够轻易地逃避应税财产的估值。因此,政治经济学家和税收官员在州和地方一

---

① Clifton K. Yearley, *The Money Machines: The Breakdown and Reform of Governmental and Party Finance in the North, 1860—1920* (Albany: State University of New York Press, 1970), xii—xv; Morton Keller, *Affairs of State: Public Life in Late Nineteenth Century America* (Cambridge, Mass.: Harvard University Press, 1977), 323—5; R. Rudy Higgens-Evenson, *The Price of Progress: Public Services, Taxation, and the American Corporate State, 1877—1929* (Baltimore: Johns Hopkins University Press, 2003), 13—14; Jon C. Teaford, *The Rise of the States: Evolution of American State Government* (Baltimore: Johns Hopkins University Press, 2002), 42—53.

第一章　日益严重的社会对抗:党派性税收以及早期对财政改革的抵制

般财产税的问题上达成了共识,借用西季威克在1890年的精彩论述:州和地方的一般财产税"对支付能力最低的人压榨最为严重",而且,从来没有任何其他的制度能够"激起更多愤怒的抗议"或者"带来更为真切的不满"。①

这种广泛的共识(州和地方财产税的税负是不公正的)造就了极为重要、复杂而又难以预料的政治后果。事实上,只要美国民众认为税收体系是不公正的,那么社会就会源源不断地支持财政改革,这些改革之一就是对个人收入、企业利润以及财富转移征收直接和累进税。就保护性关税而言,一些分析者认为,选民能够明确问题的根源。事实上,在1890年关税大辩论的高潮时期,一位主编写道:"普通生活必需品的价格飞涨,把共和党的高关税变成了广大不满选民的众矢之的。"这位主编对关税的党派性评论反映了一个事实,即到19世纪后期,关税的税率设定已经成为一个新的政治问题。比较来说,关税在美国内战之前一直是一个引发国家主权、奴隶制度和各州权利争议的问题;但到了19世纪80年代,设立关税时长期采用的滚木立法使关税变成了另一种党派性的阶层问题。正如库利在参加ASSA之前所指出的那样,关税政策早已脱离了自身的历史起源并且转变为一个难缠的政治问题。②

税收的政治发展与社会动态

在内战之前,关税的初始目的是:增加税收收入、保护美国的"幼稚产业"免受国外的竞争,以及规避对奴隶制的政治争论。但到了19世纪后期,由于关税收入的大幅降低,关税本身也转变为一项国际和国内层面的政治工具。具体来说,进口关税在内战之前一直是美国联邦的主要收入,平均而言占联邦

---

①　Yearley,*Money Machines*,66;Edwin R. A. Seligman,"The General Property Tax",*Political Science Quarterly*,5:1(1890),62;Glenn W. Fisher,*The Worst Tax? A History of the Property Tax in America* (Lawrence:University Press of Kansas,1996).

②　"Object Lessons in Tariff",*New York Times*,October 9,1890,at 8;Cooley,*Framing of Tax Laws*. 关税在内战前对美国政治经济的重要性,请参阅 Robin L. Einhorn,*American Taxation/American Slavery* (Chicago:University of Chicago Press,2006);Mark Thornton and Robert B. Ekelund,Jr.,*Tariffs,Blockades,and Inflation:The Economics of the Civil War* (New York:Rowman & Littlefield,2004).

045

总收入的85%，但到19世纪80年代早期，这个比例已经降低至不到60%。[1]

随着关税收入的降低，贸易保护主义不断地陷入国际贸易的地缘政治争斗之中。借用历史学家莫顿·卡勒(Morton Keller)的解释:"19世纪美国的经济政策制定者在长期最为关注关税的原因"，是当时的国内经济背景——既需要出口原材料，又需要保护幼稚产业。然而，其他工业化国家的优先政策选择集合却不尽相同。具体来说，英国更关注自己的全球帝国和成熟工业，至少在1900年之前，自由贸易对英国都是神圣不可侵犯的；相反，地处欧洲大陆的德国与法国和美国的经济背景大体相似。因此，德国的经济理论家，在弗里德里希·李斯特(Friedrich List)的带领下，一致认同保护主义是德国(届时刚刚统一不久)从农业向现代工业转型的必要手段。不仅如此，德国的诸多立法者也赞同保护主义制度，认为它既可以保护国内的幼稚产业，又能够作为国际贸易谈判的筹码和武器。在这个阶段(即全球化的早期阶段)，技术发展和运输手段的创新造成全球经济的快速一体化，像法国这样严重依赖农业出口的国家也开始采用贸易保护主义。因此，美国一方面将关税作为国内制造商的护身盾，另一方面又将它作为国内农业出口商在公开市场贸易中的谈判工具。[2]

除了影响国际贸易政策，关税在国内也成了一个决定性的政治问题(从19世纪60年代后期开始)。两大主要国家党派竞相委任忠诚的党派成员担

---

[1] *Historical Statistics of the United States：Earliest Times to the Present*, Millennial Edition, ed. Susan B. Carter et al. (New York：Cambridge University Press, 2006), Table 588—593. 在内战前，关税只有在马丁·范·布伦(Martin van Buren)担任总统期间降低至联邦收入的75%以下，当时的联邦土地销售收入占总收入之比较高。John Mark Hansen, "Taxation and the Political Economy of the Tariff", *International Organization*, 44 (1990), 527—51.

[2] Morton Keller, *Regulating a New Economy：Public Policy and Economic Change in America*, 1900—1933 (Cambridge, Mass.：Harvard University Press, 1990), 192—3; Frank Trentmann, *Free Trade Nation：Commerce, Consumption, and Civil Society in Modern Britain* (Oxford, Oxford University Press, 2008); Paul Wolman, *Most Favored Nation：The Republican Revisionists and U.S. Tariff Policy, 1897—1912* (Chapel Hill：University of North Carolina Press, 1992); Percy Ashley, *Modern Tariff History：Germany, United States, France* (London：Murray, 1904).

第一章　日益严重的社会对抗：党派性税收以及早期对财政改革的抵制

任报酬丰厚的海关官员,而关税的批评者则将之视为政府日益腐败的明证。①不过,同设定进口关税税率时的党派斗争相比,关税管理的政治任免不过是小巫见大巫。具体来说,民主党往往反对政府对特权的保护,并且倾向于低关税和自由贸易;而共和党在民族主义意识形态下坚定不移地支持高关税。库利作为一位长期的杰克逊主义民主党,从来没有掩饰过对共和党高关税政策的鄙视。他认为,这种高关税政策早已疯狂地背离了共和党的历史起源和它平等主义的思想根源,并演变为一种充斥着"滥用"和"篡夺"的公共权力。②

毫无意外地,共和党的立法者并不同意库利的观点。从(美国内战后的)重建时期结束到19世纪90年代,共和党的立法者一直都代表着美国东北部工业和新兴西部制造商的利益;也就是说,他们一直将保护性关税视作经济发展的核心支柱。不仅如此,这些立法者还坚信控制国外商品流入美国市场是加强国家身份认同的主要途径。其间,众议院的共和党员一共进行了10次相关投票,其中9次都选择了关税保护主义的政策。尽管少数民主党(特别是来自美国经济发展较好部门的代表)会偶尔支持保护主义政策,但绝大多数民主党的政策目标是下调关税清单,甚至有极少数人提倡完全不受管制的自由贸易。格罗复·克利夫兰(Grover Cleveland,美国内战后第一位当选的民主党总统)公开抨击关税,称之为"一项既残忍又不公平、毫无逻辑且完全没有必要的税收",这无疑更加坚定了民主党对保护主义的反对态度。事实上,克利夫兰在1887年对关税的鲜明抨击不仅统一了民主党成员的态度,也为选民提供

---

① Robert D. Marcus, *Grand Old Party: Political Structure in the Gilded Age*, 1880—1896 (New York: Oxford University Press, 1971); Ari Hoogeboom, *Outlawing the Spoils: A History of the Civil Service Reform Movement*, 1865—1883 (Urbana: University of Illinois Press, 1961). 关于在邮政服务体系背景之下政治委任的重要性,请参阅 Richard R. John, *Spreading the News: The American Postal System from Franklin to Morse* (Cambridge, Mass.: Harvard University Press, 1998).

② Cooley, *Framing of Tax Laws*, 9. 关于库利杰克逊主义民主党的根源,请参阅 Jones, *The Constitutional Conservatism of Thomas McIntyre Cooley*, 41—3; Hovenkamp, *Enterprise and American Law*, 28—30.

了一项可以明确区分民主党和共和党的政策标识。①

1988年,W. A. 亚伦(W. A. Allen)在《哈珀周刊》(*Harper's Weekly*)上发表了一幅政治讽刺画。图中的克利夫兰总统正在修剪关税的"护篱",而一群任性的孩子(他们代表东北部制造商的利益)则拼命向山姆大叔抱怨。山姆大叔则回复道:"别再和我胡说护篱被砍倒了、你们被自由贸易吞噬了。"Courtesy of The Library of Congress, Prints and Photographs Division, Washington, D. C.

图1.1　修剪树枝和砍伐护篱的区别

在克利夫兰总统领导民主党抵制保护主义政策的同时,共和党刻意精心设计了一套能够协调地区之间差异的关税政策。关税政策长久以来一直以牺牲南部和西部农耕地区为代价保护东北部的工业地区,从而不断加剧部门和地区之间的矛盾。为了获得西部新选民的支持,共和党在内战后对保护性政策进行了调整。这一举措进一步巩固了保护主义关税的地位。具体来说,东

---

① Bensel, *Political Economy of American Industrialization*, Tables 7. 1 and 7. 2, 470－1; Cleveland quoted in Sidney Ratner, *American Taxation: Its History as a Social Force in Democracy* (New York: W. W. Norton, 1942), 157; Joanne Reitano, *The Tariff Question in the Gilded Age: The Great Debate of 1888* (University Park: Pennsylvania State University Press, 1994); Andrew Wender Cohen, "Smuggling, Globalization, and America's Outward State, 1870—1909", *Journal of American History*, 97:2 (2010), 371－98.

第一章 日益严重的社会对抗:党派性税收以及早期对财政改革的抵制

北部的共和党在关税清单上增加了一些商品(如羊毛制品、皮毛以及谷物等),从而兼顾了部分西部和中西部农场主的利益。不仅如此,民主党还将关税的税收收入用于各种专项支出。举例来说,共和党的国家整合与经济发展计划就包含对国内基础设施的支出以及对内战债券(持有者为欧洲各国和美国联邦)的偿付。[1]

不过,最重要的范例是通过关税收入提供内战的抚恤金(它也是美国第一项原始福利措施),它将关税收入和联邦支出紧密地结合在一起。由于抚恤金的支付对象是联邦军队的退伍军人,所以共和党能够巩固北部和西部对保护性关税政策的支持,并且进一步边缘化南部民主党对高关税的抵制。通过这些措施(出资改善国内基础设施、偿付联邦债券以及支付退伍军人的抚恤金),共和党巧妙地强化了贸易保护政策在支出层面的收益。在这个过程中,他们不断强化一个概念——税收的前提是利益互惠,也就是政府为个人纳税提供互惠性的回报。对两大国家党派而言,关税则演变为一个极富争议的政治议题,而且两党都能够通过这种争议强化并且维护成员和选民对党派的忠诚。[2]

另外,在党派政治性的贸易保护政策背后,实质上的操盘手是受益于进口高关税的各大利益集团。一旦国会开始讨论如何修订关税清单,各大企业组织(如美国钢铁协会、波士顿本地市场俱乐部、羊毛制造业协会以及美国保护性关税联盟等)就立刻开始派发支持关税的宣传册、筹集运动资金,并且游说立法者采纳贸易保护性的政策。从这些参与政治游说的集团名称就可以清楚地发现,北部制造企业(特别是钢铁企业和羊毛企业)是共和党贸易保护政策的最大受益者。尽管并不能肯定这些企业是否依赖关税才得以存活(关税支持者的主张),但可以肯定的是,这些企业相信保护性政策的隐性补贴是值得

---

[1] Elizabeth Sanders, *Roots of Reform: Farmers, Workers, and the American State, 1877—1917* (Chicago: University of Chicago Press), 217—20.

[2] Richard F. Bensel, *Sectionalism and American Political Development, 1880—1980* (Madison, Wis.: University of Wisconsin Press, 1984), 60—103. 关于美国内战抚恤金的社会福利根源,请参阅 Theda Skocpol, *Protecting Soldiers and Mothers: The Political Origins of Social Policy in the United States* (Cambridge, Mass.: Harvard University Press, 1992), 112—14。

尽力争取的。①

关税的反对者则认为,政府这种反竞争性的关税保护造成了各种各样的经济串谋与公司力量的集中化(表现为托拉斯以及各种形式的垄断)。糖业大王亨利·O. 哈维梅尔(Henry O. Havemeyer)在 1899 年曾坦言,保护性关税是"所有的托拉斯之母"。另外,早在数十年前,保护主义的批判者就已经指出保护性关税和企业快速集中化之间的联系。② 在长久的、反垄断传统的驱使下,南部和西部的民主党也不断嘲骂这种"不公正的关税体系",认为它造成了"企业的联合、利益的同盟和各种各样的垄断"。国会议员本顿·麦克米林(Benton Mcmillin,田纳西州的民主党人,他是一位累进所得税和反垄断法的早期倡导者,也是一位主要的关税反对者)坚信关税将助长经济力量的集中。麦克米林还提醒立法者:"政府对外建起了关税的壁垒,而垄断企业们则联合起来(通过合并、托拉斯和盈利同盟),通过对内提高物价掠夺广大民众。"③

麦克米林这样的民粹主义立法者并不是抵制关税引致垄断的唯一力量,业主资本家也同样反对贸易保护主义,因为他们恐惧大型国内公司的、日益强大的经济力量。像亨利·德马雷斯特·劳埃德(Henry Demarest Lloyd)这样的改革家则认为,自由贸易是维护国内小企业发展的重要手段。作为《人民纳税者画报》(People's Pictorial Taxpayer,美国自由贸易联盟的报纸)的编辑,劳埃德不断发表自己对高关税助长经济集中的担忧。特别地,劳埃德还发表了一副政治讽刺画,名为《关税如何抢劫了农民和每一位劳动者》,试图揭露

---

① Bensel, *Political Economy of American Industrialization*, 462; Reitano, *The Tariff Question*, 115—16; F. W. Taussig, *The Tariff History of the United States* (New York: G. P. Putnam's Sons, 1888). 关于保护主义对当时钢铁行业重要性的内容,请参阅 Bennett Baack and Edward Ray, "Tariff Policy and Comparative Advantage in the Iron and Steel Industry, 1870—1929", *Explorations in Economic History* II (Fall 1973): 6—8.

② *Preliminary Report on Trusts and Industrial Combinations*, Vol. 1, *Testimony* (Washington, D. C.: GPO, 1900), 100; Byron W. Holt, *The Tariff, the Mother of Trusts* (n. p.: New England Free Trade League, 1899).

③ *Congressional Record*, 50th Cong., 1st sess. (1888), 19, pt. 4: 3373, 3305; Roy G. Blakey and Gladys C. Blakey, *The Federal Income Tax* (New York: Longmans, Green and Co., 1940), 13—15. 对当时反垄断传统的重新评估(最近的),请参阅 Richard R. John, "Robber Barons Redux: Antimonopoly Reconsidered", *Enterprise & Society*, 13: 1 (March 2012), 1—38.

第一章　日益严重的社会对抗:党派性税收以及早期对财政改革的抵制

"对国外竞争性产品征税的糟糕后果(他的行为也反映了自由贸易联盟的目标)"①。

这副政治讽刺画的四边列出了许多被列在关税清单上的日常消费品,从服装到食品,再到农民和工人使用的工具。讽刺画的中间是山姆大叔在质问"保民官保姆":为什么她的"幼稚企业"一直都需要关税的保护? Courtesy of The New York Historical Society.

图 1.2　关税如何抢劫了农民和每一位劳动者

在利益集团的不断施压之下,即便是最杰出、最偏向贸易自由化的学术思想家都对公开声讨贸易保护主义政策犹豫再三。在整个19世纪中期,美国的经济理论学者都认为美国是具备"例外"特质的,从而拒绝了亚当·斯密(Adam Smith)和约翰·斯图亚特·密尔(John Stuart Mill)的古典自由贸易思想。基于一种宗教语境的政治经济学观点,像亨利·C. 凯里(Henry C. Car-

---

① *Pamphlets of the Hour on Tariff and Free Trade* (1875),85;Giles B. Stebbins,*The American Protectionist Manual* (Detroit:Thorndike Nourse,1883),78—9;Reitano,*Tariff Question*,72.

ey)这样的贸易保护主义者在内战前向一代又一代的美国人不断地传授关税对保护国内幼稚产业的重要性。[1] 但是,随着工业化的加速发展,美国的例外性不断减弱;同时,幼稚产业的经验性证据也开始动摇。因此,到19世纪的最后几十年,一些经济学家开始谨慎地质疑贸易保护主义。举例来说,威廉姆斯大学的阿瑟·莱瑟姆·佩里(Arthur Latham Perry)教授在他的课堂上曾斗志昂扬地支持自由贸易并严厉地批判贸易保护主义,但这引来杰出校友对他的严厉抨击。哈佛大学的弗兰克·W.陶西格(Frank W. Taussig)教授(他在19世纪80年代成为美国主要的关税问题专家)也对保护性关税理论抱有一种不可知论的态度。事实上,他认为,保护主义的优点应该根据具体案例进行具体的分析,而这种观点似乎进一步强化了原本就高度政治化的关税问题。[2]

围绕关税的国家政治还导致了另一种层面的斗争,它超越了地区和阶层的利益,涉及传统的、男女之间社会和家庭的角色分工。借用历史学家瑞贝卡·爱德华(Rebecca Edwards)的阐述,两大党派为了迎合流行的性别观念,在各自的"关税改革"中融入了对立的家庭立场。对于共和党而言,关税不仅保护了国内的制造商,而且"保护"了"女性家庭生活"的整个世界。由于高关税保护了男性的工作岗位与高工资,所以共和党宣称他们在"保护每一个家庭"——让男性有能力养家糊口,从而让妇女和儿童能够留在自己的独立领域中[3],而不用遭受劳动市场的剥削。作为"家庭的党派",共和党在整个19世纪后期都用华美的修辞鼓吹家庭价值观,主张保护主义令工作的男性能够"让妻子安心地居家并让孩子愉快地上学"。

支持低关税的民主党则提出一个完全相反的、反对高关税的理念,但同时并没有挑战当时主流的两性分离领域的意识形态。在19世纪80年代后期,

---

[1] Joseph Dorfman, *The Economic Mind in American Civilization*, 1865—1918(New York, 1969),6—7; James L. Huston, *Securing the Fruits of Labor: The American Concept of Wealth Distribution*, 1765—1900(Baton Rouge: Louisiana State University Press, 1998); Abraham D. H. Kaplan, *Henry Charles Carey: A Study in American Economic Thought*(Baltimore: Johns Hopkins University Press, 1931).

[2] Judith Goldstein, *Ideas, Interests, and American Trade Policy*(Ithaca: Cornell University Press), 83—91; Irwin, *Against the Tide*, 97—8; Dorfman, *Economic Mind*, 61.

[3] 男女两性的独立领域是一种关于两性角色的意识形态,这种意识形态从18世纪后期到整个19世纪都统治着美国的两性观点。它认为男性的独立领域在公共领域,如政治和经济等;而女性的独立领域在私人领域,如家庭。——译者注

第一章　日益严重的社会对抗：党派性税收以及早期对财政改革的抵制

民主党宣称高关税的税负会转移到日常消费品的价格之上，从而导致生活成本不必要的上涨。因此，这种政策实际上削弱了男性工资收入者养家糊口的能力，从而威胁了男性的荣耀与责任。不仅如此，大量的政府对公寓楼住户和工人阶级生活的调查结果表明，关税等直接税确实威胁了男性工作者在家庭中的主人地位。①

两大党派都利用性别的互动关系来提高民众对各自政策（对保护主义的不同态度）的支持。民主党的目标是女性消费者，他们宣称，关税伤害了工人和中产阶级家庭的购买能力；而共和党则强调，女性应该更关注自由贸易对她们丈夫就业岗位和工资收入的威胁。尽管当时大部分女性并没有投票权，但是政治领导人已经意识到女性对家庭日常决策（包括丈夫的投票决策）的重要影响。不仅如此，80年代的女性政治活动家将关税改革（或"自由贸易"）视为民事改进的核心支柱。尽管两大党派在关税问题方面具有极端分裂的态度，但他们都认为关税政策能够间接用于维护社会的性别阶层秩序。到19世纪末期，一群新的职业社会学家将挑战国家的关税政治，并且试图颠覆家庭和市场中这种性别分离的传统。②

政治压力及其对社会关系的影响并不仅仅发生在国家层面，同样干预了州和地方的税收。除了诸多逃税及税收管理问题之外，政治腐败也严重破坏了州和地方的一般财产税。财产估值官往往是一个没什么油水的裙带关系职位。"在任命大会上"，一位犹他州的政治领袖在1912年解释道，财产估值官

---

① Rebecca Edwards, *Angels in the Machinery: Gender in American Party Politics from the Civil War to the Progressive Era* (New York: Oxford University Press, 1997), 68—82. 关于衡量"生活成本"对当时政治辩论重要性的内容，请参阅 Thomas A. Stapleford, *The Cost of Living in America: A Political History of Economic Statistics, 1880—2000* (New York: Cambridge University Press, 2009), Chapter 1.

② Edwards, *Angels in the Machinery*, 68—82; Amy Dru Stanley, *From Bondage to Contract: Wage Labor, Marriage, and the Market in the Age of Slave Emancipation* (New York: Cambridge University Press, 1998), 148—57, 166—74. 关于在政治与公共行为之中女性角色转变的相关内容，请参阅 Paula Baker, "The Domestication of Politics: Women and American Political Society, 1780—1920", *American Historical Review*, 89: 3(1984), 620—47; Elisabeth S. Clemens, *The People's Lobby: Organizational Innovation and the Rise of Interest Group Politics in the United States, 1890—1925* (Chicago: University of Chicago Press, 1997); Alice Kessler-Harris, *In Pursuit of Equity: Women, Men, and the Quest for Economic Citizenship in 20th-Century America* (New York: Oxford University Press, 2001).

员"通常是最后一个被任命的,任命的原因可能是他所属的特别部门,或者是他对党派做出的贡献……但从来都不会是由于他适合这个职位"。同其他受惠于党派职权的官员一样,财产税的估值官员也受到党派领导的牵制。戴维·A.威尔士(David A. Wells),一位内战前的税收官员兼著名的经济评论家,在长期的观察后指出,这种"普遍的道德败坏",不可避免地使"财产估值官员的终身任期都依赖于这种党派裙带关系"。①

州和地方税收估值官员的非独立性(党派牵连)在评估企业财产(特别是大企业的应纳税财产)时尤为严重。税收改革者明确指出:一方面,联邦的保护性关税优待国内的大型企业并且助长了垄断;另一方面,无能的财产税管理则为这些企业在州和地方获得了相似的优待。尽管铁路、汽车以及其他商业的有形资产应该同私人财产一样纳税,但臭名昭著的财产估值官员卑躬屈膝地与企业合谋、接受贿赂、参与企业的偷税活动,并且大幅度低估企业的应税财产价值。而且,这样无耻的玩忽职守绝不仅限于城镇地区。事实上,农场主和其他乡村财产持有者都强烈地抗议,因为他们不成比例地承担着一般财产税的税负。不过,财产税的分权管理使乡村的税收估值官员具备高度的自由裁量权,从而使农场主和农村居民也能够通过隐藏自身财产或者其他欺诈手段来降低他们的应纳税额。②

同党派性的关税一样,19世纪后期,州和地方财产税的政治活动也对社会关系和民众视野有着深远的影响。举例来说,早期的女性选举权论者认为,为州和地方缴纳一般财产税的女性应该获得对等的投票权。援引独立战争时期的口号——"无代表不纳税",女性代表们,如康涅狄格州格拉斯顿伯的艾比·斯密(Abby Smith)和朱利安·斯密(Julia Smith)就提出抗议,认为既然要求女性的财产所有者履行公民的财政义务,就不能剥夺她们的公民投票权,否则就是自相矛盾的不合法要求。最终,斯密姐妹赢得了选举权,而她们的抗议也生动地展示了税法在赋予权力层面的功能,以及税收如何被作为政治动

---

① *Final Report of the Board of Commissioners on Revenue and Taxation for the State of Utah* (Salt Lake City: Arrow Press, 1913), 13 (quoted in Teaford, *Rise of the States*, 44); David A. Wells, "Principles of Taxation", *Popular Science Monthly*, 48: 1 (1895), 1—14.

② Higgens-Evenson, *Price of Progress*, 39—51; Yearley, *Money Machines*, 53, 63; Ransom E. Noble Jr., *New Jersey Progressivism before Wilson* (Princeton: Princeton University Press, 1946), 11.

第一章 日益严重的社会对抗:党派性税收以及早期对财政改革的抵制

员的有效工具。①

同法律体系的其他方面一样,税法能够加强平权主义的主张,但它也能被用于抑制累进改革以及维护传统的等级制度。举例来说,在内战重建后期的数十年内,南部各州热切而又迅速地开征了人头税,并且要求只有通过文化测试、拥有一定量的财产并且缴纳了人头税的公民才有权利投票。通过这种人头税,他们可以剥夺穷苦白人和少数族裔的投票权,并且同时否认他们完整的公民权,从而强化精英白人的种族优越论。当然,人头税并不是创新的税种,美国历史上常常有它的身影,不过名称略有差异,并且只是偶尔与投票权互相挂钩。不过,在 19 世纪 90 年代,南方共和党人为了巩固他们的政治地位和社会权威以及保障白人的种族优越性,转变了人头税的内在含义,将其变成一种与投票权直接挂钩的税收,也就是必须缴纳这种税收才有权利投票。1890年,密西西比州率先开征 2 美元的人口税,同时提出了各种原则上并没有违反美国宪法第五修正案的、限制投票的规定。最终,密西西比州有效地把非裔美国人和穷苦白人排除在州和地方的政治活动之外。南部其他各州很快也紧随密西西比州的脚步,而税法也一直是一个政治工具,用来维持社会和政治的力量。②

对党派性税收的司法遵从

司法遵从进一步强化了 19 世纪后期的税收的党派性特质。正如当时的法律专题论文作者所观察到的一样,英美法律传统一直赋予立法机关近乎不

---

① Linda K. Kerber, *No Constitutional Right to Be Ladies: Women and the Obligations of Citizenship* (New York: Hill & Wang, 1998), 81—123; Carolyn C. Jones, "Dollars and Selves: Women's Tax Criticism and Resistance in the 1870s", *University of Illinois Law Review* (1994), 265—310.

② Kessler-Harris, *In Pursuit of Equity*, 22—64; Mississippi Constitution of 1890, Article 12, Sections 241, 243; *Voting in Mississippi: A Report of the United States Commission on Civil Rights* (Washington, D. C.: The Commission, 1965), 3—5; C. Vann Woodward, *The Strange Career of Jim Crow* (New York: Oxford University Press, 1974), 83—5; Alexander Keyssar, The Right to Vote: *The Contested History of Democracy in the United States* (New York: Basic Books, 2000), 111—12; Frank B. Williams, Jr. "The Poll Tax as a Suffrage Requirement in the South, 1870—1901", *Journal of Southern History*, 18:4 (November 1952), 469—96.

受限制的征税权。法官基本没有任何约束税收法定应用的自由裁量权。因此,在19世纪,只要立法者没有违反宪法,法庭(通过表面上的民主决策权)通常允许立法机关决定税收政策的各项细节。弗朗西斯·希尔利亚德(Francis Hilliard)在其专题论文(也是第一批现代美国税法的专题论文)中写道:"关于行使税收权力的具体模式,除非受到一些宪法条款的限制,立法机关被授予了完整的自由裁量权。"当然,法院有责任确定宪法条款如何限制立法机关的自由裁量权,但希尔利亚德和其他的专题论文作者发现,州和国家的案例都表明,立法机关拥有"非常宽泛程度的"征税权。①

库利也赞同"税收权"是国家的基本特权之一。税收权是"不受任何限制"的"主权事件"。但是,与希尔利亚德不同,库利还明确讨论了税收权的各种潜在限制。他的《税法的专题论文》(Treatise on the Law of Taxation)就意在强调"限制征税权力的根本原则"。作为一名普通法的法学专家,库利对法院抱有极大的信心。② 不过,库利的法律分析通篇都在说明一点——联邦法院仅能驳回国会征税权最为恶劣的违反情况。"国会必须决定联邦税收事务的每一项公共政策,"库利写道,"所有的税收必然存在区别对待,只有征税的权力当局能够确定对谁以及如何区别对待。"一些案例中确实存在"无法承担的税负,而且征税者的目的并不是筹集税收收入,只是为了实现某些不可告人的目的(这些目的通常是政府没有能力实现的)"。然而,库里总结道:"即使在这样的情况下,也必须坚持一个前提——立法行为必然受制于正确的动机,从而司法系统不能询问立法机关的目的。"③

---

① Francis Hilliard, *The Law of Taxation* (Boston: Little, Brown 1875), 3, 5; William Henry Burroughs, *A Treatise on the Law of Taxation as Imposed by the States and Their Municipalities* (New York: Baker, Voorhis & Co., 1877), 5—7; James McIlvanie Gray, *Limitations of the Taxing Power: Including Limitations upon Public Indebtedness* (San Francisco: Bancroft-Whitney Co., 1906), 123—30, 228—9.

② Jones, *Constitutional Conservatism of Thomas McIntyre Cooley*; Kunal M. Parker, *Common Law, History, and Democracy in America, 1790—1900: Legal Thought before Modernism* (New York: Cambridge University Press, 2011), 204—9.

③ Cooley, *A Treatise on the Law of Taxation: Including the Law of Local Assessments* (Chicago: Callaghan and Co., 1876), iv, 74—5; Stanley, *Dimensions of Law*, 82—5. 在他的税法讲座上,库利也观察到对财政事务的司法遵从的重要性,这门课的思想被传承给了下一代的税收学者,其中就包括亨利·卡特·亚当斯。Henry Carter Adams, "Tax Lectures," in Box 26, Folder 1; "Lectures on Taxation-By Judge Cooley, 1882", Bounded Materials, Box 15, HCAP.

第一章 日益严重的社会对抗:党派性税收以及早期对财政改革的抵制

这些法学专家的态度反映了当时的案例法和美国最高法院对国会征税权的普遍遵从性。特别地,美国的宪法要求所有"直接"税都在各州之间按照人口进行分配。但是,在19世纪的绝大多数时期内,最高法院都按照狭义的视角解读这项规定,从而使国会在行使自身征税权时拥有极大的自由空间。从1796年到1880年的一系列法院裁决来看,最高法院的裁定覆盖了各种类别税收,包括对运输、企业某项收入以及州银行票据流通的税收,甚至包括对个人收入的税收,而且,法院的裁决都认为,这些税收不属于需要按各州人口进行分配的直接税。① 另外,在上述这些案例中,法庭的裁决都承认,宪法的直接税条款是对国会征税权的正式限制。不过,当时的主流观点认为,只有人头税和土地税才属于需要分配的直接税,因此最高法院的裁定认为其他税收都属于间接税。这意味着最高法院的法官默认了宪法的直接税条款,从而赋予国会巨大的自由征税权。事实上,在一项确认继承税的法院裁决中,内森·克利福德(Nathan Clifford)法官解释道,与其说直接税条款是一项限制性条款,不如说它是一项"授予国会征收关税、消费税、附加税和印花税等税收权力的条款,从而使国会能够偿付债券并提供国防和公共福利"②。

对许多立法者而言,最高法院的裁决确认了国会对税收的绝对权力。如参议员约翰·舍曼(John Sherman,俄亥俄州的共和党人,他也是所得税的坚定支持者)所宣称的:"与其他几乎所有方面相比,宪法在税收方面赋予国会更多不受限制的权力。"③相应地,国会的政治活动几乎可以完全决定税收政策,其中也包括进口税的设定。后文我们将看到,最高法院在1895年质疑了国会的绝对征税权,打破了长期以来的先例判决,从而推翻了1894年的所得税法。但除此之外,在19世纪的绝大多数时间里,最高法院对国会征税权的司法遵从都保障了联邦税收的高度党派性本质。④

事实上,由于最高法院和国会都明确地将关税视为间接税,所以关税低调

---

① U. S. Constitution, Article Ⅰ, Section 9; *Hylton v. United States*, 3 Dall. (3 U. S.) 171 (1796); *Pacific Ins. Co. v. Soule*, 7 Wall. (74 U. S.) 433 (1868); *Veazie Bank v. Fenno*, 8 Wall. (75 U. S.) 533 (1869); *Springer v. United States*, 102 U. S. 586 (1881).
② *Scholey v. Rew*, 90 U. S. 331, 346 (1874).
③ *Congressional Globe*, 41st Cong., 3rd sess., (1871), 43, pt. 1, Appendix, 61.
④ *Pollock v. Farmers' Loan & Trust Company*, 158 U. S. 601 (1895).

地成为联邦的主要收入来源。不过，与简单的进口附加税不同，关税并没有统一的税率，而是针对不同的商品设定不同的税率。因此，关税和进口附加税之间微妙而又显著的差异在一定程度上导致了设定进口税率时的滚木立法策略，这也逐步成为19世纪后期税收政策的主要特征。最终，两大党派的国会领袖就时常对关税清单的细节以及保护主义的具体受益对象进行立法协定的磋商。①

但是，最高法院在税收立法方面对党派政治的司法遵从并不意味着纳税人不能挑战关税的估价或者分类。事实上，纳税人常常向美国财政部和美国一般评估委员会（美国海关法庭的前身，成立于1890年）上诉。无论如何，联邦法院对国会筹集收入方面的立法遵从确实导致国家的税收政策一直掌握在国内当选的立法者手中。随着时间的推移（特别是到第一次世界大战之后），愈发复杂的国家税法使财政部的行政自治水平不断提高，从而加速了财政国家的转型（从"法院和党派"转型为现代的管理政体）。但就当时而言，镀金时代②的司法系统乐意授权给两大政治党派，让它们决定税收政策的范围与细节。③

司法系统对立法机构和行政管理机构的遵从加强了国家层面保护主义的政治活动；相似地，州和地方法院的司法遵从也为次国家级一般财产税提供了相似的助力。尽管很多北方工业州的宪法条款要求"一致的"财产税，但是在各州法院的解读之下，这些条款并不能阻止各州的立法机构将不同的财产归于不同的类别。另外，法院往往不会干预一般财产税的随心所欲而又反复无

---

① Einhorn, *American Taxation/American Slavery*, 154—6.
② 一般认为镀金时代的时间段为美国内战结束之后到19世纪后期。这个时期的主要特点是，经济与工业的急剧发展，同时社会财富的分配极为不公。——译者注
③ Customs Administrative Act of 1890, §9, 26 Stat. 131—42; William H. Futrell, *The History of American Customs Jurisprudence* (New York, 1941), 131—40; John Dean Goss, *The History of Tariff Administration in the United States from Colonial Times to the McKinley Administrative Bill* (New York: Columbia University Press, 1891), 76—87; Stephen Skowronek, *Building a New American State: The Expansion of National Administrative Capacities, 1877—1920* (New York: Cambridge University Press, 1982); Brian Balogh, *A Government Out of Sight: The Mystery of National Authority in Nineteenth-Century America* (New York: Cambridge University Press, 2009).

第一章 日益严重的社会对抗:党派性税收以及早期对财政改革的抵制

常的应税财产估值。① 举例来说,威斯康星州(在 20 世纪早期成为州和地方税改革的领袖)的宪法之中包含一项一致性条款,具体内容为:"税收规则应该是一致的,而且对这些财产的征税应遵守立法机关的规定。"②但是,威斯康星州的法院几乎不会驳回(使用司法权力)那些基于政治动机并且不平等的财产税估值。与联邦法院遵从国会的全面征税权一样,州法院不愿意质疑地方的应税财产估值。原则上说,这些法院有权对此进行干预,正如威斯康星州的最高法院所承认的,这种干预权是为了阻止地方税收估值官员的"错误判断或错误事实"。但是,只要这样的错误是"例外情况或无心之失,而且没有影响应税财产估值的基本原则或整体公平性",那么它就是符合宪法规定的。事实上,只有在遇到最明目张胆和最为糟糕的玩忽职守时,威斯康星州的法院才会驳回立法机构的财产估值,例如对某高度分化的城镇的全部土地按照完全相同的价格进行估值。③

同联邦法院一样,州法院也授予州的立法机构极大的自由,让它可以出于公共目的征收等额的税收。不过,法律专家对州立法机构的这种毫无限制的权力持保留态度。尽管库利认为国会拥有无限的征税权,但他深深地担忧各州立法者所拥有的高度征税权。一方面,库利承认法院应该尊重立法机构的民主决策权,特别是在税收政策领域;另一方面,他担忧不受限制的税收权力可能被用于保护特权的利益和垄断的力量,而不是被用于公共的目的。因此,库利将他对政府中立和公平性的担忧与司法自我限制的原则结合在一起。"宪法要求的公平与一致性仅适用于那些由立法机构决定的、适用这一宪法条款的征税对象,"库利在他极具突破性并且广为传阅的宪法专题论文中写道,"决定纳税人和课税对象的权力应被完全委托给立法部门,但总体上说,这些税负应该在纳税人中充分地分散,否则这种税收既不是公正的,也不是合法的。"只有在财政的立法权力"显而易见地在任何程度上都没有"提高公共福利

---

① Fisher, *The Worst Tax?* Chapter 4; Einhorn, *American Taxation/American Slavery*, 204; Simeon Leland, *The Classified Property Tax in the United States* (Boston: Houghton Mifflin Co., 1928).
② *Wisconsin Constitution*, Section 1, Article Ⅷ.
③ *Marsh v. Supervisors*, 42 Wis. 502 (1877); *Hersey v. Board of Supervisors*, 37 Wis. 75 (1875); *Bradley v. Lincoln County*, 60 Wis. 71 (1884).

的情况下,州法院才能够进行干预。① 事实上,库利法官本人偶尔也会宣判某个州的法律违反了这种"公共的目的"。但总的来说,这些只是法院对立法机构的司法遵从的例外情况。②

受益原则与财政公民权利的社会契约基础

事实上,对立法机构征税权的司法遵从仅仅是19世纪政治性税收体系得以延续甚至牢不可破的一种制度性原因。更为重要的因素是支撑这种累退性税收体系的社会与政治思想,它为当时的税收体制提供了强大的意识形态辩护,也为累进税改革带来了极为艰巨的挑战。

对于大部分19世纪的思想家而言,税收仅仅是公民为了交换政府保护所付出的经济代价。这种思想经常被称为税收的"受益原则"或"补偿原则",它的内在逻辑反映了自由放任的国家权力观点,强调公权力与私权力之间泾渭分明的差别。③ 在这个原则之下,公民通过纳税保证政府(是一种中立且受到限制的政府)为他们提供等价的、人身和财产的保障(不受他人或公权力的剥削)。因此,利益税赋论最基本的原则是互惠交易:公民支付税收以换取政府的保护。④

库利再次成为这种思想的代表。尽管他是税收改革的温和支持者,但从意识形态来说,库利法官作为新旧时代的过渡人物所支持的依旧是受益原则。

---

① Thomas M. Cooley, *A Treatise on the Constitutional Limitations Which Rest Upon the Legislative Power of the States* (New York: Da Capo reprint, 1872), 515, 494—5.

② *East Saginaw Manufacturing Co. v. City of East Saginaw*, 19 Mich. 259 (1969); *People v. Salem*, 20 Mich. 452 (1870); Horwitz, *Transformation of American Law*, 22—4; Stanley, *Dimensions of Law*, 82—4. 更多关于库利同时代的、一般杰克逊政治哲学如何表达这类裁决的内容,请参阅 Hovenkamp, *Enterprise and American Law*, 28—30; Sklansky, *Soul's Economy*, 210。也可参阅 Alan Jones, "Thomas M. Cooley and 'Laissez-Faire Constitutionalism': A Reconsideration", *Journal of American History*, 53:4 (March 1967), 751—71.

③ Francis A. Walker, "The Principles of Taxation", *Princeton Review*, 2 (July 1880), 93.

④ 当今的税收理论家依旧认为,基于互惠交易的受益原则不符合公共物品的一般性收益,所以这一原则往往应用于使用费,如燃油税等。Robert W. McGee, *The Philosophy of Taxation and Public Finance* (Norwell, Mass.: Kluwer Academic Publishers, 2004), 58—9; David N. Hyman, *Public Finance: A Contemporary Application of Theory to Policy* (Mason, Ohio: Thomson Learning, 2008), 411—12.

第一章 日益严重的社会对抗:党派性税收以及早期对财政改革的抵制

"公民和财产的所有者有义务向政府纳税",库利宣称,从而使"政府能够履行它的职能"。纳税人"应在政府对公民生命、自由和财产方面获得恰当并完全的补偿,而且公民所拥有的个人财产越多,应缴纳的税额也更高,因为更多的财产会得到更多的政府保护"。在 ASSA 的会议发言上,库利反复重申一点:"每个人按照自身在政府保护之下所享受的收入,等比地为这种保护纳税。"①库利的这一评论简明地总结了受益原则的核心概念。

除了详尽阐述纳税与政府保护之间的互惠关系之外,库利也承认在实践中应用利益原则会面对诸多困难。库里写道:"如果要在实践中应用这个理论,政府应该根据每个人所获得保护的程度来分配公民间的税负,但这显然是无法实现的。""生命和自由的价值以及社会和家庭权力以及优先权都无法用金钱的标准进行度量。"无论如何,对库利和其他人来说,这种互惠的交易标准是一个值得不懈追求并且大体上公正的标准。尽管库利也承认"经验并没有给我们更好的标准"。受益原则"在实践中的形式多样,并且在不同程度上尽可能做到公正与公平"。最后,库利总结道:"这个原则的目标,并不是严格的税收公正,而是这种税收能够最好地服务于政治社会的总体福利。"②

其他的法学家以及决策者也基本认同库利的观点,不过认同的程度不尽相同。部分人支持"保险模式"的税收,认为纳税额与政府提供的福利之间存在一种滑准关系。正如马萨诸塞州的一份税收报告里所写的:"纳税多少,我就提供多少保护。"另一部分人则对受益原则持更加模糊的理解,正如一位法律专著作者所写的:"人们为了有用并且有益于提高自身福利的物品纳税。"③

不过,还有一部分人反对这种抽象并且基于实践的税收原则。法学家 W. H. 巴勒斯(W. H. Burroughs,他在撰写专题论文时一直与库利保持通信)就持有一种更为社会性和务实的税收观点。巴勒斯承认:"从理论上说,纳税人确实在纳税之后应该得到政府保护作为补偿,但征税权力的基础是政治必

---

① Cooley, *Law of Taxation*, 2; Cooley, *Framing of Tax Laws*, 7.
② Cooley, *Law of Taxation*, 16—17.
③ *Report of the Commissioners Appointed to Inquire into the Expediency of Revising and Amending the Law Relating to Taxation and Exemption Thereof* (Boston: Wright & Potters State Printers, 1875), 9; Robert Desty, *The American Law of Taxation* (St. Paul: West Publishing Co., 1884), 2.

要性(而不是利益互惠)。税收是为了公共产品做出的个人牺牲。"这么看来,巴勒斯应该认为,政府提供保护的理由是公共必要性。① 后来的理论学家将扩展他的这一逻辑,尤其关注纳税牺牲的公平性(详见下一章)。融合了约翰·斯图亚特·密尔的思想和德国历史经济学派的教导,新一代接受过专业训练的美国政治经济学家在理查德·伊利、亨利·卡特·亚当斯和埃德温·塞利格曼的带领下,使用"支付能力"这一概念说明直接和累进税能够为社会牺牲、公民身份以及财政公民这些理念注入新的活力。

  对于库利和同时期的其他人而言,财政公民身份依旧是一个相对陌生的概念;相反,他们接受且坚定地支持一种更受限制并且高度强调个体的税收观点,即受益原则,这一原则根植于社会契约论的古典自由主义和占有性个人主义,实际上反映了一系列不连贯的观点,包含自我性、一致同意以及互惠交换。在这个奴隶解放和自由劳动理念高涨的时代,政治和社会理论家再一次加强了这种受益原则的理念;也就是说,税收应该隶属于自治、自我占有的公民和共和国之间的政治协定。在这个意义上,国家及其公民之间的关系意味着对征税权存在一种天然的限制,而对于标榜传统社会契约理论自由观点的人来说,这种限制是极具吸引力的。只有属于政体权力范畴的公民才能够成为纳税公民。正如库利所解释的(引用美国最高法院的早期裁定):"税收权力,不管它的本身特点和所延伸的范围有多大,都有必要被限制在国家司法管辖权的主体之内。"希尔利亚德也认同这个观点,他认为这种限制本身"足以避免错误和压迫性的税收"。反之,受益原则对税收的权力机关存在一种内在的限制,这意味着公民可以通过纳税这种手段来承认他们融入政治与社会共同体的意愿。通过缴纳税款,独立的个人行使了他们的自由选择权和自由意志,认可了主权政府的管理,并且以自身的忠诚和纳税向主权政府交换保护。②

  受益原则的批评者认为,如果受益原则体现了契约关系的自由性质,那么它同样包含一种狭义的、市场导向的财政公民观点。在受益原则之下,税收近

---

  ① W. H. Burroughs to Thomas M. Cooley, December 18, 1874, Box 6, TMCP; W. H. Burroughs, *Treatise on the Law of Taxation*, 1.
  ② Cooley, *Law of Taxation*, 15; Hilliard, *Law of Taxation*, 4—5. 关于战后契约思想的主导地位,请参阅 Stanley, *From Bondage to Contract*.

第一章 日益严重的社会对抗:党派性税收以及早期对财政改革的抵制

似于一种商业交易。政体内的成员除了纳税以及获得政府保护外,不再承担任何社会责任或公民义务。如果税收是美国民众和政府之间最普通、最持久的关系之一,那么受益原则将这种关系的重要性局限于金钱交易之内,并限制了从其中衍生出的公民身份概念——公民身份被缩减为一种商品。受益原则似乎遵从社会契约论的社会层面。对于后来的许多理论学家和政治活动家而言,受益原则这种贫瘠的税收观点和集体理念是无法接受的。不过,在19世纪最后的数十年中,极少有人质疑这一税收原理的逻辑与界定方法。

毫无疑问,正如批评者和一些支持者(如库利)所指出的,受益原则并不是一套系统并自洽的理论。受益原则也经常会给出自相矛盾的解答,从而往往被视为一种政治便利的意识形态,而不是一个思想连贯的理论原则。就连亚当·斯密的"第一税收理论"也对这个概念(税收的基础仅仅是从政府交换得到的保护)持一种模棱两可的态度。"每个国家之内的主体,"斯密写道,"都应该为政府出资,而且出资额度应尽可能与主体的能力成正比。换言之,与主体在国家保护之下享受的收入成正比。"斯密的论述其实是在受益原则的概念之中加入了另一种思想,即根据国家保护的"个体能力"征税。事实上,斯密的这一想法为一种更灵活的税收观点提供了思想基础。[1]

受益原则的理论杂乱性为立法者提供了巨大的便利。在讨论州和地方的一般财产税时,立法者往往援引受益原则,声称财产税的收入被用于提供消防、火警以及对财产和交易权力的法律保护。在联邦层面,我们已经知道,国会领袖声称,关税能够保护国内企业免受来自国外的竞争,并且也保护了国内企业工人的高薪。但关税制度实际上是国际贸易政策、党派裙带关系以及滚木投票策略混合而成的产物。不过,共和党的立法者依旧宣称,关税是基于政府保护的、一种受益性质的税收。尽管这种形式的保护完全不同于传统受益原则中的政府保护形式,但是它的理论杂乱性使得国家的政治领袖可以辩称,缴纳关税和国内消费税是为了换取各种各样的政府保护(包括关税保护、内部改善以及内战抚恤金)。不可思议的是,受益原则的杂乱本质甚至让理论家可

---

[1] Cooley, *Law of Taxation*, 16—17; Adam Smith, *An Inquiry into the Nature and Causes of the Wealth of Nations*, ed. Edwin Cannan [New York: Modern Library, 1937(1776)], Vol. Ⅱ, Book Ⅴ, Chapter Ⅱ, Part Ⅱ.

以用它来攻击贸易保护主义。[1]

  事实上，与累进税改革相关的美国思想家并不经常援引受益原则以抨击保护性关税或支持单一所得税。同库利一样，威廉·格雷厄姆·萨姆纳(William Graham Sumner，一位耶鲁大学的教授兼美国自由放任主义的主要倡导者)以及大卫·A.威尔斯(David Wells)都讥讽保护性关税是一种国家资本主义。他们认为，贸易保护主义是一种不正当的、是对公权力的不合法滥用。萨姆纳写道:"保护性税收体系给予某一公民群体的益处和激励必然来自它对其他公民群体的压迫。"萨姆纳还总结道，通过征收关税，"政府实际上给某些利益群体颁发了侵犯他人权利的许可证"。它允许"对他人权利微妙、残酷并且不公平的侵犯"。在1878年的国会委员会上，萨姆纳还解释了相关的解决方案，即将联邦政府的收入来源从关税转变为统一税率的所得税，同时根据最低生活水平设定免征额。"我赞同将所得税作为一项公共财政事务，"萨姆纳对立法者说，"如果我们废除关税并同时开征统一所得税，那么我认为，结果将对整个社会非常有益。"[2]

  其他经济学家也持有相同的意见——继续维持这个关税体系将不可避免地导致法律制定和行政管理方面的严重腐败。一方面，关税的关键征税官的任命已经被深深地打上了党派裙带关系和政党分赃体系的烙印;另一方面，关税清单和税率设定也是在激烈的政治游说和特殊利益集团的政治活动下产生的。"当前这种反常又可耻的关税，"威尔斯宣称，"是一些人刻意为之的结果，这些人代表特殊的利益集团，奔走于华盛顿，不断地争取、游说和滚木投票，直到心愿达成。不仅如此，他们完全不在乎所达成的心愿对其他同样重要的利益体会产生怎样的负面影响。"[3]

---

 ① David A. Wells, *The Theory and Practice of Taxation* (New York: D. Appleton and Co., 1911), 408—12; Jonathan B. Wise, *An Argument for a Protective Tariff* (Cambridge: University Press, John Wilson and Son, 1880), 25—7.

 ② William G. Sumner, "The Argument against Protective Taxes", *Princeton Review*, 1 (March 1881), 241; Sumner, *Protectionism* (New York: Holt, 1888), vii, 165; House Misc. Doc. 29 (45th Congress, 3rd Session), S. S. 1863, 206.

 ③ James Parton, "The Power of Public Plunder", *North American Review*, 133 (July 1881), 43—64; David A. Wells, "Reform in Federal Taxation", *North American Review*, 133 (December 1881), 611—28.

第一章　日益严重的社会对抗：党派性税收以及早期对财政改革的抵制

尽管许多有影响的思想家都支持以所得税替代关税，但他们并不支持累进税或再分配的税收政策。实际上，库利认为所得税是一个难以企及的理想，至少对于美国而言，因为美国"对所得税的抗议非常强烈，以至于它基本不可能成为一项永久性的收入手段"。即使所得税在行政上是可行的，库利也担心"一旦允许了"累进税率或累进性的税收原则，那么就可能赋予立法者"将全部的政府负担施加于一小部分最活跃、最有企业家精神和最节俭的人们身上"的权力。①

作为国税局的内战前委员，威尔斯对所得税的信心也是有限的。但无论如何，他帮助引入并实施了美国的首部所得税法。不过，他坚决反对任何形式的累进税率，甚至反对基本的免征额。"任何政府，"威尔斯写道，"无论它的名称是什么，本质上都是一种专制主义，如果设定免征额，或者对一些人征收比其他人更高或更低的税率，就会公然地进行剥削。"那么这种歧视，威尔斯总结道，是一种"绝对的独裁"。因此，"每个美国人都应该坚决反对并且蔑视它，而这种反对是才是真正的仁慈。"更为激进地，借用共和党对性别分离的言论，威尔斯坚称，任何类型的累进税都是一种阉割的施舍。"对于任何税收主体而言，"威尔斯总结道，"公平性和男子汉气概都要求税负的一致性。"②

像威尔斯、萨姆纳和库利这样的理论家都抱有希望，相信统一应用的所得税在未来某一天能够取代代表国家资本主义的保护性关税。在这个过程中，这些保守的思想家无心插柳，为不久之后的一场极为深刻的美国税收思想转变埋下了种子。与此同时，年轻一代的、受过专业教育的政治经济学家很快将注意力转移到关税以及公共财政的社会学研究之上。这些在德国接受过教育的学者追随前人的脚步，并且继续谴责贸易保护主义。不过，他们采用了一个新的、更为激进的公权力视角——支持以国家作为累进改革的伦理代理。

社会运动以及税收改革的障碍

在这些进步的政治经济学家质疑前辈的思想之前，各种社会团体已经开

---

① Cooley, *Framing Tax Laws*, 10; *Law of Taxation*, 20.
② David Wells, "The Communism of a Discriminating Income Tax," *North American Review*, 130 (1880), 236—46.

始日益频繁地反对当时的旧有财政秩序。与此同时,库利、希尔利亚德以及其他的法律专家都在嘲讽当时美国的各项财政事务,而民粹主义领袖和改革者的愤怒已经超越了当时的税法体系,针对的是工业资本主义的整个体系。事实上,在19世纪80年代的美国大动荡中,罢工潮、抵制和抗议日益严重,同时民粹组织爆炸性的增长,它们所带来的社会和政治压力是累进性税收改革极为重要的背景。另外,这十年的动荡还塑造了一个新兴的公共知识分子团体,他们很快将成为支持工人阶级需求的社会民主力量。[1]

对一些税收活动家而言,工人大众是非常理想的选民。因为许多普通的美国民众相信他们作为消费者承担了关税和消费税的主要压力。相似地,农场主也认为他们的有形资产使他们受到了不公平的对待(来自过时又令人无比痛苦的州和地方一般财产税)。因此,有组织的工人与农场主是一股潜在的政治力量,改革者通过动员他们可以达到支持根本性的财政改革的目的。不仅如此,工人和美国司法部门的紧张关系在19世纪80年代日益严重,这使得政治和社会改革者更加相信,他们可以利用工人大众的选举力量去改善当时的旧有税收体系。[2]

然而,这些改革者的想法并非完全正确。虽然到20世纪早期,累进税的立法革新确实是在农业区域当选代表的领导下得以实现的;但在19世纪的最后数十年,根本性的税收改革并没有机会出现。具体原因为:第一,如前文所述,不断扩大的保护性关税以及通过它资助的内战抚恤金为保护性关税争取到许多劳动人民的支持,从而打压了对保护主义的各种反抗(尽管这些反抗条理清晰并且团结一致)。第二,国内对酒和烟草的消费税仅仅遭受极小程度的反对,因为这些税在实践中比较隐蔽。另外,对于普通美国民众来说,酒的消费税并没有产生重大的影响,而且鉴于它和戒酒运动的复杂关系,使这项税收变得尤为棘手。第三,可能也是最重要的一点,其他各种改革运动吸引了工人

---

[1] Bruce Laurie, *Artisans into Workers: Labor in Nineteenth-Century America* (New York: Hill and Wang 1989); Nell Irving Painter, *Standing at Armageddon: The United States, 1877—1919* (New York: W. W. Norton and Co., 1989); Sanders, *Roots of Reform*; Leon Fink, *Progressive Intellectuals and the Dilemmas of Democratic Commitment* (Cambridge, Mass.: Harvard University Press, 1999), 52.

[2] Sanders, *Roots of Reform*; Clemens, *The People's Lobby*; William E. Forbath, *Law and the Shaping of the American Labor Movement* (Cambridge, Mass.: Harvard University Press, 1991).

第一章 日益严重的社会对抗:党派性税收以及早期对财政改革的抵制

阶层的大量注意力,从而分化了对直接和累进税的大众支持。特别地,亨利·乔治的单一税运动(取消其他所有税收,仅对地租征税)无疑是当时最具影响力的财政改革运动。尽管美国很多社会学家支持累进税,但是他们的注意力主要集中在保护性劳动立法以及其他的工业改革之上;也就是说,他们的注意力常常在累进税之外。对美国左翼的激进观点(包括那些寄希望于无产阶级革命的观点)而言,他们认为累进所得税和财富转移税并不足以解决现代资本主义不断恶化的顽疾。总的来说,这些分裂的态度让真正的税收改革无法获得全面且持续的支持。

社会整体对根本性税收改革的不安态度反映了19世纪美国对集权的矛盾心理。尽管许多人称颂个人主动性的优点,但当时的公权力无疑一直在施展拳脚(尽管可能并不引人注目),这一点在保护性关税上尤为显著。[1] 因此,废除一个根深蒂固的财政体制不仅仅是挑战关税体系,更意味着挑战整个国家的治理结构。到19世纪80年代后期,一些社会团体看来已经做好了这种准备——不仅出现了一个工人和农场主的政治联盟,而且独立政党对直接和累进税的需求也在不断增加。这说明两个问题:一是社会整体对旧有累退性税收制度的憎恶;二是社会团体议案的关注范畴已经扩大到了直接和累进税之上。但是,总体来讲,这些组织和他们的观点依旧处于国家政治的边缘地带。

立法乐观主义与对关税分裂的忠诚

事实上,政治联盟中的工人和农场主的诉求可能不尽相同,而且会受到各种干扰,但这并不意味着他们对税收改革没有兴趣。除了在司法上抗议劳工法之外,19世纪80年代的许多工人阶层的领袖依旧对法律和立法机构的改革能力抱有信心,而且将法律语言视为一种通俗语言。不过,随着法院不断使用强制令宣布罢工和抵制是不合法的,一些劳工改革者开始转变态度,相信立

---

[1] Keller, *Regulating a New Economy*; Balogh, *Government Out of Sight*.

法的竞技场(即使它并不完美)可能才是宣扬他们所遭受不公待遇的最佳平台。① 劳动骑士组织(KOL)②,是19世纪后期农场主和劳动者的组织协会。该组织在1886年指出,特权阶层主导了立法的流程,而"民众试图影响或者创建法律的任何行为都会遭到攻击和反对"。劳工组织的领导者宣称:"这是对美国民主的扭曲。""法律制定应该反映人民的意愿,而不像现在,反映的仅仅是秘密参与者的意愿,"KOL 的协会期刊——《联合劳工期刊》(*Journal of United Labor*,JUL)——的一位编辑郑重说道,"因此,作为一个整体,人民应该成为立法者,而这个权利应属于每一位公民。"与新一代政治经济学家的观点相同(这些政治经济学家当时正在抗议自由放任主义所谓的自然法则),劳工协会的领导者强调法律(如关税法)的可塑性。"人类创造法律这一事实意味着法律能够出现变革",JUL 的编辑指出:"只有法典上的法律才具备强制性,而不断变化的商业和国内事务都要求法规的变革。"③

KOL 的普通成员(普通的农场主和工人)都相信投票和政治请愿能够推进财政体制的改革以及对垄断力量的限制。一位农场主的妻子在1888年给JUL 写了许多封信件,她写道,"现在最重要的问题"是"农场主和工人的权利(他们的利益是完全相同的),因为一个多头怪兽正在用税收和垄断吸干我们的生命之血"。为了击杀这头怪兽,她建议读者"使用上帝赐予的防御——通过革命战争赋予的投票和选举权——不再让任何一个不代表我们真实利益的人去制定或执行这个国家的法律"。④ 这位普通的美国民众,用她朴素的言辞告诉读者,可以通过请愿要求国会领袖任命生产阶层的成员担任国家的官员:"我们——农场主、店主和工薪工人——请求国会区的领导党派从我们的阶层中任命一位国会候选人,这样我们会相信他忠于我们的利益。如果没有领导党派愿意做出这样的任命,我们用神圣的荣誉承诺,不再为任何国会候选人投

---

① Leon Fink, *Workingmen's Democracy: The Knights of Labor and American Politics* (Urbana: University of Illinois Press,1983); Clemens, *The People's Lobby*; Forbath, *Law and the Shaping of the American Labor Movement*.

② Knights of Labor,美国第一个重要的劳工组织,后文简称 KOL。——译者注

③ "The Functions of Law", *Journal of United Labor*, April 16,1887. 更多关于劳动骑士组织的内容,请参阅 Fink, *Workingmen's Democracy*。

④ Merlinda Sisins,"Farmers and Mechanics, Likewise Laborers, All Interested in the Question of Taxation, Letter No. 1", *Journal of United Labor*, June 23,1888.

第一章 日益严重的社会对抗:党派性税收以及早期对财政改革的抵制

票。"①在整个税收改革的大辩论时期,国会领袖经常会收到这样的请愿,一般还会包含更为具体的要求。②

尽管 KOL 协会和其他的劳工协会一直热衷于参加立法流程,但是在税收改革方面,他们的全国领袖却鲜有贡献。即使在 19 世纪 80 年代后期也是如此,而那时的关税已经成为最重要的政治议题,但 KOL 的全国领袖依旧试图避免党派斗争。一位艾奥瓦州的地方议会成员写信给 JOL,请求"一份说明高关税的各种优点以及自由贸易的种种缺点的辩论大纲"。JOL 主编的回答依旧传承他们特有的谨慎习惯,承认他们对"'保护主义'这一主题已经有了确定的观点,而许多同样博学的 KOL 成员并不认同这一观点"。主编回复道:"将我们的观点作为 KOL 的官方情绪加以宣传可能并不是正确的,因为它可能无法得到大多数人的支持。"但是,主编并没有降低关税问题的严肃性。"对于工薪阶层而言,关税对工业的保护无疑是他们最关注的问题,"主编总结道,"让不同的地方议会在研究之后对此展开辩论吧。"另外,在用以查阅的作者和作品中,主编推荐亨利·乔治。③

劳工组织的领袖对保护主义存在分歧是有原因的。对于工薪阶层和农场主而言,关税无疑是一个高度不统一的问题。支持关税的共和党试图将高关税商品(如羊毛制品)和承诺降低国内烟和酒消费税联系起来,旨在获得工人消费者的支持。尽管关税可能损害作为消费者的工人,但对保护行业的工人而言是有益的。关税在保护国内制造商的同时还创造并且保护了工作岗位

---

① Merlinda Sisins,"Two Heavy Burdens:High Taxation and Organized Monopoly Destroying the Farmer and Wage-Worker",*Journal of United Labor*,August 30,1888(原文重点)。这些以及其他的劳工媒体信件不仅表明劳动骑士组织如何影响劳动女性,也说明这些对女性非常重要的问题远远超出了家庭范畴。从这个层面上说,女性也是对抗累退性税收体系社会活动的积极参与者。另外,关于工作阶层女性与政治改革的更多内容,请参阅 Susan Levine,*Labor's True Woman:Carpet Weavers,Industrialization,and Labor Reform in the Gilded Age*(Philadelphia:Temple University Press,1984);Alice Kessler-Harris,*Gendering Labor History*(Urbana:University of Illinois Press,2006);Edwards,*Angels in the Machinery*。

② 可以参阅,例如 Kansas Farmers' Alliance of Riley County to Hon. John Davis,January 18,1894,Fifty-Third Congress-Petitions:Ways and Means (HR 53A-33. 10),Box 180,Folder "Tax on Incomes,September 9,1893-April 30,1894",National Archives and Record Administration,Washington,D. C. 更多关于所得税的普遍性呼吁,请参阅 Elmer Ellis,"Public Opinion and the Income Tax,1860—1900",*Mississippi Valley Historical Review*,27:2 (1940),225–42.

③ "Protection v. Free Trade",*Journal of United Labor*,April 9,1887.

(这些工作岗位可能被国外的竞争者抢走),而且它还可能带来更高的工资(这是支持高关税共和党人在国会辩论中常常采用的论点)。众议院议员威廉·麦金利(William McKinley,俄亥俄州的共和党人,也是一位关税的重要倡导者)在1888年回应KOL的玻璃工人协会以及其他联盟所提交的一份请愿时宣称,他通过"反对"关税减免支持了至少"50万名美国工人"。像麦金利这样的立法者毫不犹豫地把关税和它带来的好处联系在一起;而俄亥俄州贸易联盟的工人则在他们的请愿中特别指出:"我们代表的行业受到关税的保护,我们也受益于此,因此我们坚定地反对关税减免,它会让我们的工资降到欧洲工人的水平。我们坚决维护高关税的保护,以保持美国工人的美国收入标准。"[1]

与之相反,未受保护行业的工人则"不需要这些保护性关税",因为"关税"是一件"极为不公正的事情"(借用一位制鞋匠的表述)。早在1882年,新生的美国劳工联合会(American Fedetation of Labor, AFL)就在它的官方大会上宣布与保护性关税彻底决裂。毫无意外,鉴于AFL对关税的反对立场,钢铁工人联合协会在最初拒绝加入其中。但随着时间的推移,AFL的不同分支开始独立地代表自身所在的行业去支持贸易保护。因此,在20世纪之交,对劳工组织而言,关税依旧是一个充满分歧的问题。[2]

隐匿的消费税和禁酒令

如果说保护性关税在工人阶层中存在分歧(从而难以推动财政改革),那么销售税对财政改革的阻碍则更加微妙和复杂。在整个19世纪后期,对香烟、酒以及其他各类商品的消费税依旧是联邦收入的主要来源,并且不断地刺痛着普通的消费者。1880—1913年,酒类消费税的税收收入占据了国内总收

---

[1] *Congressional Record*, 50th Cong., 1st sess. (1888), 19, pt. 5:4406.
[2] "Testimony of Mr. Horace M. Eaton", Washington, D. C., September 21, 1899, 360—1, in *Report of the Industrial Commission*; Molly Ray Carroll, *Labor and Politics: The Attitude of the American Federation of Labor Toward Legislation and Politics* (New York: Houghton, Mifflin, 1923), 133—4; Lewis L. Lorwin, with the assistance of Jean Atherton Flexner, *American Federation of Labor: History, Policies and Prospects* (Washington: Brookings Institution, 1933), 436—7.

入(其中不包含关税收入)的60%～79%,同时占联邦总收入的22%～38%(详见表1.1)。

表1.1　1880—1913年酒类消费税和联邦政府收入(国内及总额)

年份	酒类消费税收入(千美元)	联邦国内税收收入(千美元)	酒类消费税占联邦国内收入之比(%)	联邦总收入(千美元)	酒类消费税占联邦总收入之比(%)
1880	74 015	123 982	60	333 527	22
1890	107 696	142 595	76	403 081	27
1894	116 674	147 168	79	306 355	38
1900	183 420	295 316	62	567 241	32
1910	208 602	289 957	72	675 512	31
1913	230 146	344 424	67	714 403	32

资料来源:*Historical Statistics of the United States:Millennial Edition*,ed. Susan B. Carter et al. (New York:Cambridge University Press,2006),Table Ea588—593。

不过,作为一种间接税,酒类消费税难以得到日常消费者的关注。因为这些税收"机巧地隐匿在(商品)的价格之中",伦道夫·塔克(Randolph Tucker,弗吉尼亚州的一名律师兼立法委员)写道,消费者"只会觉得商人是贪婪的,而并不会意识到其中包含的政府盘剥"。塔克解释道,这种"不被察觉的剥削",它的隐匿性可以解释公民为何往往缺乏对"政府财政行为的警觉性"。作为一名反对集权的南方立法者,塔克从未掩饰过他对国家间接税的厌恶,并且认为这些税收伤害了广大的普通民众。"政府实质上完全没有为它所造成的伤害承担任何责任,"塔克总结道,"因为人民尽管遭受了抢劫,却浑然不觉,'只要被害人不知道,他就没有被抢劫'。"[①]

尽管并不想增强联邦政府的权力,但塔克与其他人一样,也相信纳税人和公民有权了解国家政府如何索取公共收入。事实上,很多累进税的改革者也认同这一点——间接税的隐匿性破坏了有效的政治和公民参与。威斯康星大学的政治经济学家(同时是一位劳工改革者)理查德·伊利就致力于观察一个问题:不断集中的财富再加上间接税如何切断了精英公民与民主决策之间的

---

① John Randolph Tucker,"Evils of Indirect Taxation",*Forum* (February 1887),633.

联系？伊利指出，存在一个新兴的休闲阶层——"一个规模巨大并且不断扩张的阶层，舒适地躺在大笔的财富上享受生活"，而他们是对政治和社会最为漠视的一个群体。在隐藏财富并且逃避自身的财政责任时，这个新兴的休闲阶层，伊利写道，常常"对他们的公共责任毫不关心，因为知道自己的财富并不会受到税收高低的影响。他们看似没有向政府缴纳任何税收，因为那些税收相较于他们的财富而言是微不足道的，所以他们往往对税收问题漠不关心"[1]。

新兴的休闲阶层仅仅是问题的一部分。对伊利和其他社会改革者而言，更加漠然的阶层是"职业人士"，也就是"律师、医生和教师"这个阶层，特别是他们有"机会接受教育并获取知识"，而且他们的"影响力非常巨大，并且能够让大众受益"。如果间接税只能够非常小幅地影响到这些受过专业教育的公民，那么他们对相关政治决策也是漠不关心的。为了对抗这种政治上以及公民的漠视，经济思想家和改革者极力要求对收入、利润和财富转移征收更明显、更直接的税收，从而提高财政的透明度和政府的责任。对收入的直接税，伊利认同地写道："正是我们所需要的税种，它能够重新赢得公民对政治流程的关心，从而促进更有效的政府管理。""插一句题外话，"伊利乐观地总结道，一项公正管理的所得税"会在很大程度上改变公众对政府的态度"[2]。

尽管他们支持直接和累进税，但这些社会群体和活动家似乎并不确定这种对收入和财富的新税收能够很好地融入改革的整体议程。禁酒令的早期倡议者（20世纪的"高尚实验"，起源于19世纪的数次戒酒运动）对直接和累进税的态度就模棱两可。一方面，戒酒的倡议者担心酒类消费税被这些税收替代之后，会降低蒸馏酒精的最终价格并导致更高的酒类消费量。鉴于这样的原因，烟草和酒的消费税很受欢迎，因为它是一种针对烟酒的"罪恶"的税收，反映了公众对烟草和酒的反对情绪。早期的实用禁酒主义者将酒类消费税视为对生产和销售酒类商品所必需的惩罚或羞辱，也是一种隐性的禁酒工具。在某些情况下，他们甚至将国内的酒类消费税作为一种有效的、全国层面的禁

---

[1] Ely, *Taxation in American States and Cities* (New York: Thomas Y. Crowell and Co., 1888), 289.

[2] Ely, *Taxation in American States and Cities* (New York: Thomas Y. Crowell and Co., 1888), 290.

第一章　日益严重的社会对抗：党派性税收以及早期对财政改革的抵制

酒手段。因此，反酒馆联盟的成员是支持联邦酒类消费税的，并且认为它是一枚能够实现"间接禁酒"的耻辱勋章。①

另一方面，一些禁酒主义者则支持用对收入和财富的新税种替代现有的酒类消费税。他们认为，联邦政府过分依赖酒类消费税的税收收入，而这会阻止国家的立法者去严肃地考虑全国范围禁酒的道德价值。禁酒党派反对消费税这样的措施，因为它最终会合法化酒类的买卖交易。② 立法者很清楚自己有能力通过酒类消费税完全断绝所有的酒类买卖和交易。正如众议院代表里士满·P. 霍布森扎伊（Richmond P. Hobsonzai，阿拉斯加州的共和党人）在发起决议（这项决议最终成为第十八修正案）时所指出的，如果立法者都严肃地将酒类消费税视为禁酒工具，那么只要多数票通过，"国会就有能力让酒在全国各州全部消失"。实施高额的酒类消费税可以轻松地将酒的价格提高至整个酒类行业都无法营业的程度。但是，由于国家的立法者依赖于酒类消费税所产生的收入，因此他们不太可能宰杀这只"下金蛋的鹅"。像霍布森扎伊这样的人（目标是完全禁止酒类的交易），认为替代性的新税收收入能够帮助国家戒断对酒类税收收入的依赖，因此，他们欢迎对收入、利润和财富转移开征新的税种，并认为这是全国性禁酒的第一步。③

还有另外一个原因促使戒酒倡导者支持以新税种替代酒类税，即削弱制酒公司的道德宣言：他们是爱国的、通过纳税支持国家政府。国内一些最大的制酒公司联合创建了美国制酒者协会，目的是抗议内战的消费税。但在20世纪之交，这些制酒公司开始辩称这些消费税在实质上已经合法化了酒类的生产和销售。他们坚称，酒类消费税是山姆大叔对酒类的许可印章。毫无疑问，戒酒活动家致力于推翻这种观点。世界基督教妇女禁酒联合会也认为，所得

---

① Richard F. Hamm, *Shaping the Eighteenth Amendment: Temperance Reform, Legal Culture, and the Polity, 1800—1920* (Chapel Hill: University of North Carolina Press, 1995), Chapter 5.

② John J. Rumbarger, *Profits, Power, and Prohibition: Alcohol Reform and the Industrializing of America, 1800—1930* (Albany: SUNY Press, 1989), 72, 87—8, 120—1.

③ *Congressional Record*, 63rd Cong., 3rd sess. (1915), 52, pt. 1: 602; Richmond Pearson Hobson, *The Truth about Alcohol* (Washington, D. C.: Government Printing Office, 1914); K. Austin Kerr, *The Politics of Moral Behavior: Prohibition and Drug Abuse* (Reading, Mass.: Addison-Wesley, 1973), 97—102.

税可以间接推动全国性的禁酒运动(通过切断政府对酒类税收收入的依赖)。① 尽管彻底禁酒的倡议者和税收改革者的潜在利益是相似的,但是,由于担心取消酒类的"罪恶"税可能带来各种不利的影响,因此禁酒倡议者对全国性新税种(即所得税)的态度并不一致。由于这种观点上的差异,大部分早期的禁酒主义者并不能将这两大改革视为一体。最终,累进税改革的运动在19世纪80年代依旧颗粒无收。

分流大量社会关注的其他改革运动:单一税收运动和社会主义组织

上文讨论的劳工组织和禁酒组织内部对所得税的矛盾态度,只是税收改革在19世纪后期毫无成果的部分原因。在整个内战重建时期,还存在一个同样严重的障碍——大量的社会关注被其他的社会问题和看似更加激进的、以进步变革为目的的税收改革方案所吸引。对于许多民粹主义团体而言,综合性的财政改革并不如其他问题(如"白银问题、铁路管理和反垄断")重要。同样地,其他的理念和运动(如亨利·乔治极受欢迎的单一税和新生的美国社会主义组织)也吸引了大量改革者的关注。总的来说,这些因素都降低了民众对财富和收入累进税改革的注意力。

从最纯粹的形式来说,亨利·乔治的单一税主张只对土地的价值(具体来说就是地租)征税,从而达到限制土地投机和为受限政府筹集收入的目的。亨利·乔治认为,土地投机几乎是所有工业生活问题的根源,而一个简单的解决方案——对土地价值的增加值征税——能够解决所有的问题。乔治认为,现代资本主义社会并不需要构建一个严格管理的行政国家,就能够清除那些过

---

① Daniel Okrent, *Last Call: The Rise and Fall of Prohibition* (New York: Scribner, 2010), 53—8; Hamm, *Shaping the Eighteenth Amendment*, 92—122. 同样可参阅 Jan-Willem Gerritsen, *The Control of Fuddle and Flash: A Social History of the Regulation of Alcohol and Opiates* (Leiden: Brill, 2000); Wilbur R. Miller, *Revenuers and Moonshiners: Enforcing Federal Liquor Law in the Mountain South, 1865—1900* (Chapel Hill: University of North Carolina Press, 1991)。

第一章 日益严重的社会对抗:党派性税收以及早期对财政改革的抵制

度的回报(他称之为食利阶层的"非劳力增值")。[1] 乔治的著作引发了轰轰烈烈的单一税运动(这些运动的形式各种各样而且经常偏离了乔治的初始主张),而这些运动对各大改革组织有着极大的吸引力,简直就是社会运动的"捕蝇纸"。尽管直到 20 世纪早期,美国才正式接受单一税(一些偏远的区域采纳了这项税收),但早在 19 世纪后期,公众就极为追捧单一税。[2] 乔治的作品充满了反资本主义的修辞,并且频频引用《圣经》,从而吸引了各种社会活动家对单一税的支持(尽管程度略有不同),并且认为它是解决现代工业资本主义之中社会、政治和经济问题的必然方案。毫无疑问,农场主会担心单一税对土地征税的影响(即使这种税直接影响的是土地投机者而不是小型农场主),但劳工和小商人是完全支持乔治及其思想的。[3]

乔治的著作《进步与贫困》(于库利法律专题论文出版之后的第二年问世)在城市工人之间极受欢迎,而且这些工人基本没有任何土地资产。[4]《联合劳工期刊》定期发表这本书的节选,而 KOL 的章程序言也附和了乔治的主张——"以投机为目的持有的土地应该按照土地的全部价值进行征税"。即使劳工领袖对税收问题存在不同的立场,他们也毫不犹豫地推荐组织内部的普通成员学习乔治的著作。在这本著作出版之后,理查德·伊利很快发现,"数以万计的劳工已经阅读了《进步与贫困》,而他们在此之前从来没有关心过这

---

[1] George, *Progress and Poverty*; Arthur N. Young, *The Single Tax Movement in the United States* (Princeton: Princeton University Press, 1916); Peter Speek, *The Single-tax and the Labor Movement* (Ph. D. dissertation, University of Wisconsin, 1915). 为了在 19 世纪后期美国思潮的大背景之下理解乔治的思想,请参阅 John Thomas, *Alternative America: Henry George, Edward Bellamy, Henry Demarest Lloyd and the Adversary Tradition* (Cambridge, Mass.: Harvard University Press, 1983); Sklansky, *Soul's Economy*。

[2] 关于 20 世纪早期单一税在美国西北部的流行程度,请参阅 Robert D. Johnston, *The Radical Middle-Class: Populist Democracy and the Question of Capitalism in Progressive Era Portland, Oregon* (Princeton: Princeton University Press, 2003), 159—76; Lawrence M. Lipin, "'Cast Aside the Automobile Enthusiast': Class Conflict, Tax Policy, and the Preservation of Nature in Progressive-Era Oregon", *Oregon Historical Society*, 107:2 (2006), 165—95。

[3] George, *Progress and Poverty*, 359—60; Henry George, *The Science of Political Economy* (New York: Robert Schalkenbach Foundation 1897), 150—1; Jeffrey A. Johnson, "They Are All Red Out Here": *Socialist Politics in the Pacific Northwest, 1895—1925* (Norman: University of Oklahoma Press, 2008), 104—11.

[4] George, *Progress and Poverty*; Charles A. Barker, *Henry George* (New York: Oxford University Press, 1955).

两个经济问题之中的任何一个"[1]。

单一税还获得了各位城市宗教领袖的支持。社会福音派的领袖沃尔特·劳兴布施(Walter Rauschenbusch)回忆道:"因为亨利·乔治,我第一次走进社会问题这个新世界。"他还将乔治称为"伟大真相的坚定使徒"。事实上,在全国范围出现了大量的单一税联盟,这些联盟一般是由教堂团体创建的(他们被乔治书中引用的福音基督教信仰所吸引)。1886年,乔治竞选纽约市的市长,他得到了多位劳工领袖[其中包括萨缪尔·龚帕斯(Samuel Gompers)]和多位具备改革意识的牧师[如华盛顿·格莱德(Washington Gladden)和劳兴布施]的支持。虽然乔治最终并没有赢得竞选[落后于亚伯拉罕·休伊特(Abraham Hewitt)],但他领先于西奥多·罗斯福(Theodore Roosevelt)。简言之,乔治的竞选实力可以反映出他的个人思想和税收建议在城市之中所获得的广泛支持。[2]

尽管乔治的政治发展受到了挫折,但是乔治的思想已经渗透到工人阶层的日常讨论之中(从KOL普通成员对其著作的追捧程度就可以看出)。"地主所有制可以变得完全无害,"缅因州伊斯特波特的萨缪尔·B.肖(Samuel B. Shaw)在JUL中写道:"只要把它要求人们支付的代价以税收的形式返还给集体。"作为一名热切的单一税收倡导者,肖甚至还宣称"对土地价值的单一税"是"解决劳工问题的唯一以及最终的手段"。另一位支持者从法律的角度解读单一税:"允许土地投机者抢夺劳动者收入的那些法律必须被将土地归为集体所有(通过将土地租金用于公共福利)的法律所替代。"其他人则将单一税视为处理"劳动问题"的一种方法,而这种方法并不需要臣服于"社会主义的奴

---

[1] Knights of Labor, "Constitution of the General Assembly", Demand IV, Preamble. Ely, quoted in Philip S. Foner, *History of the Labor Movement in the United States. Vol. 2. From the Founding of the American Federation of Labor to the Emergence of American Imperialism* (New York: International Publishers, 1955), 120.

[2] Walter Rauschenbusch, *Christianizing the Social Order* (New York: Macmillan Co., 1914), 394; David Scobey, "Boycotting the Politics Factory: Labor Radicalism and the New York City Mayoral Election of 1884", *Radical History Review*, 28—30 (1984), 280—325; Thomas, *Alternative America*, 220—7. 关于单一税联盟的流行程度的相关内容,请参阅 Barker, *Henry George*; Young, *The Single Tax Movement in the United States*; Speek, *The Single Tax and the Labor Movement*。

第一章 日益严重的社会对抗:党派性税收以及早期对财政改革的抵制

役".① 全社会对乔治·亨利及其单一税主张的认同与日俱增,这挤占了对更加温和、实用的税收改革方案的关注。

尽管很多普通工人热切地支持乔治的思想,但国家的劳工领袖对其抱有一种怀疑的态度。举例来说,KOL 内部简讯的主编虽然承认单一税(以及它的共同主义假设)"会大幅促进并在实质上改善辛勤工作者的生活条件",但他不相信单一税有足够的能力(如乔治和他的追随者所宣称的那样)带来洪流般的收益并且成为一种万能的"解药"(解决现代工业生活所带来的各种问题)。他解释称,单一税"自身并不足以保证劳动者获得应得的全部收入,甚至连接近都无法做到"。现代工业城市生活之中存在大量纷繁复杂的社会问题,并不是一项政策处方就足以解决的。单一税"并不会导致人口大批地从城市涌向农村,"这位主编严肃地表示,"它也无法将贸易参与者和城市职业者转变为独立的农场主,更无法保证城市的勤劳大众不受金钱垄断者或残酷竞争的碾压。"最重要的,单一税不会改变生产方式的所有权,"资本家(机器的所有者)和投机商将继续榨取劳动者的大量收入"。这位主编如是总结他对单一税的有效性的质疑:"只要资本和机器依旧被少数人控制,那么仅仅对土地按其全部价值进行征税是远远不够的。"②

一旦提到生产方式所有权以及对资本和机器的控制,就意味着需要更极端的措施来对抗过度的工业资本主义。这些更极端的措施对应的是美国新生的社会主义组织。不过,尽管这些阻止发展非常迅速,但在 19 世纪 70 年代和 80 年代,它们的构成和目标还是高度不统一的。他们之中较为激进的群体支持铁路和公共设施的公有化;其他的群体则致力于寻找更为中庸并且更具实操性的方法以支持工人群体。总而言之,与单一税一样,这些组织也大量分散了对税收改革的关注。③

---

① Samuel B. Shaw, "A Single Tax", *Journal of United Labor*, June 6, 1889; M. Ritchie, "Whose Fault Is It?" *American Federationist* (August 1895), 102; Sara Mifflin Gay, "Is the Single Tax Enough to Solve the Labor Problem?" *The Arena* (May 1896), 956—9.

② "Is the Single Tax Sufficient?" *Journal of United Labor*, September 19, 1889.

③ Daniel Bell, *Marxian Socialism in the United States* (Ithaca: Cornell University Press, 1996); Ira Kipnis, *The American Socialist Movement 1897—1912* (New York: Columbia University Press, 1952); Stanley, *Dimensions of Law*, 77—8. 我们将在第三章看到,这些强调直接和累进税温和层面的政治经济学家也认为,激进的社会主义者并不会支持高额累进税。

尽管社会主义劳动党和绿背党(Greenback Party)在1880年合并,并且将累进所得税列为它们的第二大目标,但绝大部分的美国社会主义组织依旧更关注其他的社会问题。具体来说,温和的社会主义者希望改善工人的日常工作条件,而激进的社会主义者则四处宣扬公共所有制以及无产阶级革命的理念。另外,对累进所得税的支持也难以与上述两大目标相融合:对那些关注立竿见影的实际改革成效的社会主义者而言,政治活动的目标是保证较好的工资收入和工作条件以及保障劳工组织与集会的权利,而并非一个既抽象又长期的目标——从根本上重建美国的财政秩序。另外,对马克思主义者而言,累进税是一个明确的资本主义工具——是维系而不是废除自由产权和固化社会阶层的权宜之计。更有甚者,连关税改革的短期目标也常常遭到他们的摒弃。举例来说,当维克多·布格(Victor Berger,一位密尔沃基的社会主义者)试图在社会主义党派的党纲中加入一条呼吁降低关税的核心政纲时,党内较为激进的群体猛烈抨击并否决了这一提案。[①]

颇具讽刺意味的是,社会主义者和单一税的倡议者反对累进税的根本原因是相互矛盾的。对激进的社会主义者(他们支持无产阶级革命和生产方式的公有制)而言,直接和累进税太过温和,他们更加支持亨利·乔治及其信徒的主张。如JUL的主编所指出的:亨利·乔治的单一税的思想基础是共同社会理论,而其目的是以一剂万能灵药来解决资本主义现存的所有问题。简言之,乔治秉承自由放任的思想,并希望在保留私有产权神圣性的同时,限制政府活动(仅限于对经济租金收入征收专属税)。乔治的单一税狭隘地希望通过一项措施解决当代社会遭遇的海量问题,表明了这种理论保守且反国家主义的本质。简言之,亨利·乔治的单一税保留了激进的个人主义意识,因为它致力于解决亨利眼中所有罪恶的根源——对土地租金的私人占有。

正如一些劳工领袖所指出的,乔治的单一税理念最终变成一项狭隘并且保守的议案,用反资本主义的修辞掩饰它对私有权和有限社会交换的坚持。"认为亨利·乔治的理论——对土地价值征税——能够把所有工厂、矿山和磨

---

① Bell, *Marxian Socialism in the United States*, 73-5. 也可参阅 Victor L. Berger, *The Wool Schedule: Protection, Free Trade, and the Working Class, A Socialist View of the Tariff* (New Castle, Penn.: Free Press, 1911)。

第一章　日益严重的社会对抗:党派性税收以及早期对财政改革的抵制

坊的雇佣工人从他们当前的苦难与贫困中解救出来,这是一场骗局,也是一种妄想,"一份劳工报纸公开宣称,"任何理智的贸易联合主义者都不会接受乔治的万能药。"①相似地,丹尼尔·德隆(Daniel DeLeon,一位社会主义者的领袖)在最初支持乔治竞选纽约市市长之后,也开始反对单一税。德隆认为,单一税是一种"虚假的繁荣",对它的支持"一半来自陈旧的论证,一半来自愚蠢的推理"。②

另外,同他们对关税态度的分歧一样,工人组织对单一税的支持也不尽相同,而且许多工薪工人受到单一税和民粹主义的吸引和哄骗。总的来说,单一税的支持者和社会主义者都憎恨旧的财政体制。最终,他们的集体注意力缓慢地转向了累进税事业。

对累进税的早期但无效的支持

单一税运动和美国社会主义的兴起可能确实阻碍了累进税运动的发展,但这并不意味着19世纪后期出现的大量政治改革协会对财政体制的转变毫无兴趣,因为实际情况恰恰相反。在库利概述《拟定税法原则》的同年,全国多个独立政党开始呼吁对收入和财富转移开征累进税,并将此作为他们党派政纲的官方内容。从草根运动到主流的美国社会主义党派、到绿背党和反独占党派,再到平民党派,基于农业的各大组织和地方联盟说服了多个独立政治党派,让他们相信累进税是一项重要的议题(对农场主、劳工以及小商业主而言)。但是,正如一些党派自身名称所表明的那样,税收往往不是他们最关注的主题,尤其是与货币改革相比(见表1.2)。③

---

① *Cigar Maker's Official Journal*, April, May 1887, quoted in Foner, *History of the Labor Movement*, 148. 也可参阅 Speek, *The Single Tax and the Labor Movement*, 116。

② L. Glen Seretan, *Daniel DeLeon: The Odyssey of an American Marxist* (Cambridge, Mass.: Harvard University Press, 1979), 25—7.

③ Donald B. Johnson, ed., *National Party Platforms*, Vol. 1: 1840—1956 (Urbana: University of Illinois Press, 1978).

079

表 1.2　　19 世纪支持所得税的独立党派

年份	国家党派	党政纲领优先级
1880	绿背党	第九，在房产税改革中要求开征累进的所得税
1884	反独占党	第八，与关税修订挂钩，要求累进的所得税
1884	绿背国家党	第五，在房产税改革中要求开征累进的所得税
1888	联合劳工党	第六，整段内容要求累进的所得税
1892	平民党	第三，包含在党纲的《金融》部分内
1892	社会主义工党	第九，与遗产税挂钩、包含在《社会需求》部分内

资料来源：Donald B. Johnson, ed., *National Party Platforms*, Vol. 1: 1840—1956 (Urbana: University of Illinois Press, 1978)。

这些党派以及其他的民粹主义政治党敦促国会采纳累进税。在内战之后，所得税和继承税于19世纪70年代早期被取消，尽管立法者在之后多次尝试恢复这项税收，但均以失败告终。到80年代后期和90年代早期，随着社会压力的激增，农业联盟以及其他的社会活动组织向国会请愿，请求重新采纳对收入、利润和遗产的直接和累进税。[①] 不过，大部分有关累进税的、最重要的改革诉求依旧处于国家政治力量的边缘地位。

州层面的情况也大体相同，相似的力量呼吁对一般财产税进行改革，但只有非主流的政治党派长期地支持这种呼声。大量的独立政党（主要是来自西部和中西部地区）对州一级的民主党派施加了很大的（但往往是各不相同的）压力，要求对收入和遗产开征累进税。举例来说，绿背党和民粹党是州层级和国家层级所得税最坚定的支持者。而禁酒主义者，如上文所述，对所得税的态度模棱两可，有时候（甚至数年）完全无视所得税问题的存在，但有时候又突然支持所得税。[②]

尽管对累进税的社会呼声日益增加，但累进税运动在整个19世纪80年

[①] Kansas Farmers' Alliance of Riley County Kansas to Hon. John Davis, Jan. 18, 1894; H. J. Whitmansk (Secretary of the Granby, MA Grange) to Hon. Samuel W. McCall, Jan. 25, 1894; Citizens of Rica, Colorado to Rep. John G. Bell, [n. d.], 53rd Congress-Petitions; Ways & Means (HR53A-33. 10), Box 180, Folder "Tax on Incomes, Sept. 9, 1893-Apr. 30, 1894", Records of the U. S. House of Representatives, National Archives and Records Administration, Washington, D. C.; Ratner, *American Taxation*, 148.

[②] Bensel, *Political Economy of Industrialization*, 159—61.

第一章 日益严重的社会对抗:党派性税收以及早期对财政改革的抵制

代并没有取得显著的政治进展。国会数次要求恢复联邦所得税,但是这些议案都没有得到多数票的支持。另外,也没有任何一个支持税收改革的独立政党有能力持续获得关键的选举胜利。一方面,基于内战时期的经验,许多国家立法者相信累进税是应对紧急状况或严重危机时的最佳保留措施;另一方面,民主党和共和党对进口关税细节上的各种滚木投票也使得大部分立法委员无暇考虑其他问题。新兴的农民和工人政党,与前后发生的大部分社会运动一样,都在这两大国家政党的夹缝之中艰难求生。在整个 20 世纪 80 年代,随着经济的稳步发展(一定程度上的不平衡发展),大部分美国人作为"核心选民"参与投票。在这种旷日持久又日益激烈的党派偏袒之中,农民和劳工的社会运动并不能取代任何一个他们拒绝加入的国家党派。①

单一税支持者、社会主义者和社会活动者对其他改革的关注,使得 80 年代的直接和累进税运动看起来颗粒无收。但是,对旧财政体制的社会对抗无疑是极具活力的,大量第三党派的政纲以及国会对恢复所得税的呼吁(虽然失败了)都说明了这一点。尽管经济学家并不确定直接消费税的最终归宿,但公众看法异常清晰——进口关税和联邦消费税都是累退的,而且它们对低收入者的剥削大大高于对高收入者的剥削。与此同时,关税进一步激化了一直存在的部门间矛盾,因为它保护了北方核心制造商的利益,而代价是牺牲边缘化的南部和西部消费者以及农业部门的利益。州和地方的一般所得税也面临相似的问题:纳税人和改革者不断地抱怨逃税、腐败以及无能的税收管理,因为它们共同导致了极为不公平分配的一般财产税。具体来说,这种财产税向那些拥有实体并可见资产的人征收更多的税。

除了上述这些困难,社会对旧财政秩序的反对意见到 19 世纪后期依旧没有得到统一,而且也没有获得很高的关注。究其原因,保护主义分裂了普通工人的立场,而消费税的经济影响依旧相对隐匿。其他问题,包括货币改革、反垄断斗争、单一税以及劳工组织都吸引了社会和政治活动家的大量关注。最

---

① Mark Lawrence Kornbluh, *Why America Stopped Voting: The Decline of Participatory Democracy and the Emergence of Modern American Politics* (New York: New York University Press, 2000), Chapter 1; Michael McGerr, *The Decline of Popular Politics: The American North, 1865—1928* (New York: Oxford University Press, 1988); Lawrence Goodwyn, *Democratic Promise: The Populist Movement in America* (New York: Oxford University Press, 1976).

终,税收改革者无法利用不断激增的社会不满以达到废除高关税、高消费税和州及一般财产税的目的。

毫无疑问,这些税收深深地根植于19世纪后期党派政治系统之中。关税是党派性国家辩论的核心主题,辩论双方分别是支持高税率的共和党和支持低税率的民主党。从许多方面来说,关税政策都是凝结党派内部力量的胶水,作为一个关键的经济问题,它为国内这两大党派带来了凝聚力和稳定力。[①] 相似地,财产税的管理也根植于州和地方党派裙带关系之中。除此之外,对税收立法权力的宪法限制和司法遵从进一步强化了党派对税收政策的控制力(如库利和其他专题作者所指出的)。接下来,将税收简单地视为政府保护的交换代价,这样的税收理念进一步巩固了对税收体系的司法遵从和政治支持。基于社会契约理论的古典自由主义观点,这种税收理念的基础是有限政府和更加有限的财政公民身份观。

在看似静止的旧财政体制之下,各种结构性力量(它们在19世纪80年代末期和90年代早期已经成型)很快将为公共财政理论家和改革者提供一个改革税收体制的机会。这些力量主要包括不断变化的社会、政治和经济条件以及新税收理念的思想力量。另外,日益严重的经济不平等还激化了对税收体系的社会反抗;无形资产(以金融资产的形式)的增加进一步破坏了已经在风雨中飘摇的一般财产税;联邦预算从赤字转向大幅盈余、国内工业的日渐成熟以及日益减少的内战抚恤金领取者也不断削弱对关税体系的政治支持。在这种情况下,进步的学者致力于将社会对旧有税收体系的日常担忧和公共政策制定联系起来,通过推广他们的理念和信仰(强调国家行动的重要性以及对直接和累进税日益增长的社会需求),不断致力于改善美国的经济和社会情况。

当托马斯·库利在1878年的ASSA大会上宣讲他的论文时,他无法预期到后续的这些深刻影响和变迁。事实上,他公开质疑过,美国的所得税是否能够"作为一种永久性的收入手段而被重新采用"。[②] 但是,与许多更加保守

[①] Richard L. McCormick, *The Party Period and Public Policy: American Politics from the Age of Jackson to the Progressive Era* (New York: Oxford University Press, 1986), 208—9; Joel H. Silbey, *The American Political Nation, 1838—1893* (Stanford: Stanford University Press, 1991), 81—8.

[②] Cooley, *Framing Tax Laws*, 10; *Law of Taxation*, 20.

第一章　日益严重的社会对抗:党派性税收以及早期对财政改革的抵制

的同僚不同,库利并没有坚持反对社会变革。在许多方面,他推动了随后发生的、美国公共财政的根本性转型。通过他的法律作品和私人信件可以发现,他帮助一个新兴的税收知识分子团体重构了美国财政治理的内在含义,而这个团体成员中还包括他的年轻同事——密西根大学的亨利·卡特·亚当斯。[1]

对一些累进税改革者来说,库利是被攻击的对象;但对其他人来说,库里是被效仿的偶像(虽然存在一些重要的修改)。无论是哪种方式,这位杰出的法律专家都对下一代的思想家和改革者存在非常重要的影响,而他们将在不久的将来挑战旧财政体制的制度惰性。总结来说,库利代表着发生在20世纪之交、对美国法律和政治经济具有深远意义的重大转变,即旧有税收体系的逐步衰落和现代美国财政国家的兴起。

---

[1] Henry Carter Adams to Thomas M. Cooley, December 16, 1879, Box 1; Ely to Cooley, February 13, 1888, Box 3; Seligman to Cooley, December 3, 1892, Box 5, TMCP.

第二章　逐步走向衰亡：
现代力量、新兴观念与经济危机

  一个实际有效的国家政府,必须具备与其力量、欲望和责任同样强大的税收力量。

——约瑟夫·斯多利(Joseph Story)

  随着美国社会对旧有税收体系的敌对情绪日益高涨,镀金年代的各种实质力量点燃了美国公共财政体制变革的燎原之火。从国家层面来说,结构和人口压力逐步动摇了关税赖以存在的基本环境,并且削弱了共和党的关税保护政治联盟。到19世纪90年代初,联邦政府的持续盈余、内战抚恤金的日益腐败及其引起的广泛社会担忧、工业经济的日渐成熟以及自由贸易理念的日益普及,都让人们质疑关税体制继续存在的必要性。更为重要的是,财富差距随着美国的经济扩张而日益加剧,这促使人们深刻地意识到累退性财政制度的恶劣影响。

  尽管这些历史力量(来自现代化的发展进程)为财政改革带来了潜在的推动力,但为改革做出实质贡献的是新一代的美国经济学家和税收改革者。正是他们引领并且最终塑造了全新财政秩序的思想基础——经济概念和法律思想的转变。这些在德国接受研究生教育的美国政治经济学家(理查德·伊利、亨利·卡特·亚当斯和埃德温·塞利格曼)站在思想和政治运动的最前沿,并且坚定地主张对收入、利润与财富转移征收累进税。为了改善当时混乱的社会与政治状况,这些理论与活动家在取代"受益原则"(以及对应的消极国家概

第二章　逐步走向衰亡：现代力量、新兴观念与经济危机

念——认为国家仅仅是私有产权的消极保护者）上扮演了至关重要的角色。取而代之的是一个更加公平的税收原则——基于个人的"能力"或"支付能力"征税。通过不懈的努力以及取得的卓越成就，这些经济学家成为现代美国财政国家的构想者与建筑设计师。

直接和累进税的思想运动是新财政秩序兴起的关键"催化剂"。除此之外，触发了财政转型同时标志着旧体制衰亡的是一些影响深远的历史事件。具体来说，1893年的恐慌引发了一场空前严重的经济萧条（也是19世纪最严重的经济衰退），从而促使社会与政治改革的压力的集中爆发。1894年，政治经济学家、社会活动家和立法者抓住这一契机，通过了美国和平时期的第一部联邦所得税法。令人遗憾的是，这种胜利是非常短暂的。第二年，美国最高法院史无前例地裁定1894年的所得税法违反了宪法的直接税条款，从而废除了该法。因此，到了1895年夏天，新的财政体系依旧前途渺茫，而最高法院的违宪裁决迫使税务活动家（包括引领税收理论范式转变的进步政治经济学家）加倍努力以改变旧有财政秩序。

瓦解旧税收体系的现代力量

实质上，共和党在19世纪后期的高关税体制是内战及其余波的一项副产品。内战后的联邦公共债务急剧增长，而同时政府还承诺为退伍军人及其家属提供极为慷慨的抚恤金，这进一步提高了政府对关税收入的依赖性。但是，在19世纪最后几十年，上述这些维持高关税的关键理由日渐消退。具体来说，从内战重建结束到19世纪90年代（经济萧条之前），美国的联邦政府保持着长期的年度预算盈余（主要来自关税收入和国内消费税），从而使联邦公共债务水平及年度债务利息均平稳下降。根据名义值计算，美国债务在1879年达到重建后的最高水平——约23亿美元，但到1893年，这一数字已经降低至10亿美元以下。作为长期预算盈余的直接受益者——美国和欧洲的债券持有者，他们的债务得到偿付，当然内心甚是愉悦。但是，如果关税的主要目的是提高公共收入并偿还战争贷款，那么快速降低的公众债务意味着进口税也应该相应下调（关税改革者直接指出这个关键点）。经济改革者的长期标

语——"仅用于提高公共收入的关税"——又一次变成关税改革者、自由贸易主义者以及低关税民主立法者的共同口号。①

虽然持续的财政盈余在一定程度上削弱了对关税制度的支持,但是内战抚恤金支出的持续增长(征收高关税的另一个核心理由)显然加固了对关税的支持。尽管退伍军人日益老龄化,但是联邦军队的抚恤金支出不断增加(到19世纪90年代,这一支出约占联邦预算总额的40%),因此不断增强了关税收入和社会保障支出之间的联系。事实上,对于传统的税收理论家而言,退伍军人的抚恤金支出是支撑关税受益理论的现实例证。②

然而,讽刺的是,尽管共和党能够通过不断地提高抚恤金支出来维持退伍军人及其家属的政治忠诚,但这也让人们愈发质疑这项支出的公正性。批评者声称,这种过度慷慨的抚恤金实质上充斥着欺诈和政治腐败,并且毫无必要地巩固了高关税的税收制度。"将我们的抚恤金体系标榜为对美国人民的慷慨,这简直就是恶魔的嘲弄,"内战退伍军人兼记者卡尔·舒茨(Carl Schurz)激动地宣称,"在这场厚颜无耻的抚恤金交易中,美国人民受到了难以企及的无耻侵害。"类似的批评一直持续到20世纪初,并且不断地向共和党的高关税制度施加压力。③

不过,到19世纪80年代后期,关税的支持者几乎不再强调高进口税的主要目的是产生大量的公共收入;相反,他们认为关税的核心目标是保护美国的幼稚工业免受国际竞争,从而有机会走向成熟。不过,人们对这一观点的质疑同样与日俱增——早期的"幼稚产业"到如今还真的幼稚吗?真的需要受到保护、

---

① Susan B. Carter et al. , eds. *Historical Statistics of the United States Millennial Edition*, Table Ea584—587; *Tariff for Revenue Only: Speech of Hon. S. B. Maxey, of Texas, in the Senate of the United States, January 23, 1883* (Washington, D. C. , 1883); American Tariff League, *The Tariff Review*, Vol. 2 (1888).

② Theda Skocpol, *Protecting Soldiers and Mothers: The Political Origins of Social Policy in the United States* (Cambridge, Mass. : Harvard University Press, 1995), 272—85. 19世纪,联邦退伍军人抚恤金支出在1893年达到峰值,约为1.6亿美元,且占联邦年度预算的42%。*Historical Statistics of the United States*, Table Ea636—643.

③ Carl Schurz, "The Pension Scandal", *Harper's Weekly*, May 5, 1894, 410; *Historical Statistics of the United States*, Table Ea636—643; Maris A. Vinovskis, "Have Social Historians Lost the Civil War? Some Preliminary Demographic Speculations", in *Toward a Social History of the American Civil War: Exploratory Essays*, ed. Maris A. Vinovskis (New York: Cambridge University Press, 1990), 1—30, 27.

第二章 逐步走向衰亡:现代力量、新兴观念与经济危机

需要避免国际竞争吗?对于许多政治活动家而言,美国长期的经济增长和政治扩张意味着贸易保护已经不再有效。事实上,在19世纪的最后几十年,强劲而成熟的美国经济几乎让美国站在了所有工业化国家的顶端。与此同时,美国学术界以及公众的话语体系都日益接受自由贸易理论的相关观点,认为只有自由贸易才能带来巨大的长期收益。总的来说,这些力量凝为一体,在共和党的高关税制度及其所属的旧财政秩序之上割开了一个脆弱的切口。

在19世纪后期,美国经历了高速但极其不平衡的经济增长。在丰富的自然资源、高速技术创新、快速生产力提高以及要素投入增加的共同推动下,美国的经济不断扩张,到19世纪末,美国已经成为全球最领先的资本主义工业经济体之一。从国际比较的视角来看,美国的人均实际收入水平在19世纪80年代已经领先全世界。尽管美国国内的发展差距极为巨大,但总体生活水平仍超过了大多数欧洲帝国主义列强。举例来说,在19世纪80年代,法国与德国的人均实际国内生产总值约为美国的四分之三。这种增长不断持续,到20世纪初,美国的经济水平已经超越英国和其他所有的发达工业国家(见图2.1)。在这种情况下,即使可能有一些特定行业确实从关税保护中获得了短期的收益,但总体来说,美国的工业繁荣让人们日益质疑高关税政策的必要性。[①]

具体来说,空前的经济增长使美国的经济结构发生了翻天覆地的变化,这进一步削弱了"幼稚产业"的论点。第二次工业革命(发生在19世纪后期)带来了全新的技术变革,从而将整个美国融合为一个巨大的生产和分配市场。具体来说,随着铁路和电报系统的普及,规模庞大的联合工业公司不断涌现,

---

① Angus Maddison, *Monitoring the World Economy, 1820—1992* (Paris: OECD Publishing, 1995), 194—206; Monica Prasad, *The Land of Too Much: American Abundance and the Paradox of Poverty* (Cambridge, Mass.: Harvard University Press, 2012), Chapter 3. 关于此阶段美国经济发展的精简总结,请参阅 Robert E. Gallman, "Economic Growth and Structural Change in the Long Nineteenth Century", in *The Cambridge Economic History of the United States, Vol. II: The Long Nineteenth Century*, ed. Stanley L. Gallman and Robert E. Engerman (New York: Cambridge University Press, 2000); Kenneth L. Sokoloff and Stanley L. Engermann, "History Lessons: Institutions, Factor Endowments, and Paths of Development in the New World", *Journal of Economic Perspectives*, 14 (2000), 217—32; Gavin Wright, "The Origins of American Industrial Success, 1879—1940", *American Economic Review*, 80: 4 (1990), 651—68.

美国现代财政国家的形成和发展

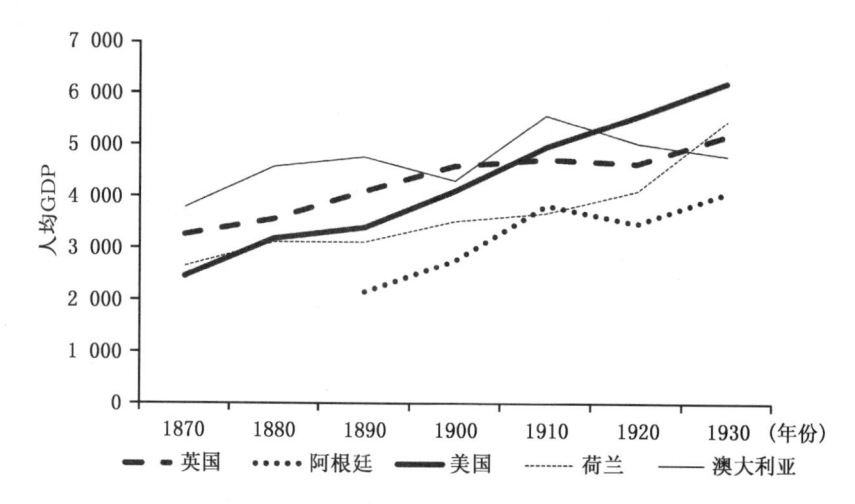

资料来源：Angus Maddison, *Monitoring the World Economy, 1820—1992*（Paris: OECD Publishing, 1995), 194—206。

图 2.1　1870—1930 年工业化国家的实际人均 GDP

以赚取新技术带来的规模经济收益。[1] 在这种情况下，制造业取代了农业，成为美国最大的经济部门（按产出和就业占比衡量）。另外，随着巨型工业公司的兴起，美国走进一个全新的资本主义时代；相应地，"毁灭性的海外竞争"——这种呼声变得几不可闻。到19世纪90年代早期，美国的工业公司开始在国际制成品市场中占据主导地位。因此，这些公司迫切希望开拓海外市场、向外出口，而降低关税并增加自由贸易将带给他们更大的利益。[2]

---

[1] Alfred D. Chandler Jr., *The Visible Hand: The Managerial Revolution in American Business* (Cambridge, Mass.: Harvard University Press, 1977); David Bunting, *The Rise of Large American Corporations, 1889—1919* (New York: Garland Press, 1987); Martin J. Sklar, *The Corporate Reconstruction of American Capitalism, 1890—1916* (New York: Cambridge University Press, 1988).

[2] Joanne Reitano, *The Tariff Question in the Gilded Age: The Great Debate of 1888* (University Park: Pennsylvania State University Press, 1994), 47; Robert E. Gallman and Edward S. Howle, "Trends in the Structure of the American Economy since 1840", in *The Reinterpretation of American Economic History*, ed. Robert W. Fogel and Stanley L. Engerman (New York: Harper & Row, 1971). 直到 1879 年，农业占经济中商品总产出增加值的近 50%，制造业此时的比重约为三分之一。在随后的二十年内，农业和制造业的地位完全颠倒。到 1899 年，工业已经占据经济的主体地位，占总产出的 53%；而农业的比例降低至约三分之一。Robert E. Gallman, "Commodity Output, 1839—1899", in *The Conference on Research in Income and Wealth*, *Trends in the American Economy in the Nineteenth Century*, Studies in Income and Wealth, Vol. 24 (1960), 26（所有图中数据都以 1879 年不变美元计算）。

第二章 逐步走向衰亡:现代力量、新兴观念与经济危机

如果说工业化的快速发展削弱了贸易保护主义的经济论点,那么镀金时代的严重经济不平等则为累退的旧财政秩序带来了巨大的社会压力。尽管这个时期的确切统计数据极为有限,但通过当今经济历史学家的估算可以证实一点:美国的财富与收入分配在19世纪后期变得愈发集中。根据一组现代的测算,美国最富裕的1%的家庭在19世纪90年代所持有的总资产超过国家总资产的三分之二,这反映出不断扩大的收入差距。正如美国经济历史学家杰弗瑞·G. 威廉姆森(Jeffery G. Williamson)和彼得·H. 林德特(Peter H. Lindert)所指出的,在南北战争之后,美国"沿着高度不均衡的发展路径快速前行,并且一直持续到19世纪90年代",最终,攀登上收入差距的"不平等高原",而且这种差距的顶峰大概出现在第一次世界大战期间。[①]

当时的社会批评家也非常清楚地认识到这种不平等的发展趋势。一方面,亨利·乔治以及其他的民粹领导者将这种富足中糅杂赤贫的现象视为激进的政治议案(如单一税制)的现实根据;另一方面,当时的实证研究也不断强调经济不平衡的严重程度。1889年,托马斯·G. 谢尔曼(Thomas G. Sherman,纽约谢尔曼·斯特林律所的创始人之一,兼单一税制的拥护者)对当时的财富差距进行了较为粗略的调查研究。根据比较性的外推分析,谢尔曼得出了他的调查结论:美国最富裕的6%的家庭拥有大约三分之二的国家财富。[②] 尽管谢尔曼的估算受到了多位经济学家的批评(如埃德温·塞利格曼就质疑谢尔曼的研究方法),但他们都认同谢尔曼调查的中心思想,即美国的

---

① Robert E. Gallman,"Trends in the Size Distributions of Wealth in the Nineteenth Century: Some Speculations", in *Six Papers on the Size Distribution of Wealth and Income*, ed. Lee Soltow (New York:National Bureau of Economic Research,1969),1—30,10;Jeffrey G. Williamson and Peter H. Lindert, *American Inequality:A Macroeconomic History* (New York:Academic Press,1980),75—82.

② John L. Thomas, *Alternative America:Henry George, Edward Bellamy, Henry Demarest Lloyd and the Adversary Tradition* (Cambridge,Mass.:Harvard University Press,1983);Thomas G. Sherman,"The Owners of the United States", *Forum* (November 1889),262—73. 尽管谢尔曼明确地将美国的财富差异和"公共的税收机器"联系在了一起——他宣称"税收完全被劳动阶层所承担",而且"税收收入被肆无忌惮地用于私人的利益",但他并没有支持"累进税"或"繁重的继承税",而是强调自己的研究仅仅是"对现实的简单调查"。同上,273。

经济不平等现象正在日益加剧。①

联邦的统计学家兼知名律师乔治·K.霍姆斯（George K. Holmes）采用了一套更为复杂的方法对经济数据进行测算，而他的结果佐证了谢尔曼的观点。具体来说，霍姆斯采用1890年的人口普查数据，估算出美国最富裕的9%的家庭拥有全国70%以上的财富。另外，霍姆斯并不支持激进的财富再分配，不过他依旧警告称："富人可能会过度掌控这个国家的财富、资源与劳动力"，而届时"最为有效且可行的补救措施是对收入、馈赠与遗产征收累进税"。只有通过这些措施，才能保证"最有益于社会福利的财富分配"②。

这些实证结果得到了全社会的广泛关注，并且加剧了对旧有税收体系的政治对抗与社会抗议。在1894年所得税法的立法辩论中，主张开征所得税的国会领袖经常引用谢尔曼的研究（即使他的研究存在缺陷）。同样地，社会领袖也反复强调经济不平等与税制之间的紧密联系。劳工领袖埃尔特威德·波默罗伊（Eltweed Pomeroy）在谈及霍姆斯的研究时宣称，美国的经济不平等已经达到了前所未有并且难以忍受的高度："今天，太阳正俯视着有史以来最为不均衡、最为不公平的财富分配。"至于这种财富集中的主要原因，波默罗伊认为最重要的就是关税，因为它是"间接的、不公平的税收"和"最为特殊的、垄断的特权"。③

除了这些力量之外，支持自由贸易的经济学观点也开始挑战贸易保护主义的主导地位。尽管美国的经济学家都清楚地了解亚当·斯密对18世纪英

---

① Thomas G. Sherman to Edwin R. A. Seligman, April 23, 1895; May 16, 1895, Cataloged Correspondence, Edwin R. A. Seligman Papers, Butler Library, Columbia University, New York, N. Y. [hereinafter ERASP]。

② George K. Holmes, "The Concentration of Wealth", *Political Science Quarterly*, 8: 4 (Dec. 1893), 589—600. 同样请参阅 Charles B. Spahr, *An Essay on the Present Distribution of Wealth in the United States* (New York: Thomas Y. Crowell & Co., 1896)。特别地，霍姆斯的估算在之后被现代经济历史学家所认可，他们认为霍姆斯的研究"相当明显地证实"了他们自己的研究。Gallman, "Trends in the Size Distributions of Wealth", 11。

③ *Congressional Record*, 53rd Cong., 2nd sess. (1894), 26, pt. 7: 6714; Eltweed Pomeroy, "The Concentration of Wealth and the Inheritance Charge", *American Federationist*, July 1895, 1. 关于此阶段经济不平等和贫困的社会学研究的兴起，请参阅 Alice O'Connor, *Poverty Knowledge: Social Science, Social Policy, and the Poor in Twentieth-Century U. S. History* (Princeton: Princeton University Press, 2009), Chapter 1。

第二章 逐步走向衰亡:现代力量、新兴观念与经济危机

国重商主义①的尖锐批评,但是在美国,贸易保护主义依旧拥有独特的吸引力。亨利·C.凯里(Henry C. Carey,一位宾夕法尼亚州的出版人兼经济评论家)的著作教导了南北战争前一代又一代的学生,使他们相信高关税能带来的各种各样的好处。同样地,约翰·斯图亚特·密尔"在某些特定情况下"对贸易保护主义的温和支持也为美国的关税支持者带来了强烈的信心。事实上,凯里本人在背叛自由贸易思想之后就利用密尔的观点声辩——"通往完全自由贸易的道路是完全的贸易保护"②。

然而,到了19世纪80年代,随着美国对关税收入的依赖日渐降低,贸易保护主义的理论依据也逐步走向衰亡。由弗朗西斯·A.沃尔克(Francis A. Walker)和亚瑟·莱瑟姆·佩里(Arthur Latham Perry)撰写的重要经济论著以及由关税改革者编写的大量传单和手册也高度推崇自由贸易。沃尔克(一位著名的政治经济学教授兼美国经济学会的第一任主席),认为制度惰性常常会导致"保护性关税的过度延续",这为自由贸易理念带来了极大的学术信心。尽管沃尔克承认贸易保护主义可能是一种合理的、暂时性的经济政策,但他警告说,"代表保护性行业的利益方永远不会承认他们不再需要政府的援助",从而导致保护性关税的过度延续。下文我们将看到,亨利·卡特·亚当斯(也是沃尔克最成功的学生之一)很快会继续推动沃尔克对贸易保护主义的批判,并且提倡以对收入和遗产的直接税替代关税。最终,亚当斯将成为美国公共财政研究领域的领军人物,并且代表美国学界的学术共识(这一共识推动了关税改革以及对收入、遗产和商业利润开征联邦所得税的各种社会运动)。尽管在亚当斯的同辈之中,依旧有少数年轻的进步经济学家继续支持关税保护主义,

---

① 即保护性的重商主义。——译者注
② Henry C. Carey, *The Harmony of Interests*: *Agricultural*, *Manufacturing*, *and Commercial* (Philadelphia: J. B. Skinner, 1851), 67; Rodney T. Morrison, *Henry C. Carey and American Economic Development* (Philadelphia: American Philosophical Society, 1986); John Stuart Mill, *Principles of Political Economy* [London: Longmans, Green, (1848), 1909], 920; Joseph Dorfman, *The Economic Mind in American Civilization*, *1865—1918* (1969), 6—7; Douglas A. Irwin, *Against the Tide*: *An Intellectual History of Free Trade* (Princeton: Princeton University Press, 1996), Chapter 8.

但是到19世纪末期,自由贸易的思想已经开始主导美国的学术著作。[1]

在结构性压力和学界思想的影响之下,美国联邦层面的高关税体系不断瓦解;与此同时,州和地方层面的旧财政秩序也逐步退化,不过相比而言较不明显。事实上,一般财产税到1890年仍然是地方政府的主要收入构成:超过70%的州政府年度收入和近90%的地方政府年度总收入为一般财产税收入。正如托马斯·库利法官等人所指出的,通过这种税收尽管筹集到了急需的财政收入,但充斥着大量严重的问题。正如上一章所描述的,偷税漏税、政治腐败、落后的行政管理能力、日益降低的个人财产透明度以及司法疏忽等问题,都让一般财产税无法以公正并有效的方式为政府筹集足够的公共收入。最终,一般财产税完全没有能力满足州和地方政府不断增长的开支需求。特别是在19世纪后期,这种开支需求在各种现代力量的冲击之下开始呈现指数化的增长态势。[2]

具体来说,大规模的移民、快速的城市化以及日益加速的工业化都为州和地方政府带来了巨大的压力,并因此产生了深远的影响。1870—1900年,每十年内约有400万移民进入美国,这个数字是此前均值的2倍。这些移民大部分定居在不断扩张的城市地区,并在蓬勃发展的工厂工作。[3] 城市和移民之间的互相吸引,大幅提高了对各州(城市)政府的公共物品和服务的需求。满载移民的船舶停靠在美国海岸,再加上从农场和"岛屿社区"不断移居到工厂和城市中心的工人,如此大规模的城市移民导致州和地方的基础设施与社

---

[1] Francis Amasa Walker, *First Lessons in Political Economy* (New York: Henry Holt & Co., 1889), 175; A. W. Coats, "Henry Carter Adams: A Case Study in the Emergence of the Social Sciences in the United States, 1850—1900", *Journal of American Studies*, 2:2 (October 1968), 177—97.

[2] George C. S. Benson et al., *The American Property Tax: Its History, Administration, and Economic Impact* (1865), 65; Clifton K. Yearly, *The Money Machines: The Breakdown and Reform of Governmental and Party Finance in the North, 1860—1920* (Albany: State University of New York Press, 1970); Glenn W. Fisher, *The Worst Tax? A History of the Property Tax in America* (Lawrence: University Press of Kansas, 1996).

[3] *Historical Statistics of the United States*, Table Ad21—24. 生活在城镇区域(超过2 500个居民人口数量的地区被定义为城镇区域)的美国人比重在1870年到1900年这一阶段翻了2倍;而且,生活在大城市(超过10 000居民人口数量的地区被定义为大城市)的人口比重在这一阶段翻了近4倍。*Historical Statistics of the United States*, Table Aa684—698, Table Aa699—715.

第二章　逐步走向衰亡：现代力量、新兴观念与经济危机

会服务变得日益紧缺。① 在19世纪最后三十余年中，提高地方政府开支的呼声变得尤为强烈。事实上，一位历史学家将这一时期称为"城市推动者的美好时光"。当时，"每个城市的支持者都相信保障未来繁荣的最好方法就是建设州内最平坦的街道、最快速的交通系统、最有效的垃圾清理系统、最大的学校以及最优秀的消防和警卫保护体系"②。

不断增长的政府支出需求（特别是在城市里）与不断减少的财产税收入之间形成了一种尖锐的矛盾，并且给地方公共财政带来了极大的压力。我们在第四章将会看到，税收改革者的一大重点就是改善州和地方的税收体系。次国家级层面的财政变革不仅预示着联邦层面的变革，还反映出政治活动家和经济思想家的信念——新财政秩序能够做的不仅仅是重新分配税收负担。具体来说，这些税收改革者也积极地参与到州和地方的税收改革之中，而通过这些经验，他们还深刻地理解了一点：财政是现代国家治理的基础，所以新财政秩序（包含全新的财政思想理念）还意味着为新生的行政国家重新构建相应的公民身份观与社会义务感，并且建立与之匹配的行政管理能力。

"新学派"经济学家、"支付能力"以及一种充满争议的财政公民身份

在美国，一群在德国接受过专业训练的社会科学家试图推翻古典经济自由主义的正统理论；不仅如此，他们中的一部分人还致力于在思想上为美国构建全新的财政秩序。为了克服现代工业资本主义所导致的各种社会问题，这批年轻的、志存高远的学者和新自由主义者摒弃了自力更生个人主义的传统观念，并且通过写作、教学与公共宣传，致力于揭示现代社会中的各种相互依

---

① Richard H. Wiebe, *The Search for Order*, 1877—1920 (New York: Hill and Wang, 1966); Samuel P. Hays, *The Response to Industrialism*, 1885—1914 (Chicago: University of Chicago Press, 1957).

② R. Rudy Higgens-Evenson, *The Price of Progress: Public Services Taxation and the American Corporate State*, 1877—1929 (Baltimore: Johns Hopkins University Press, 2003), 25—38; David P. Thelen, *The New Citizenship: Origins of Progressivism in Wisconsin*, 1885—1900 (Columbia: University of Missouri Press, 1972), 133—4.

存的关系。在努力创建美国政治经济"新学派"(他们自己的命名)的过程中,这些非正统的经济学家成为美国的第一批社会科学家。他们割断了自身与传统道德哲学之间的纽带,并且为这个刚起步的学科奠定专业基础和学术地位。这些标新立异的学者与其他经济改革者(包括一些社会福音派牧师)一起,在1885年成立了美国经济学会(American Economic Association,AEA),目的是确保其"学科"的社会地位、声望与合法性。[1]

正如历史学家玛丽·弗纳(Mary Furner)所说的那样,这些年轻的学者在美国的专业化进程中挣扎前行,力图在科学客观性和社会民主的改革诉求之间达成平衡。最初,这些具备改革意识的经济学家试图通过培训和教学来打破研究社会经济问题时所采用的传统方法。具体来说,他们不再依赖永恒的普遍真理或演绎的方法,而是采用经验事实和归纳推理来展示一点:经济关系内嵌于社会和制度的矩阵之中,构成这一矩阵的往往是法律及其机构和流程。对这些思想家而言,国家是一个"伦理机构"。另外,作为国家的官方语言,法律是一种可塑的人造产物,所以,这些经济学家相信法律变革是根本性财政变革的实现途径。他们也被称为"新学派"或"伦理经济学家",参与推动了法律历史学家口中的"第一次伟大的法律与经济运动"。[2]

美国公共财政新学派

在这些新学派的经济学家中,有一些人对公共财政抱有强烈的兴趣。这其中包括一些在全美极具影响力的教职人员,如亨利·卡特·亚当斯、理查

---

[1] Thomas L. Haskell, *The Emergence of Professional Social Science: The American Social Science Association and the Nineteenth Century Crisis of Authority* (Urbana: University of Illinois Press, 1977); A. W. Coats, "The American Economic Association and the Economics Profession", *Journal of Economic Literature* 23:4 (December 1985), 1697—1727; Dorothy Ross, *The Origins of American Social Science* (New York: Cambridge University Press, 1991).

[2] Mary O. Furner, *Advocacy & Objectivity: A Crisis in the Professionalization of American Social Science, 1865—1905* (Lexington: University Press of Kentucky, 1975); Richard T. Ely, *Social Aspects of Christianity and Other Essays* (New York: Crowell, 1889), 118; Herbert Hovenkamp, "The First Great Law & Economics Movement", *Stanford Law Review*, 42:4 (April, 1990), 993—1058; Barbara H. Fried, *The Progressive Assault on Laissez-faire: Robert Hale and the First Law and Economics Movement* (Cambridge, Mass.: Harvard University Press, 1998).

第二章　逐步走向衰亡:现代力量、新兴观念与经济危机

德·伊利和埃德温·塞利格曼等。他们将自己的绝大部分职业生涯奉献给了税收的实证与理论研究。这些理论经济学家拥有相似的个人背景(虽然家庭环境略有差异),并且共同开启了对美国公共财政的系统性研究,即"财政学"[1](借用他们德国导师的命名)。亨利·卡特·亚当斯在密西根大学度过了他的大部分学术生涯;他的学术研究早期聚焦于政府收入、税收和政府开支;他还撰写了数篇美国最早、最具影响力的预算和公共债务论文。1887年,当亚当斯被托马斯·库利法官(亚当斯在密西根大学的前同事)任命为州商务委员会首席统计学家时,他的注意力从财政问题转移到铁路监管上,而这部分主题也是他最具声望的研究。[2]

相似地,伊利的学术生涯也始于公共财政,并且在之后转向其他主题。在19世纪80年代,伊利在约翰霍普金斯大学担任初级教师,并且以巴尔的摩和马里兰州税务委员会成员的身份调查了州与地方的税务问题。另外,出于对劳工问题的兴趣,他对保护性关税进行了系统的分析并且发表了对贸易保护主义的温和批判。但同亚当斯一样,伊利在职业生涯的后期也将注意力转向了其他领域。1892年,伊利加入威斯康星大学并且成为该校第一位全职经济学教授;随后,他的研究重点从公共财政领域转向了农业经济与产业关系。[3]

与前两位经济学家不同,塞利格曼的整个学术生涯都奉献给了公共财政领域,而且他几乎在哥伦比亚大学度过了自己的一生(最初作为一名学生,之

---

[1] 关于公共财政作为美国经济学独立分支的学科起源,请参阅 Marianne Johnson,"American Academic Public Finance: The First Fifty Years", *History of Political Economy* (forthcoming).

[2] Nancy Cohen, *The Reconstruction of American Liberalism, 1865—1914* (Chapel Hill: University of North Carolina Press), 155—9; Joseph Dorfman, "Introduction", in *Two Essays by Henry Carter Adams: Relation of the State to Industrial Action and Economics and Jurisprudence*, ed. Joseph Dorfman (New York: A. M. Kelley, 1969); A. W. Coats, "Henry Carter Adams: A Case Study in the Emergence of Social Sciences in the United States, 1850—1900", *Journal of American Studies*, 2: 2 (October 1968), 177—97; Lawrence Bigelow et al., "Henry Carter Adams, 1851—1921", *Journal of Political Economy*, 30: 2 (April 1922), 201—11.

[3] Richard T. Ely, *Ground under Our Feet: An Autobiography* (New York: Arno Press, 1938); Benjamin G. Rader, *The Academic Mind and Reform: The Influence of Richard T. Ely in American Life* (Lexington: University of Kentucky Press, 1966).关于伊利对威斯康星大学经济制度学发展做出的重要贡献,以及他在法律、经济和公共财政领域的开创新工作,请参阅 Malcolm Rutherford, *The Institutionalist Movement in American Economics, 1918—1947: Science and Social Control* (New York: Cambridge University Press, 2011), 187—90; Marianne Johnson, "Public Finance and Wisconsin Institutionalism, 1892—1929", *Journal of Economic Issues*, 45: 4 (2011), 965—83.

后作为一名教授)。在获得法学学位与政治经济学博士学位之后,他开始了对"财政学"的终身研究。在19世纪80年代后期,他发表了一系列的论文并且在随后的几十年中陆续发表了数篇极为重要且极具影响力的税收论文。塞利格曼在学界内外十分活跃,而且几乎参与讨论了累进税改革的每一个重要环节。事实上,塞利格曼在公共财政领域的学术研究和社会成就非常高,所以至今依旧享有盛名。在职业生涯的早期,他被任命为《政治学季刊》(这份期刊在哥伦比亚大学的赞助下刚创立不久)的编辑并同时在哥伦比亚大学担任教职。另外,他还被指派为哥伦比亚大学出版社的系列丛书编辑,负责管理并编辑丛书中的公共财政文稿。作为一位精通多门外语的学者,这些工作让塞利格曼在实质上成为欧洲大陆与美国之间财政文本的翻译及传播的桥梁。后来,他向哥伦比亚大学的同事韦斯利·C. 米切尔(Wesley C. Mitchell)谦虚地讲述道,这一"部门安排的偶然事件"使他终身致力于税收研究。在美国的新兴公共财政文献中,无疑包括大量其他作者的贡献,但亚当斯、伊利,特别是塞利格曼在其中尤为重要,因为他们不仅代表着这批特立独行的经济思想家,而且是引领美国税收理论概念性转变的关键人物。①

  这批经济学家中大多具有相似的个人背景(特别是相似的宗教和道德教养),这也是他们团结在一起的原因。尽管伊利、亚当斯和塞利格曼的家庭环境相去甚远,但他们从小都有一个共同的渴望——通过自身独特的宗教和道德感解决现代工业的各种弊病。伊利在纽约州北部的农业区长大,家人都是热忱的长老会教徒并且致力于促进平等主义与社会变革。尽管伊利的父母原本希望年轻的理查德·伊利能够成为一名牧师,但是他对神职工作并没有任何兴趣。不过,与他同时代的学者相比,他确实更深入地参加了社会福音的运

---

① Pier Francesco Asso and Luc Fiorito, eds., "Edwin Robert Anderson Seligman, Autobiography", in *Documents from and on Economic Thought*, Vol. 24C, ed. Warren J. Samuels (Amsterdam: JAI Press, 2006), 47—187; Joseph Dorfman, "Edwin Robert Anderson Seligman", *Dictionary of American Biography*, Suppl. 2 (1958), 606—9; Carl S. Shoup, "Seligman", in *International Encyclopedia of the Social Sciences*, ed. David L. Sills (New York: Macmillan, 1968); Wesley C. Mitchell, "Tribute", in *Edwin Robert Anderson Seligman, 1861—1939* (Stamford, Conn.: Overlook Press, 1942), 60; "In Memoriam: Edwin Robert Anderson Seligman", *Political Science Quarterly*, 54:3 (September 1939), 3. 更多关于哥伦比亚大学作为早期制度经济学培养摇篮的内容,请参阅 Rutherford, *Institutionalist Movement in American Economics*, 223—57。

第二章　逐步走向衰亡:现代力量、新兴观念与经济危机

动。他与华盛顿·格拉顿(Washington Gladden)以及其他具有改革意识的牧师都保持着密切的联系。他经常在肖托夸成人教育巡回集会①上发表演讲,以帮助他们建立自己的政治经济俱乐部。他还用传神又热切的笔触,阐述社会基督教对经济学的各种启发。事实上,正如伊利所阐述的,他这一代的政治经济学家属于一种"伦理学派",因为他们"有意识地接受道德理念",而且"致力于指明培养道德的途径,并且鼓励人们为之不懈奋斗"。②

亨利·卡特·亚当斯也追寻着相似的道路。他在艾奥瓦州农村地区出生并长大,他的父亲是一位公理会牧师,也是一位坚定的废奴主义领袖,这位父亲也渴望将儿子培养成一名牧师。但与伊利一样,亚当斯并没有继承家人对牧师职业的热忱。在年轻的时候,亚当斯就承认自己时常对宗教抱有疑虑。1874年,亚当斯从格林内尔学院毕业,之后很不情愿地进入了安多弗神学院。不过,他很快就离开了神学院,坚定地走向了自己向往的道德改革之路:他获得了约翰霍普金斯大学的奖学金,成为该校的第一批博士生,从而正式开启了他的学术生涯。为了向父亲解释为什么不打算成为一名牧师而是要成为一名学者和改革家,亚当斯向父亲反复强调了这份职业的宗教层面性质。引用《圣经》原文,亚当斯告诉父亲,为"这个国家的投票人"提供"政治学教育"是他现在的使命。"与直接并深刻地处理人类的灵魂问题相比,这份工作确实较为低阶,"亚当斯承认道,"但这是基督信徒可以选择的工作范畴。"③

---

① 旧时在美国夏天举办的一种夏校或教育性集会,也被称为肖托夸夏季教育会。——译者注
② Ely,*Ground under Our Feet*,79—87;Rader,*Academic Mind and Reform*,32—3,64—5;Kate F. Kimball(Executive Secretary, The Chautauqua Literary and Scientific Circle) to Richard T. Ely, Nov. 15,1892,Box 5,Correspondence Mar.-Nov. 1892,Richard T. Ely Papers,Wisconsin Historical Society,Madison,Wis.;Ely,*Social Aspects of Christianity*,118. 关于社会福音运动与这些进步政治经济学家之间的思想联系,请参阅 Thomas C. Leonard,"Religion and Evolution in Progressive Era Political Economy:Adversaries or Allies?"*History of Political Economy*,43:3 (2011),429—69;R. A. Gonce, "The Social Gospel,Ely,and Commons's Initial Stage of Thought",*Journal of Economic Issues*,30:3 (1996),641—65;Bradley W. Bateman,"Clearing the Ground:The Demise of the Social Gospel Movement and the Rise of Neoclassicism in American Economics",in *From Interwar Pluralism to Postwar Neoclassicism*,ed. Mary S. Morgan and Malcolm Rutherford (Durham:Duke University Press,1998), 29—52.
③ Coats,"Henry Carter Adams",179—83;Henry C. Adams to Mother,Oct. 23,1870;Henry C. Adams to Father,June 12,1876,Correspondence 1876 Jan.-Jun.,Box 1,Henry Carter Adams Papers, Bentley Library,University of Michigan,Ann Arbor,MI [hereinafter HCAP].

与伊利和亚当斯不同,塞利格曼的成长环境更为国际化、都市化。他出生于富裕的德裔犹太银行家族,在纽约犹太教改革派的开放环境中长大。成年后不久,他就成为菲利克斯·阿德勒伦理文化学会中的重要成员。同他的众多兄弟姐妹一样,塞利格曼很小就开始在家中接受家庭教育,他的家庭教师是小霍雷肖·阿尔杰(Horatio Alger Jr.,他和塞利格曼保持了终生的书信往来)。阿尔杰在外语、政治与历史方面对塞利格曼严格教导,而他的学业也十分出众。由于常常和父母一起出国旅行,因此塞利格曼精通多门欧洲语言。11岁的时候,塞利格曼进入曼哈顿上西区的哥伦比亚文法学校接受正规的学校教育。[1] 尽管这些学者在各自的成长过程中都吸取了道德和伦理的理念并最终影响了他们的学术思想和改革行为,但他们在自身的职业发展中,都将"知识的信念"置于社会福音(或其他相似的宗教道德)之上。[2]

这种相似的背景塑造了新一代公共财政经济学家的变革性思想。另外,19世纪后期美国的严酷现实则进一步坚定地推动了他们的这种思想。当时,工业化和城镇化的高速发展快速拉大了美国社会的经济差距。不仅如此,现代美国资本主义的不平衡发展也加剧了阶级冲突和劳工动乱。这些志向远大的政治经济学家注意到了"劳工问题"的重要公共影响。具体来说,伊利早在1880年就决心支持工人阶级(当时他正竭尽全力试图在纽约找一份工作);19世纪70年代后期,亚当斯被巴尔的摩市[3]的极端贫困所震惊;尽管塞利格曼出生于显赫的银行家族,但他工会主义的诉求充满同情(从他早期对合作运动和基督教社会主义的研究可以看出)。事实上,这一代的美国学术活动家几乎

---

[1] Asso and Fiorito,"Edwin Robert Anderson Seligman, Autobiography"; Horatio Alger Jr. to Seligman, Feb. 21, 1876; May 7, 1876; Apr. 1, 1876, Cataloged Correspondence; "Seligman Report Cards", Box 58—Father, School, and College, ERASP; Carl S. Shoup, "Seligman". 学者通常将塞利格曼的道德倾向归功于他的家庭对改宗犹太教的长期投入,但并没有注意到他与阿德勒伦理文化学会之间的紧密联系。具体请参阅,如 Ross, *Origins of American Social Science*, 103. 但是,他的儿子尤斯塔说,塞利格曼在相对早期的时候,就"在心理、智力和其他方面与犹太教决裂"。Interview with Eustace Seligman, Columbia University Oral History Collections, September 3, 1974, Butler Library, Columbia University, New York, N. Y.

[2] 这些公共财政经济学家在成长为税收学者和改革者的过程中,始终将科学置于宗教的地位之上,更多相关内容请参阅 Ajay K. Mehrotra, "'Render unto Caesar…' Religion/Ethics, Expertise, and the Historical Underpinnings of the Modern Tax System", *Loyola University of Chicago Law Journal*, 40:2 (Winter 2009), 321—67. 同样可参阅 Furner, *Advocacy & Objectivity*.

[3] 当时他在约翰霍普金斯大学就读博士,而巴尔的摩是霍普金斯大学的主要校区。——译者注

第二章　逐步走向衰亡:现代力量、新兴观念与经济危机

亨利·卡特·亚当斯
(Henry Carter Adams,
1851—1921)

理查德·T.伊利
(Richard T.Ely,
1854—1943)

埃德温·R.A.塞利格曼
(Edwin R.A.Seligman,
1861—1939)

这三位具备改革意识的学者为美国的公共财政研究开拓了前沿阵地,并且领导了直接和累进税的思想运动。

图 2.1　三位进步的公共财政经济学家

都致力于克服一个长期存在的困难——知识世界和工人大众之间的鸿沟。这些研究公共财政问题的进步思想家则致力于向立法者、政策分析家和大众传播根本性财政改革的必要性;他们认为,只有如此,才能在阳春白雪的理论世界和现实的物质世界之间搭起一座沟通的桥梁。[1]

个人背景与时代条件塑造了美国新学派经济学家的思想与信念,但更为重要的共同影响则来自他们的海外研究生经历。追随着美国导师的道路,这些志存高远的学者在19世纪后期旅居德国并且完成(或补充)了他们的研究生学习。正如历史学家丹尼尔·T.罗杰斯(Daniel T. Rodgers)所说的,对这些具备改革思想的美国社会学家而言,"德国是知识分子的热土,是通往不断上升的职业道路的重要起点"。作为其中最年长的成员之一,伊利帮助启动了这场跨越大西洋的思想与教育迁移。伊利在给母亲的信中写道:"德国的学习让每个学生都非常快乐。在这里,也只能在这里,才能学会如何独立地进行真

---

[1] Ely, *Ground under Our Feet*, 164-5; Ross, *Origins of American Social Science*, 105; Edwin R. A. Seligman, "Owen and Christian Socialists", *Political Science Quarterly*, 1:2 (1886), 206-49; Leon Fink, *Progressive Intellectuals and the Dilemmas of Democratic Commitment* (Cambridge, Mass.: Harvard University Press, 1977).

正的科学研究。"伊利就读于海德堡大学,并于1879年在卡尔·克尼斯(Karl Knies)的指导下完成了博士学业。随后,他将德国研讨式的教学模式带回了约翰霍普金斯大学,并开始了他的教学生涯。亚当斯是第一批被美国大学(约翰霍普金斯大学)授予博士学位的人,同时他也在海德堡大学与柏林大学完成了研究生的学习。在德国,他师从阿道夫·H. G. 瓦格纳(Adolph H. G. Wagner,德国公共财政领域的权威人物之一)。塞利格曼在德国有亲人,并且他童年时常去欧洲旅居;他也曾在海德堡和柏林学习,师从克尼斯、瓦格纳和古斯塔夫·施密尔(Gustav Schmoller)以及其他著名的德国经济学家。[1]

德国的学习经历对美国的这些经济学家产生了重大的影响。与那些同样在德国学习但更为保守的同僚不同,新学派的成员对德国经济历史学派的缔造者怀有深深的感激并且成为坚定的崇拜者。尽管经济思想史学家对德国历史主义经济"学派"的一致性并没有达成统一意见,但他们基本认同一点——德国学者(如威廉·罗雪尔、古斯塔夫·施密尔、卡尔·克尼斯和阿道夫·瓦格纳等)在19世纪后半叶已经联合成为一个思想群体,并且致力于挑战英国古典主义政治经济学派所推崇的、形而上学的定律。伊利、亚当斯与塞利格曼都曾师从这些顶尖的德国学者。而在这三人之中,塞利格曼对德国文化有着最为深厚的感情,并且在毕业后的很长一段时间都与他的各位老师保持密切的通信往来。[2]

---

[1] Daniel T. Rodgers, *Atlantic Crossings: Social Politics in a Progressive Age* (Cambridge, Mass.: Harvard University Press, 1998), 86, 96—7; James T. Kloppenburg, *Uncertain Victory: Social Democracy and Progressivism in European and American Thought, 1870—1920* (New York: Oxford University Press, 1986), 207—8; Jurgen Herbst, *The German Historical School in American Scholarship: A Study in the Transfer of Culture* (Ithaca: Cornell University Press, 1965); Joseph Dorfman, "The Role of the German Historical School in American Economic Thought", *American Economic Review*, 45:2 (1955), 17—28; Ely, *Ground under Our Feet*, 41—7; Asso and Fiorito, "Edwin Robert Anderson Seligman, Autobiography", 163—5.

[2] Furner, *Advocacy & Objectivity*, 54—5; Herbst, *The German Historical School*, 134—5; Heath Person, "Was There Really a German Historical School of Economics?" *History of Political Economy*, 31:3 (1999), 547—62; "Notebooks from Classes in Berlin", Box 86, Lecture Notes Taken by Edwin R. A. Seligman; Gustav Cohn to Seligman, April 21, 1886, Feb. 10, 1909; Johannes Conrad to Seligman, Oct. 15, 1896; Karl Knies, Feb. 8, 189; Gustav Schmoller, Oct. 31, 1896; Adolph Wagner to Seligman, March 13, 1909, Cataloged, ERASP. 古斯塔夫·科恩与塞利格曼进行了大量的跨大西洋通信,科恩很高兴,"美国和德国之间正在建立一个科学探究的社区"。Cohn to Seligman, April 21, 1886, ERASP.

第二章 逐步走向衰亡:现代力量、新兴观念与经济危机

在威廉·G. F. 罗雪尔(Wilhelm G. F. Roscher,他从19世纪40年代开始抨击演绎法这种先验体系的经济思想)的领导下,德国的历史主义者一致认为,并不存在独立于社会、政治和经济背景的普适性经济原理。同德国法学学派(也是罗雪尔一直效仿的学派)一样,德国历史主义的经济学家认为,人类社会并不是由自然规律支配的。换言之,罗雪尔和他的同伴主张一点:社会和经济关系取决于不同的历史和制度环境。这些学者使用"历史"这一最为广义的术语,一方面是强调过去的重要性,另一方面则为了强调对概括性理论的摒弃和对现实事件独特性的忠实。同样地,他们用"制度"这一术语表述一套广义的、限制人类行为的规范与社会规则。站在这个有利的视角,施密尔等学者批判了古典主义和新古典主义经济理论的各种信条,并以一种规范性视角讨论了国家在引导经济和社会方面的作用。与古典主义理论的自由放任思想相反,德国历史经济学家认为,现代社会日益增长的复杂性和相互依赖性要求一个更为主动的积极国家。[①]

德国历史学派对社会大背景和历史偶然性的强调以及对国家行动的规范性诉求,对在其门下求学的年轻一代美国政治经济学家产生了极为巨大的影响。他们之中的许多人带着更为激进和热忱的改革渴望回到美国。这些进步的学者在回到美国之后成了积极参加社会活动的大学教职人员,沿袭了德国大学的研讨式教学风格并且吸收了德国导师的教学课程精华。在这一过程中,他们参与构建了一个全新的经济学视角——一个独特的、美国式新自由主义经济学的视角。具体来说,这种美国式新自由主义主张利用国家的力量去解决现代工业资本主义下的各种社会冲突。[②]

从这些致力于财政改革的美国学者身上,能够清楚地感受到德国历史主义对美国新自由主义的影响。特别地,伊利、亚当斯和塞利格曼在结束德国的研究生学习后,带着对公共财政(他们的德国老师称之为"财政学",即 Fi-

---

① *The German Historical School:The Historical and Ethical Approach to Economics*,ed. Yuichi Shionoya (London:Routledge,2001);Pearson,"Was There Really a German Historical School of Economics?"548—9;Joseph Dorfman,*The Economic Mind in American Civilization*,131—4;Furner,*Advocacy and Objectivity*,48—9.

② Rodgers,*Atlantic Crossings*,76—111;Ross,*Origins of American Social Science*,98—140;Kloppenberg,*Uncertain Victory*,241—3.

nanzwissenschaft)的执着兴趣回到了美国。① 在施密尔(主张历史伦理)和瓦格纳(对再分配税收政策的呼吁)的影响下,伊利、亚当斯和塞利格曼开创了严谨且系统的美国公共财政研究。不过在此之前,他们首先需要将德国历史学派的整体思想转换为能够被美国所接受的思想,也就是把欧洲大陆的理念转嫁到英美体系的思想之上。换言之,他们需要让这些德国的经济理论能够被现代美国的制度和文化所接受,而这绝非易事。

伊利在约翰霍普金斯大学任教之后,就成为第一批把德国经济历史主义引入美国的美国学者。他明确指出,德国历史学派是美国新学派之中各位非正统经济学家的学习典范。尽管伊利非常谨慎,并且没有完全否定亚当·斯密或"英国/曼彻斯特政治经济学派"的贡献,但他认为,这些思想已经过时。他强调引领这个时代的,是一种更为科学的方法、一种强调历史和制度的日耳曼观点。伊利坚称,这些德国学者认为政治经济学"不应被视为一成不变或无法改变的规律,而是随着社会变迁不断成长和发展的"。伊利强调政治经济学的"自然规律"是可塑的,这意味着有必要采取各种行动以纠正现代工业主义的各种问题。伊利解释道,那些支持历史学派的年轻经济学家并不认为"自由放任等价于冷眼旁观民众的忍饥挨饿,更不等价于将充分竞争作为盘剥穷苦大众的借口"。相反,这种"年轻的政治经济学",伊利用他特有的基督教福音派口吻总结道,"象征着常识和基督教戒律这种伟大原则的回归"。②

其他的新学派经济学家立刻追随伊利的脚步。塞利格曼的早期论文宣称:像罗雪尔、克尼斯和施密尔这样的德国学者是第一批将经济理念置于"真正的科学基础"之上的思想家,因为他们理解"从历史角度研究经济问题的必要性"。塞利格曼认为,正是这些德国的思想家和如今在美国的这些追随者,抛弃了"对演绎法的绝对依赖",并呼吁"历史与统计研究的必要性";也正是他们,否认了"经济学中存在不可改变的自然规律,呼吁人们关注理论与制度之间的相互依存,并且表明不同时代/不同国家需要不同的制度体系"。塞利格

---

① Wilhelm Von Roscher, *System der Finanzwissenschaft* (Stuttgart, 1886); Adolf Wagner, *Finanzwissenschaft*, Erster Theil, 3te Aufl. (Leipzig, 1883).

② Richard T. Ely, "The Past and Present of Political Economy", *Overland Monthly and Out West Magazine*, 2:9 (September 1883), 225—35, 233—5.

第二章 逐步走向衰亡:现代力量、新兴观念与经济危机

曼继续说道,正是德国历史学派摒弃了任何"关于完全自由放任体系之益处的信仰",而且坚持认为"法律、伦理和经济学之间存在更为紧密的相互作用关系",并同时拒绝"将利己主义假定为经济行为的唯一准则"。最后,也是最为重要的,塞利格曼认为,美国的新学派沿袭了他们德国导师的诉求——解决当代的社会经济问题。一旦脱离了自由放任主义的正统性统治,"这个新学派,摒弃了一切先入为主的思想,致力于解决由这个时代带来的各种问题"。塞利格曼认为,这便是德国导师传授给美国政治经济新学派的主要原则。①

不过,美国新学派并不是对德国经济历史经济学的简单效仿(这种观点掩盖了历史主义的真实经验)。这两种思想流派都是特定历史阶段中的特定社会、政治和经济条件的产物。换言之,德国历史学派的思想是对工业时代的表白。"新学派是时代的产物,是时代精神的表现,它不属于任何特定国家,"塞利格曼解释道,"因为这一代人潜在的进化思想势不可挡,席卷了所有社会条件已经成熟、等待变革的国家。"塞利格曼认为,即便是英国的经济学家(他们是经济和法律永恒教条最为狂热的拥趸)也无法抗拒时代思潮的力量。约翰·斯图亚特·密尔"也在经历一种进化,并且真诚地表达了对旧式经济学的怀疑,甚至包括对自己著作之中经济思想的怀疑"。这种对经济和法律非绝对性教条的态度(这些具备改革主义的美国经济学家从在德国的学习中收获的态度),是新学派经济学家在构建美国财政未来愿景时的基本态度。②

伊利和塞利格曼热情地致力于将德国的思想移植到美国土壤之上;相比较而言,亚当斯的态度则更为谨慎。长期以来,亚当斯对德国社会主义者的激进提议都持怀疑态度。例如,亚当斯曾经公开谴责强制性的公众教育,将此称为一种"所有孩子都应被国家抚养"的思想。亚当斯比其他的新学派学者都更了解一点——美国的政治文化对制度施加了严格的约束。因此,他一直以一

---

① Edwin R. A. Seligman, "Change in the Tenets of Political Economy with Time", *Science* (Supplement: April 23, 1886), 375—82, 381.
② 同上,381—2. 在新学派经济学家为美国民众塑造跨大西洋思想的同时,美国法学家也在为美国法律发挥类似的职能。Kunal M. Parker, *Common Law, History, and Democracy in America, 1790—1900: Legal Thought before Modernism* (New York: Cambridge University Press, 2011), 230—47; David M. Rabban, *Law's History: American Legal Thought and the Transatlantic Turn to History* (New York: Cambridge University Press, 2013), Chapter 11.

种自省的方式在他独特的研究背景中运用历史主义的思想与方法。[1]

虽然亚当斯在美国是否能够接受欧洲的社会主义这一问题上持保留意见,但他绝不是一位资本主义的拥护者。相反,在镀金时代的劳工动荡时期,亚当斯和许多新学派学者都是美国劳工运动的坚定支持者,并且呼吁建立更为平等的劳资关系。然而,作为年轻一代的叛逆思想家,这种支持往往需要付出高昂的代价。例如,亚当斯的学术生涯在1886年遭遇了严重的挫折:由于他公开表示劳工在工业资本中应该享有"所有权",因此他和康奈尔大学的雇佣合同无法续约。[2] 当时许多美国民众畏惧不断增强的社会主义思潮(在经历了最为严重的劳工冲突之后),而亚当斯的言论则被康奈尔大学的校友和管理者解读为一种对劳工"讨伐资本"的明确支持。最终,亚当斯获得了该校的教职。尽管如此,这些政治限制还是影响了亚当斯之后的学术研究,而且让其他与他同时代的社会学家了解到美国对学术自由的限制。反过来,这些限制将会制约这些学者对全新并且强有力的财政制度的支持。[3]

亚当斯并不是唯一被限制学术自由的学者,伊利和其他数位具备改革思想的经济学家也承受了相似的政治压力。事实上,定义学术的自由边界也成为美国职业化进程中的一项基本任务。当他们被迫意识到自己并不像德国同伴们一样享有思想的自由或政治的支持时,这些新学派的美国经济学家学会用一种更温和的方式表达他们对争议性问题的观点,以及对新财政政体的支持。举例来说,在经历了康奈尔大学的挫折之后,亚当斯开始以更加"英式自由"并且符合美国长期文化价值观的措辞来阐述他在法律和政治经济学方面的各种大胆主张。[4] 在社会科学职业化的早期阶段,这种政治限制确实导致各

---

[1] Henry C. Adams to Mother, August 4, 1878, Correspondence Jan. -Jun. 1876, Box 1, HCAP.

[2] Henry C. Adams, "The Labor Problem", *Scientific America Supplement* (August 21, 1886), 8861—3.

[3] Dorfman, "Introduction", 36; Furner, *Advocacy & Objectivity*, 133—8. 当亚当斯试图保住他在约翰霍普金斯大学的教职时,他的同事兼导师托马斯·库利告诉他的妻子,他怀疑亚当斯的"风格"可能并不适合约翰霍普金斯大学。Thomas M. Cooley to Wife, Feb. 25, 1878, Folder: Typescript 1878, Box 6, Thomas M. Cooley Papers, Bentley Historical Library, University of Michigan, Ann Arbor, MI.

[4] Rader, *Academic Mind and Reform*, 136—50; Henry C. Adams, "Discussion of the Interstate Commerce Act", *Michigan Political Science Association Publications*, 1:1 (1893), 137—43, 143.

位经济学家的理论表述变得更为温和,其中也包括他们对公共财政的看法。[1]尽管现在我们无法完全确定伊利、塞利格曼或亚当斯是否完全接受了他们德国导师的激进理论(激进的税收再分配理论),但毫无疑问,在他们亲眼见证了美国社会对任何接近于欧洲社会主义思想的敌对态度之后,他们对这种理论的支持态度必然被削弱了。

将德国的历史主义引入美国的"财政学"

当他们(这些在德国接受研究生教育的公共财政经济学家)开始为新的财政国家规划理论蓝图时,他们实质上走进了一片未知的领土。在19世纪的大部分时间里,美国基本上不存在任何对税收经济学原理的一般性学术讨论(除了在政治上充满争议的关税问题之外)。[2] 例如,为了推动一个"规范管理的"社会,当时的美国亟须提高各州和地方政府的税收管理力(州和地方政府的一般财产税已经成为经济学家和社会评论员的重要讨论议题),但是,当时的学者几乎从未考察过联邦政府征税能力背后的相关政治与经济力量。1880年,资深的美国政治经济学家弗朗西斯·A.瓦勒(Francis A. Waler)确信地宣称:"财政的英语文献极为破旧。"他解释道,"英语的财政文献既无能又空洞",其根源是对税收问题缺乏严肃的学术关注。"大部分政治经济学家完全没有考虑过这一学科,或者只不过是敷衍了事。"幸运的是,年轻一代具备改革意识的各位经济学家开始去改变这一切。[3]

根植于相似的思想起源,亚当斯、伊利和塞利格曼开始引领美国走进"财

---

[1] Furner, *Advocacy & Objectivity*, 147—62. 更多关于美国这一阶段学术自由的内容,请参阅 Walter P. Metzger, *Academic Freedom in the Age of the University* (New York: Columbia University Press, 1955); Matthew W. Finkin and Robert C. Post, *For the Common Good: Principles of American Academic Freedom* (New Haven: Yale University Press, 2009), 1—52.

[2] 正如亨利·卡特·亚当斯所注意到的,在他这个时代,学者的一个重要教育任务是"让学生更多地关注政治经济学的内容,而不是简单地关注自由贸易与保护主义之间的辩论"。Furner, *Advocacy & Objectivity*, 130.

[3] William J. Novak, *The People's Welfare: Law and Regulation in Nineteenth-Century America* (Chapel Hill: University of North Carolina Press, 1996); Francis A. Walker, "The Principles of Taxation", *Princeton Review*, 2 (1880), 92—114, 93—4. 沃克是亨利·卡特·亚当斯在约翰霍普金斯大学的导师。Coats, "Henry Carter Adams".

政学"的领域。为了做到这一点,他们将新政治经济学的历史论应用到各种公共财政的问题上,如关税、公共债务以及所得税。亚当斯率先涉足税收的学术讨论,他的博士论文对保护性关税进行了严谨的历史分析,而他的早期论文聚焦于公共债务以及预算的制定流程。在他的博士论文中,亚当斯还阐述了早期共和制度的各种政治压力(如英国对美国海军力量的限制)如何将关税从一种单纯的收入手段转变为对抗英国海上帝国主义的保护性工具。亚当斯认为,这种对税收政策的早期人为操纵为关税制度积攒了力量,而这种力量逐步转变为支持美国在19世纪采用关税保护国内工业的经验性依据。基于他导师——弗朗西斯·沃克(Francis Walker)——的观察,亚当斯确信保护主义不过是一个历史性的意外事件,而它得以维系的主要原因是政治和制度的惰性,并不是任何经济逻辑。因此,它是一个可以并且应该被纠正的政策。亚当斯的规范分析是非常清晰的:他希望确保"关税改革意味着将关税重新变回单纯的国家收入工具"[1]。

在一篇早期发表的文章中,伊利采用了一个相似但更加缺乏信心的视角。同亚当斯的历史视角研究一样,伊利认同关税的最初目的是扭曲性的;但是与亚当斯(坚定地反对保护主义)的研究结论不同,伊利规避了税收政策的两大极端(自由贸易和保护性关税),而是试图在两者之间寻找到一个中间地带。伊利宣称:"我并不相信任何一个反映国际商业关系的政策能够在任何时间、任何地点都保持绝对的正确。"由于他对工人阶级的同情,伊利小心地避免对所有进口关税都进行一致性的批判,因为他部分认同关税在保护产业的同时也保护了工作岗位的这一论点。尽管如此,伊利在归纳和对比分析之后还是指出,关税支持者对劳动者的许多观点是毫无根据的。伊利相信,美国高工资的真正根源并不是贸易保护主义,而是美国丰富的自然资源、快速的技术创新以及不断提高的劳动生产率。[2]

质疑关税确实是美国新财政秩序在创建过程中的关键任务之一。不过,

---

[1] Henry C. Adams, *Taxation in the United States, 1789—1816* (Baltimore: Johns Hopkins University Press, 1884), 79.

[2] Richard T. Ely, *Problems of To-day: A Discussion of Protective Tariffs, Taxation, and Monopolies* (New York: Thomas V. Crowell Col., 1888), 39.

第二章 逐步走向衰亡:现代力量、新兴观念与经济危机

更为关键的任务是审视税收背后的诸多哲学思想以及它们与财政公民身份之间的联系。这要求清晰地区分和阐述两大税收原则——"受益原则"和"支付能力或能力原则",以及它们背后截然不同的社会关系及政治理论。这两大原则都不是美国所特有的,也没有明确地区分开来;事实上,数个世纪以来,它们几乎一直共存于整个西方世界的话语体系。甚至在亚当·斯密的《税收的第一原理》之中,这两大原则也是融合出现的。虽然随后的政治经济学家(特别是约翰·斯图亚特·密尔)进一步提炼了支付能力原则,但在大众的话语体系中,这两大理论经常是混为一谈的。[①]

在密尔的研究基础上,美国的税收理论家致力于拆分这两大税收理论。他们试图揭示受益原则(这一原则在当时占据主导地位)背后已经过时的社会关系理论,并采用一套全新的税收思想来替代它的观点和逻辑。在这个过程中,他们意图建立支付能力/能力原则这一税收思想的主导性地位,并且将它作为一种政治道具,以激起大家对现代财政国家的支持。[②]

在批判受益原则的过程中,伊利、亚当斯和塞利格曼特别指出了它背后过时的政治与公民关系。对当时许多税收理论家而言,受益原则的核心基础是义务的互惠:它主要依赖于一种传统的(批评者认为是空洞的)社会契约观点;荒谬的是,这种观点几乎能够合理化任何一种主权征税权。具体来说,受益原则这种义务的互惠认为,税收仅仅是公民为政府保护和公共服务所支付的经

[①] Harold M. Groves, *Tax Philosophers: Two Hundred Years of Thought in Great Britain and the United States*, ed. Donald J. Curran (Madison: University of Wisconsin Press, 1974); Carolyn Webber and Aaron Wildavsky, *A History of Taxation and Expenditure in the Western World* (New York: Simon & Schuster, 1986). 正如斯密所解释的,"每个国家的主体……都应该为支持政府做出贡献,而贡献的比例应该尽可能与他们的能力成正比,也就是与他们在国家保护之下各自获得的收入成正比"。Adam Smith, *Wealth of Nations*, ed. Edwin Cannan [New York: Modern Library, 1937(1776)], 777.

[②] 受益原则和支付能力原则的长期共存说明了一点:思想理念的历史几乎从来不是"东风压倒了西风"(即一种理念完全战胜了另一种理念)。正如历史学家尼尔·达克斯伯里(Neil Duxbury)所注意到的,"思想理念,以及它的价值观、立场和信念,时常会兴盛或衰落,有时也会被复兴或改进,但我们几乎从来看不到它们的出生或死亡"。Neil Duxbury, *Patterns of American Jurisprudence* (New York: Oxford University Press, 1995), 2—3.

济代价。①

这些具备改革意识的税收理论家坚定地反对这一原则。用不亚于库利法官的权威态度,伊利声称税收不能再以"古老的互惠假象"作为立足的依据。为了定义"税收",伊利谨慎地解释为什么公共物品和服务并不存在任何"交易"或"支付"。"主权",伊利写道,"要求公民纳税,无论它提供给公民的服务价值是几何。"因此,税收仅仅是"国土上的宪制机构所要求公民支付的、单方面的经济物品或服务……目的是满足政府支出或一些其他用途,理由是维持公共负担的应该是公共缴款或奉献。考虑到现代工业生活的高度相互依存性,伊利继续指出,没有一个严肃的人能够继续认同"以税收换取政府保护这种古老的法律假象"。伊利最后给出他的结论:这种传统的税收依据是"如此明显的荒谬,它能够获得如今的地位真是匪夷所思"②。

亚当斯肯定了伊利的观点。他写道,经典的受益理论忽视了"现代政府承担的责任远远超出了最为初级的政府功能(单纯地保护生命和财产)"。虽然,"税收的这种利益交换理论在本世纪初还能勉强契合政府行为的相关概念,"亚当斯严肃地指出,"但现在来看,它必然是过时的。"③尽管亚当斯相信应该区分税收的理论依据和"律师的观点"之间的不同,但他确实认同"税收的贡献原则",而这一原则明确承认了税收的社会层面属性。在这个原则之下,对收入、利润以及遗产继承的直接和累进税都是合理的,因为它们体现了社会单位的道德责任——集体中的公民相互之间的责任以及公民对集体的责任。与饱受争议的"购买原则"或"受益原则"(它强调公民纳税人和国家之间原子式的消费主义关系)不同,亚当斯认为税收贡献原则的基础是"社会利益的同心同德"。④

在这种观点下,亚当斯谨慎地使用"贡献"一词,以暗示税收应该被视为国

---

① Thomas M. Cooley, *A Treatise on the Law of Taxation: Including the Law of Local Assessments* (Chicago: Callaghan and Co., 1876), 2; Cooley, *Principles That Should Govern in the Framing of Tax Laws* (St. Louis: G. I. Jones, 1878), 7.

② Richard T. Ely, *Taxation in American States and Cities* (New York: Crowell, 1888), 14, 13, 6—7.

③ Henry C. Adams, *Science of Finance* (New York: Henry Holt & Co., 1898), 300.

④ 同上,301—2。

第二章 逐步走向衰亡:现代力量、新兴观念与经济危机

家有机或集体性质中的一大构成。事实上,亚当斯选择研究公共财政的缘由,正是因为它将公共和私人范畴密不可分地缠绕在一起。亚当斯写道,贡献"意味着国家的所有功能都是大众(如牧师和普通民众)所需要的,而且这些需求在很大程度上无法被分割或专属于某个个体或阶层"。"有机整体与相互依存的理念以及共同权力和共同责任的意识都符合贡献的思想。"因此,为了替代受益原则并认可税收支付能力原则,最基本的一步就是将社会优先于个人之上。①

塞利格曼更进一步谴责了受益原则背后的政治理论,他认为,受益原则的核心基础是一个完全过时的公民身份概念:

> 现在,大家一般都认同一点:人们纳税并不是因为从国家那里获得了任何保护或任何益处,而仅仅是因为国家是我们之中的一部分。支持并且保护我们的国家是我们生而有之的责任。在文明社会中,国家对个体来说和人们呼吸的空气一样必要,如果个人无法接受国家的限制,就要回到无政府的野蛮生存状态之下。公民所有的行为前提都是国家的存在。公民并不能选择国家,而是生在其中,并且与国家交织共存,而且最终将把自己的生命奉献给国家。认为公民支持国家的原因仅仅是受益于这个国家,这是一种狭隘又自私的教条。我们支付税收并不是为了从国家那里获得益处,而是因为支持国家是我们的责任,就像支持自己本身或者家庭一样。简言之,国家是我们不可分割的一部分。②

用这样惊人的言论,塞利格曼清晰地阐述了一个重新焕发生机的公民身份理念,这个理念远远超越了传统社会契约论的观点、捕捉了公民的"支付能力"(塞利格曼称之为公民的纳税"能力")。从这个概念来说,塞利格曼和他的同僚贬低了纳税人和政府之间传统的个人主义契约观点,而这个观点所支撑的恰恰就是受益原则。为了替换受益原则,他们致力于打造一种更为抽象但

---

① Henry C. Adams, *Science of Finance* (New York: Henry Holt & Co., 1898), 301-2。在1904年写给塞利格曼的信中,亚当斯断言,"财政学是经济学的卓越分支,它强调的是社会关系的有机或集体概念"。Henry Carter Adams to Seligman, June 20, 1904 in "The Seligman Correspondence Ⅱ", ed. Joseph Dorfman, *Political Science Quarterly*, 56: 270-86 (June 1941), 275 (emphasis in the original).

② Edwin R. A. Seligman, *Essays in Taxation* (New York: Macmillan, 1895), 72.

109

更加坚固的契约关系,它强调税收是一种能够带来集体收益的社会责任。

事实上,这两个术语——"能力"和"支付能力"——很快就成为支持新财政秩序的坚定的、社会民主的依据。另外,我们将在下一章看到,一些进步的公共财政经济学家谨慎地表明,他们对累进税的支持完全不等价于对激进再分配方案的支持。具体来说,这些激进的再分配方案是来自阿道夫·瓦格纳和其他德国公共财政学者和改革家。与新学派的其他同伴一样,塞利格曼清楚地认识到一点:美国的政治文化对根本性财政改革的程度和范围都施加了清晰的限制。

这些具备改革思想的经济学家都认同受益原则是过时的——落后于高度依存的现代社会结构。除此之外,他们还反对受益原则背后的市场关系理念。他们强调道德责任和社会纽带的重要性,并且憎恶受益原则下公民和政府之间高度商品化的关系。税收"是单方面商品或服务的转移支付,而不是双向的,"伊利强调,"公民纳税仅仅因为他是公民,这是公民的责任。"伊利总结认为:"因为他是这个有机社会中的一员,所以他要承担这样的责任,只有无政府主义者才会接受任何其他的观点。"①

由于个体公民是集体的一部分,因此,基于双向交易或物物交换原则的税收是完全过时的。不仅如此,它还有悖于道德责任的观点和社会整体性的理念,而这两点是全新政治归属理念的重要核心(对这些税收活动家和经济理论家而言)。在这个快速变化并且越来越相互依存的社会中,对社会生活的过时解读必然会快速凋零。如果说社会契约要求国家有责任回馈,那它不仅仅需要保护公民的生命和财产,还需要确保公民的财政牺牲在所有成员中被平等地分配。总的来说,这些进步的经济学家反复强调受益原则曲解了现代公民的社会义务。

除了理论层面之外,这些进步的改革者还从实践的角度对受益原则进行了激烈的批判,因为受益原则在实践当中也无法对税率结构的设定给出清晰的指导。举例来说,批评家一直认为,受益原则对一些实际问题的解答是含混不清的,如富裕的人是不是应该比穷人缴纳更高额的税收?塞利格曼轻蔑地

---

① Ely, *Taxation in American States and Cities*, 13.

第二章 逐步走向衰亡：现代力量、新兴观念与经济危机

称之为"妥协理论"，强调这个理论让应纳税额变得"无法确定"。塞利格曼认为，受益原则既可以用来支持累进税，也可以用来支持累退税。一方面，由于"大部分公共支出用于保护富人免受穷人的伤害"，塞利格曼指出，从而受益原则可以规定"富人不仅仅应该支付更高的税收金额，也应该支付更高的税负比重"。因此，如果受益原则背后的税收基础是保护私人财产，那么拥有更多财产的人必然得到了更多的保护，从而应该承担更高的税收负担。[①]

但是，另一方面，塞利格曼继续说道，受益原则的支持者还能够论证"反过来也是正确的"。因为"百万富翁有能力为自己雇佣保安、侦探和警卫，而且他们往往依靠自己而不是国家来保护自身的财产，这导致国家对他们的保护要少于不得不依赖国家提供保护的、相对拥有较少财产的人们"，塞利格曼写道，这样，基于受益理论的税收意味着"穷人要比富人缴纳更多"。即使一些受益原则的变形版本将税收视为"政府服务的提供成本"，而不是政府为个人提供的"保护的价值"，但在塞利格曼看来，这些也是"站不住脚的"。受益原则无论如何定义，都是无可辩解的。正如塞利格曼的简洁陈述："绝对不可能在个体之间分配他们在国家活动中的受益份额，因为这些是无法量化并测量的。"[②]

不过，这些进步的政治经济学家也承认能力原则并非完美无瑕，特别是在设计税收体系的实际操作层面。出于这个原因（还有其他一些原因），这些理论家对支付能力的逻辑顶峰——所得税——抱有的信心程度也是不同的。具体来说，伊利对累进税抱有坚定的信心，认为它能够平等地重新分配财政负担，并且重振公民的身份观和政治参与；相反地，亚当斯对所得税的支持仅仅从属于他更为激进的、几乎涉及所有政府层级的财政变革愿景之上。"毫无疑问，支付能力是分配税收时唯一公正并且可操作的基础原则，否则，能力会随着不断增加的收入而增长，而且增长速度要高于收入的增长速度。"亚当斯写道。但是，他并没有将税收体系视为"社会改革的唯一途径，而认为它是可能

[①] Edwin R. A. Seligman, "Progressive Taxation in Theory and Practice", *Political Science Quarterly*, 9:1/2 (1894), 7—222, 82. 也可参阅 Seligman, "The Theory of Progressive Taxation", *Political Science Quarterly*, 8:2 (1893), 220—51。

[②] Seligman, "Progressive Taxation in Theory and Practice", 83—4.

出现的、广泛社会改革进程中的一项、用以限制工业倾向的手段"[1]。

类似地,塞利格曼相信,所得税是为了实现理想中的、按个人能力进行纳税的一个可行的步骤。对塞利格曼而言,按能力纳税是他渴望的目标、是一个理想的税收类型。虽然也许无法在实际操作上实现,但它为税收制定者提供了一个有价值的检验标准。如塞利格曼所描述的通过致力于捕捉公民的支付能力,所得税有助于"让现有的税收体系向更加公正的方向发展"。这样,能力原则或者称为支付能力原则,对这些具备先进思想的经济学家而言,并不是一部具体的税法,也不是一种连续的财政思想,而是一个修辞工具、一套关键词,目的是激发政治和社会对新财政秩序的支持。[2]

尽管这些公共财政的经济学家对收入法案的具体发展可能持不同的意见,但他们大体上认同受益原则不能作为现代税收体系的思想基础(因为本身的不连贯和不一致问题)。那么,这是否意味着受益原则在税收理论和财政政策的讨论中不再占据一席之地?对于那些人们能够确定的、政府与纳税人之间的互换交易,又当如何论之?对于这些政治经济学家而言,这样的支付并不罕见,但它们并不能被称为税收。塞利格曼承认:"一些个人的支付确实是为了交换某些特定的政府服务,那么这个支付应该尽可能地等价于政府所提供服务的成本。"但是,塞利格曼总结道,这些支付"并不是税收";相反,它们仅仅是"收费"。[3]

这两者之间的差别是至关重要的。它意味着塞利格曼等人认为,受益原

---

[1] Henry C. Adams,"Arguments for Progressive Taxation",MSS,"Tax Bound Folder",Box 14,HCAP;"Suggestions for a System of Taxation",*Michigan Political Science Association Publications*,1:2 (1894),49—79.

[2] Seligman,"The Income Tax",*Political Science Quarterly*,9:4 (1894),610—48;Daniel T. Rodgers,*Contested Truths:Keywords in American Politics since Independence* (Cambridge,Mass.:Harvard University Press,1998).

[3] Seligman,"Progressive Taxation in Theory and Practice",85—6.塞利格曼也类似地在解析上明确区分了国家的"征税权力"和"税收"。前者是政府形式的一般全体权力,而后者仅仅是这种广义权力的某种具体形式。19世纪市政水平的"特殊评估"就是国家征税权力的一个示例,但它们本质上并不是"税收"。Seligman,"The Classification of Public Revenues",*Quarterly Journal of Economics*,7:3 (1893),286—321.更多关于19世纪特殊评估对市政治理重要性的内容,请参阅Robin Einhorn,*Property Rules:Political Economy in Chicago,1833—1872* (Chicago:University of Chicago Press,1991).

第二章 逐步走向衰亡:现代力量、新兴观念与经济危机

则在公共财政的进程中依旧留有一席之地,只不过是扮演了一个重要的从属性角色。无论如何,除了国家带来的益处之外,没有任何其他办法能够准确地定义过路费、收费或专门的核定付款。但是,在为纯粹公共物品和服务融资时,最好的税收依据是支付能力原则,因为这些纯粹的公共品,如国防、法律以及公路,能够被所有个体所同时享用,并不会增加任何公民使用这些公平品的成本。总而言之,塞利格曼认为,受益原则在税收方面是空洞无能的,既不能给出清晰的税率设定,也无法给出具体的税收含义。

令人遗憾的是,这些进步政治经济学家对受益原则的激烈抨击在无意之间带来了一个糟糕的后果。由于将支付能力原则置于受益原则之上,因此,这些思想家切断了政府支出和筹集收入之间的联系。具体来说,能力原则痴迷于经济能力和平等的税收,但忽视了政府转移支付的作用。事实上,通过结合税收与政府的转移支付,也能够改善现代工业生活中无处不在的经济不平等以及各种各样的社会问题。尽管这些思想家在当时并不能预见这一后果——这种进步思想中的盲点,但现在的人们已经清楚地意识到了美国早期财政思想的短视问题。

不过,对这些具备改革意识的公共财政经济学家而言,他们仅仅是在陈述一个被美国税收政策长久遗忘的思想理念。他们坚持认为,美国的财政专家早就承认了税收的社会维度属性。例如,W. H. 柏洛兹(W. H. Burroughs)在1877年的法律文章中就指出:"税收权利的基础是政治的必要性。税收是为了公共物品做出的牺牲。"另外,学术界和文章作者并不是唯一理解税收背后社会关系的群体,税收管理者也早已承认税收的集体性构成。正如伊利所指出的,马萨诸塞州的税收委员会早在1875年就确认了"税收的正确信条"。该委员会的最终报告(伊利在获得许可之后,长篇累牍地引用了这篇报告)声明,"纳税人纳税的理由并不是为了支付国家保护他(或为了他付出的其他任何服务)的成本,而是因为他和社会之间固有的一种原始关系"。伊利相信税收的依据是社会的整体性,而不是任何激进的个体主义。"个人能够从自身财富中获得的所有享受,其根源都是个人和社会之间的联系,"马萨诸塞州的报告继续说道,"当所有的社会联系被切断,一个人的财富对他也就毫无价值。事实

上,没有社会,就不会存在财富这一概念。"① 在确认了美国税收的社会基础之后,这些具体改革思想的经济学家得以推广他们的财政体制改革运动。那么,接下来就是在税收系统的改革中运用这些思想理念。

将理论应用于实践:对财产税的早期奇袭

当把抽象的能力原则或支付能力原则应用于具体情况时,新学派的政治经济学家在最开始选择了一个较为容易的目标——一般财产税。如前文所述,到19世纪后期,州和地方政府的一般财产税几乎是每个经济评论家最喜欢的抨击目标。但是,与其他批评者不同,这些年轻的公共财政经济学家采用一种归纳的实证和历史方法来抨击财产税。他们专注于说明财产税已经不再符合现代的工业条件。具体来说,由于社会和经济条件的变化,财产税不再符合他们眼中的现代税收检验标准——支付能力原则。

尽管在过去,公民所持有的有形财产确实能够公正地衡量他的税收支付能力,但是这些改革者相信,随着工业资本主义的发展,有形财产不再能够准确地衡量公民的纳税能力。大规模的制造业和金融资本的制度趋同,深远地改变了财产的社会概念。无形个人财产(如股票、债券以及其他金融资产)变得愈发重要,这使得公民可以藏匿他们的财富(当时税收官员称之为"隐匿资产")。由于有形财政不再是财富和税收支付能力的主要标志,因此,这些财政专家和改革者相信财产税也不再足以准确地衡量公民履行其社会责任的能力。②

19世纪80年代中期,伊利被任命为巴尔的摩和马里兰州的税收委员会成员,随后他对财产税开展了系统性的评估。利用他的政府公职,伊利收集了北美许多城市和美国数州财产税运行情况的大量数据。伊利对州和地方税收

---

① W. H. Burroughs, *A Treatise on the Law of Taxation* (New York: Baker, Voorhis & Co., 1877),1;Ely,*Taxation in American States and Cities*,14 [quoting Thomas Hills et al., *Report of the Massachusetts Commission on Taxation* (Boston: Wright & Porter,1875)].

② Yearley,*Money Machines*;William G. Roy,*Socializing Capital: The Rise of the Large Industrial Organization* (Princeton: Princeton University Press,1999),122—41;Higgens-Evenson,*Price of Progress*.

体系的"毫无价值"大为震惊。鉴于评估财产价值过程中存在的极为严重的不公正问题,伊利反对委员会的初步建议——更加严格地执行现有的一般财产税税法。不仅如此,他还出版了自己撰写的补充报告,呼吁对州和地方税的税收体系进行彻底的改造。①

通过在税收委员会的经历,伊利发表了一篇开创性的、关于地方税收体系的文章。在文章中,他提出所得税的两大优越性,即公平与社会公正。所得税"是现有的、最为公正的税收",伊利写道,"它在有能力承受的时候,造成沉重的税收负担,在暂时性或者永久性的虚弱之处放置较轻的税负。巨大的财产并不总是意味着较高的税收支付能力,因为税收应该来自收入,而评估财产也只是测算收入的一种间接手段"。因此,伊利提出了一个问题:为什么不取消对财产征税这种间接的措施,而是直接开征所得税这种更加直接捕捉个人支付能力的方式?他总结道,所得税是"有裨益的,因为它在有力的肩膀上放置了更重的负担"②。

塞利格曼给出了更为细致的批判,详细阐述了财产税对支付能力原则的偏离。他提出了三个主要观点:第一,通过国际比较证据,他指出财产税并不是美国所特有的,而这也是其他评论家的共识;第二,由于财产税既不是美国特有的,也不是永恒的,因此,美国的财产税必然受到历史变革力量的影响;第三,可能是最重要的一点,塞利格曼解释了财产税已经过时的根本原因,即"因为财产不再是衡量能力或者税收支付能力的标准"。随着经济的发展和社会的变迁,塞利格曼坚定地认为:"衡量能力的标准已经从财产转变为产出。"③

同伊利一样,塞利格曼相信现代工业资本的出现意味着当前的一般财产税早已经不再具备任何价值,至少在州政府层面。财产税从诞生伊始就是一种财富税,但是到了19世纪后期,财富不再等价于实体财产。塞利格曼写道:"需要被考察的不再是财富的规模,而是财富的生产率。"收入,也可以称之为财富的流量(而不仅仅是财富的实体形式),才是对个人能力或支付能力的准

---

① Richard T. Ely,"Supplementary Report on Taxation in Maryland", in *Report of the Maryland Tax Commission to the General Assembly* (Baltimore:King Bros. ,1888),93—200.
② Ely,*Taxation in American States and Cities*,288—9.
③ Edwin R. A. Seligman, "The General Property Tax", *Political Science Quarterly*, 5: 1 (1890),24—64,62.

确度量。不仅如此,财产税产生公共收入的能力也日益衰微。具体来说,在金融资本的时代,它不再能够有效地筹集税收,因为它无法从不断增加的各种无形财富中筹集收入。新型的"隐藏"财富在税收面前一直是遁形的。①

由于富裕的投资人和纳税人并没有足够的动机披露自身的真实财富,因此,这种财产税还"为不诚实和堕落的公共良知提供了额外的收益"。但是,对塞利格曼来说,最重要的是财产税已经不再实用,因为"它给支付能力最低的人带来了最为严重的压迫",也就是那些拥有有限的实体资产的人们,因为他们无法在税收面前隐藏自己的财产。出于这些问题,塞利格曼相信所得税"在实际操作中是无比优越的"。这位哥伦比亚大学的教授热情地总结道:"如此不公正的一般财产税得以留存至今,其原因只可能是无知或制度的惰性。面对如此明显的不公正,废除财产税必须成为每一个政治家和改革者的战斗口号。"②当然,政策制定者并没有错过塞利格曼的号召。在第四章我们将看到,州的立法者也认同这些政治经济学家对财产税的评价,并且通过一系列渐进的制度变革以改革日益过时的地方财政体制。

经济危机和1894年的所得税

直接和累进税的思想运动是促进现代美国财政国家发展的关键因素。但是,如果说美国的公共财政重大转型的长期性、根本性的缘由是横扫全国的结构性变迁和税收与公民身份的新理念,那么从短期来看,触发财政转型的是发生在世纪末的一次影响深远的事件,也就是1893年的恐慌。该事件使得美国突然陷入深度并且严重的经济收缩,从而点燃了民粹主义反抗现有社会、政治和经济秩序的熊熊怒火。随着劳工冲突的日益严重和经济不平等的愈发加剧,民粹主义者的呼吁——重新采用对收入、遗产继承以及商业利润的累进税,快速地从边缘的第三党派转移至美国政治讨论的核心。最关键的是,国家的立法者也把目光投向这里。

---

① Edwin R. A. Seligman, "The General Property Tax", *Political Science Quarterly*, 5:1 (1890),24—64,62.

② 同上,24—64,62。

1893年的恐慌和改革的新政治机遇

19世纪80年代中期的经济衰退为1894年的所得税法带来了强劲的推动力,而这次经济萧条有着深远且复杂的根源。事实上,整个经济体的结构性变迁——从农村的农业经济转变为城镇的工业经济——让现有的公共财政体制不堪重负,从而为这次经济危机的发生创造了条件。不过,更为确切地说,关于"白银问题"和货币政策的不确定性、1889年始于法国并且快速传播至其他重要欧洲各国的全球性经济衰退、农产品主食价格的不断下跌,以及美国铁路扩张和房屋建造的整体下降,共同促成了这次经济危机。不仅如此,历史学家都认为这是"美国最严重的经济衰退之一"[1]。

恐慌开始于1893年的春天,当时的股市崩盘导致全国性的银行存款挤兑以及随后发生的信贷紧缩;另外,费城和雷丁铁路公司在数月之前的倒闭以及美联储的准备金下降则标志着衰退的开端。在企业和银行倒闭的汹涌浪潮之下,经济的下行不断加速。不仅如此,在股票市场崩盘之后,对整体经济的信心丧失似乎令当时的状况不断恶化。尽管经济在1895年出现了小幅回升,但整个经济衰退一直持续到1897年。在长达五年的经济危机中,整体的经济缩水幅度令人震惊。银行和企业以惊人的速度暂停运营或者破产,而失业率在最高峰时几乎达到20%(按照现代的估计方法计算)。事实上,直到1899年,失业率都一直保持在10%以上的高位水平,而这时的年度产出已经恢复到衰退之前的水平。正如劳工领导人塞缪尔·龚帕斯(Samuel Gompers)所观察到的:"大量无所事事的失业工人,几乎无数的……男女都饱受饥饿、压抑和无法自立的折磨。"[2]

---

[1] Charles Hoffmann, *The Depression of the Nineties: An Economic History* (Westport, Conn.: Greenwood Publishing, 1970); Douglas Steeples and David O. Whitten, *Democracy in Desperation: The Depression of 1893* (Westport, Conn.: Greenwood Press, 1998). 关于恐慌引致的经济危机的相似性,请参阅 Charles P. Kindleberger, *Manias, Panics, and Crashes: A History of Financial Crisis* (New York: Basic Books, 1989).

[2] Steeples and Whitten, *Democracy in Desperation*, 42—65; Samuel Gompers in *Report of Proceedings of the American Federation of Labor, 1893* (Bloomington, Ind.: American Federation of Labor, 1893), 12—23.

毫无意外地,这场经济萧条给财政收入和全国性的关税体系带来了更大的压力,而且很多人认为它们在国家性灾难面前束手无策。联邦预算在之前的连续数年都保持大量的年度盈余,但是,由于经济萧条,这一情况在19世纪80年代中期被反转。因此,除了长期批判关税体制的税收专家之外,这次经济危机(给美国人民的生活带来了极大的负面影响)也促使其他的经济学家加入批判关税的大军之中。在衰退伊始,芝加哥大学的劳动经济学家罗伯特·霍克西(Robert Hoxie)写道:"关税收入体系,其内在是无弹性且不稳定的,所以无法在紧急时期提供充足的公共收入。"由于国家危机才是考验它的关键时刻,因此,"没有任何国家愿意将自身的财政体制构建在一个无法抵抗压力的税收体系之上,"霍克西继续说道,"这个结论也意味着关税收入不能作为国家收入的主要来源。"[①]

这次的经济萧条也再次点燃了民粹主义者对财政改革的需求。在前所未有的劳动罢工浪潮(以1894年的普尔曼罢工为高峰)之后,又出现了保守主义的集体抵制,凸显了美国各阶层和地区间的焦虑与紧张。南部和西部的民粹主义者向立法者表达了他们的诉求——希望采用直接和累进税,目的是对抗财富的不断集中,并且为政府提供实际的收入来源。圣路易斯的一位报纸编辑威廉·詹宁斯·布赖恩(William Jennings Bryan)写道:"对抗财阀统治政策的最有力武器就是累进所得税,这是东部财阀最为恐惧的武器,民主主义者早就应该采用这个武器以阻止不断堆高的养老金。"在承认经济萧条拖累了公共收入的前提下,这位编辑也认同"对不正常收入的所得税是更为可取的,远好过对糖征收关税或者增加威士忌的国内消费税"[②]。

南部和西部的精英并不是唯一利用这次经济危机推动税收改革的群体。事实上,全国范围内的普通农场主和他们的农业协会也清晰地表达了相似的

---

① *Historical Statistics of the United States*, Table Ea584—587; Robert F. Hoxie, "Adequacy of the Customs Revenue System", *Journal of Political Economy*, 3:1 (1894), 39—72, 71.

② Charles Postel, *The Populist Vision* (New York: Oxford University Press, 2007), 131—2; Elizabeth Sanders, *Roots of Reform: Farmers, Workers, and the American State, 1877—1917* (Chicago: University of Chicago Press, 1999), 217—32; Lawrence Goodwyn, *The Populist Movement: A Short History of Agrarian Revolt in America* (New York: Oxford University Press, 1978), 208—10; John D. Hicks, *The Populist Revolt: A History of the Farmers' Alliance and the People's Party* (Omaha: University of Nebraska Press, 1961), 321—3; Ratner, *Taxation and Democracy in America*, 172—3.

焦虑。来自莱尔县堪萨斯农场联盟和其他相似联盟的请愿充斥着美国的众议院和参议院,都要求通过全新的所得税法。特别地,堪萨斯农场主们要求对所有超过5 000美元(大致等于2012年的138 000美元)的收入征收联邦所得税。毫无疑问,这个免征额大幅度高于农场主和工人的日常收入。[①] 相似地,东北的农业联盟也认为,所得税有助于缓解财政负担的不公平分配。从马萨诸塞州农庄寄至美国众议院筹款委员会的国会代表的一封请愿书中可以总结许多农场主的感受:"美国的农场主所缴纳的税负比重远远超过合理的部分,而且他们相信对收入开征所得税有助于平等化税收负担。因此,我们的最终决议,即格兰比田庄成员的第157号请求:要求我们的国会代表以及我们的参议员尽最大努力在国家的法典上增添这种所得税法。"[②]

1893年的恐慌同样刺激了税收改革的反对者。不过,他们并没有把经济危机视为税收体系已然崩坏的警告,而是将其视为更激烈、更危险变革的前兆。出于对"民粹主义者和社会主义者的共产主义"的恐惧,富人和商业利益团体紧张地将1894年的所得税视为对私有产权和民主自由的攻击。纽约州的商会就支持这种观点,认为"对收入征税是不明智的",因为这一税法将给社会中最脆弱的人产生负面的影响。在向国会的请愿(它在随后变成全国所得税反对者的抗议模板)中,纽约州的商会写道:"1893年的经历表明,农业、工业和贸易参与者的收入随着国家的繁荣兴衰而变化,因此人们往往无法了解自己每年的具体收入情况。定期领取工资的个体、由法院管理财产的孤儿和寡妇以及依靠固定收入生存的人将是这种税负的主要承担者,而他们却是最不具备支付能力的人群。"纽约州的商会利己地忘记指出一点——所得税议案中包含了极高的免征额,而这个免征额意味着最不富裕的"孤儿和寡妇"是不需要缴纳所得税的。不仅如此,他们也没有承认所得税和其他税收的重要不

---

① Kansas Farmers' Alliance of Riley County to Hon. John Davis,January 18,1894;Fifty-Third Congress-Petitions;Ways and Means (HR 53A-33.10),Box 180,Folder "Tax on Incomes,September 9,1893-April 30,1894",National Archives and Record Administration,Washington,D. C.[hereinafter NARA Ⅰ];相对美元价值通过消费者价格指数计算。数据来源:http://www.measuringworth.com/uscompare/relativevalue.php。

② H. J. Witmark,Secretary of Granby Massachusetts Grange,to Samuel W. McCall,January 25,1894,Fifty-Third Congress-Petitions;Ways and Means (HR 53A-33.10),Box 180,Folder "Tax on Incomes,September 9,1893-April 30,1894",NARA Ⅰ.

同——所得税的税负在实质上会随着经济条件的变化而变化(在困难时期,即纳税人收入较低时,其税负也会较低)。①

和平时期的首次所得税

无论他们对所得税抱有怎样的态度,国家的政策制定者很清楚1893年的恐慌启动了对当时财政体制的再思考。在经济收缩和高额进口关税的作用下,政府的收入也大幅降低,这迫使两大国家党派重新审视自身的税收政策。具体来说,共和党人虽然继续支持关税保护主义,但经济下行迫使他们重新设定关税税率。另外,民主党在恐慌时期同时控制着众议院和白宫,而他们则开始重新考虑新形式的国内税收。在西部和南部的民粹主义者,如众议院的威廉·詹宁斯·布赖恩和本顿·麦克米林(Benton McMillin,田纳西州的民主党人)、参议院的威廉·艾伦(William Allen,内布拉斯加州的民粹党人)和威廉·佩弗(William Peffer,堪萨斯州的民粹党人)的带领下,民粹主义者和反抗的民主主义者联盟充分利用此次经济危机和联邦收入的缺口,以助力实现首次在和平时期开征的所得税。许多主流的民主党派人士,包括美国众议院筹款委员会极具影响力的主席——威廉·L.威尔逊(William L. Wilson,西弗吉尼亚州的民主党人),则担心所得税会损害关税改革的实际操作。但是,民粹主义的领导者则将这次经济危机视为一个关键的机会,以建立激进的、再分配税法和税收政策。②

同进步的公共财政经济学家一样,立法者也受到相似的影响——来自大西洋彼岸的力量、深度的经济危机和美国社会经济不平衡的日益增加。在

---

① "Memorial from the Chamber of Commerce of the State of New York, March 1, 1894", Fifty-Third Congress-Petitions; Ways and Means (HR 53A-33. 10), Box 180, Folder "Tax on Incomes, September 9, 1893-April 30, 1894", NARA Ⅰ。纽约州商会的这份请愿书成为大量其他地方商会和贸易委员会的请愿模板,他们都向众议院筹款委员会提交了几乎相同的请愿书。文献出处同上。

② Ratner, *Taxation and Democracy*, 168—92; Richard J. Joseph, *The Origins of the American Income Tax: The Revenue Act of 1894 and Its Aftermath* (Syracuse, N. Y.: Syracuse University Press, 2004), 47—61. 关于布赖恩和民粹主义者对美国宪法发展的影响的最近评估,请参阅Gerard N. Magliocca, *The Tragedy of William Jennings Bryan: Constitutional Law and the Politics of Backlash* (New Haven: Yale University Press, 2011)。

第二章 逐步走向衰亡：现代力量、新兴观念与经济危机

1894年所得税法的考虑阶段，布赖恩要求美国的国务院调查多个欧洲国家，以了解各国当时所得税法的具体情况。这些研究发现（布赖恩特地将其纳入《国会议事录》），全球都趋于开征所得税。英国、奥地利、瑞士、意大利以及数个德国的州都已经开征具有不同免征额和累进税率的所得税。美国如此明显地缺乏所得税，使布赖恩和其他立法者开始认真斟酌这一问题。所得税的支持者宣称，这证实了美国的落后，而美国必须赶超其他的"文明国家"。与此同时，所得税的反对者则欢呼这种国际比较上的异常，坚称所得税是"非美国的"，而且不采纳所得税可以阻止匍匐前进的欧洲社会主义，不让它们登陆美国的海岸。①

毫无意外地，国会的领导者也意识到经济危机使人们的注意力转向了财富不断集中的问题。随着失业工人数量的日益增多，再加上托马斯·谢尔曼和乔治·福尔摩斯对不平等的研究，像参议院威廉·艾伦这样的立法委员（被称为"民粹主义的思想巨人"）开始质疑——这样的不平等趋势是如何得以持续的？"还需要多少年，这个国家的所有财富将沦落到数以千计的少数人手中，而广大人民，无论是男性还是女性，都将沦落为耕作的农民，或实际上的奴隶？"为了阻止这一天的到来，艾伦和其他所得税的支持者都认为，富裕的美国人应该承担他们的公民义务，并改革当时的税收体系。②

为回应伊利、亚当斯和塞利格曼的主张，民粹主义的立法者认为：精英对所得税的仇视实际上是放弃了自身的社会责任，而这种社会责任来自他们的巨大财富和力量。为了回应民主党派的抨击——所得税是内在"不公正和寻根究底的"，艾伦反驳称，这些观点只是所得税反对者对其真实动机的"掩护"；事实上，他们不过是自私地希望将税收负担转移给其他人。艾伦强调："反对所得税"其实是"贪财的、贪得无厌的、爱钱财超过爱国家的人的论点，这些人希望隐藏自己的全部财富、逃避他们的公民责任，并且把维护政府运行的责任施加给贫困交加的穷人，也就是那些最没有支付能力的人身上。"③

---

① *Congressional Record*, 53rd Cong., 2nd sess. (1894), 26, pt. 1: 584—91.
② *Congressional Record*, 53rd Cong., 2nd sess. (1894), 26, pt. 1: 584—91; *Congressional Record*, 53rd Cong., 2nd sess. (1894), 26, pt. 7: 6714; Hicks, *Populist Revolt*, 282—3.
③ *Congressional Record*, 53rd Cong., 2nd sess. (1894), 26, pt. 7: 6716.

121

为了提醒美国富裕者所应承担的公民责任,艾伦和其他立法委员特别关注新所得税的覆盖范围。待表决的议案明确指出一点:"每一个美国公民和居住在美国的人民"都应缴纳所得税。这种基于公民权的税收体系意味着,个人和企业有责任为他们的全球收入纳税。逃往外国管辖权并不能赦免美国公民的公民责任和财政责任。在后文我们将会看到,在第一次世界大战后期,对跨国收入征税变成一个高度紧张的问题。但在1894年,这看起来只是法律的技术层面设定,仅仅说明法律制定者对税收、国家主义和公民权之间关联的关注。①

尽管他们鲜少承认自己的思想受到新学派的经济学家的启发,但是这些立法委员在支持1894年待表决的所得税议案时,也使用了财政公民身份和道德义务这样的表述,还特别使用了"支付能力"这一术语。事实上,国会的所得税支持者和进步的公共财政经济学家使用了大量相似的修辞。"所得税是最为公平和公正的税收方式,把税收责任从最没有能力承担者的身上移开,并且放置在最有能力承担的肩膀之上。"乔治亚州代表亨利·塔尔伯特(Henry Talbert)的言论明确地重复了伊利的观点。相似地,伊利诺伊州国会议员乔治·菲提亚(George Fithian)则引用了谢尔曼对不平等的研究,以辩护"所得税对巨大财富的拥有者征税"仅仅是因为"他们拥有财富,也拥有能力纳税"。②

其他的立法者则援引《圣经》以强调纳税能力的重要性。密苏里州的国会议员乌里尔·霍尔(Uriel Hall,他也是所得税的早期支持者)就抨击所得税的敌人是极度无知的,并且声称他们"肯定从来没有读过《摩西申命记》,因为摩西在其中就支持根据财富和能力征税。"不仅如此,这些立法者还积极地引用"政治经济学领域的杰出作者"的观点,其中有些人甚至不惜扭曲原文。例如,布赖恩声称亚当·斯密明确地支持了以个人支付能力为基础的税收,但只字

---

① *Congressional Record*,53rd Cong.,2nd sess.(1894),26,pt. 7:6716.;Wilson-Gorman Tariff Act of 1894,Sec. 54;Joseph,*Origins of the American Income Tax*,67—9.尽管现代美国国际税收体系在第一次世界大战和20世纪20年代还未成形,但1894年税法将美国公民的全球收入作为税基一直是美国国际税法中的基本内容。Michael J. Graetz and Michael M. O'Hear,"The 'Original Intent' of U. S. International Taxation",*Duke Law Journal*,46:5(March 1997),1020—1109;Reuven S. Avi-Yonah,"The Structure of International Taxation:A Proposal for Simplification",*Texas Law Review*,74:(1996),1301—61.

② "Speech of Hon. George W. Fithian",*Congressional Record*,53rd Cong.,2nd sess.(1894),26,Appendix:67—72,71;26,pt. 2:1608,160.

不提斯密的《税收原理》中同样采用受益原则作为税收的合理化理由。①

　　法律制定者也使用受益原则以合理化1894年的所得税,不过,作为务实的立法者,他们会采用任何能够说服同僚和选民的主张。但是,最为敏锐的国会论点认为:基于纳税人财富或能力的直接税不仅能够重新分配税负,还能产生新的财政收入,从而加强公民的政治参与。事实上,直接税的显著性对民众的政治参与也存在积极的影响。在对所得税的支持中,密西西比州国会议员约翰·威廉姆斯(John Williams)明确地赞同伊利的开创性观点并且大篇幅地加以引用,以说明新税收"能够让纳税人受益于对政治家的监督,以确保他们不会被征收过高的税负,并且保证不出现不诚实和铺张浪费的政府行政管理。"对于威廉姆斯等人而言,所得税能够让公民重新参与到政体的活动之中,这才是新税法的最大贡献。②

　　所得税的反对者同样毫不犹豫地利用公民身份的各种主张来支持自己的观点,但他们这么做只是为了扭转败局(对抗民粹主义对所得税的支持)。例如,纽约国会议员伯克·考克兰(Bourke Cockran)认为,相对较高的免征额(4 000美元,相当于2012年的110 000美元)使中产阶级和贫困者没有资格缴纳这项所得税,从而被剥夺了积极参与政治和公民协议的机会。从这个角度来说,"税收不再是奴役的象征,而是自由的徽章"。因此,较高的免征额在实质上否认了自由和公民权。但是,所得税的支持者则提醒他们的对手,这项所得税提案仅仅是对关税体制的补充,而关税也不过是美国财政秩序的一个组成部分,这个财政秩序中还包含各种形式的累退性税收。"如果税收是自由的徽章,"威廉·詹宁斯·布赖恩挖苦地回应考克兰道,"我的朋友,我可以向你保证,这个国家的穷人浑身上下被盖满了各种各样的自由徽章。"③

　　最终,所得税(开始时是一个单独的议案)被纳入威尔逊-戈曼的关税法案,并且于1894年夏天开始实施(并没有得到总统克利夫兰的签名)。参议院中的共和党人和少部分东北部的民主党派人士剔除了众议院议案之下调关税

---

① *Congressional Record*, 53rd Cong., 2nd sess.(1894),26,pt. 2:1676;Joseph, Origins of the American Income Tax,89—90.
② 同上,1604—5。
③ 同上,1656。

的部分,但并没有能够击败所得税。因此,最终的决议是一个折中的方案,即用某些更高的关税(特别是对糖的关税)换取通过新的所得税。所得税的反对者似乎也能接受这个方案,至少在当时可以接受。但是,这种政治上的让步,特别是参议院在维护众议院提案(大幅下调进口关税)方面的无能,让克利夫兰总统和其他民主党派的政治领袖大为恼火。参议院主要民主党派[如大卫·希尔(David Hill)]的背叛暴露了克利夫兰政府在保持党派纪律和忠诚方面的无能——部门和实际利益超越了党派的忠诚。①

1894年所得税的具体细节也同样是折中之后的结果。尽管大量的社会团体和民粹主义立法者主张永久性的累进税率结构,但1894年所得税法仅在五年内有效,而且税率结构仅为不变的2%。尽管它的免征额(4 000美元)相对较高,这带来了一定程度的累进性,但这种所得税显然是所得税反对者口中所抨击的、对富裕者的"阶级税"。但无论如何,对于那些致力于构建全新财政国家的经济学家和立法者而言,1894年所得税的这种性质明确吻合了他们的基本诉求——对经济负担的再分配。尽管它的财富再分配程度并没有达到一些民粹主义者和社会主义者所期望的水平,但它确实对抗了旧税收体制中人尽皆知的累退性。相似地,对税基的广义法律界定(包含所有的"收益、利润和收入"以及赠予和遗产)表明,新的所得税法关注对纳税能力的挖掘。不仅如此,对美国个人和企业(但不包括合伙企业)的全球收入的全球适用的税基,进一步巩固了支付能力的税收观点——税收的前提并不是政府在创造财富和收入过程中可能提供的益处,而是居住在全球的、富裕的美国公民,无论是个体还是企业,都具备的社会义务和道德责任,即为现代美国国家融资。②

但是,从总体成就来说,1894年的所得税法缺乏诸多的关键因素,这让国家建设者和税收专家大为困扰。首先,在定义广义税基时,税法并没有区分工薪收入(快速发展的职业阶层的主要收入)和"非劳动"收入(靠投资资本生活

---

① F. W. Taussig,"The Tariff Act of 1894", *Political Science Quarterly*,9:4 (December. 1894),585—609;Ratner,*Taxation and Democracy*,179—192.尽管民主党派一直忍受它的多个关键问题,但威尔逊-戈尔曼关税法案基本是在两院的党派路线中通过。更多对1894年税法投票的细致分析,请参阅 Robert Stanley,*The Dimensions of Law in the Service of Order:Origins of the Federal Income Tax*,*1861—1913* (New York:Oxford University Press,1993),128—32.

② Wilson-Gorman Tariff Act of 1894,Sections 27—37;Joseph,*Origins of the U. S. Income Tax*,51—3.

的富裕美国阶层的主要收入）。其次，税法的税基中还包含了财富转移，如赠予和遗产。这实质上混淆了收入的概念性定义和法律性定义，因为它同等地对意外财富和规律性收入进行征税。最后，可能也是最重要的一点，1894年的所得税法的税收管理和筹集机制极为无能。与英国的所得税不同，美国1894年的税法主要依赖自我评估，而且只有少量类型的收入能够直接从收入来源处进行扣缴。相比来说，英国采用了一个调度程序，要求付款人缴纳几乎所有的所得税；但美国1894年的所得税法中的"从源缴扣"原则仅适用于政府工资和企业分红。① 除以上这些缺点外，还有其他的一些缺点（后文将会看到）将成为税法后续迭代的重要问题，特别是在第一次世界大战后期。届时，合理化收入的法律定义、维持筹集税收的行政机器以及确保累进税的社会正统性将成为巩固新财政秩序的核心任务。

司法障碍：通往波洛克之路

1894年的所得税（和平时代的首次所得税）在颁布之初就得到了支持者的赞颂，被称为"一次了不起的成功"；但是，它同时也被恶意的批评者抨击为"对节俭的惩罚""对勤劳和天意的谴责"。② 尽管所得税的反对者耗费了大量的精力，但1894年的所得税议案依旧得以通过。不久之后，这些税收改革的宿敌转换阵地——从国会转移至最高法院，继续对抗所得税。在立法辩论阶段，数位立法者，包括纽约参议院大卫·希尔，都认为所得税无法通过合宪调查。尽管最高法院的大量先例呈现了相反的证据，但反对者依旧信心十足，认为1894年的所得税终将会被最高法院推翻，理由是，它违反了宪法的"直接

---

① Charles F. Dunbar,"The New Income Tax",*Quarterly Journal of Economics*,9:1 (October 1894),26—46;Seligman,"The Income Tax",610—48. 与内战时的所得税不同，1894年的所得税法并不要求公司缴纳利息的所得税。关于这一阶段公司税历史的更多内容，请参阅 Steven A. Bank,*From Sword to Shield:The Transformation of the Corporate Income Tax,1861 to Present* (New York:Oxford University Press,2010)。

② "The Income Tax Feature of the New Tariff Law",*The Chautauquan*,20:1 (October 1894),93.

税"条款或宪法对所有税收的"统一性"要求。①

税收的改革者仅仅在所得税颁布前后短暂地关注过这种潜在的宪法反对。在立法辩论过程中,内布拉斯加州的参议员威廉·艾伦(一位前任律师和法官)提醒他的各位同事,应维持所得税合宪的先例。从1796年确认对马车的税收到1881年确认内战所得税有效的案例,美国的最高法院一直狭义地解读"直接税"条款,认为它仅适用于人头税和土地税,即只有它们才是需要被分配的直接税。相似地,最高法院已经裁决"一致性条款"仅适用于联邦税法在地理上的应用,即保证它们在全国范围内是一致的。因此,这个条款基本不被解读为适用于某一特定税种的税率结构,或适用于特定纳税人之间的差异。因此,对于艾伦和其他有学识的法律专家而言,1894年所得税的合宪性是一个"已然确定"的法律问题。②

在对新所得税的评估(他出版了一本评估新所得税的著作)中,塞利格曼也认为宪法反对,特别是基于直接税条款的反对,是非常荒谬的。塞利格曼反复重申他的长期主张:"对于直接税和间接税的明确区分,经济学家之间并不存在绝对的共同见解。"但是,这位哥伦比亚大学的教授也承认,从法律的观点来说,确定所得税是否违反直接税条款的关键,是确定各位宪法的制定者在使用"直接税"这一术语时所指为何。作为一名受过严格训练的律师,塞利格曼频繁地与多位杰出的法律专家互动,并且他的著作也常常被法院所引用,所以塞利格曼清楚地了解法律拟制③常常碾压经济现实。在这种情况下,他相信高级法院会遵从它之前的裁决。由于缺乏"直接税"初始内涵的明确历史证据,最高法院在近百年来都认为"直接税"这一术语应该被狭义地解读。"因

---

① U. S. Constitution, Article I, Section 2. 本条款的相关章节要求"直接税应该在各州之间直接分配……根据他们的相对人数"。U. S. Constitution, Article I, Section 8. 。这一节的后半部分规定"所有关税、进口税和货物税应该在全美保持统一"。

② *Hylton v. United States*, 3 U. S. 171 (1796); *Springer v. United States*, 102 U. S. 586 (1881). 在这两个案例之间,法院常常以对直接税条款的狭义解读认可其他的国家税收,请参阅,如*Scholey v. Rew*, 90 U. S. (23 Wall.) 331 (1874); *Veazie Bank v. Fenno*, 75 U. S. (8 Wall.) 533 (1869); *Pac. Ins. Co. v. Soule*, 74 U. S. (7 Wall.) 433 (1868); *Congressional Record*, 53rd Cong., 2nd Sess. (1894), 26, part 7:6707.

③ 法律拟制是指法律中用"视为"二字,将甲事实看作乙事实,使甲事实产生与乙事实相同的法律效果。——译者注

第二章 逐步走向衰亡:现代力量、新兴观念与经济危机

此,美国的最高法院无疑是正确的,认为宪法考虑的直接税仅仅是人头税和一般财产税,其中主要是土地税。"塞利格曼写道。引申来说,最高法院"在大量案例中认为,所得税并不是宪法意义上的直接税"。由于这些长期存在的先例,塞利格曼认为,1894年的所得税法会轻松通过合宪性检验。塞利格曼自信地宣称:"认为这种长期的司法判定会被反转,是毫无理由的。"不仅如此,塞利格曼还坚定地指出:"所有宣称所得税违宪的尝试,都是注定失败的。"[1]事实上,当时甚至只有极少数人认为最高法院会去考虑考察1894年所得税的合宪性。

但是,出乎许多专家(包括塞利格曼)的意料,最高法院在波洛克农场主贷款诉信托公司一案中,同意调查1894年所得税法的合宪性。随后,在当年(1894年)的冬天和第二年(1895年)的春天,最高法院合并了三个独立案例、执行了两次独立听证会,并且颁布了两个独立裁决和大量的异议。波洛克案(后来被称为所得税案例)的原告是企业的数位独立股东,他们被要求为租赁财产缴纳所得税,而富裕的股东则试图禁止企业缴纳这项税款。在地方法院驳回了他们的起诉之后,原告上述至美国最高法院。[2]

在整个诉讼过程中,双方都援引了大量法律和经济学家的权威观点以支持他们的立场。尽管该案分析了数个不同的问题,但是,最高法院的判决及其依据都基于对直接税条款的解读。更具体地说,都取决于是否将对房地产租赁收入的征税视为直接税。代表纳税人挑战所得税法的律师包括:杰出的企业律师约瑟夫·H.乔特(Joseph H. Choate)、威廉·D.古思里(William D. Guthrie)、乔治·F.埃德蒙兹(George F. Edmunds)和克拉伦斯·A.苏厄德(Clarence A. Seward),而他们在案情摘要中精心编织了一套反对所得税的创新性论点(有时甚至与历史不符)。这些律师中的每一位都拥有完美的资历,不仅是精英的法律专家,而且都曾经担任美国最大型企业或最富裕个人的律师。由于大量先例判决站在他们的对立面,因此他们需要穷尽自身的法律能

---

[1] Seligman,"The Income Tax",634—5;Seligman,"Is the Income Tax Constitutional?"49.
[2] *Pollock v. Farmers' Loan & Trust Co.*,158 U. S. 601 (1895);Edward B. Whitney,"The Income Tax and the Constitution",*Harvard Law Review*,20:280—96 (February 1907);Ratner,*Taxation and Democracy in America*,195—6.

力和创造力,以说服最高法院一点:最高法院在近百年来都采用了错误的直接税观点。①

在首次提交案情摘要之前,纳税人的法律顾问就联系了塞利格曼并向他征求意见。塞利格曼长期以来都是累进所得税的拥护者,不仅如此,他在当时已经成为税收方面最主要的学术权威之一。不过,作为一个客观并公正的法律专家,塞利格曼愿意协助法律争议中的双方。约瑟夫·乔特和塞利格曼略有交情,而且乔特指示他的同事克拉伦斯·苏厄德去请求塞利格曼的指导,以解读宪法中"直接税"这一术语的初始含义。在阅读了塞利格曼关于一般所得税的研究成果以及他对1894年所得税的最新评价之后,苏厄德提出了一个想法,而这个想法必然会让塞利格曼觉得极不合理甚至荒诞。具体来说,苏厄德请求塞利格曼证明美国的州政府曾在历史上开征被视为直接税的所得税。②塞利格曼明确陈述了他的观点(也是他不久前发表的文章中的观点):"在宪法的讨论阶段,并不存在任何的直接所得税。"另外,塞利格曼承认马萨诸塞州曾经无甚决心地试图开征所得税。不过,塞利格曼并不认为这是一个值得严肃考虑的单一税种,因为它实质上是一种"财产税的附属",而不是一种"不同的税收形式"。③

但是,苏厄德紧紧抓住马萨诸塞州的特例。在一系列的私人信件中,他询问塞利格曼是否可能存在其他州也曾混淆所得税和财产评估的情况。苏厄德的目标是清晰的,"如果可以,我希望说明一点:州的所得税和其他税收曾一起被施加在纳税者身上,最终导致了一种一次性的总赋税,而这种总赋税是按照个人的全部财产进行统一评估和征收的"④。通过发现这种所谓的失落的传统(州级直接所得税),苏厄德希望能够说服最高法院关键的一点:宪法的各位创立者确信直接税条款的分配要求适用于所得税。苏厄德在随后的私人信件中清晰地说明了他的意图。参考共和早期阶段的税收,苏厄德确信告知塞利

---

① Francis R. Jones,"Pollock v. Farmers' Loan and Trust Company",*Harvard Law Review*,9:3 (1895),198—211;Ratner,*Taxation and Democracy*,196—9;W. Elliot Brownlee,*Federal Taxation in America:A Short History*(New York:Cambridge University Press,1996),47—9.

② Joseph H. Choate to Seligman,Jan. 31,1894;Feb. 19,1894;April 11,1894,Catalogued Correspondence,ERASP.

③ Seligman,"The Income Tax",634.

④ C. A. Seward to Seligman,Jan. 23,1895,Uncataloged Correspondence,Box 2,ERASP.

第二章　逐步走向衰亡：现代力量、新兴观念与经济危机

格曼："'直接税'这一术语之中包含了国家居民为了联邦目的所缴纳的所得税。因此，宪法保护适用于那个时期开征的所得税和随后的人头税及土地税。"①

苏厄德相当执着。在查阅了一些塞利格曼推荐的历史资料[包括财政部长小奥利弗·沃尔科特(Oliver Wolcott Jr.)在1796年出版的公共财政研究]之后，苏厄德大胆地写信给塞利格曼，声称他能够说明数个州都曾在共和早期阶段对收入开征了直接税。无视塞利格曼所发表的历史研究的核心思想和要旨，苏厄德写了一封"极度自信"的回信，声称"在制宪会议之前，各州……都习惯于开征并且筹集所得税"。苏厄德以马萨诸塞州为例总结道："因此，所得税，在该名义下，这个国家的人民在立宪时期已经知道并且缴纳了所得税。"②

苏厄德如此公然地曲解历史事实，无疑令塞利格曼极度震惊。为了试图劝阻苏厄德，塞利格曼同他分享了自己手稿中有关所得税比较历史的部分。在这部分手稿中，塞利格曼论证了一点：尽管很多州和地方在殖民和早期共和时期存在开征"能力税"的情况，但这些税收"并不是宪法所考虑的直接税"。塞利格曼明确相信，宪法制定者在起草直接税条款时，并没有所得税或能力税的概念。③

由于不确定苏厄德是否会听从他的劝告，因此塞利格曼亲自着手处理这一问题。他联系了为所得税进行辩护的政府律师，并且匆忙准备出版他分享给苏厄德的那部分手稿。尽管他的文章最终在所得税裁决之后不久才得以出版，但这些行为表明，塞利格曼很可能在与苏厄德的私人信件中就表达了这一想法，即宪法直接税条款的初始含义并不适用于共和早期阶段形式各异的所得税。塞利格曼在他的文章中严肃地总结道："宣称美国对能力的殖民税是所得税，无疑暴露了宣称者混乱的思想和对经济差异的无视。"④

苏厄德可能被塞利格曼的最终观点(对宪法直接税的含义)给深深地打击

---

① C. A. Seward to Seligman, Jan. 24, 1895, Uncataloged Correspondence, Box 2, ERASP.

② C. A. Seward to Seligman, Jan. 28, 1895, Uncataloged Correspondence, Box 2, ERASP.

③ C. A. Seward to Seligman, April 25, 1895; May 1, 1895, Uncatalogued Correspondence, Box 2, ERASP. 完整的书稿最终为塞利格曼的所得税研究专著。*The Income Tax: A Study of the History, Theory, and Practice of Income Taxation at Home and Abroad* (New York: Macmillan Co., 1911).

④ Seligman, "The Income Tax in the American Colonies and States", *Political Science Quarterly*, 10:2 (June 1895), 221—47.

129

了。不仅如此，他有选择并且策略性地利用了这段历史，而这种做法受到了严厉的抨击——大家认为这不是年轻律师希望从优秀教授那里学到的东西。即便如此，苏厄德依旧对塞利格曼的观点一笔带过，认为他和塞利格曼之间仅仅是"个人观点的不同"。在支付给塞利格曼教授一笔慷慨的咨询费之后，苏厄德及其同事权宜并且完全地忽视了塞利格曼的历史和法律发现。[①]这些纳税人的法律顾问在案件简述和口头争辩中都反复宣称："在宪法颁布之时（1787年），'直接税'和'非直接税'是家喻户晓的词汇。"同塞利格曼更为细致的比较历史分析相反，苏厄德辩称直接税"一直在欧洲被视为税收，而且同土地税或所得税一样，直接对财产及其所有者征税"。由于他们的目标是拓宽宪法对"直接税"的定义，因此苏厄德及其同事认为，仅在共和早期存在的州所得税意味着宪法使用的术语"直接税"也包含"各州政府以'所得税'之名开征和筹集的所有税收"。[②]这种观点无疑激怒了塞利格曼，他持有几乎完全相反的观点。

相似地，纳税者的律师顾问团也选择性地引用了托马斯·库利的著作，目的是间接辩称1894年的所得税违反了宪法的一致性条款。正如我们在上一章所看到的，库利的税收文章认为国会在国家税法和政策的制定过程中拥有高度的自由裁量权。这些企业律师在引用库利的学术观点攻击所得税时，刻意忽略了文章的核心观点，反而只关注于库利对税收减免的批判（这种做法同他们忽略塞利格曼的历史分析的核心观点如出一辙）。通过随意引用库利法官和其他法律专家的作品，这些纳税人的律师辩称1894年所得税法中的4 000美元免征额和其他的各种免征额设定都违反了宪法的"一致性"条款，

[①] Seward to Seligman, April 24, 1895; May 16, 1895, Uncatalogued Correspondence, Box 2, ERASP. 支付给塞利格曼的酬金为250美元，按当时的标准，这是一大笔资金，但对塞利格曼的家庭财富而言，这笔收入不值一提。Seward to Seligman, May 16, 1895.

[②] "Argument of Mr. Seward for the Appellants", *Pollock v. Farmers' Loan & Trust Co.*, 157 U. S. 429 (1895), in *Landmark Briefs and Arguments of the Supreme Court of the United States*: *Constitutional Law*, Vol. 12, ed. Philip B. Kurland and Gerhard Casper (1975), 359.

第二章 逐步走向衰亡:现代力量、新兴观念与经济危机

并且还违反了对国会征税权的隐含限定。①

尽管纳税人在此案之中的诉讼还包含其他的各种质疑,但基于"直接税"条款的申诉才是最高法院裁决的核心支点。这也是所得税的辩护律师所关注的核心问题,这些律师包括司法部长理查德·奥尔尼(Richard Olney)和私人律师詹姆斯·卡特(James Carter,一位非常受人尊敬的纽约企业律师兼美国律师协会的前任主席)。② 这些律师坚信,最高法院会尊重自身的先例判决,并且继续狭义地解读直接税条款,即其不适用于所得税。在他和塞利格曼的私人通信中,卡特驳斥了苏厄德关于"直接税"最初含义的历史论断,称之为"苍白而无力的萤萤之火"。当塞利格曼建议卡特和奥尔尼修订他们的案情简报以便更加有力地回应苏厄德的历史论断时,卡特坚持认为"直接税"条款完全不是一个严肃的挑战。卡特相信,裁决希尔顿诉美国案的法官(这位法官在1796 年的裁决中将对马车的税收视为"货物税"而不是直接税)必然清晰了解这些历史性证据。"任何知识和信息都无法让现在的最高法院拥有比当时最高法院更多的优势,"卡特写道,"到目前为止,这个问题取决于宪法制定者的意图,而对我来说,希尔顿诉美国案的裁决就是最终的裁决。"③

司法部长理查德·奥尔尼似乎也认同这个观点,但他并不愿意将任何事情视为理所当然。到 1895 年 4 月,最高法院的多数投票已经认为部分所得税是违宪的,不过,在关键问题上——对个人和企业收入的一般性税收是否属于直接税,最高法院的力量是持平的。法官即刻同意重新听证此案,以决定整个所得税法的命运。因此,在这次听证会之前,奥尔尼及其办公室提交了一份详细的补充性案情简报,清晰地阐述了"税负"和"直接税"这两个术语的历史含义。在这份简报和他的口头辩论中,奥尔尼抗辩了最高法院的最初裁定——

---

① Thomas M. Cooley, *A Treatise on the Law of Taxation, Including the Law of Local Assessments*, 2nd ed. (Chicago: Callaghan, 1886); "Argument of Mr. Seward for the Appellants", 359. 司法部长理查德·奥尔尼认为原告的激烈主张缺乏统一性。Morton J. Horwitz, *The Transformation of American Law, 870—1960: The Crisis of Legal Orthodoxy* (New York: Oxford University Press, 1992), 25—6.

② 卡特被聘请为公司经理的法律顾问,而股东则起诉公司经理按照 1894 年税法的代扣代缴条款缴纳所得税。Ratner, *Taxation and Democracy*, 196—9.

③ James C. Carter to Professor Edwin R. A. Seligman, March 20, 1895, Uncataloged Correspondence, Box 2, ERASP.

对房地产租金的税收等价于对房地产本身的税收。为了驳斥对方的观点——早期各州的能力税是直接税，奥尔尼直接引用了塞利格曼即将出版的文章。总的来说，奥尔尼概括了经济学家和法律专家一直以来的共识，即直接税条款的最初含义仅仅适用于人头税和所得税，而且，对来自土地收入的税收并不等价于对土地本身的税收。①

但是，在奥尔尼的论点中最值得一提的是，他如何使用纳税能力这一术语去合理化现代国家的征税权力。借用新学派公共财政经济学家和1894年所得税法起草者著作中的术语，奥尔尼认为，国会应该在开征以纳税能力为基础的税收方面具备立法的自由裁量权。"接下来，税收的真实本质和精髓又是什么？"奥尔尼在他激动人心的最终口头辩论中提出了这个问题。"税收的本质是评估纳税人的金钱支付能力，而这种能力是通过他的年度收入展示的。"奥尔尼推论并指出，如果最高法院裁定是否决这样的税收（所得税），那么将会毁灭这个国家最重要的力量来源，并且使整个政治的发展进程陷入瘫痪。重新定义"公共责任分配的信条"，意味着向"解体的方向"发展。不仅如此，最为重要的一点是，采用过时的受益原则来合理化税收，将会使旧的税收体系中的不公平问题变成一项永久性的顽疾。"完全基于收益原则（它本质上保障了已实现的经济优势）的税收体系，并且，在实质上和很大程度上免除了更加幸运、更加富裕阶层的税收义务，反而将更重的税负施加于最不具备纳税能力的人们身上。"奥尔尼总结道。②

1895年5月20日，最高法院给出了它对所得税的最终裁定。最高法院坚持了它的最初裁定，即将对房地产租金的税收裁定为一种不恰当的直接税。同最初的裁决一样，首席法官梅尔维尔·富勒（Melville Fuller）总结道："对房地产的税收和对来自房地产的收入的税收一样，都是直接税。"鉴于5∶4的多数表决，富勒不情愿地承认财富的流量和它的最终来源之间存在根本性的差别。对多数票来说，任何对财产的产出回报的税收就是对财产本身的征税。

---

① "Historical Argument on the Meaning of Words 'Direct Tax' and 'Duty' in Constitution", in *Landmark Briefs and Arguments*, 765—856, 801—2.

② "Argument of Mr. Olney for the United States", in *Landmark Briefs and Arguments*, 970, 976.

第二章　逐步走向衰亡：现代力量、新兴观念与经济危机

不理会"政治经济学家或收入改革者的投机性观点"，最高法院裁决直接税的初始含义并不仅仅包含土地，还包含不动产和动产的产出。为了奚落政府的论点，最高法院将奥尔尼的抗辩夸张地描述为一种法律诡辩。富勒写道："房屋的租金收入、收割的粮食和收到的利息都丢失了它们与自身来源之间的联系，并且从曾经的不可征税转变为一种新的形式、一种可纳税的对象。换言之，这些收入是可征税的，无论它们的来源是什么。"这无疑是不合理的。① 简言之，富勒相信，如果直接税条款要求分配房地产的税收，那么也应该分配对房地产收入的税收。对他而言，收入的来源是决定性的。

富勒通过区分波洛克案件和之前案件的差别，颠覆了最高法院长期延续的先例之中对直接税条款的狭义解读。尽管希尔顿案的基础是马车税，而斯普林格诉美国案中的是职业工资的税收，但波洛克的重点是房地产的租金收入，富勒认为，波洛克案是一个全新并且独立的司法问题。在这种巧妙的法律策略下，富勒可以确保宪法对1894年所得税的否决。尽管波洛克的第一次裁决（大概在一个月之前发布）对多个重要的问题都保持沉默，但富勒的第二个观点明确反对整部所得税法。总结来说，由于对房地产租金的税收是所得税法中不可分割的一部分，因此，宣判它无效意味着宣判整个所得税法都违宪。②

如果说富勒的观点讨论了所得税法中枯燥的技术细节，那么斯蒂芬·J.菲尔德（Stephen J. Field）法官的相似观点则反映了对累进税运动更为剧烈且更加根深蒂固的、意识形态之上的恐惧与焦虑。作为一位年长的政治家兼最高法院的资深成员，菲尔德代表了新杰克逊主义对"阶层"立法和政治权利集中的强烈憎恶。他在评论中反复引用保守经济学家（如大卫·威尔士和威廉·格哈姆·苏默）的著作，将根本性税收改革描述为向阶级斗争滑坡的第一步。"当前对资本的攻击只是一个开端，"菲尔德写道，"它会成为更多攻击的垫脚石，不断扩张，直到我们的政治竞争最终演变为穷人对富人的战争、一场

---

① *Pollock v. Farmers' Loan & Trust Co.*, 158 U. S. 601 (1895), 618, 627, 629.
② 同上，623—7。

愈演愈烈并且极为残酷的战争。"①尽管进步的政治经济学家(如伊利、亚当斯和塞利格曼)将阶层之间的紧张关系(这种紧张关系随着财富不平等的增加而日益严重)视为推动财政负担公平分配的动力,但菲尔德和其他安于现状的人们则将这种紧张关系视为千年中长存并且会导致毁灭性灾难的压力。

不过,布洛克案中多数票的法律逻辑和菲尔德警告性的措辞也遭到了其他法官(他们持有不同的意见)的驳斥。他们不仅抨击了菲尔德"对先例漫不经心地颠覆",还借用税收改革者的全球视野和先进词汇以论证一点,即最高法院的裁决不公正地阻止了国家的政治发展。对于菲尔德的观点,亨利·比林斯·布朗(Henry Billings Brown,他并不是财富再分配的支持者)法官指出,最高法院看起来在坚定地妨碍国家政府。"即使国会可能因为幻想中的社会主义幽灵而不敢按照支付能力向人们征税,"布朗借用新学派经济学家的关键词如是说,"也无法理解美国的宪法和民主政府为何会认为国会无权开征这样的税收。不仅如此,这种税收几乎已经被所有的文明国家所采用,并且还是这些国家财政收入的主要来源。我完全无法参与这种无能的坦白。"②

豪厄尔·杰克逊(Howell Jackson,他缺席了第一次听证会)法官则将所得税的分配层面与现代国家日益增长的需求更进一步地联系在一起。杰克逊写道:"这项裁决的实施,不仅仅漠视了税收的公平原则,而且无视了更深一层的原则——政府开征的税收应该施加在最有能力承担税负的人们身上。"杰克逊认同奥尔尼和税收改革者关于纳税能力之重要性的观点,因此,他认为布洛克案的多数票观点本末倒置了税收体系的分配功能,并且阻碍了美国的政治发展。"这个裁决,实际上会直接带来反面的结果——减轻了更有能力公民的负担,反而让确实最没有能力的人们承担最为沉重和最具压迫性的税负,"杰克逊写道,"考虑到它的全面影响,我认为这个裁决是宪法权利对国会权力最为灾难性的否决。这个否决实质上让政府在任何情况下都无法将不动产和个

---

① Pollock v. Farmers' Loan & Trust Co. ,157 U. S. 429,607 (1895) (Fields,J. ,concurring); Stanley,*Dimensions of Law*,159. 关于菲尔德的司法哲学的经典文章是:Charles W. McCurdy,"Justice Field and the Jurisprudence of Government-Business Relations:Some Parameters of Laissez-Faire Constitutionalism,1863—1897",*Journal of American History*,61:4 (March 1975),970—1005.

② Pollock v. Farmers' Loan & Trust Co. ,158 U. S. 601,686−95 (1895) (Brown,J. ,dissenting),695.

人财产所产生的各项收入作为急需的收入来源;它实际上否决了政府最为重要、最为根本的一部分权力。"①事实上,杰克逊的反对观点总结了几乎所有收入改革者对波洛克案多数票的看法。

最终,波洛克案的裁决成为美国现代财政国家发展进程中的一个关键节点。最高法院宣判1894年的所得税法无效,这意味着税收改革的反对者获得了胜利;也为菲尔德法官以及持有相同意见的人们建造了一座堡垒,以防御即将到来的阶级战争。许多保守主义的思想家、法官和立法者完全无视城镇工业化所带来的、日益沉重的社会负担和不断扩大的经济差距,坚持相信旧的国家关税和消费税体系完全足以应对。对其他人而言,这其中也包括新学派公共财政的经济学家(他们是新财政秩序的思想和政治运动的先驱者),最高法院的裁决是极其令人震惊的。这些进步的活动家不禁好奇,区区5位法官如何能够反转一个世纪的法律先例,特别是当时的经济危机已经清楚地反映了旧的税收体系所存在的各种问题。

最终,波洛克案将税收改革者推向了决定命运的选择之门:他们可以选择接受这个裁决是新的国家法律。因此,他们需要采取一种不那么激进的方式以缓和财政秩序中的不公平问题、寻找新的途径以重塑国家的公民权概念并且找到急需的公共收入来源;或者,他们可以选择更加努力,并且详尽阐述税收背后的哲学原理与物质条件,以呼吁一套对收入、遗产和利润的全新的累进税。最终,他们选择了后者。

---

① *Pollock v. Farmers' Loan & Trust Co.*,158 U. S. 696—707 (Jackson,J.,dissenting),706.

第二篇

现代财政国家的兴起

第三章　对抗波洛克案：寻找思想的中间地带

　　经济学家和政治哲学家的思想，无论对错，都比大众认为的更有影响力。这个世界的确是由少数精英统治的。那些自认为能够免受任何思想影响的实干家往往不过是已过世的经济学家的奴隶。

　　　　　　　　　　——约翰·梅纳德·凯恩斯（John Maynard Keynes）

　　1896年7月，即最高法院波洛克案最终裁决之后的一年有余，民主党派领袖聚集在芝加哥召开民主党的国家大会。在酷暑之中，大会代表艰难地挑选出一位总统候选人，并最终确定了党派的纲领。随着国内对货币政策的担忧与日俱增，"货币问题"登上了大会议程的首要位置。另外，一位年轻又岌岌无名的、纳布拉斯加州的民粹主义者兼所得税的支持者——威廉·詹宁斯·布赖恩（William Jennings Brgan）——被快速地推上了国家的政治舞台。他的"黄金十字架"演讲激昂有力，让他获得了党派内的提名，并且成为平民党和民主党短暂性融合的护旗手。[①]

　　尽管金银复本位制在1896年成为主流的政治问题，但这一年更是累进税被写入国家党派纲领的第一年。民主党吸收了部分的平民党，这标志着呼吁累进税（对收入、利润和遗产的累进税）不再是美国政治和学术论文的边缘性

[①] "Big Political Guns Reach Town", *Chicago Daily Tribune*, July 2, 1896, 3; "The Fighting Has Begun", *New York Times*, July 3, 1894, 1. Charles Postel, *The Populist Vision* (New York: Oxford University Press, 2007); Michael Kazin, *Godly Hero: The Life of William Jennings Bryan* (New York: Random House, 2007), 53—65.

问题。从19世纪80年代早期开始,那些具备改革思想的经济思想家和民粹主义活动家就已经开始播撒税收改革运动的智慧种子,并且积年累月地推动基于个人能力(或金融手段)理念的累进税。到19世纪80年代中期,这些种子开始渐渐绽放花蕾。基于支付能力的税收理论主张和独立政治党派对累进税的需求交融并会,渗透到了1894年的国会讨论,影响了对波洛克案的司法异议,并且最终被写入两大国家政治党派之一的政治纲领。事实上,民主党派的正式纲领重申了独立党派在数十年之前的呼声,呼吁通过"国会使用波洛克案裁决之后所剩的全部宪法力量,或者使用那些可能来自法院逆转的力量(因为它可能在后来变成合宪的),以实现税收的公平和公正分配,最终让富人为政府支出承担他们所应承担的税负份额",以直接对抗波洛克案。①

这个民主—民粹的联盟急切地试图颠覆波洛克案的裁决,反映了美国国内当时反对波洛克案的巨大浪潮。事实上,这种反对可以说是意料之中的。保守主义者坚决维护最高法院的裁决,称之为反抗"社会主义革命浪潮"的"最后堡垒"。在波洛克案听证会最为重要的时刻,保守主义经济评论家大卫·威尔斯(David Wells)反复重申了自由放任主义对所得税的反对意见,反对任何试图改变"财富分配的直接或间接的强制手段"或者旨在"消除个人财富积累动机"的措施;与此同时,许多税收活动家(包括一些重要的法学家)则抨击波洛克案与先前的裁决是"彻底不一致"的,并且认为最高法院的司法权实际上篡夺了国会的政治权力。相似地,劳工领袖认为这个裁决是"懦弱的",更加表明,"无论是有意还是无意,最高法院都必然偏向财富和资本的利益"。但是,大量精英评论家和工人阶级评论家都预见性地指出,波洛克案可能完全无法终结根本性的财政改革。一位报纸的编辑写道:"如果有人认为在最高法院的裁决中能够找到税收改革运动(所谓的社会主义倾向)的临终遗言,那么他无疑是大错特错。无论好坏,只有人民才有资格说出这样的遗言。"其他人的观

---

① Donald B. Johnson, ed. *National Party Platforms*, Vol. 1: 1840—1956 (Urbana: University of Illinois Press, 1978), 98. 平民党 1896 年的党纲也提出,需要"一种累进所得税,从而让积累的财富承担它应付的税负份额"。另外,它的党纲还明确指出:"最高法院对所得税法的最新裁决是对宪法的错误解读,并且侵犯了国会对税收事务的正当权力。"文献出处同上,105。到20世纪末,鉴于独立党派多年来坚持的压力,州层面的民主党派也越来越多地将所得税纳入它们的党纲。Richard F. Bensel, *The Political Economy of American Industrialization*, 1877—1900 (New York: Cambridge University Press, 2000), 159—61.

第三章　对抗波洛克案：寻找思想的中间地带

点则更为坦诚和明确。一位劳工领袖呼吁人民，要"尽可能快地"修订宪法。①

这幅前后对比的政治讽刺漫画表达了批判者对美国最高法院的反对态度：他们认为，法院的司法干预毫无意义地压垮了原本完全有能力对累积财富征税的新税种。图中的马车车厢代表着波洛克案的裁决，让民主的驴子无法对集中的财富征税。Courtesy of the Library of Congress, Prints & Photographs Division.

图3.1　对可怜驴子的最后一击

然而，这样的努力（争取修订宪法）耗费了近二十年的光阴，届时，税收活动家才凝聚了足够的政治意愿及力量，从而得以重新修订宪法并且最终推翻波洛克案。在此期间，税收改革一直占据着重要地位（由于关键力量的存在和多次影响深远的历史事件），并且一直是不容忽视的国家政治、经济和社会问题。渐渐地，现代财政政体的三大关键特征——更平等的税负分配、财政公民权的复兴以及管理机关的兴起——终于逐步成型。具体来说，随着美国的经

---

① Sidney Ratner, *Taxation and Democracy in America* (New York: John Wiley & Sons, Inc. 1967), 213-14; David Wells, "Is the Existing Income Tax Unconstitutional?" *Forum*, 19 (1895), 537; Francis J. Jones, "Pollock v. Farmers' Loan and Trust Co.", *Harvard Law Review*, 9 (October 1895), 198-211; S. B. Hoefgen, "Income Tax Decision", *American Federationist* (June 1895), 58-71.

141

济从19世纪90年代的深度经济衰退中逐步复苏,不平等的问题也变得日益严重,从而导致巨大的财政改革压力——要求改革财政体制的分配层面。相似地,1898年,为了争夺海军霸权,美国在新大陆和西班牙爆发了一场短暂但影响深远的战争——它开启了美国的海外军事帝国,而人们也注意到由此而日益高企的公共资金需求(以支持美国这个在国内和海外同时扩张的帝国)。打着支持古巴国家自主的旗号,西班牙—美国战争还提高了对财政公民权的关注:由于美国吞并了菲律宾、关岛和波多黎各,从而导致一个全新的问题——政治归属以及税收和全新公民理念之间的重要关联。[①] 这些问题使得20世纪之交发生了一场极为活跃的新思潮,它探讨社会关系之间相互依存性、专业知识和高效行政的重要性以及对积极政府的需求,旨在应对现代工业化所带来的各种混乱与脱节。总的来说,全新美国财政国家的核心思想支柱在20世纪之交已经初现雏形。

一方面,各种现代力量以及偶然的历史事件为公共财政的概念性革命提供了关键的背景环境;另一方面,经济理念和先进思想家的著作则将思想的转变注入税法和税收政策之中,而这两者是公众和法律得以接受新财政秩序的重要基石。尽管波洛克案为税收改革运动构成了严重的制度阻碍,但税收活动家将这一裁决视为加倍努力以继续推动变革的契机。事实上,一些社会领导者在1894年所得税法被废除之际,甚至流露出平淡而快乐的情绪。因为他们把波洛克案视为一次机会以开征更加强有力的所得税,而这种所得税将区分不同的收入来源,并且对经济资源和经济力量进行更为彻底的再次分配。

尽管左翼力量对税收体系的批判已经是老生常谈(欧洲的社会主义者多年来一直标榜累进税的再分配潜力),但美国的政治经济学家则迫切需要剔除累进税中的这种思想,因为它与美国的制度文化完全不相容。事实上,美国社会极为坚定和强烈地反对社会主义以及持相似观点的批评家。换言之,这些

[①] David Traxel, *1898: The Birth of the American Century* (New York: Random House, 1999); Emily S. Rosenberg, *Spreading the American Dream: American Economic and Cultural Expansion, 1890—1945* (New York: Hill & Wang, 1982). 美国殖民主义的重要性以及公民身份认同的发展历程,请参阅 Jose A. Cabranes, "Citizenship and the American Empire: Notes on the Legislative History of the United States Citizenship of Puerto Ricans", *University of Pennsylvania Law Review*, 127: 2 (1978), 391—492。

第三章 对抗波洛克案:寻找思想的中间地带

具备改革思想的学者需要在支持累进税的同时,清晰地划清他们与左翼激进观点之间的界限。

为了对抗波洛克案的裁决,这些年轻的公共财政经济学者需要保护他们的财政愿景——重新建立一个基于能力或支付能力原则的税收体系。所以,他们需要在两个极端(政治右翼和政治左翼)之间寻找自己的航向。对于政治保守主义者(如菲尔德法官和大卫·威尔斯)而言,他们执着于传统的、政府守夜人的观点,因此,转向累进所得税对他们来说无异于接受欧洲的国家社会主义。这些新学派的经济学家亲身见证了保守主义批判者所拥有的巨大力量(往往给他们的个人或者职业发展带来了巨大的挫折),特别是在解释学术自由边界这一层面上。为了减少这种反对的力量,这些先进的公共财政经济学家致力于说明他们所支持的是一种温和的累进税(对收入、利润和遗产的累进税),而这种累进税能够与美国的自由主义传统及其演进和睦相处。

政治左翼对这些新学派的经济学家的反对态度相对而言要更加杂乱无章,但是同样难以对付。其中,亨利·乔治(Henry George)的单一税以及社会主义经济理论家的各种思想都激烈地挑战这些财政经济学家的温和财政国家理念。正如我们在第一章所看到的,民粹主义者对单一税的关注大量分散了对税收改革运动的社会支持。不过,许多社会主义者并不支持单一税,认为它本质上是对工业资本主义引致变化的一种防护性应对。卡尔·马克思(Karl Max)本人就曾严厉地批判亨利·乔治的著作《进步与贫困》(*Progress and Poverty*),认为它"披着华丽的社会主义伪装,而真实的目的是拯救资本主义的统治,甚至再拓宽它的统治基础"[①]。美国的经济学家援引了马克思对单一税的批判。具体来说,为了降低民粹主义对单一税的偏爱,理查德·伊利、弗朗西斯·沃克以及埃德温·塞利格曼等人都致力于抨击单一税运动中不专业的经济学分析,并且揭露单一税(对土地租金征收的单一税)背后"极端

---

① Marx quoted in Charles A. Barker, *Henry George* (New York: Oxford University Press, 1955), 356.

保守主义"的社会理念。①

美国的新学派职业经济学家并没有重点抨击乔治·亨利业余且"不科学的"单一税理论。原因在于,对他们来说,更激烈的思想挑战来自政治左翼——他们身披德国导师的伪装以支持更为激进的再分配税收。这种思想的领导者是阿道夫·瓦格纳(Adolph Wagner),一位德国的经济学家,并且曾与许多美国的政治经济学家一起在德国学习。瓦格纳呼吁,通过税收解决巨大的财富不平等问题,而这种观点在德国远比在美国受欢迎(他在美国的追随者必须谨慎地将累进税与国家社会主义思想区分开来)。在这两大对抗的政治阵营(一方面是保守派批评人士将累进税等价于社会主义;另一方面是追求更为激进税收形式的民粹主义改革者)之间,这些先进的经济学家小心地寻找自身的方向。最终,他们结合了其他的主流经济学思想,旨在说明直接和累进税运动仅仅是对特权者的进攻,绝没有任何往国家社会主义方向前进的意图。

对收入的质疑

即使在1894年所得税法颁布之前,社会批判家和学术理论家就曾质疑它最为核心的要素:对所有收入采用统一的固定税率,这怎么可能成为捕捉公民纳税能力的最佳手段?最高法院的裁决废除了这一税法,也为这些批评家带来了新的机会,以重申他们对新型财政体制分配效应的各种主张。举例来说,《美国联邦主义》——美国劳工联合会(AFL)的官方期刊——就对波洛克案持有独特的观点。它并没有批评最高法院废除这项税法的决定(尽管许多人相信这一税法有潜力让更有能力的支付者承担更高的税负),而是感谢法官废除了一部不足以实现收入和财富再分配的税法。由于1894年的所得税法并没有区分收入的来源,这位编辑认为,它与"人民所希冀的新税种相去甚远"。由于这一税法对劳动和财产征收同样的所得税(采用单一税率而不是累进税

---

① Richard T. Ely, *Taxation in American States and Cities* (New York: Crowell, 1888), 16; "The Single Tax Debate", *Journal of Social Science*, 27 (1890); Francis A. Walker, "Henry George's Social Fallacies", *North American Review*, 137:321 (August 1883), 147—57. 也可参阅 Thomas Bender, *Intellect and Public Life: Essays on the Social History of Academic Intellectuals in the United States* (Baltimore: Johns Hopkins University Press, 1997), 57—8, 134—5。

率),因此,这一税法并没有严肃处理日益严重的、对财富和权力的分配不当问题。不仅如此,由于这一税法并没有区分普通工人"用额头上的汗水"换取的"劳动"收入和资本家与地主的"非劳动"收入,即它忽略了最为重要的税收问题,所以,它不能代表支付能力原则。①

当然,1894年所得税法中相对较高的免征额足以保证绝大多数美国工人不需要缴纳所得税。② 但对于这位编辑而言,这似乎不值得一提,因为他的意图是促成一部更加强有力的所得税法。不仅如此,新的税法应该坚定地支持一个重要原则:"非劳动"收入天然具备更高的支付能力,因此需要承担更多的社会责任和更高的税负。事实上,劳工阶层和学界也普遍接受这一原则;其他的税收改革者和立法者则致力于设计一部差别税率的所得税法,并且在其中对资本和其他财产的"非劳动"收入征收比劳动所得更高的税率。同样地,这位编辑期待实施一部更为强有力的税法。③ 因此,他们认为波洛克案的裁决"仅仅废除了一部令大众感到厌恶的税法而已"。由于"这样不准确的测度对人民是完全不公平的,我们赞同美国最高法院的多数决议,而且我们真诚地感谢他们对这个所谓的所得税法的最终处理"。事实上,这位编辑的评论反映了当时一种广为认同的、税收公平性的直觉。④

这些具备改革思想的公共经济学家则通过更加复杂的术语来表述这种公认的直觉。几乎所有的税收专家都认同理查德·伊利的观点:工业资本主义创造了一个新生的有闲阶级和对应的社会构成,而他们巨大的个人财富根植于股票和债券这样的无形资产。另外,绝大多数经济观察家还认同一点:这种新生的金融财富几乎没有受到国家间接税体系和地方财产税的任何影响。⑤ 但是,一些政治经济学家,如亨利·卡特·亚当斯,并不完全认为所得税是再分配财政负担的措施或促进良好政府的手段;相反,他们谨慎地质疑收入的货

---

① "Income Tax Decision", *American Federationist* (June 1895), 58—71.
② 对所有收入高于4 000美元(相当于2012年的11万美元)的住户按照2%的统一税率征收所得税,这意味着1894年的所得税仅覆盖了很小一部分的美国民众。The Revenue Act of 1894, 28 Stat. 570 (1894).
③ *Congressional Record*, 53rd Cong., 2nd sess. (1894), 26, pt., 1: 584—91.
④ "Income Tax Decision", 71.
⑤ Ely, *Taxation in American States and Cities*, 289.

币价值是否足以"测量公民支持国家的相对支付能力"①。

亚当斯在他的论文(首批美国公共财政论文之一)中,克制了他对所得税的支持态度(他最终是支持所得税的)。同其他新学派的公共财政经济学家一样,他也认为支付能力是现代税收体系可靠的理论基础。亚当斯写道:"假设支付能力是纳税额的公正测度,那么,可以认为收入是对支付能力最为准确的检验。"但是,在实际操作层面,他并不确定收入是否能够准确测量公民的税收支付能力。"获得正确的收入报告非常难",亚当斯注意到,而且这种困难由于"存在大量不同的收入形式"而不断加剧。在过去的简单岁月中,立法者可以更为自信地认为"收入都是同质的",而且某一给定的税收"适用于所有种类的收入"。但是,在一个更加现代化的工业世界里,"在其跻身的社会之中,"亚当斯在1898年写道:"收入不再是同质的,它们不再反映相同的工业条件,也不再能够准确地测量用于获得它们所投入的努力。"②

亚当斯认为,至少存在三种不同的收入:第一种是"来自服务的收入",包括"工资、薪金和专家费用"以及类似的其他收入;第二种是"来自财产的收入",它可以分为来自土地的租金收入和来自资本的利息或利润;第三种是"财产的收入",指的是代际间的财富转移,如遗产。对亚当斯而言,上述每一项收入来源都反映了不同的经济和社会条件,因此也需要不同的税收处理。举例来说,由于第一类"来自服务的收入"(如工资和薪金)往往是"有期限且不确定的,但资本的租金和利息收入则一般是永续且确定的",这种差别就要求"税法区别性对待,即对来自财产的收入征收比对来自努力(服务)的收入更高的所

---

① Henry Carter Adams, *The Science of Finance: An Investigation of Public Expenditures and Public Revenues* (New York: Henry Holt and Co., 1898), 357. 在写作这篇专著时,亚当斯大量采用了他的课堂讲义以及托马斯·库利法官教授的课程内容。具体请参阅 Henry Carter Adams, "Tax Lectures," in Box 26, Folder 1; "Lectures on Taxation-By Judge Cooley, 1882," Bounded Materials, Box 15, Henry Carter Adams Papers, Bentley Historical Library, University of Michigan, Ann Arbor, MI [hereinafter HCAP]。

② Adams, *Science of Finance*, 357.

得税率"①。

相似地,亚当斯认为一次性遗赠的"财产收入"应该被征收更高的税率(相比于工资和资本收入)。由于遗产是一种"意外或偶然发生的个人收入,而且从社会的观点来看,这代表财富的转移而不是财富的增加",所以它应该"在制定税法时与平时重复发生的个人动产或不动产收入区别开来,分别处理"。由于不同的收入来源"反映了不同的经济条件,也受制于不同的经济趋势,"因此,亚当斯总结道:"12个月内的收入金额并不足以测量公民支持政府的相对支付能力。"②他的导师托马斯·库利说过,"没有任何收入的人也能够变得富裕",而亚当斯将这句话解读为工资本身不足以测量支付能力。③亚当斯并不愿意妥协,接受无差别的所得税作为衡量个人纳税支付能力的专用测量方式或指标。借用伊利的生动比喻,所得税确实意味着"在有力的肩膀上施加更重的税收负担",但这并不意味着在所有的肩膀上分配相同的负担。

在波洛克案之后,这些质疑1894年所得税法的细节内容的社会领袖和理论家并没有放弃他们对税收改革运动的追求;相反,他们致力于将这场运动推向它的逻辑终点。具体来说,人们渴求一种更公平、更公正的公共财政体制,而这导致了各大社会团体和政治力量日益强烈地呼吁以全新的累进税代替以关税和消费税为主的联邦税收体系。正如塞利格曼所解释过的,即便是1894年这样的温和所得税也有助于推动"现有税收体系向更加公正的方向发展"④。

不过,对一些人来说,公正不仅仅是开征一个象征意义的、比例税率的所得税。对他们而言,公正是考察能力原则的实质原理,因为它才是新财政秩序

---

① Adams, *Science of Finance*, 358. 亚当斯同样非常有先见之明地相信:"事实上,家庭单位、社会单位以及类似单位应该被考虑在税法的框架之内。"更具体地说,亚当斯建议:"应该考虑家庭住户可能的死亡或残疾,并给予减免。"文献出处同上,358. 现代的税法学者最终接受了亚当斯关于家庭是恰当的应纳税单位的主张。请参阅,如 Boris Bittker, "Federal Income Tax and the Family", *Stanford Law Review*, 27:6 (July 1975), 1389—463.

② 同上, 357—60。Ely, *Taxation in American States and Cities*, 288.

③ Henry Carter Adams, "Lectures on Taxation-By Judge Cooley, 1882", Bounded Materials, Box 15, HCAP.

④ Edwin R. A. Seligman, "The Income Tax", *Political Science Quarterly*, 9:4 (1894), 610—48, 610.

的核心。当《美国联邦主义》感谢最高法院对1894年税法的废除时，他们确实是有一点真心的。这种通过国会让步得以实现的对支付能力"残缺不全的测量"，当然好于完全不存在任何所得税的情况。[①] 但是，这个税法确实没有回答关键的问题，即"收入"和"支付能力"的具体含义。接下来，这些具备改革思想的政治经济学家，如亨利·卡特·亚当斯，开始着手回答这些至关重要的问题。另外，亚当斯对收入来源的区分和具体建议（对个人劳动的收入的税率应低于来自资本或遗产收入的税率）意味着，所得税的实际执行是非常复杂的，需要法律上和政治上的协同操作。换言之，所得税的实际操作不仅需要考虑不同的收入和财富来源，而且需要斟酌不同类型的税收如何与整体的公共财政相契合。[②]

捍卫累进税

从波洛克案裁决到1908年最终实现宪法修订（这一修订最终推翻了波洛克案的裁决）的近二十年间，税收改革者和理论家坚持不懈地强调累进税的平等属性。他们质疑将收入无差别地视为税基，认为这不是再分配税收负担和促进经济公正的唯一措施。他们指出，另外一个同样重要的举措是税率结构的设计，是选择单一税率（会导致比例税率）还是选择累进税率（能够保证累进性）。事实上，1894年税法的立法者在促成这一税法的同时也考虑了税率结构这一关键问题，但为了通过税法的折中结果是选择了比例税率。不过，对致力于改变美国公共财政的改革家和理论家来说，比例税和累进税之间的差别是至关重要的。这种差别暗含了税收背后根本性的社会和政治理论差异。具体来说，塞利格曼解释道："比例税率和累进税率之间的实质性竞争，是税收基

[①] "Income Tax Decision", 59.
[②] 尽管亚当斯对不同收入来源应区别对待的思想在20世纪20年代早期获得了极大的关注，但最终的税法本末倒置了亚当斯的基本逻辑——对资本收益的所得规定了优惠的税率。更多关于资本收益税收优惠发展历史的相关内容，请参阅 Marjorie E. Kornhauser, "The Origins of Capital Gains Taxation: What's Law Got to Do with It?" *Southwestern Law Journal*, 39:4 (1985), 869-928; Leonard Burman, *The Labyrinth of Capital Gains Tax Policy: A Guide for the Perplexed* (Washington, D. C.: Brookings Institution Press, 1999), Chapter 2。

础理论的根本性问题,即是认同受益原则还是认同能力原则?"①从理论上来说,塞利格曼和他的同伴都承认受益原则既可以支持比例税率,也可以支持累进税率(取决于对政府功能的看法)。但是,这些理论家策略性地将受益原则和比例税率捆绑在一起,目的是在政治方案中采用他们偏好的能力或支付能力原则(支持累进税率)替代受益原则(策略性的被认为仅支持比例税率)。②

比例税和累进税之间的差别还映射了政治活动家所关心的第二个根本性问题:如何通过税收重新界定财政公民权?事实上,要求收入更高的个体支付更多(这里的"更多"是累进性的更多而不是绝对金额的更多)实际上强调了每个个体对社会都负有一种社会债务。如果财富的创造不仅仅依赖个人的努力,而是需要国家和社会的支持,那么,财富明显是一个社会产品并且同时附带着社会和道德责任。对公共财政经济学家而言,现代工业生活中日益增加的相互依存性要求更加富裕的美国人承认他们的公民义务和责任,以支持迅速发展的、行政性社会福利国家的兴起。

不过,这个羽翼未丰的行政国家依旧存在诸多的制度限制,它们都制约着对累进税的社会需求。尽管比例税率所得税存在它自身的问题,但累进性的税率结构会进一步提高征税操作的复杂性,从而要求更高的行政管理能力。比例税率的所得税可以通过第三方报告或者扣缴纳税人的固定比重的收入;累进税率结构则要求税收当局核查并且评估公民所得和收入的总金额,而这意味着要从第三方和纳税人处获取并且处理更多的信息。对20世纪之交的政府税收机构而言,开征这样的新税种绝非易事。③ 不过,虽然存在这些制度性障碍,但税收改革者依旧是乐观的。事实上,很多人相信采用累进税率有助

---

① Edwin R. A. Seligman, "Theory of Progressive Taxation", *Political Science Quarterly*, 8:2 (1893), 220—51, 224.

② D. P. O'Brien, "Introduction to Volume Ⅷ", in *The History of Taxation*, Vol. Ⅷ, ed. D. P. O'Brien (London: Pickering & Chatto, 1999); Walter J. Blum and Harry Kalven Jr. *The Uneasy Case for Progressive Taxation* (Chicago: University of Chicago Press, 1953), 64—8.

③ 更多关于20世纪之交美国行政管理能力的限制的内容,请参阅 Stephen Skowronek, *Building a New American State: The Expansion of National Administrative Capacity, 1877—1920* (New York: Cambridge University Press, 1982); Theda Skocpol, "Bringing the State Back In: Strategies of Analysis in Current Research", in *Bringing the State Back In*, ed. Peter B. Evans, Dietrich Rueschemeyer, and Theda Skocpol (Cambridge: Cambridge University Press, 1985), 3—43.

于推动政府行政管理能力的发展,而这是全新的政府治理体系(更少地受制于党派政治的裙带关系,并且更愿意接受职业专家的管理)所必需的能力。

不可否认,强调累进税率的重要性是对抗波洛克案裁决并且继续推动税收改革运动的一种途径,但这也导致了保守主义者的激烈反对。最终,累进税的宿敌点燃了美国对集权思想的传统性反抗。鉴于这些普遍性的焦虑,具备改革思想的政治经济学家竭尽全力把他们所主张的温和财政政体内嵌于美国政治文化的界限内;也就是说,他们必须尊重美国的政治文化传统,从而保证这种温和的财政政体不会令人心生抵触。

为了达成这一目的,他们采用了三种方式:一是坚持不懈地阐明并强调累进的能力税早已在美国具备悠久的历史。在这个过程中,他们致力于证明累进所得税并不是来自外国的、潜伏的反民主性质税收。二是致力于阐述能力原则悠久且高贵(尽管偶尔混乱的)思想血统,将其追溯至自由主义的英美政治经济传统。三是竭尽全力地辨析累进税率和国家社会主义在理论上是完全不相容的。总的来说,这些税收专家坚定地辟谣,并且坚决否认累进税与美国价值观和自由民主主义之间存在任何对立关系。尽管对于累进税在实际操作层面上是否可行这一点,他们可能持有不同的观点,但他们都认同直接和累进税是现代美国社会的理想税收方式。

追溯美国累进能力税的历史渊源

为了对抗保守主义者的攻击、反对他们的辩词——累进税是非美国的、非民主的,这些税收活动家诉诸国际比较的历史记录。塞利格曼在他的学术著作以及波洛克案听证会期间与克拉伦斯·苏厄德的通信中,都阐明了一点:美国自殖民时代起,就存在对工匠和专业技术人员所获得收入的"能力"税。塞利格曼最初的主要目的是说明,这些早期的累进能力税不应该在当代被视为"直接"税;也就是说,宪法的制定者在起草宪章的直接税条款时,没有将这些税收纳入宪法规定的范畴。但无论如何,殖民时期就存在并且在随后数州零星出现过的累进能力税也说明了同样重要的另外一点——对收入或利润的累

第三章 对抗波洛克案:寻找思想的中间地带

进税既不是外来的,更不是非民主的。①

在更为公开的声明中,塞利格曼直截了当地阐述了这一问题。在流行期刊《论坛》(Forum)中,这位哥伦比亚大学的教授细致地诠释并指出,将累进税视为对立于美国理念或自由民主规范的想法是"荒谬的"。事实上,其他发达民主国家的政府经验已经说明,民主和直接税之间存在非常紧密的联系。塞利格曼写道:"长期以来,所得税在最民主的国家中得到了最完全的发展,如瑞士、英格兰和澳大利亚。这完全是一个常识,而且,在整个民主的发展趋势中,甚至是非民主的国家中,都同时包含着财产的扩张以及所得税。"②

不过,历史记录和国际案例仅仅略微降低了保守主义者对累进税的批判。税收改革的反对者,如参议员大卫·希尔和经济评论家大卫·威尔斯,就反对任何类型的、差别对待的税率设置,甚至也反对1894年所得税法中过于慷慨的免征额。威尔斯写道:"伟大的民主平等原则高于法律和宪法本身,这排除了对任何来源(如财产)产生的收入的税收赦免。"威尔斯这里指的是宪法的一致性条款,该条款指出,"所有的税、关税和消费税都应该在整个美国国内保持统一"。许多批评家利用这一宪法条款反对累进税。尽管最高法院在波洛克案中废除1894年所得税法的依据并不是一致性条款,但改革的反对者依旧经常引用这一条款来说明累进税被美国的法律和社会所深恶痛绝。③

税收改革者并没有将一致性条款视为一个可怕的障碍。如亨利·卡特·

---

① C. A. Seward to Seligman, April 25, 1895; May 1, 1895, Uncataloged Correspondence, Box 2, Edwin R. A. Seligman Papers, Butler Library, Columbia University, New York, N. Y. [hereinafter ERASP]; Seligman, "The Income Tax in the American Colonies and States", *Political Science Quarterly*, 10:2 (June 1895), 221—47, 247.

② Edwin R. A. Seligman, "Is the Income Tax Constitutional and Just?" *Forum*, 19 (1895), 48—56, 54. 类似地,当今的学者也暗示了民主扩张与累进税之间的相关关系。Daron Acemoglu and James A. Robinson, "Why Did the West Extend the Franchise? Democracy, Inequality, and Growth in Historical Perspective", *Quarterly Journal of Economics*, 115:4 (2000), 1167—99; Charles Boix, *Democracy and Redistribution* (Cambridge: Cambridge University Press, 2003); Peter H. Lindert, *Growing Public: Vol. 1, Social Spending and Economic Growth since the Eighteenth Century* (New York: Cambridge University Press, 2004). 关于强调战争对民主重要性的近期实证研究,请参阅 Kenneth Scheve and David Stasavage, "The Conscription of Wealth: Mass Warfare and the Demand for Progressive Taxation", *International Organization*, 64:4 (2010), 529—61。

③ David A. Wells, "An Income Tax: Is It Desirable?" *Forum*, 18 (1894); U. S. Constitution, Article 1, Section 8, Clause 1.

151

亚当斯常说的,从"律师的观点来看",一致性条款并没有禁止设定免征额,甚至也没有禁止累进税率。正如塞利格曼所解释的,这个条款仅仅指"税收在不同州之间应该保持一致"。具体来说,是指在州与州之间的税收不能存在任何地理性歧视,即"在整个美国都保持统一",这是宪法中的原话。但是,地理一致性并不意味绝对的一致,而且几乎所有的法官都支持这种观点。[①] 早在数十年之前,约瑟夫·斯多利法官就已经裁决:一致性条款的主要目的是"在管理那些影响各州共同利益的事务时,去除所有不恰当的、对某一州的偏向"。库利法官也赞同这一点,他还强调,最高法院如果"一再地"试图将一致性条款解读为绝对的一致性,那么会是"对一致性原则和公平税收的破坏"。不仅如此,即使在波洛克案中投多数赞成票的那些法官也不予回应1894年所得税法是否违反了一致性条款这一问题。[②]

不过,在分析一致性条款的过程中,这些进步的政治经济学家都反复强调累进税的社会与法律正统性。塞利格曼写道:"当我们讨论一致性和平等税收时,我们指的是实质上的统一和平等。"塞利格曼承认,绝对的平等既不是一个可实现的目标,也不是一个理想的目的。"政府可以通过努力实现的目标是:平等并一致地对待同一阶层中的全部个体。但是,这并不意味着在不同阶层之间不能存在任何差别。"[③]

事实上,美国各州政府多年来一直使用财产税豁免、对企业收入的累进税以及不同税率的遗产税,而这些都没有被视为违反税收的一致性原则。在上述这些案例中,塞利格曼解释道:"阶层之中的所有个体都被一致地对待,但是,阶层之间是被区别对待的。"当被管理者认同这种差别对待,而且是为了公共福利时,就实现了一致性原则的主要目标。塞利格曼提醒《论坛》的读者们,"一致性原则的目标是确保平等和公正"。"但是,只有在考虑周全的公共政策中才能对公平和公正进行最终的检验。同人类其他关系中的公正性一样,社

---

① Henry Carter Adams, *Science of Finance*, 298, 310; Seligman, "Is the Income Tax Constitutional and Just?" 51; U. S. Constitution, Article 1, Section 8.

② Joseph Story, *Commentaries on the Constitution of the United States: With a Preliminary Review of the Constitutional History of the Colonies and States, Before the Adoption of the Constitution* (Boston: Hillard, Gray, 1833), 342; Thomas M. Cooley, *The Law of Taxation* (Chicago: Callaghan, 1924), 706 (quoting *Pacific Exp. Co. v. Seibert*, 142 U. S. 339).

③ Seligman, "Is the Income Tax Constitutional and Just?" 52, 53.

会共识或公众情绪是我们检验税收公正性最终的也是唯一的标准。因此,如果某些差别对待或赦免是为了满足整体社会的利益,并且是出于公共福利的目的,那么,它就符合宪法要求的实质性公平。"①

从塞利格曼提到的公众观点和社会共识可以看出,这些公共财政经济学家在处理累进性问题和整个税收改革时都是非常小心谨慎的。尽管他们清楚地了解自身所代表的新政治经济学学派站立于美国经济学科和社会改革的前沿,但在对大众讲述自身的观点时,他们都谨慎地承认公众情绪和社会共识的重要性,以换取公众对大规模制度改革的支持。

能力原则的溯源

上述对累进税的宪法障碍的谨慎回应似乎平息了一部分来自保守主义者的反对。但是,税收改革者非常清楚一点:如果想要向大众说明累进税的优点,他们需要追溯能力原则这类思想的英美起源,并证明它们的逻辑一致性。简言之,他们相信这样的历史追溯可以为累进税带来更高的思想信念感和权威性。

塞利格曼再一次站在了前沿。到 1900 年,他已经成为公共财政领域的重要国际学者。他的文章经常出现在顶级学术期刊(美国本土以及国外的)和当时的主流期刊上。与此同时,他还经常为州和地方政府提供财政政策的相关建议和咨询。他的税收论文,特别是《税收论文集》已经被连续数次再版。同时代的学者认为,塞利格曼已经成为美国公共财政领域最重要的权威。在评论他的作品时,亨利·卡特·亚当斯曾热情洋溢地宣称:"至少在这个国家,如果一个财政学的学生没有阅读过塞利格曼教授的任何著作,那么他不会觉得自己有资格给出任何意见。"②

---

① Seligman,"Is the Income Tax Constitutional and Just?"52,53.

② Edwin R. A. Seligman, *Essays in Taxation* (New York: Macmillan, 1895); Henry Carter Adams,"Review of *Essays in Taxation* by Edwin R. A. Seligman", *Annals of the American Academy of Political and Social Science*, 7 (March 1896), 146—9, 147. 尽管亚当斯批评塞利格曼缺乏对美国地区层面税收的细致分析,但整体上他还是认为塞利格曼的专著包含了"全美国作者对财政学最为重要的贡献"。文献出处同上,149。

塞利格曼的著作非常之多。在20世纪之交,塞利格曼正处于他多产生涯的巅峰时期。除了文章和评论之外,他还在着手撰写一本综合性的著作,其中涵盖所得税的国际比较历史研究。他与克拉伦斯·苏厄德在波洛克案期间的通信中就曾提及这项工作。另外,塞利格曼还在修订他的另一本累进税专著以再版并发行法语译本,而这本著作的影响力可能更为重要。届时,美国的改革者正在积极地对抗波洛克案,而法国的主要政治家和知识分子也在为了本国的累进税而奋斗。①

在第二版累进税的专著中,塞利格曼谨慎地融合了其他经济思想家的想法,以说明能力原则深深地根植于多位毫无争议、饱受尊敬的美国和英国经济学家的著作中。在塞利格曼大部分的学术生涯中,他最擅长的并不是提出创新性的想法,而是整合并且普及其他人的作品和思想。②尽管他很快会成为与税收改革及能力原则联系最为紧密的美国经济学家,但他始终认为自己的思想来自各位前辈。在这个过程中,他努力说服人家接受一个重要的观点——基于纳税能力原则的累进税已经赢得了多位全球最受尊敬的经济学家的正式认可。

首先,塞利格曼指出弗朗西斯·沃克是税收能力原则的首位提出者。沃克于1897年去世,但他依旧受到许多学界和政界领袖的尊重,并且认为他代表着美国政治和经济领域的温和见解。沃克曾先后在联邦军队服役、供职于美国人口统计局、在耶鲁承担教职工作并在麻省理工学院主持管理工作,这些都标志着他是一位广受赞誉的学术和公民领袖。同样地,他广为流传的政治经济学教材以及他在美国经济协会和美国统计协会创建过程中做出的重要贡献为他带来了很高国际性的声誉——大家将他视为代表美国新兴经济学职业

---

① Edwin R. A. Seligman, *Progressive Taxation in Theory and Practice*, 2nd ed. (Princeton: American Economic Association, 1908). 法国直到1917年才开征所得税,而塞利格曼专著的法语译本对长达数十年的法国累进所得税斗争也影响颇多。James T. Kloppenberg, *Uncertain Victory: Social Democracy and Progressivism in European and American Thought, 1870—1920* (New York: Oxford University Press, 1986), 355-6; Robert E. Kaplan, *The Forgotten Crisis: The Fin-de-Siècle Crisis of Democracy in France* (Oxford: Berg Publishers, 1995).

② Adams, "Review of *Essays in Taxation* by Edwin R. A. Seligman". 更多关于塞利格曼整合税收经济文献并使其流行的相关内容,请参阅Pier Francesco Asso and Luca Fiorito, "Editors' Introduction", in "Edwin Robert Anderson Seligman, Autobiography (1929)" in Warren J. Samuels, ed., *Documents from and on Economic Thought* (Amsterdam: JAI Press, 2006), 149-78。

人士且开明又温和的发言人。①

在1888年发表的一篇极具影响力的文章中,沃克提出,税收不应该基于个人所持有的财产、不应该基于个人所享受的消费,甚至也不应该基于个人所获得的规律性收入;相反,他认为基于个人"天生或后天习得的生产能力"的"能力税"才是"最为平等的公共贡献形式"。与所得税(它"接受懒惰、无能和无价值作为逃避公共贡献的充分理由")不同,能力税衡量的是个人"与生俱来的力量",沃克认为,"这才是理论上唯一公正的税收形式,它要求人们根据服务自身的能力确定他们为国家提供服务的程度"。② 因此,对沃克而言,自然赋予的个人能力在理论上是可靠的税收基础。

塞利格曼接受了沃克的思想,不过略加改动,他认为能力不应该仅仅是自然赋予的能力。作为一个实用主义者,塞利格曼专注于由个人的自然能力所带来的结果或后果。因此,他支持修正的能力理论,即考察个人处置自身与生俱来能力的能力。他写道,能力理论也包含"使用这些力量的机会、实践这些能力的方法和最终的结果(按照生产者财产周期性或永久性的增加值作为衡量)"。尽管沃克希望分离出个人与生俱来的生产能力并将其作为税收的基础,但塞利格曼则试图将生产能力和消费能力结合起来。对塞利格曼而言,能力"不仅仅是生产能力或其所带来的结果,还包括使用这些能力或这些结果的能力,换言之,就是享受这些能力所引致的结果"③。塞利格曼同时关注财产的"增加"和对"带来的结果"的"享受",这在之后演变为未来税收理论家的检验标准。我们在下文将会看到,在20世纪20年代,塞利格曼的得意门生——罗伯特·默里·黑格(Robert Murray Haig)——将进一步发展收入的概念性

---

① James P. Munroe, *A Life of Francis Amasa Walker* (New York: Henry Holt & Co., 1923); B. Newton, *The Economics of Francis Amasa Walker: American Economics in Transition* (New York: A. M. Kelley, 1968); Mary O. Furner, *Advocacy & Objectivity: A Crisis in the Professionalization of American Social Science, 1865—1905* (Lexington: University Press of Kentucky, 1975), 40—8; Dorothy Ross, *The Origins of American Social Science* (New York: Cambridge University Press, 1990), 77—85.

② Francis A. Walker, "The Bases of Taxation", *Political Science Quarterly*, 3:1 (March 1888), 1—16, 14, 15.

③ Seligman, *Progressive Taxation in Theory and Practice*, 291.

和经济性定义。①

塞利格曼在沃克的能力定义中加入了消费能力,从而使能力的定义更加符合实际,并且有助于降低累进税对再分配的影响潜力。基于个人与生俱来生产能力的累进税对激进的财富再分配存在深远的、强制性的影响,这一影响甚至远远超过沃克的预期。塞利格曼清楚地理解这种基于天赋能力的税收可能存在的不公平问题。另外,他必然清楚地知道,这样的税收与美国反抗集权的传统并不吻合。尽管沃克承认这种能力理论在操作层面的局限性,但塞利格曼,通过说明越正确使用天赋的能力越能够获得更高的经济力量,消除了沃克能力原则的这种局限性。②

塞利格曼将消费能力融入能力理论(修正的能力理论),这样不仅使能力理论的实际应用变得更加温和,还让沃克的理念与英国的税收思想相吻合。不仅如此,通过说明"支付能力"原则起源于悠久且受人尊重的英美传统,塞利格曼为这一理论带来了更高的思想信念感。不过,这种思想族谱的构建往往是极具挑战的。举例来说,亚当·斯密在区分受益原则和支付能力原则时就摇摆不定,并且同时使用这两种原则来支持比例税。因此,斯密被认为代表了一类税收思想,塞利格曼称为"个体主义的交换理论",而这恰恰就是具备改革思想的政治经济学家们致力于替代的理论。③

相比较而言,约翰·斯图亚特·密尔是一位更加友好的思想同盟,尽管密尔给美国的累进税支持者带来了其他问题。但与斯密不同,密尔明确支持支付能力原则。他相信,根据个人能力的税收会带来"公平的牺牲",而这恰恰

---

① Robert Murray Haig,"The Concept of Income-Economic and Legal Aspects",in *The Federal Income Tax*,ed. Robert Murray Haig(New York:Columbia University Press,1921),1-28.

② 近年来,税收学者和哲学家对基于自然天赋的税收的哲学层面问题颇感兴趣。请参阅,如Daniel Shaviro,"Endowment and Inequality",in *Tax Justice:The Ongoing Debate*,ed. Joseph J. Thorndike and Dennis Ventry Jr.(Washington,D. C.:Urban Institute Press,2002),123-48;Liam Murphy and Thomas Nagel,*The Myth of Ownership:Taxes and Justice*(New York:Oxford University Press,2004);Kirk J. Stark,"Enslaving the Beachcomber:Some Thoughts on the Liberty Objections to Endowment Taxation",*Canadian Journal of Law & Jurisprudence*,18(2005),47-68;Lawrence Zelenak,"Taxing Endowment",*Duke Law Journal*,55(2006),114。

③ Adam Smith,*An Inquiry into the Nature and Causes of the Wealth of Nations*,ed. Edwin Cannan[New York:Modern Library,1937(1776)],777;Seligman,*Progressive Taxation in Theory and Practice*,165.

是公共财政的核心指导原则。密尔写道:"当每个人根据他的能力做出贡献,那么他们就完成了自己的义务;也就是说,他为了共同的目标做出了平等的牺牲。"对密尔来说,平等的牺牲是指"将政府的支出分配给每一个人,并且保证他从自身份额中获得的不会比其他人从他的份额中获得的更加便利或不便利。"①

密尔也许为美国的改革者提供了他们需要的理论起源,但是,密尔并没有因为这个平等的牺牲原则而支持累进税。事实上,密尔是反对累进税的,除了对遗产的累进税。他认为,累进税会导致一个棘手问题(这个问题被未来的经济学家称为"人际间的福利比较问题"),所以在实际操作中不可能确定一套满足公平牺牲原则的最优累进税率。②通过微调税法以确保不同收入阶层的个体之间的公平牺牲,密尔写道:"对我而言,总体上是不可信的,而且即使这在整体上是可能的,也不能保证所有税收规则的基础都满足公平牺牲的原则。"由于自己的理论在实际操作中存在的巨大限制,密尔转而支持次优方案,即包含一定免征额(等价于生存成本的)的比例税率。③

尽管英国政治经济学家的经典作品并没有直接支持美国改革家所提出的累进税主张,但是能力理论和公平牺牲原则的融合为美国公共财政经济学家的相关思想奠定了重要的基石。对他们来说,公平牺牲是能力原则的必然结果,它意味着税率结构的设定应该保证每个个体都承担相同数量的效用损失。

---

① John Stuart Mill, *Principles of Political Economy with Some of Their Applications to Social Philosophy*, ed. William J. Ashley [London: Longmans, Green & Co., 1909, (1848)], 804—5;也可参阅 Henry Sidgwick, *The Principles of Political Economy* [London: Macmillan, 1901 (1883)], 566—71。

② 一般认为,英国经济学家莱昂内尔·罗宾斯是最早完全否定序数效用进行人际间比较可能性的学者。Robbins, *An Essay on the Nature and Significance of Economic Science* (London: Macmillan, 1932); Robbins, "Interpersonal Comparisons of Utility: A Comment", *Economic Journal*, 48; 192 (1938), 635—41. D. P. O'Brien, ed., *The History of Taxation*, Vol. Ⅷ (London: Pickering & Chatto, 1999), xii.更多关于效用在人际间比较的理论问题的发展史,请参阅 Mark Blaug, *Economic Theory in Retrospect*, 5th ed. (Cambridge: Cambridge University Press, 1997), 320—2。

③ Mill, *Principles of Political Economy*, 807. 塞利格曼将密尔接受维生水平的免征额视为违反这一规则的例外情况。这位哥伦比亚大学教授(塞利格曼)主张:"根据密尔自己的理论,不可能确定任何真正平等的、固定的、最小的生存水平。如果支持最小维生免征额的唯一理由是牺牲的平等性,那么我们不能止步于此;因为人们希望以不可察觉速度渐渐地相互融合。"Seligman, *Progressive Taxation in Theory and Practice*, 234—5。

美国现代财政国家的形成和发展

公平牺牲原则应该降低个人的消费能力,或者减少财产的"增加"和个人对"努力结果"的"享受"(借用塞利格曼的原话)。最终,对塞利格曼和相似想法的改革者而言,基于个人能力的公平牺牲是他们所渴望的目标,也是理想的累进税形式。塞利格曼写道:"即使我们永远无法达到这个理想的状态,也无法阻止我们竭尽全力尽可能去接近这个目标。""鉴于个人诉求的多样性,实际上,公平牺牲是一个永远无法被绝对或确切达成的目标,但是,在大部分常规情况或典型案例下,它是很有可能被实现的,我们应该告别比例税制,以尽可能地接近理想中的公平。"[①]

塞利格曼结合了沃克的能力原则(塞利格曼加入了消费能力的修正版本)和密尔的公平牺牲原则,为累进税构建了一套能够同时考虑生产能力和消费能力的理论基础。具体来说,经塞利格曼修订后的能力原则认为财富有能力创造更多的财富,因此富裕的人应该承担更多的责任以支持自己的国家。"毫无疑问,大量的财富或高收入的所有者有绝对的优势,能够继续增加自己的财产,"塞利格曼写道,而且"产出能力的增长幅度往往超过算数比例"[②]。另外,这种增长速度并不完全来自个人天赋的能力,还依赖于国家和社会对个人的支持。因此,富裕的公民对共同财富存在经济责任,而且这种责任应该随着财富的增加以高于算数比例的幅度增加。

与此同时,税收使个人牺牲了部分的消费能力,而且理想地说,这种税负应该在所有纳税人之间按照平等牺牲的原则进行分配。但是,准确测量牺牲程度是不现实的,几乎不可能做到。因此,塞利格曼在他第二版的经典累进税教材中语焉不详地总结了自己观点,认为累进税是一个超前的概念。他写道:"尽管更有可能通过某种累进的税率结构实现终极的公平目标,但是,由于税收体系之间不同税收复杂且不确定的相互影响以及各种出于权益考量而存在的税收,在支持任何普遍适用的税收原则时,我们都应该非常谨慎。"塞利格曼认为,美国累进税的未来胜利,并不是依靠经济学理论,而是依赖于"国家的社

---

① Seligman, *Progressive Taxation in Theory and Practice*, 292.
② 同上。

会意识和公平义务感的发展"①。再一次地,改革者顺从了公众对社会凝聚程度的情绪,更温和地表达了他们对制度发展的支持。

通过上述讨论,塞利格曼总结了能力原则的实际诉求。事实上,从他反复强调"社会共识"和"公民义务"可以看出,这些税收活动家很清楚一点:决定根本性税收改革命运的,是各种相关的社会条件。对这些改革者而言,他们推动基于能力原则的累进税的首要目的,并不是构建一套合理并且无懈可击的税收经济理论,而是推动以道德责任和社会凝聚力为基础的政治和社会改革运动。对应地,能力和支付能力是重要的关键词,目的是呼吁税收改革家致力于推翻波洛克案的裁决并努力为新财政秩序打下坚实的基础。诚然,塞利格曼对累进税的辩护不够果断,也不够激动人心②,但是,这并不意味着他和其他的税收专家对自身的思想失去了信心,不再相信它们有能力促成税收体系转型;相反地,能力原则一直是这场思想运动的基石,而它的目的是促成一场温和并且可行的税收改革。③

进步资本主义的累进税

追溯能力税的美国历史以及溯源能力原则的英美经典思想族谱,这两项工作可能确实安抚了一部分累进税的批评者,让他们接受累进税的政治和社会合法性。密尔和沃克受到许多最为保守的美国经济评论家的尊重,因此,把他们的作品和对累进税的呼吁联系起来,确实在一定程度上缓和了他们对累

---

① Seligman, *Progressive Taxation in Theory and Practice*, 302. 在第一个版本中,塞利格曼更加积极地支持累进税率:"整体来说,采纳某种形式的累进税比采纳统一的比例税更加公正。"Seligman, *Progressive Taxation in Theory and Practice* (Baltimore: American Economic Association, 1894), 193.

② 正如一位评论者所解释的,塞利格曼的立场是累进税的辩护者;另外,还要说明的一点是,他并不是一位很有说服力的辩护者。A. C. Miller, "Review of Progressive Taxation in Theory and Practice by Edwin R. A. Seligman", *Journal of Political Economy*, 2:4 (1894), 596—9, 597.

③ 法律学者和哲学家对"支付能力"原则展开了尖锐的批判,认为它是一个思想上不连贯的概念。不过,这些反历史的批评忽略了这一原则在当时所面对的政治和社会大环境。这些批评的示例,请参阅,如 Harry Kalven and Walter J. Blum, *The Uneasy Case for Progressive Taxation* (Chicago: University of Chicago Press), 67—71; Liam Murphy and Thomas Nagel, *The Myth of Ownership: Taxes and Justice* (New York: Oxford University Press, 2002), 20—37。

进税的担忧。不过,这些只不过是批评者的一部分担忧,更为艰巨的挑战(对改革者和税收理论家而言)是,这些批评者认为累进税与国家社会主义之间存在紧密的关联。

基于支付能力的税收可能深深地根植于美国的民主传统之中,但是税收改革的反对者坚称,新的累进税是一种"匍匐前进的社会主义",从而与美国的自由主义完全不相容。许多保守派的经济评论家错误但坚定地认为,"累进税必然意味着社会主义和财产充公",塞利格曼在这里直接引用了大卫·威尔斯的原文,但是,实际情况绝非如此。"我们能够在完全反对社会主义税收理论的同时支持累进税。"塞利格曼解释道。因此,除了提供历史和国际比较证据(以证明累进税与自由民主之间的联系)之外,这些公共财政经济学家还需要说明另外一个非常重要的问题:对收入、利润和财富转移开征的温和的累进税并不会导致国家社会主义。[1]

在当时,这绝不是一项轻松的任务。当时的美国随处可见激烈的事件和激动的言论、反复强调劳动与资本之间的紧张关系。不仅如此,菲尔德法官在波洛克案中杞人忧天的言论依旧充斥着整个美国社会,特别是美国的学术界。在波洛克案前后,美国国内对这些新生的社科专业人士进行了多次制裁,强烈攻击并且严格地限制他们的学术自由,最终在科学客观的"严格"和被禁止的社会宣传之间建立起了一道坚不可摧的"石墙"。即使连这些先进的政治经济学家也不能幸免而且最终无法免俗。1894年,伊利被起诉,称他在威斯康星大学传播无政府主义。在这之后,伊利不得不公开宣布摒弃自己的大量激进观点和对工人阶级的同情。最终,他的研究从公共财政、劳动关系以及政府管理转向了似乎无害的主题——农业经济学。不仅如此,亨利·卡特·亚当斯和塞利格曼虽然继续致力于推动根本性的税收改革,但他们的语气和修辞也变得更加温和与克制。[2]

对塞利格曼而言,保守主义者对累进税的抱怨,在实证上是毫无基础的。它只是一种有目的的政治攻击,目的是造成普通公民对累进税的恐慌。在整

---

[1] Seligman, "The Theory of Progressive Taxation," 222.
[2] Rader, *Academic Mind and Reform*, 131—3; Furner, *Advocacy & Objectivity*, 157—62; Ross, *Origins of American Social Science*, 231—2.

第三章　对抗波洛克案:寻找思想的中间地带

个美国历史上,几乎所有的改革反对者(对各种类型的改革)都策略性地利用过"社会主义倾向"这一标签。塞利格曼写道:"社会主义呼喊是他们最后的避难所,这些人希望阻碍社会进步的车轮,阻止人们废除长期存在的、各种对职权的滥用,工厂法也曾被称为具有社会主义倾向,而义务教育和公共邮政系统同样曾被标榜为社会主义倾向。没有任何一个税收在开征之时没有遭遇过这种论调的反对。"另外,这些变革的宿敌不仅仅在联邦层面或美国国内利用社会主义的借口反对各种新的税收。"美国数州和英国的新遗产税",塞利格曼清晰地指出,以及"荷兰和普鲁士"的新财产税都遭到了同样的抨击,"但是,这种观点从来就没有任何价值"。①

这些政治经济学家很快就成功地摒除了"匍匐前进的社会主义"这一指责。"这些反对几乎完全不值得驳斥。"塞利格曼轻蔑地说道。一直以来,这都是一个令人厌倦又错误至极的政治恐慌战术,其目的就是阻碍改革;而且,它表达了一种日益陈旧的、自由放任的个人主义的社会和政治理论。对亚当斯来说,欧洲式的社会主义和20世纪之交开始主导美国的"新个人主义"之间的差别是泾渭分明的。税收改革的反对者似乎不愿意承认这种新的社会现实,继续坚称个人天然地凌驾于国家和社会之上。这些新学派的经济学家和其他的税收改革者致力于削弱这种前社会国家性质的理念。"国家自然自发地成长,而人们诞生于国家之内。"伊利写道(即使这时他的学术自由在威斯康星饱受折磨)。"国家的基础是人的本性,而国家是人的自然条件。"②税收改革的保守主义反对者近乎绝望地试图坚持过去的浪漫观点,完全无视现代工业对政治和经济的各种巨大影响。对于保守主义者的这种抱怨(累进税是匍匐前进的社会主义),塞利格曼总结道:"完全是对个人和国家之间关系的曲解。"③

尽管这些公共财政经济学家深刻地批评了保守主义者的反对意见,但他们对温和累进税的支持并不等价于全面接受欧洲式的社会主义。事实上,他们在两大政治和思想的极端之间小心地探索属于自己的道路。具体来说,塞

---

① Seligman,"Is the Income Tax Constitutional and Just?"53—4.
② Adams, *Science of Finance*, 76—7; Richard T. Ely, *The Social Law of Service* (New York: Eaton & Mains, 1896), 167.
③ Seligman,"Is the Income Tax Constitutional and Just?"54.

利格曼及其同伴很快就指出,他们在德国求学途中亲眼见证了德国的国家社会主义,而它与美国的情况截然不同。美国憎恶集权的思想传统绝不允许国家社会主义的出现。因此,在抨击保守主义的荒诞攻击(累进税是匍匐前进的社会主义)的同时,这些受过专业训练的经济学家还同时挑战了他们德国导师的部分思想(尽管他们非常尊重这些老师)。

举例来说,阿道夫·瓦格纳(Adolph Wagner)一直是社会主义的坚定支持者,而且支持以激进的累进税降低由工业资本主义引致的、不断增加的经济不平等。早在1881年,瓦格纳就出版了影响深远的公共财政学研究成果《财政学》。他在其中强调了政府规模的现代趋势——会随着经济活动水平的发展而增长。这个所谓的"法则",即"不断扩张的公共活动,特别是国家活动",只是瓦格纳(这位历史政治经济学家)的观察。它既不是一个牢靠的规则,也不能预测未来的政治活动。相反,后续的评论家称之为一种"规律",或"可观察的一致性",来自"公共部门在国家经济体中绝对规模或相对规模的扩张,特别是政府公共目的性质的服务的扩张,而代价是限制私人部门的增长"。[1]

在瓦格纳所支持的政府活动中,最重要的就是通过累进税实现国家的收入再分配。将税法作为"分配国家收入和财富的管理要素"是瓦格纳"社会政治"或"社会—福利"思想的基本精髓。与税收的"纯金融"目的不同(也就是为基本公共物品和服务筹集必要的收入),"社会—福利"功能意味着通过税收调整由工业资本主义导致的财富分配不当的问题。瓦格纳认为:"这是合理的,不是必要的,在纯粹的金融原则之外建立第二个税收原则,也就是社会福利原则,因为税收不仅是政府筹集收入的一种手段,也是改善自由竞争的结果(收入和财富分配)的一项干预措施。"在瓦格纳的财政概念里,税收具备至关重要的补偿性功能。"国家收入的再分配支持较低的阶层,而这正是现代社会政策有意为之的一大目标。"瓦格纳解释道。为了达成这一目标,瓦格纳支持"对更

---

[1] Adolph Wagner, "Three Extracts on Public Finance", in *Classics in the Theory of Public Finance*, ed. Richard A. Musgrave and Alan T. Peacock (New York: St. Martin's Press, 1994), 1—15, 8. 一系列的研究试图在实证上检验第二次世界大战后数十年内瓦格纳法则的有效性。这类文献的总结以及相关评论(基于对瓦格纳研究的细致的历史评估),请参阅 Richard M. Bird, "Wagner's 'Law' of Expanding State Activity", *Public Finance*, 26 (March 1971), 1—26; Alan Peacock and Alex Scott, "The Curious Attraction of Wagner's Law", *Public Choice*, 102: 1/2 (2000), 1—17。

高收入者的累进税",并且反对"单纯的比例税"。预见到亨利·卡特·亚当斯的分析(不同收入来源对应不同的税率设定),瓦格纳还呼吁对土地和投资的收入征收比工资更高的税,并且对偶然收益和意外收入征收额外的税。①

瓦格纳并没有明确解释累进税如何能够"改善收入和财富的分配",只是推测认为,高额累进的累进税结合社会福利性的公共支出能够改善经济不平等的问题;也就是说,通过税收—转移支付这个共同协作的流程能够在整体上实现社会公正,这也是沉浸于俾斯麦社会福利国家理想之中的德国学者的基本逻辑前提。②但是,对于美国的公共财政经济学家而言,他们并不认为存在这种类型的公共支出。当亚当斯、伊利和塞利格曼把他们德国老师的思想移植到美国的土地上时,他们只强调了基于支付能力的税收的重要性,而剔除了瓦格纳的社会—福利性支出的关键假设。因此,美国仅仅推动了财政国家的单方面观点——在这个观点中,并没有考虑税收—转移支付流程之中的社会福利性支出。

瓦格纳在"坚定支持这个理念"(即税收的社会福利层面可以被"延伸,从而干预个体收入和利润的使用")的同时,还提醒读者不要固化任何基本的税收原则。无论如何,这些原则是"因时因地而各不相同的"。瓦格纳解释说:"它们不仅取决于文化、经济和技术条件,还取决于不同的民意、公正理念的界定以及宪法规定。如果这些背景发生变化,那么税收原则也会随之变化;它们并不同属于一个纯粹的逻辑范畴,只是从属于相同的历史范畴。"瓦格纳的各位美国学生显然牢记了这一点,即历史背景的重要性。③

事实上,许多新学派的经济学家认同这位德国导师的上述观点:其一是财政政策也包含社会的福利层面,同时税收的功能绝不仅仅是产生公共收入;其二是历史背景的重要性。不过,在将德国历史主义应用到20世纪之交的美国

---

① Wagner,"Three Extracts",8,9,14. 更多关于瓦格纳及其对德国经济政策的影响,请参阅 Kenneth Barkin,"Adolf Wagner and German Industrial Development",*Journal of Modern History*,41:2 (1969),144—59。

② Richard A. Musgrave,"The Role of the State in Fiscal Theory",*International Tax and Public Finance*,3 (1996),247—58.

③ Wagner,"Three Extracts",10. 塞利格曼早在学生时期就与瓦格纳保持通信,并且一直持续到他职业生涯的早期。请参阅,如 Adolph Wagner to Edwin Seligman, March 13,1909, Series I: Catalogued Correspondence, ERASP。

大环境的过程中,这些美国的经济学家达成了一个共识——瓦格纳和其他社会主义者推崇备至的高水平政府干预在19世纪后期的美国一定会遭遇大多数人的坚决排斥。尽管这些具备改革思想的经济学家也认为自由放任的观点(特别是税收的受益原则)忽视了现代工业和经济条件之下存在的社会层面问题,但他们之中的大部分人也认为瓦格纳的再分配税收政策过于激进。塞利格曼警告说:"政府确实能够根据国家的整体福利调整自身的财政政策,但从这一原则跳跃到政府有责任解决公民之间的各种财富不平等问题,这是过于极端并且危险的,这不仅会带来社会主义,甚至可能是实践上的共产主义。"[1]瓦格纳独特的社会主义烙印对塞利格曼及其他更为温和的美国改革者而言,确实太过激进了。

但是,这些先进的政治经济学家在两个问题上并没有完全达成共识:一是社会主义的具体含义;二是社会主义在20世纪之交的美国是否可行。对伊利和其他社会福音运动的参与者来说,"最佳社会主义的真实目标"并不是煽动无产阶级革命,而是致力于"不牺牲任一阶层的一般性社会改善、致力于改善并且提升所有的阶层"。[2] 为此,伊利经常批评他的学术同僚,认为他们追求的改革过于温和,并且在对抗日益不平等的问题上行动过于迟缓。不仅如此,美国国内对学术自由的限制日益严重,同时动荡的政治氛围也不断限制学者的作品与教学,这也导致学术界无法对改革保持一个一致性的观点。例如,塞利格曼对社会主义的态度就在逐步发生变化。在他的早期职业生涯中,塞利格曼被罗伯特·欧文(Robert Owen)和基督教社会主义深深地吸引,认为他们是"社会主义雄辩而热情的使徒"。但在接近他的职业生涯终点之时,在他亲眼见证了第一次世界大战时期财政军事国家超乎预期的爆炸性扩张之后,这位哥伦比亚大学教授变得愈发谨慎,同时在政治上也愈发保守,经常在各种

---

[1] Seligman, *Progressive Taxation in Theory and Practice* (1908), 131.
[2] Richard T. Ely, *The Strength and Weakness of Socialism* (New York: Chautauqua Press, 1899), 7, 179.

公共讨论中为"进步资本主义"辩护。①

然而,在20世纪之交,塞利格曼对社会主义的评价以及对它和累进税之间关系的观点是相对温和的。这可能是因为他当时对社会主义理论的历史唯物主义产生了兴趣。当时的塞利格曼除了修订自己的累进税文章和对所得税的历史研究成果之外,他还研究历史哲学。他谨慎地将自己的著作命名为《历史的经济解读》(*The Economic Interpretation of History*,1902),并且在其中讨论了历史知识的本质和社会主义近在眼前的兴起。这本著作广为流传,而它的主要目标就是切断传统马克思主义的历史变迁理论与马克思社会主义教条之间的联系,他认同前者的观点,但是坚决地摒弃后者。塞利格曼认为:"社会主义是一个研究应该怎样的理论,而历史唯物主义研究已经发生了什么。""第一个是目的论的,第二个是描述性的;第一个是推测性的观点,而第二个是演绎的经典。这两个概念大相径庭,它们之间不可能存在任何必要的联系。"②通过切断历史唯物主义与科学社会主义之间的联系,塞利格曼相信他能够由此拉远累进税与国家社会主义之间的距离。如果他能够说服读者经济决定论并不必然导致社会主义革命,那么他希望也可以说服大家累进税并不

---

① Edwin R. A. Seligman,"Owen and the Christian Socialists",*Political Science Quarterly*,1:2(1886),206—49,206;W. Elliot Brownlee,"Tax Regimes,National Crisis,and State-Building in America",in *Funding the Modern American State*,1941—1995:*The Rise and Fall of the Era of Easy Finance*,ed. W. Elliot Brownlee (New York:Cambridge University Press,2003),37—107,57;O. G. Villard,*Debate between Prof. E. R. A Seligman（Affirmative）and Prof. Scot Nearing（Negative）*(New York:Fine Arts Guild,1921).

② Edwin R. A. Seligman,*The Economic Interpretation of History* (New York:Columbia University Press,1902),108.通过这篇论文,之后的学者坚定地将塞利格曼视为20世纪早期极具影响力的社会学家,这些学者中就包括查尔斯·比尔德(Charles Beard)。请参阅 Richard Hofstadter,*The Progressive Historians:Turner,Beard,Parrington* (New York:Knopf,1968),196—200;Karen Orren and Stephen Skowronek,*The Search for American Political Development* (New York:Cambridge University Press,2004),210。

是通向生产和交换的集体所有制的第一步。①

伊利也认同塞利格曼的这一观点,尽管原因不尽相同。具体来说,塞利格曼质疑社会主义变迁理论的目的论,目的是为经济决定论抹去社会主义的污点;伊利挑战社会主义变迁理论的必然性,目的是强调个人意志的重要性。与社会福音运动的同僚一样,伊利对宗教和集体行动的力量充满信心。伊利声称,顽固守旧、相信经济决定论的社会主义者"和铸铁一样思维僵硬"。他们就与那些保守主义者(他们拒绝接受工业资本主义所导致的巨大社会转变)一样,完全没有察觉到历史变迁的真相。尽管伊利也承认物质的经济力量在塑造历史的进程中扮演了非常重要的角色(这也是塞利格曼的观点),但是,他坚持认为人和集体的社会行动能够塑造所有类型的改革,当然也包括社会改革。②

新学派的经济学家还抨击了反对累进税的观点,指出了它们的逻辑谬误。在1898年发表的公共财政学文章中,亨利·卡特·亚当斯解释了为什么累进税能够使美国的资本主义更加完善,以及它与国家社会主义理论之间的逻辑

---

① 美国的历史学家考察了塞利格曼在哲学史方面的辛勤工作,一般来说,他们都认为通过摒弃马克思的社会主义,塞利格曼成为一位工业资本主义的辩护者,至少他为自由历史学家提供了更为温和的经济决定论。Ross, *Origins of American Social Science*, 186—91; Brian Lloyd, *Left Out: American Pragmatism, Exceptionalism and the Poverty of American Marxism, 1890—1922*(Baltimore: Johns Hopkins University Press,1997).更具体地说,布莱恩·劳埃德坚持认为,马克思的历史唯物主义和他的科学社会主义是无法分割的,而塞利格曼纯粹是出于政治目的将其分离开来。对塞利格曼而言,劳埃德写道:"将马克思的历史唯物主义从其社会经济学中分离出来的全部意义就在于——让其可以支持市场资本主义和达尔文进化论。"Lloyd, *Left Out*,86.事实上,劳埃德在多萝西·罗斯的工作基础上,将塞利格曼的自由历史决定论中受到限制的视野视为美国社会学的整体性问题。"这位自由主义的教授如此急切地想要破坏马克思主义的传统分析,凸显了美国社会学在20世纪之交为历史思想提供的、非常有限的资源,"劳埃德写道,"简言之,塞利格曼对偶马克思和杜威对偶黑格尔的理由是一样的:他们都不能从中提取一个政治上可被接受的'社会'概念,只能在解析上分离英美经验主义。"文献出处同上,87.考虑到塞利格曼对德国历史主义超过英美经验主义的忠诚,很难否定劳埃德的主张,特别是考虑到塞利格曼对其他看起来更为激进的评论者的影响,如查尔斯·比尔德。请参阅Clyde W. Barrow,"From Marx to Madison: The Seligman Connection in Charles Beard's Constitutional Theory", *Polity*,24:3(spring 1992),379—97; Peter Novick, *That Noble Dream: The "Objectivity Question" and the American Historical Profession*(New York: Cambridge University Press,1988),94.

② Ely, *Socialism: An Examination of its Nature, its Strength and its Weakness, with Suggestions for Social Reform*(New York: Thomas Y. Crowell & Company,1894),176—7.更多伊利与社会福音教之间联系以及他对社会主义的观点,请参阅 Rader, *Academic Mind and Reform*,62—5; Kloppenberg, *Uncertain Victory*,233—4。

不兼容性。不仅如此,亚当斯一直对欧洲式社会主义重塑社会的潜力持怀疑态度。他在公理会的成长经历很可能让他难以相信社会主义的集体主义前提。亚当斯坚定地支持累进税,他认为累进税和私有产权以及利润动机在逻辑上是相契合的。事实上,他相信"极端的社会主义者"必然会拒绝累进税。他写道,社会主义者的理念"是构建一个政府充当工业企业巨头的社会,他们的目的是建立一个不承认私有产权或私人收入、只承认公共薪资的社会"。亚当斯继续推理说,传统的社会主义者"认可工业权力的集中化,因为这样的工业组织更加接近他们的理念"。一个温和的累进税体系尊重并且保留了私有产权,而不是使用充公性质的税收消灭所有的私有产权。所以,对于一个真正的社会主义者而言,"支持温和的累进税就阻碍了他们理想中的集中化发展进程,这与他们的理念是极为矛盾的"①。

出于同样的原因,亚当斯认为工业资本主义的支持者应该欣然接受累进税,因为累进税能够为市场的参与者提供并维持一个公平的竞赛场地:

> 同等条件下,有效开征累进税将使私人的收入向均等化的方向发展,从而形成一种更加公平分配的工业力量。因此,对于那些捍卫私有产权制度并且相信产业自主性理论的人来说,支持累进税是符合逻辑的,因为累进税是维护这种工业关系从而保障他们心中理想社会的基础条件。但是,对于社会主义者来说,他们的社会组织完全站在自愿关系的对立面,所以他们完全不可能支持累进税。对他们而言,支持累进税不仅是不合理的,甚至是荒谬的。②

亚当斯认为,累进税仅仅是对财政负担的再分配,并不是激进的、对财富的再分配,所以,它与美国的自由制度和价值观是完全吻合的。

伊利与亚当斯一样,认为非常有必要平等化各种经济力量。具体来说,伊利认为美国式的社会民主(他称之为"现代社会主义")并没有"意图废除私有产权"。"恰恰相反",伊利指出,美国式的社会民主"意在延伸私有的产权制

---

① Henry Carter Adams, *Science of Finance*, 344. 关于亚当斯的公理会背景,请参阅 A. W. Coats, "Henry Carter Adams: A Case Study in the Emergence of the Social Sciences in the United States, 1850—1900", *Journal of American Studies*, 2:2 (1968), 177—97.

② Adams, *Science of Finance*, 344.

度,以保障社会中每个个体的年度收入"。保障这种平等的途径之一,就是对收入、利润和遗产开征累进税,以控制财富的过度集中并重新配置现代公民的财务义务。①

同其他进步的改革者一样,这些公共财政的经济学家认为捍卫累进税只是更加宏大目标之中的一部分,即重塑美国对政治体制在社会与经济中的作用职能的思考。在现代工业社会中,人与人之间的相互依存性不断提高,而这样的社会经历促使这些具备改革思想的经济学家质疑传统的自由主义观点(关于自我占有的个体和自由放任的国家之间的关系),以及所谓的公共和私人之间的自然差异。这些进步的思想家一方面强调累进税的必要性,另一方面致力于打消累进税的社会主义疑虑(如累进税是匍匐前进的社会主义),他们的目的是为道德责任和社会凝聚力提供一个新的术语,一个属于20世纪的、能够替代个人自由主义(它已经成为19世纪美国法学和自由主义意识形态的核心)的词汇。

边际主义、牺牲最小化和现代财政国家

在为政府行为的财政基础构建思想词汇的过程中,这些具备改革思想的理论家不得不攻击那些在理论上可能与现代财政国家相冲突的新经济学理念。不仅如此,他们还要努力在两个极端(税收改革的保守主义反对者和呼吁激进财富再分配的社会主义者)之间找到自己的航道。为此,这些先进的经济学家需要解释为什么累进税能够在减缓经济不平等的同时,不破坏资本主义市场的基本原则。总的来说,他们需要说明新财政秩序既能够实现社会公正,又能够维持经济增长。不幸的是,20世纪之交恰好兴起经济学的边际效用分析,而这种分析又质疑了他们所提出的、温和财政国家的观点。

边际效用分析常常被称为边际主义,是新古典政治经济学的一种变型,它的出现引发了经济理论的范式转变。边际主义的起源可以追溯到19世纪70年代甚至更早,当时欧洲的经济思想家重新定位了古典的价值理论。塞利格

---

① Richard T. Ely, *Strength and Weakness of Socialism*, 16—17.

曼在哥伦比亚大学的同事约翰·贝茨·克拉克(John Bates Clark)的文章使边际主义在美国得到了极大的重视,克拉克也曾在德国跟随卡尔·克尼斯(Karl Knies)学习,同时还受到克尼斯和亨利·乔治作品的深刻影响(至少在克拉克的早期职业生涯中)。[1]

在阿尔弗雷德·马歇尔(Alfred Marshall,英国著名的政治经济学家)的研究基础上,美国的边际主义者(如克拉克)相信价值是个人效用的函数,而效用受制于边际回报的递减法则。与传统理论(认为商品的价值取决于生产它所耗费的劳动成本)不同,边际主义设定商品的价值取决于主观的评价,即消费者赋予这个商品的效用。这样一来[2],商品的价值就取决于已经拥有的商品数量。随着个人收入的增加和所获得给定商品数量的提高,人们会认为最后得到的一单位商品的价值要低于之前得到的一单位商品的价值。克拉克解释道:"在价值法则之中,任何商品的消费都不会随着收入的提高而不断地增加。一些商品完全不会被重复购买,而那些被重复购买的商品,比之前购买的商品的效用要低。"[3]

克拉克主要使用边际主义来分析工业生产率:他致力于解释并且合理化一点——工人的工资回报和资本的回报取决于在生产过程中增加的最后一单位"增量"的劳动或资本。克拉克解释说,在完全竞争的市场中,劳动和资本会流向边际回报最高的地方,从而使它们获得的财富比例等于它们在生产过程中的边际贡献。所以,克拉克总结认为,边际主义可以作为分配公正的规范性原则。市场的工资配置不仅是有效率的,而且是公平的。由于美国当时恰好处在工业社会的对立关系和对社会主义的恐惧的双重顶峰,所以边际主义就成为一种新兴的、支持工业资本主义理念的知识力量。很快地,边际主义的

---

[1] John F. Henry, *John Bates Clark: The Making of a Neoclassical Economist* (London: Macmillan Press, 1995); R. D. Black, A. W. Coats, and C. D. W. Goodwin, *The Marginal Revolution in Economics* (Durham: Duke University Press, 1973). 哈佛大学的经济学家约瑟夫·熊彼特将克拉克视为"美国边际主义的大师"。Joseph A. Schumpeter, *History of Economic Analysis* (London: Allen & Unwin, 1954), 868—70.

[2] 主观评价加上边际回报递减。——译者注

[3] Clark, *Distribution of Wealth*, 213.

分析就成为新古典经济学的核心支柱，并且成为美国经济学的主流范式。①

不过，如果说克拉克的生产率边际理论为当时的劳动和资本分配提供了一个"科学"的理由，那么，其他经济学家则在当时以更加激进的方式在税收政策中运用边际主义。这些理论家，如英国的政治经济学家 F. Y. 艾奇沃斯（F. Y. Edgeworth）和美国学者托马斯·N. 卡弗（Thomas N. Carver），结合边际主义的思想和税收的"牺牲最小化"原则，经过他们的极端逻辑推理，为高额累进税提供了一个理论上的基础。作为一名坚定的功利主义者，艾奇沃斯试图证明累进税能够最大化社会的整体福利，从而支持累进税。他迂回地论证自己的观点，首先提出最大化社会效用的途径之一是实现税收负效用的最小化。艾奇沃斯写道："税收带来的总体净效用最大化，可以简化为税收的总体负效用最小化。"这样，"就等价于每个纳税人的税收边际负效应应该相等"。结合收入的边际效用递减原则，艾奇沃斯认为："较高的收入应该被降低到某一水平之上。"但是，仅仅对富人征税会限制国家的收入能力，艾奇沃斯承认说："这样无法筹集足够的税收。"理论上的解决方案是设计一套税收体系，在其中不断地对经济情况较好的人征税。艾奇沃斯宣称："这个解决方案从理论上来说，是为了穷困者的利益对富裕者征税，直到实现财富的完全公平。"②

尽管许多当时的经济评论家对艾奇沃斯的理论观点（平等化财富）抱有极大兴趣，但艾奇沃斯本人对激进的再分配税收持有非常谨慎和怀疑的态度。因此，尽管艾奇沃斯承认他的观点在"理论上"会导致"社会主义的顶峰"，但他坚持认为他的理论观点会"立刻被疑虑和怀疑所覆盖"。其中，最大的疑虑是高额累进税所带来的负向激励效应——艾奇沃斯认同高所得税率可能打击个人创造收入的动力，从而抑制经济增长。引用亨利·西季威克（他的剑桥大学的同事）的研究，艾奇沃斯做出了解释："加大产出分配的均等化将最终导致总

---

① Clark, *Distribution of Wealth*, 213. Ross, *Origins of American Social Science*, 118－22; Blaug, *Economic Theory in Retrospect*, 406－9. 更多关于边际主义比较层面的问题以及当时美国制度主义的相关内容，请参阅 Marion Fourcade, *Economists and Societies: Discipline and Professions in the United States, Britain, and France, 1890s to 1990s* (Princeton: Princeton University Press, 2008), 81－4.

② F. Y. Edgeworth, "The Pure Theory of Taxation", *Economic Journal*, 7: 28 (1897), 550－71, 552－3.

体可分配的产出降低,因为劳动阶层在获得更高的产出份额后会更加偏好休闲。"不仅如此,还有许多实际操作中的问题也进一步阻碍了艾奇沃斯理论情况下的、激进再分配的税收政策,如不恰当的个人效用函数、再分配税收的人口效应以及避税和逃税问题等。无论如何,艾奇沃斯坚持认为牺牲最小化,又被他称为"等边际牺牲"是"税收的主权原则"。不过,他也承认"经验智慧"会阻止立法者"直接走向"这样的理论理想。①

艾奇沃斯并非第一个融合边际主义和"最小化"税收牺牲原则的学者。欧柏林大学的卡弗在更早的时候就提出了相似的观点,不过他使用的数学相对简单一些。② 同艾奇沃斯一样,卡弗认为累进税的基础是纯粹的功利主义。尽管艾奇沃斯的作品更加有名,并且更为频繁地出现在英国经济学的旗舰期刊上,但卡弗预测了艾奇沃斯大部分的论证结果。③ 从功利主义的前提——提高"最多人数的、最大的幸福",卡弗推论认为,国家应该设计一个以最小总负效用为目标的税收体系。他反问道:"难道税收的合理性不应该是对最少数人造成最小的损害吗?"如果是这样,再加上如果税收会带来两类"损害",分别是"支付税收者的牺牲"和"税收对行业和企业可能存在的抑制效应",那么,关键的任务是找到这两大弊端最为恰当的组合比例。④

对卡弗而言,克服这两大税收弊端意味着推行两种不同类型的税收。"对集体中的所有成员施加等量的牺牲可以确保抑制效应的最小化,而从那些最终效用最低的少数人身上筹集全部的税收可以确保牺牲数量的最小化。"换言

---

① F. Y. Edgeworth, "The Pure Theory of Taxation", *Economic Journal*, 7:28 (1897), 556, 553 (emphasis in the original). Denis Patrick O'Brien and John Presley, *Pioneers of Modern Economics in Britain*, Vol. 2 (London: Macmillan Press, 1981), 89—91.

② T. N. Carver, "The Ethical Basis of Distribution and Its Application to Taxation", *Annals of the American Academy of Political and Social Science*, 6 (July 1895), 79—99. Laurence S. Moss, "The Seligman-Edgeworth Debate about the Analysis of Tax Incidence", *History of Political Economy*, 35:2 (2003), 205—40.

③ 事实上,艾奇沃斯在文章中赞许地引用了卡弗的话。Edgeworth, "The Pure Theory of Taxation", 556。

④ Carver, "The Ethical Basis of Distribution and Its Application to Taxation", 95 (emphasis in the original). 更多关于卡弗的内容,请参阅 David Charles Lewis, "Carver, Thomas Nixon", in *The Biographical Dictionary of American Economists*, Vol. 1, ed. Ross B. Emmett (London: Thoemmes Continuum, 2006), 126—7。也可参阅 Carver's autobiography, *Recollections of an Unplanned Life* (Los Angeles: W. Ritchie Press, 1949)。

之,最小化经济产出的负向动机意味着应该开征一种比例税,并且所有个体等比地承担财政负担;而个体负效用的最小化则要求对最富裕的个体开征高额累进的所得税。同时做到这两点是非常艰巨的挑战,而卡弗认为,可以将大额收入作为税收的来源。他认为,"大额收入往往来自特殊才能、土地租金、专利或者其他形式的垄断,抑或是继承的财产……要求获得大额收入的人付出大幅的牺牲是对上述两个原则的温和应用,它既能够减少总体的牺牲,也能够保证所产生的抑制效应非常小"。因此,卡弗总结认为,"与其他任何再分配税负的方法相比,温和的累进税更符合对最少人数造成最小损害的原则"①。

同艾奇沃斯(他明确地承认理论上他的分析可能导致"社会主义的顶峰")一样,卡弗对自己理论的实际应用也非常谨慎。这两位学者都不是社会主义者,因此,他们都反复强调在设计税收政策和累进税率时需要考虑实践中的各种约束,从而使他们的理论的实际后果都更为温和。② 但是,这并不能阻止其他学者的批评。例如,塞利格曼将卡弗和艾奇沃斯视为实现美国现代财政国家的"绊脚石"。对塞利格曼而言,艾奇沃斯和卡弗对"最小牺牲"原理在实践应用上的保留态度削弱了他们理论的相关性和重要性。塞利格曼毫不留情地蔑视艾奇沃斯的分析,很可能是因为这两位学者在税收负担这一问题上展开一场激烈的学术之战。"一个创作者自己承认完全无法应用的理论,它很可能是完全不合理的,"塞利格曼写道,他指的就是艾奇沃斯讨论累进税的相关研究,"它的不切实际必然会遭遇极为严重的质疑。"③

塞利格曼对卡弗的态度则要宽容许多,不过他依旧认为最小牺牲原理对财政学的贡献非常小,对税法和税收政策的制度设计的贡献就更加微乎其微。塞利格曼赞同卡弗对两类税收边际牺牲的识别和区分:(1)纳税人的直接牺牲;(2)税收抑制经济活动使人们感受到间接牺牲。同卡弗一样,他也认为间接牺牲"与累进税率之间没有任何必然的联系"。塞利格曼推测认为,不同类

---

① Carver,"The Ethical Basis of Distribution and Its Application to Taxation",97,98.
② 尽管他的早期作品表达了内嵌于累进税的道德和伦理义务的支持,但卡弗的后续作品变得日益保守,甚至开始反对变革,最终,他变成了一位坚定批判新政和社会福利再分配政策的学者。请参阅 Thomas N. Carver, *Recollections of an Unplanned Life* (Los Angeles:W. Ritchie Press,1949);Lewis,"Carver,Thomas Nixon",127.
③ Seligman, *Progressive Taxation in Theory and Practice*,286. 更多关于塞利格曼和艾奇沃斯的差别,请参阅 Moss,"The Seligman-Edgeworth Debate about the Analysis of Tax Incidence"。

第三章　对抗波洛克案：寻找思想的中间地带

型的税收有着不同的激励效应,并且与税率结构完全无关。分离税基和税率是分离累进性激励效应的一种途径。因此,如果能够将累进性对纳税人的直接牺牲和抑制效应(也就是卡弗所指的"间接牺牲")分离开来,那么,"对一般财产/收入/土地/或继承的税收就没有理由不能设定在一个极高的、近乎充公的纳税比率之上"。而且,如果卡弗的理论没有对累进性加以限制,塞利格曼总结说,"它将等价于累进税的充公或社会主义理论"①。

毫无疑问,塞利格曼对艾奇沃斯和卡弗的批评带来了一种紧张的气氛。尽管他批评艾奇沃斯的不切实际,但他自己对累进税的最优税率也颇为含糊其词。事实上,这两位学者都怀疑自己的理论能否为立法者提供可靠的指引。同密尔一样,塞利格曼认为使用边际主义支持累进税意味着比较个体之间的主观评价,而这是不合理的。对于上述研究,他评价道:"数学并不能帮助我们,因为前提条件都无法满足,所以并不能应用边际效用的数学关系进行准确的测量。"②塞利格曼将卡弗的观点与极端的充公税收混为一谈,但他自己也常常面对同样的批评。那么,塞利格曼为何把艾奇沃斯和卡弗这种政治上的温和派观点描绘成极端激进的呢?

他这么做的部分原因是,强调累进税改革的温和属性。像塞利格曼这样的务实改革家,他们非常清楚一点:一个学术理念,无论多么真诚或谨慎,都可能被各种批评所操纵或扭曲。考虑到美国国内当时对"匍匐前进的社会主义"绵绵不绝的恐惧,塞利格曼非常迅速地击退任何可能给累进税带来激进色彩的一切事物,甚至包括各种理论模型。将艾奇沃斯和卡弗抨击为毫不相关甚至极度危险的思想,塞利格曼的目的是进一步净化他对累进税的温和支持。在塞利格曼修订他的累进税文章时(其中包括对艾奇沃斯和卡弗的批评),波洛克案已经裁决了十年之久,但最高法院的裁决依旧持续影响着美国的政治和法律语境。因此,所有支持根本性税收改革的活动家都必须考虑相关新经济学理念的政治和理论内涵。

事实上,推翻波洛克案的宪法修正运动在数年后开始蓬勃发展,而塞利格曼也在变动的政治环境中再一次调整了他对所得税的态度。在撰写第二版所

---

① Seligman, *Progressive Taxation in Theory and Practice* (1908), 288, 289.
② 同上, 283。

173

得税文章(这篇文章主要的目标读者是海内外的经济学家)的过程中,塞利格曼谨慎地分析并且有所保留地支持累进税。到1911年,当时的宪法修正活动已经得到了国家立法机关的注意,塞利格曼出版了他的代表作——《所得税研究:历史、理论与实务》。我们将在第五章看到,这本书广泛而彻底地分析了所得税。另外,塞利格曼在书中明确地支持了累进税和当时待表决的宪法修正案。由于目标读者更加宽泛,所以这本书进一步阐明了一点:对收入和其他财富的累进税是自由民主与美国信条中的一个基本部分。[①]

如果说塞利格曼正致力于让累进税变得更易于为美国所接受,那么亨利·卡特·亚当斯则专注于强调私营企业对温和国家的未来发展的重要性。尽管他厌恶传统政治经济学所信奉的极端个人主义,但亚当斯一直坚信私营企业才是经济前行的主要动力,而绝非国家行动。从这一层面来说,亚当斯认同塞利格曼对"进步资本主义"的信仰。这两位理论家都坚定地拥护资本的利益动机和生产能力,这让他们对再分配的税收政策都持保留态度。但是,这种保留态度并不意味着他们认同现代美国资本主义的分配结果,事实上,这两位学者都憎恶由工业化引致的、大规模的经济不平等。

准确地说,亚当斯和塞利格曼都坚信法律的变革能够部分地解决工业资本主义的各种恶果。在1896年美国经济协会的主席致辞中,亚当斯解释了国家如何通过法律和法律制度塑造了近乎所有的经济和社会关系。亚当斯宣称:"社会结构的每个变迁、政治或工业协会原则的每一次改进,以及新社会理念的普及,必然伴随着法律所承认并且实施的、对应这些变迁的权力和责任。"出于这种对法律规定的信心,亚当斯强调法律和政府干预能够减轻"无人防守的竞赛"的各种弊端。[②]

更为具体地,亚当斯相信积极政府在监管工业社会方面存在两大原则性的法律责任。一是培养"竞争行为的伦理水平",以确保公共产品的长期利益

[①] Edwin R. A. Seligman, *The Income Tax: A Study of the History, Theory, and Practice of Income Taxation at Home and Abroad* (New York: Macmillan, 1911). 这本专著被多次再版并且翻译成多种语言,可以说是塞利格曼最有影响力的作品。

[②] Henry C. Adams, "Economics and Jurisprudence: Delivered at the Meeting of the Association in Baltimore, Maryland, December 28, 1896", *Economic Studies*, 2:1 (February 1897), 7. 在发表相关论文(关于新兴美国学科的著名辩论)之前的十年,亚当斯首次表达了他对"经济学和法学"之间关联的见解。Henry C. Adams, "Economics and Jurisprudence", *Science*, 8 (July 2, 1886), 15—19.

第三章 对抗波洛克案：寻找思想的中间地带

不被短视的经济参与者的短期目标所侵害；二是规范特殊的、"自然垄断"的行业，因为这些行业不受竞争和市场力量的制约。在这两种情况下，亚当斯都坚信税法和税收政策所承担核心的角色，它们将通过对违反伦理约束的企业征收惩罚性的税收，并且对自然垄断行业征收由自然垄断获得的经济租金，从而实现上述两大责任。①

尽管亚当斯愿意使用国家的强制力量去规范行业，但他反对高额的累进税，认为它将会抑制经济的增长。同艾奇沃斯和卡弗一样，亚当斯担心累进税可能抑制人们创造收入和财富的动机。特别地，亚当斯认为不能搅乱"国家的文化遗产"。作为一名彻底的历史决定主义者，亚当斯承认"国家的文化遗产并不是固定的，而是随着人们所享有的工业权力和政治理念的变化而变化的"。尽管如此，在亚当斯的财政理念中，一个主要的基础是保持经济的增长动机以及国家利用这种经济增长的权力。"财政学的第一财政公理"，亚当斯在他1898年出版的开创性文章的扉页上写道，是"合理财政政策不会损害国家的文化遗产"。② 与瓦格纳不同，亚当斯和同时期的美国思想者并不愿意利用积极政府的全部财力力量去解决现代工业主义的各种问题。他们全神贯注于维护美国的"国家的文化遗产"，完全无法想象在新的财政国家体系中存在税收—转移支付这样的流程。

诚然，亚当斯真诚地担忧日益严重的贫富悬殊问题，他称为"占有的差异"③。但是，他更加恐惧高额累进税会破坏这个国家赖以生存的主要动力。他教授自己的学生，"不公平分配"的税收负担会"抑制工业企业"。尽管他并没有阐述"不公平"的具体定义，但他确信"并不是税收，而是不公平的税收抑制了工业的秩序"。④ 相似地，在他的税务讲座上，亚当斯声称，"优秀税收体

---

① Henry C. Adams,"Relation of the State to Industrial Action", *Publications of the American Economic Association*,1:16 (January 1887):471—549,507—8; Adams, *Science of Finance*,305—6. 更多关于亚当斯早期研究和他后期职业发展之间联系的内容，请参阅 Joseph Dorfman, "Henry Carter Adams: The Harmonizer of Liberty and Reform",in *Two Essays by Henry Carter Adams: Relation of the State to Industrial Action & Economics and Jurisprudence*, ed. Joseph Dorfman (New York: Columbia University Press,1954),3—56。

② Adams, *Science of Finance*,3.

③ Adams, *Public Debts*,50; *Science of Finance*,3.

④ Henry Carter Adams, "Lecture Ⅳ: The Apportionment of Taxes",3; "Lecture Ⅰ on Taxation: General Principles of Taxation", Box 26,Folder 2 "Lecture on Taxation—1896",HCAP.

系的标志"是"缩短而不是扩大各阶层间的距离"。但是,他并没有解释这种观点应用于根本性财富再分配政策时的具体政策建议。事实上,他教授自己的学生:缩短"各阶层之间的距离"是"优秀税收体系"的最终目标,而首要的目标是满足"国家的合理需求",并且具备"扩展和收缩的弹性"。与其他的社会民主主义者一样,亚当斯并没有遗忘这个新兴自由国家的终极命脉,他写道:"国家的文化遗产包括为私营企业提供繁荣成长的环境。"对他而言,现代国家能够在不破坏未来繁荣的前提下缓解不平等的问题。①

从波洛克案裁决之后到第六修正案批准之前的这段时间,税收改革者越来越清楚地阐述他们对新的财政政体的未来愿景。波洛克案并没有为根本性的财政改革画上句号,而是为这些政治活动家带来了重新定义新财政秩序的机会,特别是它的边界与前提。其中,一些社会评论家和学者在这个时期质疑统一的所得税(忽略收入和财富的不同来源)是否足够解决镀金年代日益严重的不平等问题和不断增加的公共收入需求;其他的改革者则更加直接地质疑菲尔德法官的观点——所得税必然象征美国社会主义的兴起。这些先进的政治经济学家在塞利格曼、伊利和亚当斯的引领之下,致力于打消这种"匍匐前进社会主义"的疑虑。他们一方面说明对收入、利润和遗产的累进税源于美国的税收历史,另一方面强调基于个人支付能力的累进税得到了杰出的、令人尊重的英美思想家群体的支持。

随着他们不断强调自身财政愿景的温和属性,这些公共财政经济学家还与更加激进的税收理念划清了界限。尽管他们都曾师从于德国历史经济学家(他们呼吁通过累进税再分配收入和财富),但美国的改革者并不认为美国的政治文化有意愿接受欧洲模式的集权。事实上,他们坚持不懈地致力于打消美国对累进税的这种担忧和疑虑,甚至不惜攻击使用边际递减效用理论支持累进税的英美学者。他们这样做是为了说明一点:从间接、累退的联邦税收体

---

① Adams, *Science of Finance*, 3, 5, 6. 理查德·伊利似乎认同亚当斯关于工业发展重要性的观点,尽管他明确偏好更加平均的资本所有权分配。正如他在其撰写的著名教材《政治经济学导论》中所解释的:"社会主义者的目标并不是资本,而是私人资本家。他们希望将资本国有化并且消除资本家这一阶层(通过让集体中的每一位成员都成为资本家,也就是都成为这个国家之内所有资本的拥有者)。"Ely, *Introduction to Political Economy* (New York: Chautauqua Press, 1889), 241. 与新学派的其他同僚一样,伊利渴望"为了美国听众而诋毁社会主义"。Kloppenberg, *Uncertain Victory*, 280—2.

第三章　对抗波洛克案:寻找思想的中间地带

系转变为直接、累进的税收体系是为了重新分配为现代国家融资的税收负担,而不是为了实现对收入和财富的激进再分配。换言之,全新的现代美国财政国家能够替代过时的、19世纪的消费税和关税体系,但并不会破坏美国的传统价值观和制度。

　　财政结构的上述理念性变迁还带来了更加宽泛的影响。厚重晦涩的经济学著作不仅仅影响了精英的立法者,如联邦法官和国会议员[1],而且吸引了社会改革者以及在税收体制负担下苦苦挣扎的普通民众。对许多普通的纳税者而言,日益沉重的税负压力主要来自地方层面——州和地方财产税(它们持续主导着20世纪之交的地方税收)。因此,税收活动家非常清楚一点:如果要改变当时的税收观念,他们必须建造一个全新的、同时关注州和地方政府以及联邦问题的财政秩序。为了挑战在19世纪功能失调的财产税,需要加强地方税收机构的行政能力并且寻找其他的替代性收入来源,而这两点将成为新财政秩序之州和地方层面的主要特征。

---

[1] Herbert Hovenkamp,"The First Great Law & Economics Movement",*Stanford Law Review*,42:4 (1990),993—1058,1008—9.

第四章　财政的创新工厂：州和地方层面的制度改革

如果在居民的选择之下，有一个勇敢的州愿意成为先驱的实验室，在不影响国内其他地区的前提下推行新的社会和经济实验，那么这将是整个联邦体系的一大幸事。

——路易斯·D. 布兰戴斯（Louis D. Brandeis）法官

为了对抗波洛克案的裁决，经济学家和财政改革者致力于在旧的税收体制和激进再分配的税收政策之间寻找一条进步的中间航道。他们的首要目标是废除以间接且累退的进口关税和消费税为主的联邦税收体系，但是，他们也始终清楚一点：地方层面的税收改革是非常重要的。从某些层面来说，波洛克案也促使改革者关注于对州和地方财政体系的改善。由于波洛克案的裁决否定了国家层面的所得税（至少在当时），因此，美国的最高法院间接地将财政改革者的注意力推到了地方层面。不过，在最高法院推翻 1894 年的联邦所得税法之前，经济学家和政治活动家早已指出并抗议州和地方一般财产税的各种缺陷。请回忆一下，新学派的美国政治经济学家在抨击受益原则的同时也抨击了州和地方政府的一般财产税。而且，他们并不是州和地方政府一般财产税的唯一反对者。记者、立法者、政治改革家以及关心这一问题的公民都极其厌恶这些缺陷，特别是变化无常的财产估值和不平等的税负分配。

从内战重建到第一次世界大战结束之间，美国国内对一般财产税日益严重的不满情绪为州和地方的税收改革提供了源源不断的驱动力。在 20 世纪

第四章　财政的创新工厂：州和地方层面的制度改革

之交,城镇工业化的各种现代力量,特别是公司资本的出现,进一步凸显了一般财产税体系的各种问题。借用一位威斯康星州的公民的简洁解释:"现在摆在人民面前的两大行政问题分别是:有效控制公司的财富以及创建一套合理的税收体系。"①

事实上,几乎每一位19世纪后期的经济评论家和政治活动家都认为州和地方的一般财产税是美国法律和公共政体中最为可鄙的败笔。1878年,库里法官对美国社会科学协会的成员宣称,当时的地方级税收体系"充斥着不一致和不公平",而这也代表着大部分律师和法学专家的观点。具体来说,库利认为州和地方一般财产税对私人财产的估值是极为糟糕的,是"州税收体系之中最为引人注目的败笔"。相似地,英国的法学专家詹姆斯·布莱斯(James Bryce)观察并且明确地指出,地方官员对私人财产的低估不仅仅是"严重的弊端",而且导致"极大规模的应税财产逃避了税收"。布莱斯具体讨论了富裕者藏匿"无形财富"的各种手段,继而指出这"可以解释美国的农场主和普通大众不时出现的苦涩心情和反对资本主义的痛苦情绪,因为农场主的土地和工人用存款购买的住房都是需要缴纳一般财产税的有形财产"。②

如前文所述,这些具备改革思想的政治经济学家,如理查德·伊利、亨利·卡特·亚当斯和埃德温·塞利格曼,更进一步——具体解释了财产税为何以及如何成为来自上一个时代的、不合时宜的历史遗留问题。塞利格曼用他独特的镇定语调解释说:"美国的一般财产税在实践中的管理,毫无疑问是全球已知的、最为糟糕的税收。"这种税收"让最没有支付能力的人承担了最重的税负",完全没有任何其他的财政制度能够"激起更多愤怒的抗议之声"或者"带来更为强烈的不满情绪"。1909年,新自由派的记者兼公共学者赫伯特·克罗利(Herbert Croly)痛惜地宣称,财产税"已经变得既不公正也不有

---

① H. S. Wilson to Nils P. Haugen, September 1, 1910, Box 56, Nils P. Haugen Papers, State Historical Society of Wisconsin, Madison [hereinafter SHSW]。

② Thomas M. Cooley, *Principles that Should Govern in the Framing of Tax Laws* (St. Louis: G. I. Jones, 1878), 14, 17; James Bryce, *The American Commonwealth*, Vol. 1 (London: Macmillan & Co., 1889), 209—10。

益",而他的这一观点代表了大部分接受过教育的美国人的看法。[1]

美国国内对一般财产税的厌恶之情日益增加,这在许多方面恰好对应着民众对联邦层面进口和消费税的日益不满的敌对情绪。实际上,19世纪的美国开始转向一种新型的、具备现代监管和管理制度的社会福利国家,但整个19世纪的财政体制都没有能力应对这种现代国家所产生的、各种日益强烈的需求。具体来说,当时的税收和估值流程完全不足以筹集到急需的公共收入;广泛的结构性力量和人口因素以及关键的历史事件都促使国家的改革者和立法者重新考虑联邦层面的税收体系,并且质疑地方层面的财政体制。实际上,大规模的人口迁移、快速的工业化发展以及日益加速的城镇化进程都给州和地方政府带来了极为巨大的财政压力,特别是在经济危机(如反复出现的金融恐慌常常会导致商业周期的下行)时期。[2]

相似地,公司资本主义的快速兴起加剧了关税和财产税的各种缺陷。美国国内的活动家将保护主义描述为"所有垄断的源头"和公司合并的"推动器",而这一描述日渐深入人心。[3] 与此同时,州和地方的改革者清楚地意识到:财产税的最大问题是无法对各种新形式的财富征税,比如企业经理日益高企的薪资和股票债券等无形私人财产。与可见的实体财产(它们长期以来都是州和地方财产税的支柱性收入来源)不同,新兴的私人财产(如货币收入、企业债券以及各种金融资产)往往难以察觉从而可以逃避纳税。"在评估应纳税财产时,估税官忽略了这类财产,"威斯康星州的税务委员会在1898年公开抱

---

[1] Edwin R. A. Seligman, "The General Property Tax", *Political Science Quarterly*, 5: 1 (1890), 62; Edwin R. A. Seligman, *Essays in Taxation* (New York: Macmillan &. Co., 1895), 61; Herbert Croly, *The Promise of American Life* (New York: Macmillan, 1909), 318.

[2] Jon Teaford, *The Rise of the States: Evolution of American State Government* (Baltimore: Johns Hopkins University Press, 2002); R. Rudy Higgens-Evenson, *The Price of Progress: Public Services, Taxation, and the American Corporate State, 1877—1929* (Johns Hopkins University Press, 2003); Morton Keller, *Affairs of State: Public Life in Late Nineteenth Century America* (Cambridge, Mass.: Harvard University Press, 1977), 319—42, 538—41; Clifton K. Yearley, *The Money Machines: The Breakdown and Reform of Governmental and Party Finance in the North, 1860—1920* (Albany: SUNY Press); Glenn W. Fisher, *The Worst Tax? A History of the Property Tax in America* (Lawrence: University Press of Kansas, 1996).

[3] "Mr. Havemeyer, The Tariff, and the Trust", *Literary Digest* (June 24, 1899), 720; Kevin Phillips, *Wealth and Democracy: A Political History of the American Rich* (New York: Random House, 2003), 242.

第四章 财政的创新工厂：州和地方层面的制度改革

怨道,"这可能是我们税法管理中最为引人注目的漏洞。"①

对私人财产的持续性低估还带来了更为深远和严重的影响。首先,美国国内当时对地方政府公共产品和服务的需求日益增加,而这种低估则导致政府收入的严重不足;其次,较为随意、多变和不公平的应税财产估值还在很大程度上削弱了人们遵从财产税的意愿;最后,退化的财产税不仅破坏了法律的规则,还削弱了公共权力的公信力。事实上,公民对这样一套充斥着腐败和滥用职权的税收体系毫无信心。由于不清楚自己的邻居是否缴纳了他们应付的财产税,连许多原本颇具公民责任感的美国公民都不再向地方估税官披露他们所持有的私人财产,哪怕是非常小额的财产。换言之,这种无能的财产税不仅直接降低了公民的政治和民主参与意愿以及财政公民意识,还间接助长了奖励欺诈的社会文化。如果说关税和联邦消费税的隐匿性切断了美国国家公民与联邦政府之间的紧密联系,那么失败的州和地方财产税也类似地切断了地方公民和对应州与地方权力机构之间的密切关联。

面对一系列问题,税收活动家充分地认识到一点:为了建立新的财政秩序,首先需要解决地方层面税收体系的诸多问题。因此,州和地方的税收改革对新兴的、现代美国财政政体的三大核心要素都至关重要。第一,通过建立一个更加公平且有效的财产税体系,改革者能够以一种更加公平的方式来重新分配税收的经济负担。第二,通过探索新形式的直接和累进税,财政改革的支持者能够为税收这个主题带来更高的公民关注,并且借此机会重塑新的财政公民观。不仅如此,这一过程还有助于缓和美国长期以来对权力集中的反感情绪,从而能够恢复政府的公信力。第三,通过改善一般财产税的应税财产估值流程,他们能够提高政府的行政管理能力,而这对美国的政治和经济发展而言都极其重要。同联邦层面的税收改革一样,经济学家依旧充当引路人的角色、教导立法者和公民首先需要转变思想,即重新理解现代公共财政的基础（对所有政府层级而言）。

---

① Wisconsin Tax Commission, *Report of the Wisconsin State Tax Commission* (Madison, Wis.: Democrat Printing Co., 1898), 109—10. 同其他几乎所有的州税收委员会一样,威斯康星州的税收委员会也特别提到"常常发生的、在实践操作中几乎公开的、偏好特殊利益以及行业或阶层所持有财产的事例。"文献出处同上,78。

事实上，另一批具备改革思想的政治经济学家举起了这一面财政秩序思想转变运动的大旗，而他们主要关注的是州和地方的税收改革。在托马斯·亚当斯(Thomas Adams)、查尔斯·J.布洛克(Charles J. Bullock)和卡尔·C.弗林(Carl C. Phlen)的引领之下，进步的经济学家、第一代新学派的政治经济学家以及国家建设者和商业领袖共同努力，致力于推行更加适合美国政治文化的税收改革运动。追随美国公共财政的先锋学者，这批第二代的理论家更关注地方层面的税收改革。与第一代的各位前辈一起，他们创建了各种各样的职业组织，如国家税务协会等。特别地，这个国家税务协会很快就成为公共财政学者、州和地方税收管理者以及关注美国税法和政策改革的公民所共同集聚的、重要的全国性职业协会。[①]

尽管联邦层面和地方层面的税收改革存在很多相似之处，但也存在一个非常实际的差异。具体来说，联邦层面的税收活动家和立法者致力于使用各种新形式的直接和累进税来取代旧有的间接和累退的税收体系；相反，州和地方层面的改革者并不愿意（至少在最开始）放弃一般财产税，因为它最初的目的是公平且有效地对财富征税。具体来说，改革者和税务官员并不想废弃一般财产税，而是希望通过各种各样的制度和管理创新来进行补救。这些税收专家相信，通过改良一般财产税，能够拨乱反正并且让它回到自身公平的历史根源之上。

从历史记录来看，这些改革者采纳了三大类别的行政优化举措，目的都是拯救并且改良一般财产税。第一，他们把应税财产估值的流程从地方层面集中到州，旨在合理化应税财产的估值流程。具体来说，新创建的州级税收委员会负责监管和约束地方的估税官员并且对应税财产的估值提供专业性的指导，这样做的目的是，把应税财产估值的权力从经地方选举和由政治任命的官

[①] Yearley, *Money Machines*, 167—9, 187—91; Higgens-Evenson, *Price of Progress*, 68—9. 更多关于国家税收协会发展史的内容，请参阅 Albert Luther Ellis Ⅲ, "The Regressive Era: Progressive Era Tax Reform and the National Tax Association-Roots of the Modern American Tax Structure"(Ph. D. dissertation, Rice University, 1991); Ferdinand P. Schoettle, "The National Tax Association Tries and Abandons Tax Reform, 1907—30", *National Tax Journal*, 32 (1979), 429—44; Ajay K. Mehrotra and Joseph J. Thorndike, "From Programmatic Reform to Social Science Research: The National Tax Association and the Promise and Perils of Disciplinary Encounters", *Law & Society Review*, 45: 3 (2011), 593—630。

员手中移交至集中管理的专业人士手中。第二,在19世纪后期,许多州都对各种类型的私人财产进行"分类"并征收较低的税率,目的是促使持有各种"隐匿"私人财产的个人主动披露自己的新型财产。这种做法不仅需要修订相关的收入法案,而且需要修订许多州宪法中的"一致性"条款。第三,许多州还将一般财产税下放至地方层面,同时寻找新的、州层面的收入来源,而这样做也是为了拯救一般财产税。尽管从传统上说,一般财产税是由州和地方政府共同估值并征收的(它们的管辖权时有重叠并常有冲突),但财产税的"分离来源"运动意图将财产税变成地方专属的税种以提高它的合理化管理和常规化运作。不仅如此,将一般财产税降级为专属的地方税种必然迫使许多州级政府尝试各种新的税收来源,其中包括对企业、遗产以及个人和经营所得的税收。[1]

在19世纪的最后25年中,许多州还考虑将税收政策作为一项管理性工具来限制并监督大公司的兴起。随着时间的不断推移,财政联邦主义的制度压力与日俱增,而公司税也变成一项饱受质疑和争议的政治议题。州的税收官员一方面致力于将征税权从地方征税机构集中到州层面,另一方面要对抗(某些情况下是去适应)日益占据主导地位的联邦财政权力。[2] 因此,许多税收改革者(特别是各州税收委员会的成员)迫切地希望确保一点:受益于地方层面行政优化的只有州政府(这种情绪至少延续到第一次世界大战爆发,届时州和地方的税收官员终于意识到他们完全无力阻止联邦财政的权力扩张)。[3]

这些地方层面的、一般财产税的行政管理优化和改善并不能满足日益飞

---

[1] 乔恩·泰福德将这三个特殊的发展——分类、集中和分离来源——称为"税收改革的三联体"。Teaford, *Rise of the States*, 47. 尽管这一章的内容构建在泰福德(Teaford)和其他人的工作之上,但本章的主要关注点是,如何通过行政管理的改善做到以下两点:第一,为寻找新的收入来源(即对收入、利润和遗产的税收)创造了机会;第二,也是更重要的,地方层面的税收改革如何改善新财政秩序的三大核心要素。

[2] 关于跨政府拨款对这一阶段第一次新联邦主义发展的重要性,请参阅 Kimberly S. Johnson, *Governing the American State:Congress and the New Federalism*, 1877—1929 (Princeton:Princeton University Press,2007)。

[3] 考虑到地方层面税收改革的丰富性以及社会经济条件的地区性差异,本章并不打算对发生在各州或地区的所有税收改革进行分类。事实上,本章的目的是,专注于主要的州和城市(主要是东北部工业州和城市)的关键变革,因为它们代表了20世纪之交地方层面的财政改革。关于全美这一时期州层面公共财政改革的有趣分类,请参阅 Higgens-Evenson, *Price of Progress*。

涨的公共收入需求。事实上,对一般财产税的顽固坚持(在州特别是地方层面之上)说明,即便是巨大的财政范式转变,也需要适应(而不是取代)之前长期存在的政治和经济模式。不过,拯救财产税的各种早期管理改革为州政府创造了寻找新收入来源的制度空间,特别是复兴个人和企业所得税的机会。具体来说,威斯康星州在1911年首次有效地开征了州层面的所得税,它不仅成为其他多个州的税收模板,还影响了联邦层面的、个人所得和企业利润累进税的实施。最后,像威斯康星州这样开拓性的先进州,展示了地方层面的政府不仅仅是民主改革极为重要的"实验室"(借用路易斯·布兰戴斯法官的描述),而且是财政创新的生产工厂。[①]

对一般财产税日益严重的不满情绪

19世纪后期的改革者并不愿意废除一般财产税,因为它在历史上是一种具备高度象征意义的、针对财富的直接税。财政部长小奥利弗·沃尔科特(Oliver Wolcott Jr.)在1976年的调查报告中指出,从殖民时代起到早期共和时代,各种各样州和地方税的征税对象都是土地、建筑物以及农场资产和个人资产,而这些财产的持有者基本是富足的民众。在当时,州和地方政府所采用的应税财产估值方法和具体的征税流程种类繁多并且差别巨大,而这种管理上的巨大差异反映了美国各地区之间迥异的政治文化和不断变迁的经济与社

[①] W. Elliot Brownlee, *Progressivism and Economic Growth: The Wisconsin Income Tax, 1911—1929* (Port Washington, N. Y.: Kennikat Press, 1974); *New State Ice Co. v. Liebmann*, 285 U. S. 262 (1932) (Brandeis, J., dissenting), 311. 州作为"改革的工厂"的其他途径,请参阅 Teaford, *Rise of the States*, and Morton Keller, *Regulating a New Economy: Public Policy and Economic Change in America, 1900—1933* (Cambridge, Mass.: Harvard University Press, 1990).

会条件。①

接下来，从共和早期到19世纪末期，一般财产税逐步发展成为州和地方的主要公共收入来源。在联邦宪法禁止州和地方征收进口或出口税之后，次国家级政府不得不寻找其他的收入来源。最初，各州依赖于数种非税基金，其中包括土地出售收入、通行费和许可费。尽管绝大多数州的立法包含各种各样的财产税，但这些税收在当时所产生的收入非常有限，即使到19世纪40年代，也仅占州政府总收入的30%。但到了19世纪90年代，无所不有的一般财产税已经逐步发展成为地方政府的主要收入来源，提供了超过50%的州政府总收入，并占地方级总收入的近80%。② 在之后的数十年间，州政府将一般财产税的征税权下移至地方并且开始探索新的税收收入来源；相应地，财产税的收入占比也稳步下滑，同时州层面的所得税和销售税的税收收入开始攀升（见表4.1）。③

表4.1　1890—1932年州和地方政府收入（按收入来源分类）占总额百分比　　单位：%

	1890年	1902年	1913年	1922年	1927年	1932年
房产税	76	67	66	64	60	57
注册费	5	6	6	5	5	6

---

① Oliver Wolcott Jr., "Direct Taxes", December 14, 1796, in *American State Papers: Documents, Legislative and Executive of the United States*, 10 vols., comp. Walter Lowrie and Matthew St. Clair Clark (Washington, D. C.: Gales and Seaton, 1832—61); Alvin Rabushka, *Taxation in Colonial America* (Princeton: Princeton University Press, 2008); Robert A. Becker, *Revolution, Reform, and the Politics of American Taxation, 1763—1783* (Baton Rouge: Louisiana State University Press, 1980); Roger H. Brown, *Redeeming the Republic: Federalists, Taxation, and the Origins of the Constitution* (Baltimore: Johns Hopkins University Press, 1993). 一个州对奴隶制的投入程度往往决定了它在财政决策中的民主参与水平以及税收评估和征集的效率。Robin L. Einhorn, *American Taxation, American Slavery* (Chicago: University of Chicago Press, 2006).

② John Joseph Wallis, "American Government Finance in the Long Run: 1790—1990", *Journal of Economic Perspectives*, 14: 1 (winter 2000), 61—82. 沃利斯展示了20世纪早期州级预算如何主要通过"资产收入""运河通行费、银行股息以及土地销售"以及商业间接税为政府提供资金。文献出处同上，67。

③ *Historical Statistics of the United States, Colonial Times to 1970*, Part 2 (Washington, D. C.: Bureau of the Census, 1975), 1106—8; U. S. Bureau of the Census, *Census of Governments*, 1967 Vol. Ⅵ, No. 5 (Washington, D. C.: Government Printing Office, 1967); Jens Peter Jensen, *Property Taxation in the United States* (Chicago: University of Chicago Press, 1931), 2—3.

续表

	1890 年	1902 年	1913 年	1922 年	1927 年	1932 年
所得税（公司和个人）	—	—	—	2	2	2
销售税	—	3	3	3	6	10
其他	—	12	11	9	9	10
杂项一般收入	19	12	15	16	18	15
总额	100	100	100	100	100	100

资料来源：*Historical Statistics of the United States*，*Colonial Times to 1970*，Part 2 (Washington, D.C.: Bureau of the Census, 1975), 1106—8; U. S. Bureau of the Census, *Census of Governments*, 1967 Vol. Ⅵ, No. 5 (Washington, D. C.: Government Printing Office, 1967); *Report on Wealth*, *Debt and Taxation at the Eleventh Census*: 1890 Part Ⅱ, *Valuation and Taxation* (Washington, D. C.: Government Printing Office, 1895), 412—13。

一般财产税的兴盛与衰败

一般财产税能够在19世纪后期占据主导性地位的部分原因是美国收入法的逐步巩固与加强。随着时间的推移，大量对财产开征的各种税收归入了"一般财产税"的标签之下。一般财产税不再要求不同的财产类别缴纳不同的税率，而是旨在（至少在理论上）对所有财产一致性地按照统一的税率征税（不过其中可能包含非常有限的例外）。统一的财产税税基和一致的税率契合了公平的理念，所以许多人将一般财产税视为民主和平等在财政上的体现。

在税收专家的眼里，一般财产税更像是支付能力原则的化身。对卡尔·弗林（他既是加州伯克利大学的教授，又是加州公共财政的重要权威）这类经济理论家而言，财产在传统上代表着对个人能力（支持国家和社会的能力）的准确测量。与塞利格曼和其他进步的公共财政经济学家一样，弗林也曾师从于德国的历史学派。因此，尽管他认同支付能力这一原则，但他也承认不断变化的历史条件会改变测量公民纳税能力的具体手段。弗林解释道，到19世纪

第四章 财政的创新工厂:州和地方层面的制度改革

后期,"财产只是能力的众多指标之一"①。

由于存在多种多样的财产税,所以在将它们合并到一般财产税时,对应的各种规则也不断递增。为此,东北部各州在19世纪中期开始重新修订税法,旨在回到它们在殖民时期的传统——在扩大财产税税基的同时,简化它的税率结构。在19世纪50年代早期,康涅狄格州合并了它对不动产和私人财产的各种税收(将其并入一般财产税),并且对所有的财产按统一的税率(3%)征税。与它相邻的各州,如纽约州、马萨诸塞州和宾夕法尼亚州则致力于合理化自身的财产税,将其并入统一的税基和简化的税率结构之中。同样地,西部各州,如加利福尼亚州在1870年的宪法和随后的收入法中都拓宽了一般财产税的税基,并且在其中纳入了抵押净值(当时的人们往往称其为"借款")。在更早的时候(内战前),南部各州也同样开始在它们的宪法之中加入"一致性"的条款,不过它们的目的并非为了拓宽税基,而是为了保护奴隶主精英的权力。②

以一般财产税替代对财产开征的各类税收的运动在美国的中西部进行得如火如荼。伊利诺伊州和俄亥俄州在19世纪中期不仅仅立法要求对所有的不动产和私人财产开征统一的税收,而且新增了州的宪法条款,规定一致税率和普遍税基的财产税。这些法律条款的目的是对抗商业性公司(如金融机构)在内战前所享有的特别税收优惠及其造成的各种不平等问题。1848年,伊利诺伊州的州宪法(第二版)向州议会授权并开征了"基于估值的税收,以保证每个个体和企业按其自身的财产承担等比的税负"。尽管伊利诺伊州在这次宪法修订之后又颁布了伊利诺伊法(该法豁免了政府机构以及宗教和慈善机构

---

① Carl C. Plehn,"The General Property Tax in California",*American Economic Association Economic Studies*,2:3(1897),111—97,121.普伦赞许地引用塞利格曼的研究,并且自豪地将自己称为"税收能力原则的支持者"。文献出处同上。Carl C. Plehn,*Introduction to Public Finance*(New York:Macmillan Co.,1896),83—5;Carl C. Plehn to E. R. A. Seligman,January 26th,1895;April 27th,1895;November 19,1895,Catalogued Correspondence,Edwin R. A. Seligman Papers,Rare Book and Manuscript Collection,Butler Library,Columbia University,New York,N. Y.

② Benson,"A History of the General Property Tax",43—4;John Christopher Schwab,"History of the New York Property Tax",*Publications of the American Economic Association*,5:5(1890),17—108;Charles J. Bullock,"The Taxation of Property and Income in Massachusetts",*Quarterly Journal of Economics*,31:1(November 1916),1—61;Plehn,"General Property Tax in California",126—7;Einhorn,*American Taxation,American Slavery*,207—50.

所持有的财产),但它依旧在严格意义上对"州内所有的不动产和私人财产"征收统一的税收,这些不动产和财产包括"农业工具、器具和机器的价值"。不仅如此,该法还要求对所有的私人财产,包括"所有货币、借款、债券、股票以及其他投资"按照其"公允价值"进行应税财产的估值。[①]

俄亥俄州在1851年的宪法修订中则规定得更为具体:"法律应该要求所有的货币、借款和投资(债券、股票、股份制公司和其他形式的投资)以及所有的不动产和私人财产都按照统一的规则并根据其实际的货币价值进行纳税。"[②]另外,在宪法修订之后的相关立法则更加细致地规定了个人和企业应宣誓、清点并核实的16种应税财产类型:

> 马匹、牛群、骡子和驴、绵羊、猪以及游乐马车(无论任何类别)的数量……所有私人财产物品的总价值……手表和钢琴的数量……作为商人的个体应清点的商品和货品的平均价值……作为银行家、经纪人或证券商的个体所要求清点的财产价值……作为制造商的个人所要求清点的原材料和制成品的平均价值……手头的现金及存款……所有投资于债券、股票、股份制公司、养老金以及其他资产的货币价值。[③]

这样一份几乎穷尽所有财产类别的清单,使得俄亥俄州的一般财产税在短期内急剧增长。1851—1853年,一般财产税的税收收入几乎翻了一番,从490万美元提高至880万美元,同时应纳税的私人财产核定额从1.16亿美元提高到2.3亿美元。这样快速的成效立即促使其他各州效仿伊利诺伊州和俄亥俄州,甚至有的州逐字逐句地抄袭了它们的财产税法条款。[④]

最初,一些州的一般财产税足以创造足够的公共收入。但是,到19世纪

---

① Illinois Constitution (1848), Article Ⅸ, Section 2; Robert Murray Haig, *A History of the General Property Tax in Illinois* (Urbana: University of Illinois Press, 1914), 94–7; *Revised Statutes of the State of Illinois*, Chapter 120, Revenue, Sections 1, 3, 25 (Chicago: Chicago Legal News Co., 1883).

② Ohio Constitution (1851), Article Ⅻ, Section 2; Jensen, *Property Taxation in the United States*, 44–5.

③ Benson, "History of the General Property Tax", 48–52.

④ Oliver C. Lockhart, "Assessment of Intangible Property in Ohio under the Uniform Rule", *Proceedings of the Seventh Annual Conference of the National Tax Association* (Madison, Wis.: National Tax Association, 1913), 74–5; Haig, *History of the General Property Tax in Illinois*, 38.

第四章 财政的创新工厂:州和地方层面的制度改革

的最后数十年,公共支出的需求在工业资本主义的刺激下急速扩张,从而使一般财产税的收入变得力不从心。城镇工业化带来的人口及结构性压力要求州和地方政府迅速改良自身的基础设施,并且提供更多、更好的公共产品与服务。与此同时,一般财产税却在政治的裙带关系中泥足深陷,难以用公平、有效的方式筹集到足够的税收收入。

因此,州和地方政府深陷于两难之中:一边是日益增长的公共服务需求,另一边是日益萎缩的公共税收收入。最终,州和地方政府为了维持预算平衡而日渐债台高筑。尽管在某些情况下,负债水平的提高意味着政府信誉度的提高,但这些激增的债务加剧了公共收入需求面的压力,因为高昂的债务对应着高昂的年度债务利息支出。州和地方政府的财务困境在19世纪90年代的经济萧条中达到了顶峰,经济危机不仅加剧了政府供需两方面的不平衡问题,而且迫使决策者重新考虑完整的公共财政体制设计。具体来说,一部分的决策者致力于约束不断扩张的政府规模;而另一部分则试图在改革一般财产税的同时,探索其他形式的税收来源。

需求面的压力

1880—1900年,地方政府面对的两大支出需求分别是教育支出和照顾贫困者的支出。尽管免费公立学校的运动起源于19世纪的早期,但直到19世纪70年代,许多州才在加利福尼亚州和纽约州的领导下开始建立综合的公共教育体系,而它的主要资金来源就是州的一般财产税。在这一体系建成之后,州政府的免费公共教育支出快速增长。例如,在加利福尼亚州,公共学校的实际人均支出从1880年的2.69美元提高到1900年的4.60美元。新泽西州的增长率也大体相当,在同时段内从1.35美元提高到3.48美元。另外,州政府并不是高额教育支出的唯一承担者。马萨诸塞州、伊利诺伊州、威斯康星州以及其他数州的地方税收也逐步成为教育支出的主要来源,特别是在财产税下

189

放给各镇和各县之后。①

在这段时期,第二大公共支出是被当时的人们称为"贫困的疯子"的一般性福利支出,而这种支出往往被归类为"贫民收容所"或"慈善和刑罚机构"。在全国范围内,州级政府的这类支出都不甚连续,而且支出额也大幅低于公共教育的支出。但无论如何,在纽约州(精神卫生改革的领导者)和类似的其他各州,照料贫困者的支出占年度预算的比重都很高。不仅如此,在整个19世纪90年代,纽约州还带领全国开展了一项合并地方收容机构的运动,这导致州级政府的收容所支出费用急剧攀升。到1897年,纽约州的贫困支出高于其他各州,人均贫困支出约为0.80美元。②

州级政府往往主要负责学校和社会福利机构的支出,而地方政府(全国范围之内)则将可支配的一般财产税收入用于应对伴随城镇工业化出现的大量其他问题。市政企业的创立者是各州的政府,而它们在19世纪的最后数十年也同样负债累累。具体来说,这些市政企业每年都支付高额的债务利息,往往占大部分大型城市的年度预算的四分之一左右。③除了偿还债务之外,城市及各种民事单位还需要提供美国居民日常所需的各类公共产品和服务,包括水管和下水道、街道和桥梁、大众运输和卫生、警察和消防、图书馆和地方学校。④例如,纽约市在19世纪80年代和"公园里的90年代"花费在街道清扫和公共建设上的年度支出不断提高。相似地,芝加哥和费城也可以自豪地宣称,它们的公共部门支出可以匹敌欧洲的古老大城市。即便是在较为偏远的地区,美国城镇在公共工程和经济增长方面也竞相攀比。这段岁月是各地快速发展的幸福时光,借用历史学家戴维·西伦(David Thelen)的描述,当时

---

① Higgens-Evenson, *Price of Progress*, 27—9; Fletcher Harper Swift, *A History of Public Permanent Common School Funds in the United States*, 1795—1905 (New York: Henry Holt & Co., 1911).

② Higgens-Evenson, *Price of Progress*, 34—7.

③ Eric H. Monkkonen, *The Local State: Public Money and American Cities* (Stanford: Stanford University Press, 1995).

④ 到19世纪末,市政的特别评估税(基于受益原则)变得日益罕见,因此地方愈加依赖一般财产税的税收收入。更多关于19世纪特殊评估财产税的内容,请参阅 Robin L. Einhorn, *Property Rules: Political Economy in Chicago*, 1833—1872 (Chicago: University of Chicago Press, 1991); Stephen Diamond, "The Death and Transfiguration of Benefit Taxation: Special Assessments in Nineteenth-Century America", *Journal of Legal Studies*, 12:2 (1983), 201—41.

第四章 财政的创新工厂:州和地方层面的制度改革

"每个城市推动者都相信确保未来繁荣的最佳方法就是修建州内最为平整的街道、最为快捷的运输系统、最为有效的垃圾清理体系、最大的学校以及最好的消防与警察防护"。①

供给减少与财政失衡

一方面,州和地方政府的预算需求不断高启;另一方面,公共支出的供给却在逐步缩水。如前文所述,一般财产税充斥着各种各样的问题。许多人认为它的分配效应并不公平,因为持有有形不动产的个人(如农场主和农民)比持有货币或无形个人资产的个人承担了更高的税负。在对不动产(主要是土地)征税的过程中,州和地方政府在一定意义上利用自身的公共权力强化了资本主义的产权。对州政府而言,尽管不动产的正确估值一直存在某些问题,但它是更加"清晰可见的"。比较来说,私人财产则需要侵犯个人隐私才能变得"清晰可见"。事实上,现金工资、家居用品,特别是无形资产,更加难以定位、估值和征税。②

许多评论家还认为,这样的财产税(充斥着各种各样的问题以及不可靠的应税财产估值)助长了欺骗的文化,而这进一步损害了民主的价值观和民众对公共权力的信心。具体来说,由于一般财产税依赖纳税人主动申报并且核实个人所持有的金融资产,再加上经地方选举或由政治任命的估税官员往往没有足够动机或充分的技能来准确地估值应纳税的财产,所以逃税在19世纪后期极度猖獗。一位历史学家指出:"在禁酒令颁布之前,没有任何一件东西能像一般财产税那样,给民众的生活带来如此多的计算和刻意的谎言。"③

---

① Edward D. Durand, *The Finances of New York City* (New York: Macmillan Co., 1898), 292, 384 (Diagram E). 1876—1896年,纽约市街道清扫的年度支出增加了4倍多、对公园的支出增加了3倍多,另外对公共工程的支出增加了2倍多。文献出处同上, 292。Jon C. Teaford, *The Unheralded Triumph: City Government in America, 1870—1900* (Baltimore: Johns Hopkins University Press, 1984), 217—50; David Thelen, *The New Citizenship: Origins of Progressivism in Wisconsin, 1885—1900* (Columbia: University of Missouri Press, 1972), 247.

② Yearley, *Money Machines*, 74—5. James C. Scott, *Seeing Like a State: How Certain Schemes to Improve the Human Condition Have Failed* (New Haven: Yale University Press, 1998), 23—4.

③ Keller, *Affairs of State*, 322—24; Yearley, *Money Machines*, 41.

一般财产税的最大缺陷（至少对于进步的累进税改革家而言）是它与政治裙带关系的紧密联系。作为法庭和政党的"赚钱机器"，一般财产税是建立高效行政管理型政府的核心制度障碍。在早期阶段，这些问题还可能被勉强忍耐，但到了20世纪之交，激增的公共收入需求让这些缺点变得愈发难以忍受。总的来说，一般财产税已经变得毫无价值。借用塞利格曼非常到位的解释，一般财产税是"中世纪的遗物……它注定会失败"[①]。

日益增长的公共收入需求和不断减少的税收收入供给导致地方的财政失衡问题日益严重，其标志是州和地方政府在20世纪之交的借贷大幅提高。城市政府首先走向借贷的道路，随后整个地方政府的债务水平开始激增。在1880年，州和地方政府的债务仅占所有政府债务的35%左右；但到1890年，这个数值已经跃升到50%左右；到1902年，已经激增到近65%。对应地，地方政府的债务在1880年占所有公共借贷比重为四分之一左右，而这一比值到1902年已经超过了57%（见表4.2）。

表4.2　　　　　　　　1880—1927年州和地方政府债务水平

年份	州债务（百万美元）	州债务占公共总债务的百分比(%)	地方债务（百万美元）	地方债务占公共总债务的百分比(%)	公共总债务（百万美元）
1880	297	9.2	826	25.7	3 213
1890	228	10.1	905	40.1	2 255
1902	230	7.0	1 877	57.1	3 285
1913	379	6.8	4 035	72.0	5 607
1922	1 131	3.4	8 978	27.1	33 072
1927	1 971	5.9	12 910	38.7	33 393

资料来源：*Historical Statistics of the United States：Millennial Edition*，ed. Susan B. Carter et al. (New York：Cambridge University Press，2006)，Table Ea588-593；John Joseph Wallis，"American Government Finance in the Long Run：1790 to 1990"，*Journal of Economic Perspectives*，14：1 (winter 2000)，61-82，Table 2，66.

在20世纪之交不断提高的市政债务不仅反映了美国社会对公共产品和服务日益增加的需求，也反映了地方政府信誉度的日益提高。这种趋势一直

---

① Seligman，*General Property Tax*，56.

第四章　财政的创新工厂：州和地方层面的制度改革

持续到第一次世界大战爆发,而它给联邦政府的债务带来了极为巨大的压力。由于城市占据了公共借贷和支出的首要地位,因此,城市政府也不得不面对在预算编制过程中出现的各种混乱,并且试图以有限的收入匹配不断增长的支出需求。随着债务水平的不断提高和预算编制的日益混乱,州和地方官员急于改善政府的收入体系,并且开始实验各种各样的新型税收。[1]

考虑到财产税对地方政府收入以及对纳税人的显著影响,经济学家和大量关心这一问题的公众都致力于改善这项税收,并且将其视为财政体制转型的重要构成。不仅如此,亨利·乔治的单一税也在20世纪之交再次复兴,给希冀完全废除财产税的改革者带来了新的压力。尽管单一税只在特定的区域(如太平洋西北部)赢得了高度关注,但乔治对土地投机者的尖刻控诉让废除基于财产的税收变得更加困难(即使财产税的各种缺点愈发明显)。因此,在尝试新的税收来源之前,政府官员首先试图尽力拯救一般财产税。[2]

拯救财产税

最初,政策制定者们致力于提高纳税人的税收遵从意识,试图以此让财产税回到自身的公平传统之上。在这些早期的尝试中,有简单的、纳税官倡导的税收遵从,也有更加创新和高度强制性的操作——将税收调查外包给私人的第三方。在整个19世纪末,税收官员都试图使用政府部门的权力以说服纳税人履行自身的公民义务。如前文所述,伊利常常夸赞马萨诸塞州1875年的税收委员会,因为它坚称国家是高于个人的,而且努力劝导公众履行自身的税收

---

[1] Wallis, "American Government Finance in the Long Run: 1790 to 1990", Table 2, 66; John B. Legler, Richard E. Sylla, and John Joseph Wallis, "U. S. City Finances and the Growth of Government, 1850—1902", *Journal of Economic History*, 48:2 (1988), 347—56; Jonathan Kahn, *Budgeting Democracy: State Building and Citizenship in America, 1890—1928* (Ithaca: Cornell University Press, 1997), 8—15.

[2] Arthur N. Young, *The Single Tax Movement in the United States* (Princeton: Princeton University Press, 1916); John L. Thomas, *Alternative America: Henry George, Edward Bellamy, Henry Demarest Lloyd and the Adversary Tradition* (Cambridge, Mass.: Belknap Press, 1983). 更多关于单一税在美国东北部流行度的资料,请参阅 Robert D. Johnston, *The Radical Middle-Class: Populist Democracy and the Question of Capitalism in Progressive Era Portland, Oregon* (Princeton: Princeton University Press, 2003), 159—76.

义务。① 其他各州和地方的官员也采用了相似的策略。伊利在1888年马里兰州税收委员会的补充报告中，呼吁公民"对集体责任"的"严肃信念"，从而"为他们自己纳税"。②

俄亥俄州税务查询员的实验

通常来说，民众对这些税收遵从的公共呼吁是充耳不闻的，所以一些税务机构开始采用更为创新性的举措。在19世纪80年代，俄亥俄州允许它最大的几个主要的县聘请外部的私人调查员（又称"税收查询员"）以打击逃税。该州1888年的法令拓展了法律的范围，允许州内所有各县"聘请任何个人以开展税单的调查，并且向县审计员提供任何应税财产的遗漏的事实，以及允许审计员可以向任何不正当遗漏的财产征税的必要证据"。俄亥俄州的立法机关将私人财产视为主要的逃税财产。事实上，税收查询员的报酬直接与"所遗漏现金、借款、债券、股票、股份制工资和年金投资以及其他有价值的利息的返还"挂钩。通过县估税官员提供的信息，税收查询员（如C. E. 摩根塔勒和亨利·摩根塔勒兄弟俩成为美国的主要税收查询员）可以获得由他们协助发现并征收的、州和地方政府逃税税收的20%（法律规定的上限）。其他数个州和一些城市也跟随俄亥俄州的脚步，开始聘请"税收查询员"，或者称为"逃税侦查员"。③

---

① Richard T. Ely, *Taxation in American States and Cities* (assisted by John H. Finley) (New York: T. Y. Crowell & Co., 1888), 14, fn. 2 [quoting *Report of the Massachusetts Commissioners Appointed to Inquire into the Expediency of Revising and Amending the Law relating to Taxation and Exemption therefrom* (Boston: Wright & Porter, 1875)].

② "Supplementary Report by Dr. Ely", in *Report of the Maryland Tax Commission to the General Assembly January*, 1888 (Baltimore: King Brothers, 1888), 103; Yearley, *Money Machines*, 47—8.

③ Act of April 23, 1885, 66th General Assembly, Adjourned Session, 82 Ohio Laws 152; Act of April 10, 1888, 68th General Assembly, Regular Session, 85 Ohio Law 170—1; Thomas N. Carver, *Ohio Tax Inquisitor Law* (New York: American Economic Association, 1898); E. A. Angell, "Tax Inquisitor System of Ohio", *Yale Review*, 5 (Feb. 1897), 355—8; Nicholas Parillo, *Against the Profit Motive: The Salary Revolution in American Government*, 1780—1940 (New Haven: Yale University Press, 2013), Chapter 5.

第四章　财政的创新工厂:州和地方层面的制度改革

当然,将部分的征税信息和征税流程外包并不是什么新鲜事。古雅典和古罗马就曾将"包税制"作为一种有效的(偶尔是滥用职权的)收入筹集手段。① 但在现代的新大陆,"税收查询员"这个词一直与全能并无情的利维坦形象紧密联系在一起。这让恐惧所得税运动的批评家有了攻击的理由,认为这场运动是站在悬崖边上的"危险舞蹈"。俄亥俄州的这种混合公共权力和私人权力的独特方式(由政府外聘私人的税收查询员)也预示了国家社团主义(企业—政府合作)的雏形,而这种形式在战争期间和结束后逐步成型。与此同时,它还向改革者展示了独立于地方政体的估税员的重要性。由于税收查询员往往是雇用者的县外人员,因此他们相对不容易受制于地方政治或当地的社会规范。另外,由于一般负责多个县的税收查询工作,因此他们在收集重要税收信息的过程中也会逐步培养自身关于税务查询的专业知识。毫无疑问,税收查询员的这两大特征——独立于地方政体和专业知识的发展——也吸引了税收改革者的注意。②

不过,对许多进步的改革者而言,俄亥俄州所谓的税收调查创新手段并不能被视为一种改进。"这种对私生活如此严重的侵犯是任何一个尊重英国自由传统的人都无法接受的。"一位俄亥俄州税收委员会的前委员如此陈述。被利润动机驱动的私人调查员既不符合对公民美德的呼吁,更有悖于发展政府和公民之间的相互信任的大目标。通过更为严格的惩罚性措施或更大的外在动机迫使个人缴纳财产税,这让一些税收官员认为俄亥俄州的税收调查系统削弱了忠诚公民的内在激励——为履行自身公民的责任而纳税。因此,聘请税收查询员冒犯了"人们的荣誉",并且损害了社会纽带、道德义务以及公信力

---

① Carolyn Webber and Aaron Wildavsky, *A History of Taxation and Expenditure in the Western World* (New York:Simon and Schuster,1986),113—19; A. H. M. Jones,"Taxation in Antiquity", in A. H. M. Jones, *The Roman Economy: Studies of Ancient Economic and Administrative History* (Oxford:Oxford University Press,1974),151—86,154—5; Margaret Levi, *Of Rule and Revenue* (Berkeley:University of California Press,1988),Chapter 4. 与"包税制"的其他早期形式不同,俄亥俄州的试验局限于使用私人调查员以揭露藏匿的财产,而不是真正用于征收该项税收。Carver, *Ohio Tax Inquisitor Law*.

② Parillo, *Against the Profit Motive*, Chapter 5.

的重要意义。①

毫无意外,俄亥俄州的税收调查系统并没有在长期之中取得丰硕的成果。在它运行的约12年时间内,它所提高的税收收入非常有限,特别是考虑到支付给税收查询员的丰厚报酬。根据一系列的测算,俄亥俄州的个人总应税财产的估值从1880年到1893年稳步提高,尽管当时的经济衰退显著降低了各种财产的价值。在此期间,个人总财产估值从4.56亿美元提高至5.63亿美元。但是,私人财产中占比最高也最难估值的类别——信贷抵押净额,在此期间仅仅从1.01亿美元提高至1.14亿美元。② 仔细观察凯霍加县③的税收调查操作可以发现,在这十余年中,税收查询员所带来的税收收入约为84万美元,而税收查询员的收入则高达24万美元。因此,政府在这十余年中,通过税收查询员所增加的净税收收入仅为60万美元。鉴于这样的数据,俄亥俄州的税收专家指出,即使将税收调查流程外包,"所查获的税收收入不过是逃税金额中的冰山一角"④。

俄亥俄州的税收调查系统的成效有好有坏,而不好的原因之一是无所不在的政治腐败。尽管私人的税收查询员致力于对抗不道德不诚实的纳税人和玩忽职守的地方估税员,但他们自己也往往在不道德的陷阱中泥足深陷。以摩根塔勒兄弟为例,他们几乎垄断了凯霍加县的全部政府税收调查的合同。但是,经揭露发现,他们是通过贿赂龙头企业才得以获取个人持有股票和债券的相关信息。这样的贪污贿赂一经暴露,居民就不再愿意相信这种充斥着不正当操作的税收规则以及与之对应的政府权力。⑤

---

① Angell,"Tax Inquisitor System in Ohio",369—70. 现在的公共财政学者也持有相似的观点,认为更多惩罚性措施所带来的外在动机可能"挤出"与公民美德相关的内在动机。Bruno S. Frey,"A Constitution for Knaves Crowds Out Civic Virtues",*Economic Journal*,107:443 (July 1997),1043—53.

② Carver,*Ohio Tax Inquisitor Law*,190—1.

③ 该县位于美国俄亥俄州东北部,北傍伊利湖,面积为1 386平方公里。根据美国2000年人口普查,该县共有人口1 393 978人,是全州人口最多的县。——译者注

④ Angell,"Tax Inquisitor System in Ohio",370,372;Yearley,*Money Machines*,47. 尽管法定限制为20%,但富有创造力和企业家精神的税收查询员往往能够通过协商达成更高的个人报酬。Angell,"Tax Inquisitor System in Ohio",369.

⑤ Carver,*Ohio Tax Inquisitor Law*,182—7. 更多关于税收查询员滥用职权的控诉以及他们兴起和衰落的根本缘由的分析,请参阅Parillo,*Against the Profit Motive*,Chapter 5.

第四章 财政的创新工厂:州和地方层面的制度改革

即便私人调查员能够保证诚信的操作,但整个税收调查系统还存在一项无法避免的、致命的缺陷,即地方的估税官员最终控制着与私人调查员之间的信息往来。具体来说,市县的税收官员负责决定需要对哪些拖欠税款者开展密集的私人调查;同时,他们还决定如何处理由私人调查员获取并汇报的信息。因此,只要地方的估税官员依旧隶属于政治的裙带关系并且受益于特殊的政治利益,那么私人的第三方对应税财产的低估状况就难以有明显的作为。简言之,党派政治并不会如此轻易地被受金钱激励的私人外包所击退。[①]

一旦改革者和政府官员意识到这种修修补补的工作并不足以拯救财产税,他们就开始寻求更加根本性的变革——税法的制定与管理。1880—1920年,很多州尝试了各种各样的手段以改善自身的财产税体系,其中包括:将财产估值流程从地方集中到州;对财产进行分类并规定不同的税率结构;确定州和地方对不同财产类型的税收管辖权。这三大主要的改革措施既没有特定的发生顺序,也并不是解决各种问题的万能良药,但它们反映了20世纪之交美国地方层面税收改革的整体氛围。不仅如此,这些改革措施还促进了美国公共收入体系的根本性转型。

集权化

税收的改革者清楚地意识到一点:一般财产税在管理层面存在各种问题,而这些问题的最大根源是由地方负责的、应税财产的估值流程。具体来说,由当地选举或经政治任命的估税官员并不愿意准确估值他们的邻居所持有的财产。不仅如此,许多估税官员也不具备相应的金融知识以正确地估值某些类别的财产,如公司资产,因为它往往跨越了多个不同的地方税收管辖区,所以要求具备专门的金融知识。最终,各市县的估税官员采用差异极大的估税流程,而这彻底破坏了州立法者的努力目标——标准化并且合理化应税财产的估值。不仅如此,日益增长的无形财富还进一步加剧了这些问题。对一些专家而言,在根本性的财政改革中最重要的并不是税基,而恰恰是估税流程。借

[①] Carver, *Ohio Tax Inquisitor Law*, 182—7; Ernest L. Bogart, *Financial History of Ohio* (Urbana, Ill.: University Press, 1912), 241.

用哈佛大学的经济学家（也是马萨诸塞州的税收改革家）查尔斯·布洛克（Charles Bullock）的精准评述："在完全的地方管理制度下，收入或财产的评估从来没有也永远不会令人满意。"[1]

其他人也认同这个观点，认为无效并且分权化的税收估值流程是所有问题的关键，这其中就包括托马斯·S. 亚当斯（Thomas S. Adams）。他是伊利的学生，最开始被威斯康星大学麦迪逊分校外聘，后来成为威斯康星大学的一位出色的政治经济学家，并且坚定支持州级政府加强对财产税应税财产的估值管理。另外，亚当斯还是威斯康星州税收委员会的成员，他强调地方估税官员的政治裙带关联会助长欺骗文化，从而降低民众对政府和法律规定的信心。尽管许多税收官员认为纳税人的不诚实才是应税财产价值低估的主要原因，但亚当斯认为管理松散并且腐败的地方估税体系才是真正的罪魁祸首。亚当斯坚定地宣称："美国的纳税人常年以来承受了最为严重的诋毁和诽谤，他们被比较、被迷惑并被称为骗子；但实际上，如果估税官员无所畏惧、税收是公平的，那么他们将会无比诚实。事实上，那些由地方选举出来的财产估税员为了安抚选民，为了保住自己酬不抵劳的工作而曲意逢迎、卑躬屈膝，是他们损害了美国的财产税，让它变得充满欺骗、无效和不平等。"[2]

对于托马斯·亚当斯这样的改革者而言，地方在应税财产估值方面的无效性存在着深远的分配效应和政治影响。亚当斯教导威斯康星州的各位立法委员，"目前，负责规范和管理税收的相关法律实际上是一种阶层立法，它们偏袒无形资产的持有者"，但是，"小额财产的所有者承担了全部的税负"。财产税这种在实际操作中的巨大不平等助长了欺骗和不诚信的整体氛围。亚当斯激烈地指控道："我们都举步维艰，民主溃败于政府最重要的领地——用平等的手段筹集必要的收入。它简直是一场共谋的悲剧，民主让它的民众堕落，而反过来它自身也堕入深渊。"民众不再相信所谓的地方机构自治，从而使积极

---

[1] Charles J. Bullock, "The State Income Tax and the Classified Property Tax", in *Proceedings of the Tenth Annual Conference under the Auspices of the National Tax Association* (New Haven: National Tax Association, 1917), 369; Teaford, *Rise of the States*, 47—9.

[2] T. S. Adams, "The Significance of the Wisconsin Income Tax", *Political Science Quarterly*, 28 (December 1913): 569—85, 575.

第四章　财政的创新工厂：州和地方层面的制度改革

的税收遵从文化遭受巨大而沉重的打击。①

为了克服地方在应税财产估值方面存在的各种问题，改革者将目光转向各州的税收委员会，期望永久性地将纳税估值的管理流程集中到州。在美国东北部，州税收委员会的历史非常悠久，从19世纪开始就作为一个临时性的调查机构存在，并且负责收集一般财产税在实际工作过程中的各项相关数据。现在，这些临时性的委员会首先收集有关一般财产税的各种问题的充分证据；其次，整合相邻各州的征税新方法；最后，向州的立法机构提供相关的"咨询建议"，包括如何合理化和简化税法，以及呼吁更频繁且准确的财产估值方法。不过，早期临时性的税收委员会并无权直接管理地方的税收估值流程，它们仅仅是一个负责报告数据的临时性机构。②

这种情况到19世纪90年代开始发生变化，第一个标志是印第安纳州首次创建了一个永久性的州税收委员会，并且赋予这个委员会对地方税收估值流程的行政影响力。印第安纳州这个开创性的举措代表着行政管理强化的现代趋势，并很快被其他各州效仿。③ 诚然，对那些坚定维护地方自治的公民来说，集权化是令人质疑的。另外，他们还注意到一个问题，即集权化最坚定的支持者往往是那些致力于巩固自身权势和威望的州级税收管理者。但是，全美的税收专家都认为政治和管理的集权化是现代生活中不可避免的一部分。托马斯·亚当斯宣称："当今社会最为引人注目的特征，就是普遍并且快速发展的财政管理集权化，而高举改革大旗的正是各州的税收委员会。"④

印第安纳州的这次改革包括两项重大的改进：第一，1891年的法规修订

---

① "Praise Income Tax", *Milwaukee Journal*, May 24, 1911; "Income Tax Hearing", (Milwaukee) *Evening Wisconsin*, May 24, 1911.

② James W. Chapman, *State Tax Commissions in the United States* (Baltimore: Johns Hopkins Press, 1897), 89; Seligman, *Essays in Taxation*, 609—21.

③ Sections, 115—30, "An Act Concerning Taxation", in *Laws of the State of Indiana*, 57th Regular Session of the General Assembly, January 1891; Donald W. Kiefer, *Indiana Public Finance, Past and Present*; *Report of the Commission on State Tax and Financing Policy* (Indianapolis: Indiana Commission on State Tax and Financing Policy, 1974), 14—15.

④ T. S. Adams, "The Separation of the Sources of State and Local Revenues", *Journal of Political Economy*, 16: 1—12 (January 1908), 5; Harley L. Lutz, *The State Tax Commission: A Study of the Development and Results of State Control over the Assessment of Property for Taxation* (Cambridge, Mass.: Harvard University Press, 1918), 3—4.

了县估税官员的地位与权力。尽管他们在过去几乎拥有完整的自治权,但在1891年之后,他们正式变为隶属于州税收委员会管理之下的中层官员,负责管理地方行政机构的当地成员。第二,可能也是更有创新的改革之处,它建设了一个永久性的州税收委员会,一方面负责管理企业应税财产的估值流程,另一方面负责平等化各地区的地方估值,而且还负责监管整个一般财产税的税收体系。[1] 不仅如此,印第安纳州的税收委员会还负责仲裁纳税人与地方估税官之间的诉讼。另外,它还负责规定应税财产估值的标准流程和形式、组织地方估税官员的年度会议,并且随机下访各县以检查估税员的工作和地方环境。总的来说,这样的税收委员会象征着进步时代对专业知识的信心,相信它们能够束缚并且管理地方的党派政治。[2]

尽管志存高远,但印第安纳州的税收委员会并没有实现大部分改革者对它所寄予的厚望。虽然1891年颁布的法律确实在短期内显著地改善了应税财产的估值水平,特别是对企业应税财产的估值(它从1890年到1891年几乎翻了3倍),但州税收委员会对地方的税收估值流程并没有足够的权威,只有实质上的咨询和监督权。[3] 因此,尽管成立了永久性的税收委员会,但印第安纳州(以及几乎所有效仿的州)没有能够解决私人财产的估值问题,特别是对无形财富的估值。尽管在1891年,印第安纳州的私人财产总估值提高了近25%,但绝大部分的评论员认同一点:"这次行政改革活动几乎完全没有改善无形资产的逃税问题。"效仿印第安纳的其他各州也一样,都经历了短暂但并不平衡的成功。哈雷·卢茨(Harley Lutz,布洛克在哈佛的学生)对州税收委员会进行了彻底而详尽的研究,他发现,"无形私人财产的数据清楚地反映了这种统一规则的失败,即使采用集权化管理的手段也收效甚微。无形资产的总估值额一如既往地保持不变,或只有极为缓慢的增长,而且许多类项的私人

---

[1] "An Act Concerning Taxation". 也可参阅 Timothy E. Howard, "The Tax Law of 1891", in *Report of the Proceedings of the Annual Conference Convention of the State Board of Tax Commissioners and the County Assessors of the State of Indiana for the year Nineteen Hundred and Ten* (Indianapolis: State Printing and Binding, 1910), 32–40.

[2] "An Act Concerning Taxation"; William A. Rawles, *Centralizing Tendencies in the Administration of Indiana* (New York: Columbia University Press, 1903), 272–7.

[3] *Conference Convention of the County Assessors and the State Board of Tax Commissioners of the State of Indiana* (Indianapolis: State Printing and Binding, 1899).

财产估值额还在不断地降低。"[1]

管理权的集中化并不是拯救财产税的唯一手段,但它预示着其他类别创新举措出现的可能性。财政专家和立法者最终会意识到,州税收委员会需要的不仅仅是咨询与监督权。事实上,在尝试探索新的税收来源(如所得税)的过程中,各州很快就意识到一点:它们需要加强集中化管理机构的权力。作为先驱的各州,如威斯康星州,很快就意识到,需要把税收估值的权力从地方自治的业余人士手中转移到具备专业知识的州政府金融专家手上;只有通过这些专业人士,才能够真正改善税收行政管理的各个层面。[2] 不过,在改革者强化行政管理以支持新的税收来源之前,他们依旧致力于拯救一般财产税,并采用了一种颇具讽刺意味的、回到从前的措施,即从统一且普遍性的一般财产税倒退回之前的、对不同财产类别以不同税率征税的模式。

财产分类

由于一般财产税的最大缺陷(也是地方税收体系最大的问题)是无法从无形财富中获取税收,所以改革者和税收官员致力于解决这一问题。他们中的一部分人认为,无形财产(甚至所有的私人财产)都不应被包含在州和地方的税单之中。[3] 不过,更加务实的改革者非常清楚地意识到一点:如果正式豁免私人财产(或者只是豁免无形资产)的税收,那么将会点燃重要政治选民的熊熊怒火,特别是农场主和城市房地产所有者。即使这两大群体在实践操作中普遍承担了绝大部分的财产税税负(因为私人财产往往能够逃避财产税的应税财产估值),但从法律上正式豁免私人财产或无形资产将被视为政府被资本彻底俘获的标志。布洛克在1909年自信地预测道:"农场主和城市房地产所有者的影响,意味着从整体上豁免对无形资产的税收在政治上永远不可能被

---

[1] Lutz, *State Tax Commission*, 181, 175, 632-3; Teaford, *Rise of the States*, 49.

[2] Raymond V. Phelan, "Centralized Tax Administration in Minnesota and Wisconsin", in *State and Local Taxation, First National Conference under the Auspices of the National Tax Association* (New York: Macmillan Co. , 1908), 97-106.

[3] Simeon Leland, *The Classified Property Tax in the United States* (Boston: Houghton Mifflin Co. , 1928), 131-2.

实现。"①

如果无法豁免对私人财产或无形资产的税收,那么最好的替代措施就是为纳税人提供更大的申报激励,鼓励他们主动申报个人的"隐匿性"财产。无论如何,财产税的应税财产估值具备一种半自愿的属性,它需要纳税人正确地申报自身的私人和无形财产。因此,改革者认为,应该将无形资产单独归为一类,并且对其征收较低的税率,从而促使纳税人更加主动地申报自身所持有的无形财产。他们认为,这会显著提高被估值的私人财产金额,那么,即使无形财产的税率有所降低,但由于更高额的应税财产被估值,所以税收收入反而会提高。不仅如此,这种措施还能带来一些辅助性收益:第一,其他财产类别所承担的税负将会降低;第二,资本属于新归类的税收管辖权之下,从而使这种低税率能够促进新的投资;第三,可能也是最重要的一点,金融资产的持有者将会变得更加诚信,而这将重建民众对法律规则和有效政府的信心。当然,能够产生这些收益的前提,是对部分无形财富征税总比让它们全部逃过应税财产的估值要好。这种基于权宜之计的论点很快成为财产分类运动的主要根据。②

不过,这并非唯一的依据。实际上,公共财政的经济学家,如查尔斯·布洛克(他应该是财产分类最为积极的支持者)还提供了一套更加复杂的、基于平等原则的依据,而这种依据体现了税收的支付能力原则和能力原则对地方税收改革的深刻影响。在参加了许多立法者、民众和其他税收专家的会议之后,布洛克强调,"现代的社会与经济条件要求我们必须按照科学的方法归类财产,并且把一般财产税转变为分类财产税"③。在塞利格曼和亨利·卡特·亚当斯的研究基础上,布洛克认为,财产分类的"科学方法"应该识别出不同的财产在为公共产品提供资金时所拥有的不同的经济能力。

---

① Charles J. Bullock, "The Taxation of Intangible Property", in *State and Local Taxation*, Second International Conference (Columbus, Ohio: International Tax Association, 1909), 127—37.

② Charles J. Bullock, "A Classified Property Tax", in *State and Local Taxation*, Third International Conference (Columbus, Ohio: International Tax Association, 1910), 95—105; E. H. Wolcott, "Classification of Property for Purposes of Taxation", in *Proceedings of the National Tax Association* (Ithaca: National Tax Association, 1915), 346—57; Leland, *Classified Property Tax*, 131—2.

③ Bullock, "A Classified Property Tax", 98. Bullock to Seligman, April 10, 1892; Feb. 27, 1919, Catalogued Correspondence, ERASP.

第四章 财政的创新工厂：州和地方层面的制度改革

在早期的研究中,塞利格曼和亨利·卡特·亚当斯都不确定收入和财产是否能够在实际操作中作为支付能力原则的代理指标。如上一章所述,亚当斯非常怀疑无差别的所得税是否能够真实地捕捉个体在经济能力和纳税能力之间的巨大差异。不仅如此,塞利格曼和亚当斯都曾经质疑一般财产税的理论依据:所有的财产都是同质的,从而"每项财产的所有者"都拥有相同的"为政府纳税的相对责任"。[①]

布洛克在这个基础上更进了一步。他不仅摒弃了这种同质理论(认为所有资产在何时何地都是同质的),而且在实践中支持对财产进行分类。与一些新学派的政治经济学家不同,布洛克并没有诉诸纳税公民的社会良知或道德诚实,他采用了一个更加商业化的理由来支持财产的分类。他在国家税收协会(NTA)的聚会上宣称:"税率的多元化符合一般性的商业原则——根据'顾客能承担多少'来调整费用和价格。铁路公司对运输木材和运输家具的收费必然是不同的,运输木材这种初始商品的价格肯定更低。允许这种运输定价,将在增加公路收入的同时减少对家具和其他高级商品的运输费用。"相似地,布洛克推论说,按较低的税率对无形财产征税,可以使无形资产真正地走进税单之中,还可能在提高税收收入的同时,降低不动产的财政负担。[②]

当然,用市场定价和"顾客能承担多少"这样的言论诚然是对能力原则的一种奇怪的曲解(因为它并没有考虑个体与国家之间的有机关系,也没有强调富裕者随着财富而增加的公民责任——他们应该为现代的、城镇工业化的政体缴纳的税负份额。但是,"根据财产能承担多少来调整税收"这种想法能够吸引中产阶级改革机构(如 NTA)中的主要成员,即商业人士,因为这在理念上符合他们的经济直觉。[③] 作为一位务实的改革者,布洛克和波士顿商会之间存在着非常紧密的联系,他清楚地理解一点:必须对支付能力原则进行全新

[①] Seligman, *Essays in Taxation*; Henry Carter Adams, *The Science of Finance: An Investigation of Public Expenditures and Public Revenues* (New York: Henry Holt and Co., 1905).

[②] Bullock, "A Classified Property Tax", 103—4. 布洛克对财产分类的坚定支持似乎影响到了那些对放弃统一性税收态度不明的税收委员和商业代表。Arthur S. Dudley, "The Doctrine of Classification", in *Proceedings of the National Tax Association* (Madison, Wis.: National Tax Association, 1914), 351—63.

[③] Bullock, "A Classified Property Tax", 104; Ellis, "Regressive Era"; Yearley, *Money Machines*, 187—8.

的表述,以吸引不同的听众。尽管纳税能力和市场价格之间的联系在理论上是站不住脚的,但在实践中吸引了重要的选民群体——中产阶级和精英的商业领袖,而他们正是许多活动家和财政学家竭尽全力想要争取的政治力量。①

到 20 世纪早期,财产的分类运动早已超越了学术的范畴。正如布洛克在 NTA 演讲中所指出的,1907 年,宾夕法尼亚州和马里兰州已经采用了超过 12 年的财产分类,并且按较低的税率对无形资产类财产进行征税。事实上,宾夕法尼亚州引领了现代的财产分类运动。1885 年,它规定按照较低的固定税率对私人财产征税,其中包括无形资产,如抵押、债务、银行票据以及国外企业的股票和债券,而其他各州很快也加以效仿。②康涅狄格州在 1889 年实施了相似的低税率,但实际操作过程略微复杂:它对金融资产征收一笔较低的注册费,并且通过这笔注册费豁免具有更高税率的财产税。马里兰州则明确采用了宾夕法尼亚州的模式,在 1896 年推行了具有较低税率的财产分类系统,不过它仅适用于地方的财产税,而不适用州管辖部分的财产税。③

美国的其他各州和地区也竞相模仿,但它们对财产税的具体分类不尽相同,有些州采纳了部分财产分类的税收体系,对几乎所有的私人财产按较低的税率征税;而其他州(如明尼苏达州)则逐步推行了更为复杂的财产分类体系,对数种不同类型的财产分别进行归类,并且按照较低的税率或较低比重的估值进行征税。到 20 世纪 20 年代中期,大约有 16 个州采纳了财产分类的税收体系(具体的形式各有不同)。④

---

① Charles J. Bullock to James McKibben, August 11, 1909, Folder 350-17, "Taxation-Federal Taxation on Corporate Earnings", Case 67, Boston Chamber of Commerce Collection, Baker Library Historical Collections, Harvard Business School, Boston, Mass.; E. H. Wolcott, "Classification of Property for Purposes of Taxation".

② Leland, *Classified Property Tax*.

③ K. M. Williamson, "The Present Status of Low-Rate Taxation of Intangible Property", in *Proceedings of the Eighteenth Annual Conference on Taxation under the Auspices of the National Tax Association* (New York: National Tax Association, 1926), 90-128; Fred R. Fairchild, "Registration Taxes on Intangibles, with Special Reference to the Connecticut Chose-in-Action Tax", in *Proceedings of the National Tax Association* (New York: National Tax Association 1920), 152-62.

④ J. G. Armson, "Two Years' Experience in Minnesota with the Three-Mill Tax on Money and Credits", in *Conference on State and Local Taxation*, Sixth Annual Conference, *Under the Auspices of the National Tax Association* (Madison, Wis.: National Tax Association, 1913), 239-48; Leland, *Classified Property Tax*; Teaford, *Rise of the States*, 48.

第四章 财政的创新工厂:州和地方层面的制度改革

对许多州而言,向财产分类的税收体系转型是一项充满挑战的工作。如前文所述,许多州的宪法一致性条款都要求对所有财产按照统一的税率征税(在一般财产税运动兴起时的规定)。现在,拥有这一宪法条款的各州无法推行财产分类的税收体系。实际上,引领分类财产运动的两大州(宾夕法尼亚州和康涅狄格州)都没有规定这样的宪法条款,这当然不是巧合。① 在某些情况下,曾经反抗宪法一致性税率运动的州恰好就是现在说服州内居民修订宪法从而允许财产分类的州。未曾反抗的其他各州几乎都没能成功推行财产分类:仅在1912年,就有加利福尼亚州、伊利诺伊州、俄勒冈州、俄亥俄州和犹他州相继未能成功修订本州宪法的一致性条款。②

同集权化一样,财产分类的短期成功在长期之中也难以为继。宾夕法尼亚州在财产分类活动之初确实出现了私人应税财产估值额的激增。具体来说,1885—1905年,宾夕法尼亚州的私人应税财产估值额从约1.45亿美元攀升至超过8.85亿美元,增长了6倍。导致这种巨额增幅的主要原因是无形财富估值额的大幅增加,而从源扣缴流程也有助于这一增长趋势。③到1909年,宾夕法尼亚州的无形财产估值已经占不动产估值的近二分之一,远远领先于其他各州。除此之外,明尼苏达州可能是财产分类运动最为成功的典范,这得益于该州极其复杂的综合财产分类系统。在使用这个综合财产分类系统之后的两年内,明尼苏达州的税收收入增长了近10倍,其中,"货币和借款"的估值额从1910年的约0.14亿美元跃升至1912年的1.36亿美元。④

但是,并不是所有的州都实现了这样巨大的成功。尽管财产分类可能确实扩大了税基,有时却不足以抵消分类财产所对应的较低税率的影响。换言之,州和地方在税单上的私人财产估值额确实增加了,却不足以得到更高的税收收入。另外,即使在税收收入确实提高的情况下,纳税人也依旧隐藏了自身

---

① Leland, *Classified Property Tax*, 297, 315.
② 同上,85。
③ John A. Smull et al., *Smull's Legislative Handbook and Manual for the State of Pennsylvania* (Harrisburg, Penn.: Harrisburg Publishing Co., 1907), 705; Williamson, "Present Status of Low-Rate Taxation of Intangible Property", 91—4; Leland, *Classified Property Tax*, 301, Table 55.
④ Williamson, "Present Status of Low-Rate Taxation of Intangible Property", 90—128, 99, 102, 112; Armson, "Two Years' Experience in Minnesota with the Three-Mill Tax on Money and Credits", 242—3.

的私人财产。尽管宾夕法尼亚州和明尼苏达州可以宣称，它们的公民非常清楚地意识到一点：在低税率下藏匿自身无形财富的动机也会降低。但是，它们并不能宣称本州之内的所有居民都不再藏匿自身的财产，更不用说其他州的居民了。在艾奥瓦州，尽管对货币和借款采用了低税率，但它的税收收入在1910年到1912年实际上还减少了。财产分类可能确实减少了逃税行为，但是并没有彻底地消除它。最终，一些州的财产税收入在财产分类运动后反而降低了。①

尽管如此，很多专家认为财产分类与集权化管理一样，只能代表州和地方税收体系向根本性税收改革方向发展的早期趋势。芝加哥大学的政治经济学家西蒙·E. 利兰（Simeon E. Leland，他也是财产分类运动的主要支持者）写道："财产分类并不是解决各州和地方税收问题的万能灵药，但它遵守了最为可行的平等和效率标准（基于美国的税收经验），成为符合这种标准的税收体系的核心要素。"②

分离收入来源

为了拯救财产税，除了财产分类和集权化管理之外，财政专家还鼓励各州和地方清晰地划分它们对财产税的控制权。在美国的大多数地区，州和地方常常共享财产税，并且将其作为自身的主要收入来源，而这种重叠（往往可能是相互冲突）的税收管辖权造成了两大问题：第一，各地不同的税收类别和估值流程意味着一点，财产的所有者为自身所持有的同一财产组合往往需要缴纳不同的、各种类别的税收。这对大型的商业公司来说尤为麻烦，因为它们的经营范围通常覆盖多个地区，有时甚至跨越多个州，所以它们也是"多重课税"的最大反对者。另外，地方政府为了盘剥这些企业以获得税收收入，经常会低

---

① Fairchild,"Registration Taxes on Intangibles",160－2;Williamson,"Low-Rate Taxation of Intangible Property",113;Teaford,*Rise of the States*,49.

② Leland,*Classified Property Tax*,419.

第四章　财政的创新工厂:州和地方层面的制度改革

估这些企业的应税财产或刻意忽略这些企业的某些财产。①

第二,可能也是更加重要的问题,地方官员具备结构性和经济性的动机,不得不低估自身辖区内的财产。具体来说,州级财产税的应纳税额是根据各地方的估税员所估值的应税财产额进行分配的。那么,为了降低州级财产税的应纳税额,地方估税员就有动机低估自身辖区内的应税财产价值,从而确保地方的选民能够承担较轻的州级财产税税负。劳森·帕迪(Lawson Purdy,纽约的律师兼NTA的创始人之一)解释道:"地方估税员低估辖区内的应税财产价值,从而使本地区对州级政府的实际财产税缴纳额低于他们应承担的份额。"这样,他们实际上将部分州级税负转嫁给了其他的县镇。当然,这意味着每个地区都有动机、尽可能地低估它们的应纳税财产。因此,这就产生了一种"竞次竞争",而且几乎所有的县镇都竞相比自己的邻居设定更低但貌似可信的地方应税财产估值额。为了纠正这个问题,州级政府首先创设了平等委员会,后来又建立了税收委员会,但是它们的效果都并不尽如人意。②

为了解决这种财产税的共享税基的问题,更有效的方法是划分或分割州和地方的收入来源。像塞利格曼这样的专家就大为称赞这一举措,认为它是地方财政改革的"第一步,也是最重要的一步";接下来,收入来源的划分很快就成为拯救财产税最为流行也最为细致的措施。③ 改革者认为,通过分离收入来源并且将财产税下放给地方,州政府能够从财产税中解放出来,从而尝试更多、更合适的、新的收入来源。比如公司企业的收入,因为它不仅仅需要在州的立法之下才得以成立,而且通常跨越多个地方的管辖区域。尽管税收委员会之前的数份报告也曾建议对收入来源进行划分,但这场运动直到20世纪

---

① Theodore Sutro,"Double and Multiple Taxation",in *State and Local Taxation*,*Second International Conference* (Columbus,Ohio:International Tax Association,1909),547—57;Yearley,*Money Machines*.

② Lawson Purdy,"Outline of a Model System of State and Local Taxation",in *State and Local Taxation*,*First National Conference*,54—74,56;Bryce,*American Commonwealth*,Vol. 1,107—9;Teaford,*Rise of the States*,51—2.

③ Seligman,"Tax Reform in the United States",in *Proceedings of the Ninth Annual Conference under the Auspices of the National Tax Association* (Ithaca:National Tax Association,1915),186—98.

207

之交才开始形成趋势。①

在1894年出版的一篇论文中,亨利·卡特·亚当斯为联邦、州和地方政府之间如何划分收入来源规划了一幅蓝图。采用1890年的统计数据,亚当斯测算了不同级别政府的相对支出,并且建议将财产税专属地作为地方税的主要收入来源,而州政府则应该依赖于企业税。不过,亚当斯也承认,"收入的来源划分绝不是一个创新性的想法",他预见性地指出,这将会获得广大美国民众的支持,因为它符合财政联邦的宪法观念。②

实际上,划分收入来源确实得到了大多数美国人的支持,这不仅仅是因为它和联邦主义在某些层面上存在的、一种内在的相似性;更为重要的是,它同时满足了地方自治的支持者(也被当时的人们称为"地方自治权"或"地方选择权")和管理集权的支持者的诉求。对于地方自治的支持者而言,将财产税完全划分给地方政府将消除地方低估应税财产价值的动机。与此同时,这种划分还让县镇在估值应税财产的价值时,不用再受到竞争压力(维持更低的辖区内财产估值)的束缚。一旦不存在州级财产税,较低的地方应税财产估值只会带来更高的税率(为了筹集所需的资金),所以没有任何市县会受益于低于公允市价的应税财产估值。不仅如此,不受州级政府限制的地方税务官员拥有对当地财产税的完整控制权。塞利格曼写道:"这种最为简化的方案确实清晰地划分了州和地方的税收,其中,地方可以自由选择辖区内的应纳税财产,也可以自主豁免任何它认为合适的财产类别。"借用托马斯·亚当斯(他一直对权力集中持怀疑态度)的总结,划分收入来源"有助于分散政治权力,所以可以认为它和地方自治的发展是相契合的"③。

对集权管理的支持者而言,他们也支持这种划分,因为各州将财产税完全下放给地方能够专注于寻找更有效率的、其他的收入来源。艾奥瓦州州立大

---

① Yearley, *Money Machines*, 194.
② Henry Carter Adams, "Suggestions for a System of Taxation", *Michigan Political Science Association Publications*, 1:2 (May 1894), 49—74. 亚当斯随后在他的公共财政学专著的一章中详细阐述了这篇文章。Adams, *Science of Finance*, 489—506.
③ Edwin R. A. Seligman, "Recent Reports on State and Local Taxation", *Political Science Quarterly*, 22:2 (June 1907), 297—314, 313; Adams, "Suggestions for a System of Taxation", 59; Adams, *Science of Finance*, 501.

第四章 财政的创新工厂:州和地方层面的制度改革

学的政治经济学家约翰·布林德里(John Brindley)愤怒地抨击州内各县对铁路税的税收和残酷竞争。通过将企业税统一到州级层面,布林德里相信艾奥瓦州可以避免这种掠食性的地方竞争。他和其他的财政专家也因此认为,这种对收入来源的划分有助于"美国各州收入体系的进一步集权"①。当然,也有一些坚定支持管理集权化的改革家,如布洛克和托马斯·亚当斯,并不相信收入的来源划分能够带来"地方自治权"的收益。无论如何,到20世纪20年代,数个州已经开始了收入来源的划分进程(划分州和地方的税收收入来源)。通常来说,这些州还同时进行了其他改革,其中包括创建永久性的州税收委员会。②

收入划分运动得以流行的一大原因是,它在加利福尼亚州获得了巨大的成功。虽然宾夕法尼亚州和纽约州的立法者发起了专门的增量流程以检验新的收入类型,如酒类许可证和公司特许经营费(与此同时,他们在财产税上并不作为,从而让它转向地方的手中),但直到1910年,才有一个州(加利福尼亚州)在深思熟虑之后接受了收入划分,并且急切而热情地接受了收入来源划分的理念。在1906年(四年之前),加利福尼亚州的收入和税收委员会在伯克利大学的政治经济学家卡尔·弗林的领导下,发布了一份报告,呼吁开展亨利·卡特·亚当斯和其他专家所提议的税收来源划分运动。③ 委员会认为,收入来源划分是"改革的可行路径",并且建议立法者允许地方"仅对其辖区内私有或私人不动产以及有形财产征税",因为"地方政府的行为……明显并直接地促进地方不动产持有者的经济利益"。相似地,弗林的委员会论证认为,州政府有权对"所有企业以及有时被称为'企业'的财产类别"征税,委员会指的是对州内的主要企业,特别是公共事业公司的总收入征税。报告解释说,与城市的房地产不同,一州境内的企业"并没有相同意义的地方定位";相反,它"跨越

---

① John Brindley, *History of Taxation in Iowa*, 166—7, 1, 45—69, 162—6, 208—12.
② Charles J. Bullock, "Local Option in Taxation", in *State and Location Taxation, Fifth Annual Conference* (Columbus, Ohio: National Tax Association, 1912). 亚当斯在1907年警告NTA的成员,地方财政的"自由可能退化为许可证"。他坚称,"真正的进步只可能在财政控制的集权化道路之上,绝不是分权"。Adams, "Separation of the Sources of State and Local Revenues as a Program of Tax Reform", 517.
③ *Report of the Commission on Revenue and Taxation of the State of California*, 1906 (Sacramento: Superintendent of State Printing, 1906).

多个社区、为它们提供服务并且获取收入"。①

在执行税收来源划分的过程中,加利福尼亚州的改革者不仅仅关注如何满足各级政府的收入需求;实际上,他们更关注如何在税收来源划分的具体方案和公共财政的思想变革(由具备改革思想的政治经济学家所发起的思想变革)之间,搭建一座思想的桥梁。简言之,他们致力于在公平和权宜之计之间寻找一种平衡。事实上,从弗林委员会报告的语言和逻辑之中,都能够看出地方税收改革在理论竞争(受益原则与支付能力原则)之间的挣扎,它们致力于找到一种调和的途径。

税收来源的划分运动似乎同时运用上述这两大原则。与国家层面的税收改革(其中,进步的公共财政经济学家,如伊利、亚当斯和塞利格曼,都明确地赞同支付能力原则并反对受益原则)不同,州和地方的改革者同时依赖于这两大原则。从加利福尼亚州的报告(主要作者是弗林)可以看出,州和地方的经济理论家以及改革者并没有完全摒弃受益原则,而是将其应用到了地方层面的改革之中。具体来说,一方面,将财产税留给地方,这明显遵从了强调交换条件的受益原则;另一方面,允许州政府对企业的收益征税,是因为它反映了企业的纳税能力,也就是遵从了支付能力的原则。由此可见,这两大原则在复杂的政府间税收政策体系之中,各自找到了属于自己的领地。

与此同时,加利福尼亚州的各位委员也是支付能力原则的支持者。他们建议,划分州和地方税收来源的主要目标之一就是为了挑战另一种观点——对所有财产征收统一并相等的税收能够准确地捕捉不同个体和财富利益的、不断变动的纳税能力。与财产分类运动的支持者质疑对财产的同质性理解一样,税收来源划分的支持者也同样怀疑所有的经济利益能够或者应该被平等地征税。从他们的观点来看,税收来源划分的一大收益是能够彻底取消对地方财产税收估值的平等化流程,因为一旦取消了州级财产税,就不再需要根据地方的应税财产估值分配州级财产税的应纳税额。弗林的委员会写道:"粗略

---

① *Report of the Commission on Revenue and Taxation of the State of California*, 1906, 77, 79. 加利福尼亚州采用了一种创新的举措,以公共事业的总收入代替这些公司的实体财产价值,并对其征税。Steven M. Sheffrin, "Tax Reform Commissions in the Sweep of California's Fiscal History", *Hastings Constitutional Law Quarterly*, 37:4 (2010), 661—88, 665—6.

第四章　财政的创新工厂:州和地方层面的制度改革

地认为所有的利益都应该按照同样的方式、等比地根据它所使用的财产纳税,是我们当前税收体系中最为根深蒂固的不公正之一。"盲目遵守这种设定,各位委员严正警告道:"让我们无法根据每种利益的支付能力进行征税。"只有承认"财产只是能力的众多指标之一",正如弗林之前所说的,立法者才能自由地,可能是更加正确地,根据其他的衡量纳税能力的指标进行征税。①

关注税收来源划分运动的税收专家往往也认同一点:一个管理收入来源的、有效率的行政机构对公平且有效的税收体系是非常重要的(虽然前者只是一个中间步骤)。瓦萨学院的政治经济学家梅布尔·纽卡姆尔(Mabel Newcomer)认为:"税收的来源划分本身并不是一项改革,但它打开了通往改革道路的大门。"纽卡姆尔是塞利格曼的学生,她也是首批对税收来源划分进行综合性研究的学者之一。② 在她的分析中,敏锐地注意到税收的来源划分没有明确地涉及分配的问题。实际上,她并没有直接回应一个关键的问题——个体的税负是应该根据受益原则还是公民的支付能力原则进行确定? 这个问题,纽卡姆尔总结道,早已经是确定的。她在1917年宣称:"能力,按照累进而不是比例的税收进行衡量,是现在广为接受的、个税负担的分配原则,尽管累进税最多只是一个粗略的衡量……它们至少接近于我们当前的公正概念。"税收的来源划分并没有解决政府间"收入的行政管理与划分"。但在税源划分过程中,它为州政府铺平了道路,令其尝试更能够贴切捕捉公民纳税能力的新税种。从这个意义上来说,税收的来源划分运动间接地讨论了分配的问题。换言之,这项改善行政管理的努力(税收来源划分)为制度创新带来了新的机会,

---

① *Report of the Commission on Revenue and Taxation of the State of California*, 1906, 79; Plehn, "The General Property Tax in California", 121. 关于加利福尼亚州1910年改革对本州内诸多改革运动的重要影响,请参阅 Sheffrin, "Tax Reform Commissions in the Sweep of California's Fiscal History"。

② Mabel Newcomer, *Separation of State and Local Revenues in the United States* (New York: Columbia University Press, 1917), 23. 哥伦比亚大学的少数教授培养了女性的博士学生,塞利格曼就是其中之一。他把纽卡姆尔视为他最好的学生之一,帮助她获得了瓦萨学院的教职以及美国财政部的职位,并且与托马斯·亚当斯成为同事。Seligman to Newcomer, [n. d.]; Seligman to T. S. Adams, May 3, 1921, Catalogued Correspondence, ERASP.

211

而这些创新将带来更加公正、更加有力的新财政政体。①

加利福尼亚州采纳了弗林委员会的提案,它象征着税收来源划分运动的开端。最初,这一提案并没有得以通过,直到两年之后(1908年),加利福尼亚州进行了必要的宪法修订,从而得以进行税收来源的划分运动。② 随后,新的税收体系取代了原先的州财产税,它向铁路、电车、路灯、热能和电力公司、电话和电报公司以及其他公共事业企业的总收入征税。③ 有些选民非常欢迎这种新的税收体系:农场主相信,它更为公平地分配了税收的负担;商业人士迫切地希望从极其混乱的县级税收和地方党派领袖的盘剥之中解脱出来,所以更愿意承担这种相对稳定并且可预期的州级税收;甚至连一些曾经反对税收来源划分的地方领袖(他们担心税收来源划分会侵蚀地方的税基)也欣然接受了地方对一般财产税的独享。④

短期来看,加利福尼亚州的税基划分活动得到了明显的成效。从1905年到1915年,仅企业税的税收收入就增加了近4倍,从400万美元提高至超过1 500万美元,其中主要的收入来源是对铁路和电车轨道的税收。导致这一成功的部分原因是当时的州长海勒姆·约翰逊(Hiram Johnson)的开明领导,他在1913—1915年大幅提高了公司税,旨在支付日益高启的公共教育支出和贫困照料支出。另外,这一成功的原因还可以追溯到税收委员会在1906年的提案——税源划分。卡尔·弗林志得意满地告诉他在NTA的各位同

---

① Newcomer, *Separation of State and Local Revenues*, 15—17. 同她的导师一样,纽卡姆尔采用比较研究和历史视角分析市政财政及其与不断增强的集中化之间的关系。Mabel Newcomer, *Central and Local Finance in Germany and England* (New York: Columbia University Press, 1937). 同塞利格曼一样,她也参与了多个州和联邦的公共财政顾问委员会。"Newcomer, Mabel", in *Current Biography* (New York: H. W. Wilson, 1944), 491—3.

② Mansel G. Blackford, *The Politics of Business in California, 1890—1920* (Columbus: Ohio State University Press, 1977), 156—7; Marvel M. Stockwell, *Studies in California Taxation, 1910—1935*, Vol. 7 (Los Angeles: University of California Press, 1939).

③ 加利福尼亚州还保留了人头税和遗产税,这两项税收都主要用于当地的学区。Carl C. Plehn, "Results of Separation in California", in *Proceedings of the Ninth Annual Conference under the Auspices of the National Tax Association* (Ithaca: National Tax Association, 1915), 52.

④ Blackford, *Politics of Business in California*.

第四章　财政的创新工厂：州和地方层面的制度改革

事,"委员会的每一个美好的期望都被充分地实现了"①。

但是,同其他拯救财产税的尝试一样,加利福尼亚州的税源划分运动也不过是一种短期的成功。新的公司税确实大幅提高了政府的收入,但这依旧无法满足日益增长的公共支出需求。就连弗林也严肃地承认加利福尼亚州面对"自身财政事务的危机"②。由于州的税收来源高度依赖于企业的繁荣发展,因此,商业周期的下行会导致州税收收入的增速降低。尽管企业税的总收入在税源划分之后快速跃升,但经济下行抑制了随后年份中的税收收入增长。加利福尼亚州参议员牛顿·W.汤姆森(Newton W. Thompson)略为失望地报告称:"很快就能够明显看出,州的税收收入几乎完全取决于整体的商业环境以及公共事业企业(它们为了获得州政府的直接支持而纳税)的经营状况。"经济衰退导致税收收入降低,而此时开明的加利福尼亚州领袖还在呼吁提高政府的支出,以帮助那些受到经济衰退严重冲击的企业。③

加利福尼亚州的税源划分运动还存在其他各种问题。由于公共事业企业承担了绝大多数的公司税,因此,州政府对这些企业的管制(特别是限制它的费率以保证消费者的利益)实际上与州政府的自身利益(最大化税收收入)是矛盾的。汤姆森坦诚地解释道:"对公共事业企业的管制往往导致费率的大幅下降,从而严重影响了政府的收入。"另外,来自市政公共事业和私人企业的竞争也减少了州的公共事业企业的利润,从而也减少了州的公共收入。简言之,加利福尼亚州的税源划分运动只能算是一个有限的成功。④

然而,更为深思熟虑的税收改革者认为,加利福尼亚州的这次实验并没有正确判定或执行税源划分的原则。弗林指出:"按照我的意见,最终的解决方

---

① Plehn,"Results of Separation in California",50—8,55. David R. Doerr, *California's Tax Machine: A History of Taxing and Spending in the Golden State*, ed. Ronald Roach (Sacramento: California Taxpayers' Association,2000).

② Plehn,"Results of Separation in California",55.

③ Newton W. Thompson,"Separation of State and Local Revenues", in *Proceedings of the Ninth Annual Conference Under the Auspices of the National Tax Association* (Ithaca: National Tax Association,1915),42—9,44.

④ Thompson,"Separation of State and Local Revenues". 正如乔恩·泰福德所说的,"'通过保护它的私人消费者',州打劫了本州公共设施委员会和其他政府机构所需的资金"。Teaford,*Rise of the States*,54.

213

案是找到真正的划分方案，而不是简单的分割，它是指为州政府寻找新的、独立的税收。""划分"和"分割"的区别，对弗林和其他人而言，远不仅仅是语义层面的。"分割"仅指政府间各单位对税收收入来源的尝试性划分，而"真正的划分"意味着州政府可以自由开辟新的税收之路。塞利格曼指出："州和地方的收入划分并不是解决方案，但它可能有助于找到真正的解药。"①

毫无疑问，寻找新的税收来源是这个解药的关键配方。尽管许多州尝试开征了对企业或私人财富转移的新税种，但大部分改革者清楚地意识到一点：根本性和综合性的财政改革（同时包含国家层面和地方层面）的重要前提是对个人收入和企业利润征税。弗林告诉 NTA 的同事们："可以考虑开征的这类税种非常之多，但除了所得税，其他都只是过眼云烟。"②

探寻州的新税收来源

拯救财产税的诸多早期尝试没能成功地将其带回曾经的平等传统之上，也就是变回一项公正且有效的财富税。但是，管理集权、财产分类以及税源划分都做出了各自的贡献——有助于塑造地方财政改革的行政中坚力量。没有这些制度创新，对新税收来源的各种税收尝试（其中许多尝试很快就失败了，只在数州的法令上留下了寂寞的身影）就不太可能取得成果。事实上，管理集权、财产分类以及税源划分均大幅提高了州级政府的行政管理能力，从而有能力开征很多新的税种，如企业税、遗产税、机动车和汽油税，特别是个人所得税和企业所得税。

企业税和遗产税

特别地，税源划分对推动州的公司税起到了非常重要的作用。当州政府明确将一般财产税完全下放给地方，公司就逐步成为州政府公共收入来源的主要目标。加利福尼亚州的经验和诸多专家的建议都很好地说明了这一点。

---

① Plehn, "Results of Separation in California", 58; Seligman, *Essays in Taxation*, 351.
② Plehn, "Results of Separation in California", 58.

第四章 财政的创新工厂:州和地方层面的制度改革

长期以来,公司都是州宪章之下的独特产物,即使在一般公司法推行之后,只有州(不是地方,也不是国家政府)有权批准公司享受有限责任这种法律特权。随着各州征税权力的集中化,州政府开始对公司征收各种各样的税费:从最早的企业财产税到企业股本税,再到合并税和注册费,美国各州在19世纪后期颁布了各种各样的法律,旨在从公司筹集到税收收入的同时继续吸引并留住本州的资本投资。具体来说,美国各州大约开征了超过12种不同的公司税,而且这种税费都是随机的、偶然性的。这种发生在地方层面之上、对公司税法规的肆无忌惮的增补拼凑,令财政专家困惑不解。塞利格曼怒其不争地说道:"美国的税收在实际操作中极为混乱不堪——完全没有任何的指导原则。"[1]

不过,到了20世纪初,州的公司税似乎开始汇集到两大目标之上,即筹集收入和控制大规模的商业公司。尽管税收专家依旧不确定公司税的最终归宿,但州的立法者和税收官员已经开始欢迎由公司税产生的公共收入。事实上,为了满足城市工业化社会不断发展的各种需求,州政府开始提高公司税,特别是对这些日益增长的经济组织的收入能力征税。对于许多美国东北部的工业州而言,公司税,无论类别,一直是它们稳定的收入来源。在20世纪之交,宾夕法尼亚州的公司税不断稳步增长,占比高达州年度收入的三分之一左右,而其中最主要的是股本税。[2] 新泽西州和特拉华州之间的企业许可证的"竞次竞争"非常出名,它们都竞相通过设定比对方更为放任、对管理层更友好的公司法来吸引大公司到本州投资,而这些大公司将为州政府带来巨大的税

---

[1] Edwin R. A. Seligman, "Taxation of Corporations Ⅰ", *Political Science Quarterly*, 5:2 (June 1890), 269—308, 269. 其他的税收专家随后也附和了塞利格曼的观点。"只有混乱这个词可以用来描述各州的税收现状", U. S. Department of Commerce and Labor, Bureau of the Corporations, *Taxation of the Corporations* Ⅱ—*Middle Atlantic States* (Washington, D. C.: Government Printing Office, 1910), 8.

[2] M. L. Faust, "Sources of Revenue of the States with a Special Study of the Revenue Sources of Pennsylvania", *Annuals of the American Academy of Political and Social Science*, 95 (May 1921), 113—22, 120—1.

收收入。在竞争最为激烈的时期,新泽西州的年度收入中有超过一半来自公司税。①

新泽西州和特拉华州之间的"许可证兜售"还引发了一波企业合并的浪潮,这也常被称为美国大合并运动。制造业企业史无前例的合并创造了美国国内最大的商业企业,并且进一步刺激了美国社会对工业资本主义快速兴起的焦虑情绪。② 政治活动家非常担心这些规模巨大的国家级公司,认为它们会损害地方商业和制造业的经济前景。最终,州的立法者开始针对这些大规模的工业组织制定相关的税收政策,一方面是为了筹集亟须的税收收入,另一方面是为了控制这些大企业的快速扩张。利用美国根深蒂固的反垄断传统,改革者认为,这种监管性质的税收应该用于缩小这些巨型新企业不断增长的力量。换言之,他们希望用逻辑连贯且遵守原则的方法对公司的经济能力征税,并且以此替代个州混乱拼凑的公司税。③

即使经济学家并不确定公司税的最终税收归宿是股东、工人还是消费者,但企业所得税依旧很快演变为极受欢迎的税收手段:一方面用以筹集收入,另一方面用以打击公司力量。美国工业委员会的乔治·克拉珀顿(George Clapperton)在1901年说道:"所有的州都明显倾向于采用盈利能力作为这些半公共企业的税基,在正确的引导之下,这必然是正确且可行的原则,并且适用于现有工业环境之下的企业。"④ 由此可以看出,进步公共财政经济学家的

---

① Christopher Grandy, *New Jersey and the Fiscal Origins of Modern American Corporation Law* (New York: Garland Press, 1993); Higgens-Evenson, *Price of Progress*, 41, 122—3 (Figure 4). 更多关于新泽西州和特拉华州公司特许证竞争的内容,请参阅 William L. Cary, "Federalism and Corporate Law: Reflections upon Delaware", *Yale Law Journal*, 83:4 (March 1974); Roberta Romano, *The Genius of American Corporate Law* (Washington, D. C.: American Enterprise Institute Press, 1993)。

② Naomi R. Lamoreaux, *The Great Merger Movement in American Business*, 1895—1904 (New York: Cambridge University Press, 1985); Ralph L. Nelson, *Merger Movements in American Industry*, 1895—1956 (Princeton: Princeton University Press, 1959), 36—9; Martin Sklar, *The Corporate Reconstruction of American Capitalism*, 1890—1916 (New York: Cambridge University Press, 1988)。

③ Bryce, *American Commonwealth*, 519—20; Higgens-Evenson, *Price of Progress*, 39—51。

④ George Clapperton, *Taxation of Corporations: Report of Systems Employed in Various States Prepared under the Direction of the Industrial Commission* (Washington, D. C.: Government Printing Office, 1901), 8—9; "Favors an Income Tax", *New York Times*, March 28, 1901, 5。

学术概念(对所有公民,包括个人和企业,根据其支付能力征税)也获得了学术界之外的广泛关注。

与此同时,遗产也成为各州税收来源的一大目标;由于它能够限制代际间的财富转移,所以也被视为缓和财富不断集中的手段之一。诚然,这种财富转移税早就有迹可循。最早的遗产税可以追溯到古埃及、古希腊和古罗马,它们使用遗产税为退伍军人提供养老金。[1] 在美国,联邦政府只在共和早期和内战期间临时性地对代际间财富转移的相关交易征过税。在1894年的联邦所得税法(后被波洛克案废除)中,遗产和馈赠也属于收入的一部分。另外,如上一章所述,西班牙—美国战争的财政紧急状况也迫使国家的法律制定者临时性地开征遗产税以支持高额的战争支出。[2]

然而,在联邦政府临时性地征收遗产税以应对军费开支之前,各州就早已宣布了对这一收入来源的征税权。在内战之前,数州在宾夕法尼亚州的领导之下开征了遗产税,用以支付交通建设和债务偿还。不过,这些遗产税的免征额都非常高,而且税率也相对较低,所以它们的税收收入是有限的,主要是象征性地表示政府在限制王室财富方面所付出的努力。[3] 在镀金年代,随着工业财富不断积累以及对公共产品和服务需求的日益提高,各州再一次选择开征遗产税。这一次,遗产税的目的不仅仅是补充各州下放财产税所导致的收入损失,还是为了宣告政府的一大政治主张:要重新分配税收的负担。富裕者也注意到这项政治主张,并且有一些富人是支持遗产税的。匹兹堡的钢铁巨头安德鲁·卡内基(Andrew Carnegie)在1889年说道:"在所有的税收形式之中,这似乎是最为智慧的选择,通过对遗产课以重税,州政府公开表示对自私的百万富翁的谴责,谴责他们毫无价值的人生。"[4]

在数个主要的工业州,中等税率结合低免征额的遗产税成为主要的收入来源。到1900年,纽约州的年度收入中约有五分之一为遗产税收入,而伊利

---

[1] Carolyn Webber and Aaron B. Wildavsky, *A History of Taxation and Expenditure in the Western World* (New York:Simon and Schuster,1986).

[2] Randolph Paul, *Taxation in the United States* (Boston:Little,Brown,1954);Steven A. Bank, Kirk J. Stark, and Joseph J. Thorndike, *War and Taxes* (Washington, D. C. : Urban Institute Press, 2008).

[3] Max West, *The Inheritance Tax* (New York:Columbia University Press,1908),97—101.

[4] Andrew Carnegie,"Wealth", *North American Review*, June 1889,653—64.

诺伊州和宾夕法尼亚州的遗产税收入分别占其总收入的9%和13%。纽约州非常擅长对本州富有居民的巨大财富征税，而且居住在纽约市的富人也相当多。州长西奥多·罗斯福和其他的政治家都支持高额累进的遗产税和所得税，所以奥尔巴尼市①的立法者把修订后的财富转移税并入了纽约州复杂的税收体系之中。因此，仅在1912年这一年内，纽约州的遗产税收入就高达0.12亿美元，成为纽约州政府收入的重要来源。②

但是，其他各州的遗产税则陷入了司法反对和无效法规设计的泥潭之中无法自拔。俄亥俄州、密西根州和明尼苏达州，它们的遗产税都由于不同的原因被视为违反州宪法而被废除。③ 即使一些州的遗产税通过了司法审查，但也常常陷入复杂又无效的技术细节之中。具体来说，高免征额、低税率以及不同继承人的区别待遇都让遗产税变得愈加复杂，进而降低了遗产税的税收收入。例如，康涅狄格州1890年的遗产税要求对直接继承人继承的、超过1万美元的遗产按照统一的0.5%税率征税；另外，对旁系继承人的继承遗产则按照不超过3%的累进税率征税。相似地，威斯康星州的遗产税采用了一个复杂的税率结构，取决于继承人和捐赠人之间的关系，对超过2.5万美元的任何金额的财产转移征税。④ 在这些政策的限制之下，美国对遗产税的利用远远落后于其他的西方工业化国家。但纽约州在遗产税方面的早期成功意味着一些州在财富转移税中获得了早期的既得利益。直到第一次世界大战爆发，联邦政府政府要求遗产税上移至联邦，这些州才极不情愿地放弃了这项税收收

---

① 美国纽约州首府。——译者注
② Solom Heubner, "The Inheritance Tax in the American Commonwealths", *Quarterly Journal of Economics*, 18:4 (August 1904), 529—50, 546; Frank A. Fetter, "Changes in Tax Laws of New York in 1905", *Quarterly Journal of Economics*, 20:1 (1905), 151—6; Lucius Beers, "Increase of Inheritance Taxes in New York", *Columbia Law Review*, 14:3 (1914), 229—40.
③ Max West, "Recent Inheritance-Tax Statutes and Decisions", *Journal of Political Economy*, 6:4 (September 1898), 437—56.
④ West, "Recent Inheritance-Tax Statutes"; John Harrington, "The Inheritance Tax", *Annals of the American Academy of Political and Social Science*, 58 (March 1915), 87—94.

第四章 财政的创新工厂:州和地方层面的制度改革

益。①

尽管遗产税和公司税的实践并不能算完全成功,但许多分析者依旧持乐观的态度,他们相信这些新的州级税收能够促使财产税被全部下放至地方层面。税收专家马克思·韦斯特(Max West)在1908年宣称:"纽约州遗产税的成功经历以及许多州成功的公司税经验,说明仅依靠这两种税收途径,很多州就足以支付全部的州政府支出,从而能够完全地把财产税下放给地方政府。"韦斯特也是塞利格曼的学生,他短暂的职业生涯都奉献给了遗产税的比较历史研究。② 不仅如此,作为塞利格曼的助手,韦斯特还宣称遗产税"同其他任何税种一样,都符合税收的能力原则"。韦斯特认为,在实践中征收遗产税的依据是"意外收入论点",依赖于"继承和馈赠财产的偶然性"。关于这些财富转移,韦斯特解释道:"常常是突如其来和意料之外的财富增加,继承者并没有付出劳动,但是他/她的纳税能力明显提高。"没有付出劳动意味着,这些意外收入是一种提高继承者经济力量的"非劳动增值"。因此,这恰恰就是应该被征收累进遗产税的经济增值。③

对公司和对个人的财富转移征税是实施能力原则(由先进的政治经济学家所提出的)的一种方式。但是,这并不意味着受益原则在州和地方的税收改革中不再占据一席之地。如前文所述,将财产税下放给地方的前提条件就是受益原则——相信县市最有能力为持有财产的纳税人提供他们所希望的、作为纳税回报的公共产品和服务。与此同时,技术创新令州政府得以继续以互

---

① Frank A. Fetter,"The German Imperial Inheritance Tax",*Quarterly Journal of Economics*,21:2 (February 1907),332—4;Max West,"The Inheritance Tax",in *Studies in History,Economics and Public Law*,4:2 (1908),231—2;Keller,*Regulating a New Economy*,212. 更多关于纽约市经济精英兴起的资料,请参阅 Sven Beckert,*The Monied Metropolis:New York City and the Consolidation of the American Bourgeoisie,1850—1896* (New York:Cambridge University Press,2001)。

② West,"The Inheritance Tax",232. 韦斯特是塞利格曼的首批研究生之一。同对待其他学生一样,塞利格曼帮助韦斯特获得了农业部的职位。当韦斯特突然死于一次悲惨的意外之后,塞利格曼从朋友和同事处筹集资金为韦斯特的家属建立了一个慈善基金。West to Seligman,December 6,1895;Jane Addams to Seligman,[n. d.],Charles Bullock to Seligman,Feb. 27,1919,Catalogued Correspondence,ERASP.

③ Max West,"The Theory of Inheritance Tax",*Political Science Quarterly*,8:3 (September 1893),426—44,434—5;West,*The Inheritance Tax*,118—9."意外—收入论点"也解释了直接继承人和附属继承人之间的差别,后者的征税更高。韦斯特写道,因为"后者的纳税支付能力明显提高,而且这种附属关系越远,这种遗产收入就更加令人意外"。文献出处同上,435。

219

惠利益的原则对某些物品征税。例如，随着机动车数量的增加，州和地方需要给在州、市公路上行驶的汽车、卡车和出租车进行登记注册并发放执照。来自机动车的注册费和许可证费随后慢慢成为州的重要收入来源。另外，汽油税和其他消费税也是如此。

作为利益原则的经典案例，州的汽油税收入通常被指定直接用于道路的建设和维护。尽管在第一次世界大战之前，这类消费税的税收收入在州政府的收入之中仅占很小的比重，但到了20世纪20年代，它们变得愈发重要。特别地，汽油税预示了各州销售税的增长，而销售税在30年代开始挑战所得税作为州政府第一收入来源的擂主地位。在大萧条时期，销售税的爆炸性增长不仅削弱了支付能力原则的主导地位，它们在之后还阻止了联邦政府对州政府收入来源的侵占。①

威斯康星州的所得税

当州销售税的种子才刚刚被种下时，在20世纪后期，各州税收收入的另一个中流砥柱——所得税——已经开始开花结果。在宪法修订案（推翻波洛克案的裁定）通过之时，国家层面的所得税运动达到了顶峰；与此同时，先锋的进步州也完全依据支付能力原则，率先开始征收累进所得税。具体来说，威斯康星州对地方层面的所得税发展做出了无人匹敌的贡献：它在1911年率先对个人和企业的所得征税，并很快成为其他各州效仿的对象，而且影响了联邦的税收政策。②

诚然，早在殖民时期和早期共和时期，就曾经存在州和地方的所得税。事实上，塞利格曼将他提出的支付能力原则命名为"能力"理论的主要原因是，美

---

① Joseph H. Beale, "The Progress of the Law, 1923—4, Taxation", *Harvard Law Review*, 38:3 (1925), 281—96; Keller, *Regulating a New Economy*, 66—9; Robert Murray Haig et al., *The Sales Tax in the American States* (New York: Columbia University Press, 1934). 关于道路建设对地方行政管理能力发展的重要性，请参阅 Michael R. Fein, *Paving the Way: New York Road Building and the American State, 1880—1956* (Lawrence: University Press of Kansas, 2008).

② Brownlee, *Progressivism and Economic Growth*; John D. Buenker, *The History of Wisconsin*, Vol. IV, *the Progressive Era, 1893—1914* (Madison: State Historical Society of Wisconsin, 1998); Thelen, *New Citizenship*.

第四章 财政的创新工厂：州和地方层面的制度改革

国第一次开征的所得税被称为"能力税"。[1]然而，尽管有着悠久的传统，但早期的州所得税几乎没有产生过任何显著的收入。同私人财产一样，收入的估值也是由未经任何训练的估税官执行的，而他们往往是由地方选举或经政治任命的。因此，同无形资产一样，收入也很少出现在政府的税单之上。布洛克在公开场合的发言以及与其他学者的私人信件中都讨论了一点：任何税基的估值都需要州政府的严格监管。除了布洛克之外，还有一些政治经济学家也怀疑在美国开征所得税的可行性。实际上，当威斯康星州率先开始考虑所得税时，托马斯·亚当斯承认经济学家普遍不赞成威斯康星州的努力："当今美国的经济学家是如此近乎一致地反对州所得税，以至于全世界都可以认为当前的美国政治经济学是反对所得税的。"[2]

甚至就连塞利格曼在早期也对所得税持怀疑的态度。尽管他一直认为温和累进的所得税是捕捉公民经济能力的一种手段，但这位哥伦比亚大学的教授担心，美国在20世纪之交的行政能力和社会政治环境并不能有效地对个人收入或企业利润征税。直到1911年，他依旧高度怀疑州政府的行政能力是否足以管理所得税。在第一版的所得税文章中，塞利格曼大胆地宣称："美国联邦当前的所得税并不值得被严肃考虑，州政府官员和税收委员会越来越清楚地意识到一点：令人满意的州所得税只是一个美好的幻想。"[3]

面对如此大范围的反对，威斯康星州的改革者清楚地认识到所得税的前进道路是漫长而艰难的。除了对政府行政能力的担忧之外，威斯康星州的活动家和税收官员还需要解决其他一些制度障碍。首先是司法障碍；其次（也可能是最重要的）是美国独特的执政文化对所得税的阻碍，这种文化更偏好地方

---

[1] Edwin R. A. Seligman,"The Income Tax in the American Colonies and States",*Political Science Quarterly*,10:2 (June 1985),221—47;Seligman,*The Income Tax:A Study in the History,Theory,and Practice of Income Taxation at Home and Abroad* (New York:Macmillan Co.,1914),4; Buenker,*The Income Tax and the Progressive Era* (New York:Garland Publishing,1985),1—2.

[2] Bullock,"The State Income Tax and the Classified Property Tax",369;Charles Bullock to Edwin R. A. Seligman,June 3,1911,Box 25,Folder 1,TSAP;T. S. Adams,"The Place of an Income Tax in the Reform of State Taxation",*Bulletin of the American Economic Association*,4:2 (1911),302.

[3] Seligman,*The Income Tax*,419. 早期对州所得税管理的质疑与反对，请参阅 Clara Penniman and Walter W. Heller,*State Income Tax Administration* (Chicago:Public Administration Service,1959),1—8.

自治而不是权力集中。同大部分美国中西部各州一样,威斯康星州的宪法中也包含一致性条款。这项条款只有一句非常简练的话,并没有对糟糕的地方税收的财产估值(随意、受到政治激励干预的地方税收财产估值)产生多大的影响,因为它往往会得到法院裁决的支持。[①] 威斯康星州的最高法院确实进行了一定的干预,以阻止地方估税官的"判断错误或事实错误",但只要这样的错误是"例外的情况并且本意是真诚的",那么就依旧是符合宪法的。只有出现了极为明目张胆、极其恶劣的玩忽职守行为,法院才会废除对应的应税财产估值。因此,威斯康星州税收改革者的首要任务就是修订州宪法的一致性条款,从而使累进所得税符合宪法。[②]

威斯康星州的改革者和税收官员有勇气挑战如此令人生畏的制度阻碍(如修订州的宪法),主要是得益于威斯康星州独特的经济、政治和制度因素。同其他州一样,威斯康星州在19世纪后期也饱受财政失衡的折磨:一方面是日益增加的公共支出需求,另一方面是不断缩水的公共收入。不仅如此,19世纪90年代的经济衰退也为该州的财政带来了更大的压力。但有意思的是,经济下行也促成了一个独特的政治联盟,它致力于挑战威斯康星州共和党的保守内核。正如历史学家大卫·特伦(David Thelen)所展示的,财政困境和经济衰退团结了"工人和商人、外国出生的人和本地出生的人、民粹主义者和共和党人、饮酒者和戒酒者、天主教徒和新教徒",让他们共同支持各种进步的改革,其中就包括税收改革,这也是"最受欢迎、最有力量的州级改革运动"。[③]

由于这个独特的政治联盟,威斯康星州出现了一长串的进步州长,其中就包括老罗伯特·M.拉福莱特(Robert M. La Follette Sr.),他为改进州的财政体制提供了必要的执行领导力。事实上,税收改革是拉福莱特在1896年第一次竞选州长时的两大政治纲领之一。1900年,他虽然竞选州长失败,但成功地进入了州长办公室,随后,他创建了该州第一个永久性的税收委员会(该委员会集结了重要的政府官员和税收专家,其中就包括托马斯·亚当斯),从而

[①] Wisconsin Constitution (1848),Article Ⅷ,Section 1. 条款规定:"税收规则应统一,税款应按立法机关规定的财产征收。"文献出处同上。

[②] *Marsh v. Supervisors*,42 Wis. 502 (1877);同样请参阅 *Hersey v. Board of Supervisors*,37 Wis. 75 (1875);*Bradley v. Lincoln County*,60 Wis. 71 (1884)。

[③] David Thelen,*New Citizenship*,204—7,288.

第四章 财政的创新工厂:州和地方层面的制度改革

开启了威斯康星州迈向累进所得税的步伐。①

尼尔斯·P.豪根(Nils P. Haugen)是托马斯·亚当斯在税收委员会的同事,也是一名律师兼前国会议员;更为重要的,他是拉福莱特的进步共和翼中的重要的所得税活动家。作为拉福莱特的"二把手",豪根所代表的挪威农业移民地区恰恰就是拉福莱特政治联盟的根基之处。② 除了亚当斯和豪根之外,其他的关键税收改革者包括科苏特·K.凯南(Kossuth K. Kennan)和查尔斯·麦卡锡(Charles McCarthy)。前者是一位密尔沃基的铁路律师,并长期倡议建立永久性的州税收委员会以合理化州和地方的各项税法;后者为威斯康星州立法文献图书馆的馆长,同时,他还倡议并促成了多部创新的进步立法。③ 这些人的联盟,特别是亚当斯和豪根之间的紧密团结与合作,展现了麦迪逊市独特的制度关联④,即州政府和州内旗舰大学之间的紧密制度关联,而这种关联促使威斯康星州成为美国累进税税收改革的重要孵化器。当时的人们把这种独特的互惠关系称为"威斯康星理念";提出这个术语的人正是麦卡锡,这也表达了他对社会科学知识的信心:科学知识应该用来解决现实中的各类问题,以及改善社区内居民的日常生活。⑤

同亚当斯及其他人一起,豪根作为这场政治运动的先锋,要求以州所得税完全替代已经过时的一般财产税。与加利福尼亚州的改革者(他们希望采用公司税完全替代财产税)一样,亚当斯和豪根天真地相信所得税可以立刻替代

---

① David P. Thelen, *Robert M. La Follette and the Insurgent Spirit* (Boston: Little, Brown, 1976),29;Brownlee,*Progressivism and Economic Growth*;Buenker,*The History of Wisconsin*.

② Nils P. Haugen,*Pioneer and Political Reminiscences* (Evansville,Wis.:Antes Press,1930); Robert La Follette to Nils Haugen,September 24,1911;Haugen to La Follette November 2,1911,Box 56,Haugen Papers,SHSW;Buenker,*History of Wisconsin*,442—3. 更多关于豪根的内容,请参阅 Stuart D. Brandes,"Nils P. Haugen and the Wisconsin Progressive Movement"(Master's thesis,University of Wisconsin,1965).

③ Emanuel L. Philipp,*Political Reform in Wisconsin:A Historical Review of the Subjects of Primary Election,Taxation,and Railway Regulation* (Milwaukee,1910),109—11;Kossuth Kent Kennan,"The Wisconsin Income Tax",*Quarterly Journal of Economics*,26:1 (November 1911), 169—78;Joseph A. Ranney,"Law and the Progressive Era,Part 2:The Transformation of Wisconsin's Tax System,1887—1925",*Wisconsin Lawyer*,67 (August 1994):22—25,62—3.

④ 麦迪逊市是威斯康星州的首府。——译者注

⑤ Charles McCarthy,*The Wisconsin Idea* (New York:Macmillan Co.,1912);Buenker,*History of Wisconsin*,573—7.

州所得税，并且成为新的财政机器。作为托马斯·库利的学生，豪根非常清楚所得税进入州财政体制的前提是建立相应的宪法基础。因此，修订州宪法中的一致性条款就成为他最首要的任务。[1]

通过动员对财产税最为不满的各大群体，特别是他所代表的农业选民，豪根得以说服州立法机构在1903年考虑对宪法进行修订，从而允许累进的州所得税。[2] 作为大范围税收整顿（包括采纳累进遗产税并且改进当前的公司税）的一部分，这项宪法修订要求对一致性条款做出一份简单的补充："可以对收入、特权和职业征税，而且税收可以是分层并累进的，同时能够包含合理的免税额。"密尔沃基的社会主义领袖对促成这项宪法修订的贡献非常大，因为他们希望这可以使州政府采纳更为激进的再分配税收政策。在遭受了一些技术挫折之后，所得税的修订案在1908年全州公民投票之中以2∶1的优势获得了压倒性的胜利。[3]

然而，为累进税建立必要的宪法基础只是通往最终胜利的一小步而已。事实上，对收入和无形私人财产的估值依旧极其艰难。只要财产估值和监管的流程一直掌握在地方官员的手中，那么就不可能以公平的手段、有效地筹集税收。因此，威斯康星州的经济学家和活动家倡议将应税财产的估值流程集中到州政府，而不是县政府。这可能是一项最为大胆的改革——他们致力于将税收的管理权从地方的政治机器范围内移除，并将这一责任交到日益壮大的行政专业骨干手中。

如前文所述，并不是只有威斯康星州的经济学家和活动家要求加强税收行政管理的集中化；而且，他们也没有脱离那些自私的改革者。管理集中化的支持者，如亚当斯和豪根，可能真诚地，甚至天真地相信解决应税财产估值流程中的管理问题是一种万能灵药。事实上，集中化管理的支持者认为，一旦进

---

[1] Haugen, *Pioneer and Political Reminiscences*; Brandeis, "Nils P. Haugen and the Wisconsin Progressive Movement".

[2] Haugen, *Pioneer and Political Reminiscences*, 158—9; John O. Stark, "The Establishment of Wisconsin's Income Tax", *Wisconsin Magazine of History* (autumn 1987): 27—45.

[3] Fredrick C. Howe, *Wisconsin, An Experiment in Democracy* (New York: Scribner's Sons, 1912), 133—9; *Wisconsin Constitution*, Article Ⅷ, Section 1; T. S. Adams, "The Wisconsin Income Tax", *American Economic Review*, 1 (December 1911), 906—9; *Wisconsin: A Guide to the Badger State* (Madison, Wis.: Wisconsin Library Association, 1941), 60—2.

第四章 财政的创新工厂:州和地方层面的制度改革

行了彻底的公务员制度改革,并且将政治和应税财产的估值流程彻底地分割开来,那么就能够保证行政自治,使州所得税能够完全替代一般财产税。但是,无论是亚当斯还是豪根,他们都没有指出一点:他们所倡议的行政改革必然意味着将大量的政治和经济权力上交给州的税收委员会,而他们正是其中的成员。具体来说,对亚当斯(作为一名社会学家)而言,权力的集中化必然导致财政力量的加强;对豪根而言,这是进一步实现他政策目标的一个政治机遇。当然,这些动机并没有逃过反对所得税的立法者的观察。

要缓解这种对行政权力集中化的担忧,意味着要对抗一种被称为地方自治或"地方自治权"的政治文化。在与 H. S. 威尔逊(H. S. Wilson,他是河瀑师范大学的校长)的一系列私人通信之中,豪根表达了他对地方应税财产估值的负面影响的个人看法。尽管豪根慢慢说服了威尔逊——收入是基于能力课税的正确衡量,但是威尔逊依旧反对任何形式的管理集中化。威尔逊在1910年的夏天写道:"我并没有准备好把地方税上交给任何集权的机构,即使它的问题如此显而易见,这不符合美国的精神。"豪根的回信承认说:"美国人对地方自治的情绪偏好是我们在改进税收体系中所遇到的最大阻力。"但豪根认为,美国人所相信的自治完全是不切实际的,"美国的县、市或村庄对管理社区生活的政府完全没有任何选择权,中央权力负责剪裁并且定制一件夹克,无论它有多么不合身,地方都必须穿上它"[①]。

豪根认为,那些坚持陈旧自治理念的人,在20世纪之交工业资本主义的巨大变革中,不仅脱节于相互依存的现代生活,还会自相矛盾地破坏公众对健全政府的信心。豪根坚称,那些抱残守缺、坚持美国地方自治幻想的人根本没有增强法律的效力,而是造成了很大的破坏。豪根在给威尔逊的信中写道:"现在的困境是,为了税收和其他目的而通过的法案与地方的情绪是完全不符的,这种情绪导致大量的法律无法被实施,几乎等于其他所有原因导致的数量

[①] H. S. Wilson to Nils Haugen, July 24, 1910; Haugen to Wilson, July 26, 1910, Box 56, Haugen Papers, SHSW.

总和。"①当威尔逊继续坚称自己无法轻易放弃"对地方自治的信仰"时,豪根重申了自己的主张——地方对财政事务的有效主权只是海市蜃楼般的幻觉。豪根认为:"我们选举地方估税官的方法,和所谓的地方自治理念毫不相关。它不过是无视法律、忽视地方恶政(绝非自治)的恶果的借口罢了。"对所得税的集中化管理是保证法律和地方情绪达成一致的一种手段,并且使这两者都偏好于公平且有效的财政体制。另外,这也是缩小法律本身与法律执行之间巨大差距的一种手段。②

但令豪根更为恐惧的,是威尔逊信中所体现的美国例外论以及它对法律和公权力信心的侵害。威尔逊信中的这种"美国精神"代表了地方官员广泛关注的、美式治国之道的独特性。使用德国作为对比,豪根引用了阿道夫·瓦格纳的权威研究,用详细的定量分析向威尔逊解释德国的公共财政中实际上充满地方自治。他总结道:"我们的地方自治是一种凌驾于法律之上的特权——一种无视法律、逃避惩罚甚至不抨击违法者的特权。"如果这是威尔逊所谓的自治,豪根讽刺地评价道:"那么,德国的自治可能确实比美国少。"简言之,豪根相信一点:在"美国自治"中,往往不存在任何形式的政府,特别是与其他国家对比而言。③

为了挑战美国对地方自治的传统依赖,像豪根一样的改革者还试图以税收政策来强化更为广义的、全新的公民观。同进步的政治经济学家一样,豪根相信一点:在这个愈发相互依存的社会环境之下,公民个体的公民义务和社会责任早已超越了社区的范围并且扩展到了州,甚至是联邦政府的范畴之内。威尔逊本人也理解这一点,他告诉豪根,他支持通过一种全新的、美式自由主义来复兴公民美德的共和理念:"在这一点上,我们需要的是,更崇高的公民理

---

① H. S. Wilson to Nils Haugen, July 24, 1910; Haugen to Wilson, July 26, 1910, Box 56, Haugen Papers, SHSW. 豪根在1910年威斯康星州银行委员会的讲话中,也表达了类似的感受,认为法律和"公共良知"是脱钩的。他宣称:"地方的税收自治就是一场喧嚣的闹剧,对法律完全没有任何尊重。公众良知可能谴责某种状况,而地方估税官只理会公共良知的情绪,而不是法律的规定。""Income Tax in Place of Personal Property Tax", *Milwaukee Free Press*, May 26, 1910.

② Wilson to Haugen, September 1, 1910; Haugen to Wilson, September 19, 1910, Box 56, Haugen Papers, SHSW.

③ Haugen to Wilson, July 26, 1910, Haugen Papers, SHSW; Haugen, *Pioneer and Political Reminiscences*, 158—9.

念以及与之契合的政治实践。难道我们是如此堕落的国家,人们沉迷于个人的利益无法自拔,情愿为了个人利益而牺牲公共的福利吗?"①

豪根当然不这么认为,但是,为了适应不断变化的历史条件,应该如何塑造民主信念和公共意识呢? 关于这个问题,他和威尔逊的观点是完全不同的。边缘地带的威斯康星州居民在内战前期可以用"市民语法"和"财政语法"这样的词汇来定义政府间财政的复杂体系,并表达他们对地方机构的忠诚;但是,在现代的城市工业时代,公民需要更为广义地定义自身的责任和义务。② 他们需要重新思考心中的共同体范畴,这一范畴不再仅仅局限于地方的层面。确立州级所得税的合法性和集中化的财政管理是塑造这种全新公民认知的关键手段。事实上,在不久之后,联邦的宪法修订案将允许在国家层面开征累进所得税,而后续的国家立法将按照美国的新自由主义原则不断调整美国的财政公民概念。

豪根正在试图说服威尔逊这样的威斯康星人集中化管理所得税所具备的各种好处;麦迪逊市的立法者则致力于起草所得税法的各项细节。尽管豪根和亚当斯可能是所得税支持者中最为活跃的专家,但负责起草所得税立法流程的并不是他们,而是麦卡锡和经济学家 K. O. 金斯曼(K. O. Kinsman,他在早期对所得税持怀疑态度)。③ 在他们的领导之下,税法似乎略微地向另一个方向发展。具体来说,尽管豪根和亚当斯坚信有效管理的所得税能够在很大程度上替代一般财产税,但麦卡锡和金斯曼则更加谨慎。考虑到州政府日益增加的收入需求,麦卡锡和金斯曼建议新的所得税仅用于取代对私人财产的财产税。所以,在麦卡锡-金斯曼的所得税法案之中,依旧保留了对不动产的

---

① Wilson to Haugen, September 1, 1910, Box 56, Haugen Papers, SHSW.

② Merle Curti, *The Making of an American Community: A Case Study of Democracy in a Frontier County* (Stanford: Stanford University Press, 1959), 270. 在他对威斯康星州特雷佩洛县的分析中,柯蒂(Curit)指出,尽管"政府间的财政关系错综复杂",但地方民众通过熟练的"市民语法"和"财政语法"来表达他们的政治忠诚。文献出处同上。

③ 同塞利格曼一样,金斯曼反对所得税的主要原因也是基于行政管理方面的。1903 年,他总结称:"直到我们的工业体系能够允许除了自我评估之外的税收管理方式,否则塞利格曼失败将会一直伴随着这种税收。"Delos O. Kinsman, *The Income Tax in the Commonwealths of the United States* (Ithaca: American Economic Association, 1903), 121.

财产税。①

豪根和亚当斯并不喜欢税法中的这一变动,但他们还是支持了这个法案的最终版本。② 在密尔沃基社会主义者的支持下,州立法机构通过了一项累进税,它对所有超过 1 000 美元(约为 2012 年的 25 000 美元)的收入征税,起始税率为 1%、最高档税率为 6%(针对超过 12 000 美元的个人收入,相当于 2012 年的 30 万美元)。如立法者许诺过的(也是许多威斯康星州最富裕居民一直恐惧的)一样,这项所得税仅仅覆盖最为富裕的纳税人。更为重要的是,所得税只替代了私人财产税,并没有对不动产的财产税做出任何改变。具体来说,州的税单之上取消了数个类别的个人无形资产,如股票和债券,并且允许纳税人采用其他任何形式的应税私人财产的纳税额来"抵消"或抵免所得税的纳税义务。为了安抚地方的利益,新税法还规定,州和地方政府将共享新所得税的税收收入。③

尽管立法者并不认为所得税可以完全取代财产税,但他们确实采纳了亚当斯和豪根关于行政管理方面的改革建议。实际上,新税法中有近三分之二的法令专注于行政管理改革,并且集权化了应税财产的估值管理流程——将它从地方官员的手中移至州的专业人士(他们受州的税收委员会的监管)的手中。这些专业人士不再由政治党派任命,而是通过严格的公务员考试(考察金融和税收知识)进行选拔。到 1915 年,即便是持怀疑态度的政治经济学家也将威斯康星州的新税法视为"管理举措的一次革命",这些人中就包括塞利格

---

① Brownlee, *Progressivism and Economic Growth*, Chapter 3; Stark, "Establishment of Wisconsin's Income Tax"; Adams to Haugen, December 24, 1910; Adams to Haugen, April 1, 1910, Box 56, Haugen Papers, SHSW. "Genesis of Wisconsin's Income Tax: An Interview with D. O. Kinsman", *Wisconsin Magazine of History*, September 1937, 4. 麦卡锡明显担心亚当斯对待表决立法的反馈可能"推翻整个立法"。McCarthy to Adams cited in Buenker, *History of Wisconsin*, 552.

② "Unexpected Fight on Income Tax Measure", *Milwaukee Free Press*, May 3, 1911; G. D. Van Dencook, "Income Tax Bill Hits Rocky Road", (Milwaukee) *Evening Wisconsin*, May 3, 1911. 亚当斯温和地告诉立法者:"让所得税尽可能地符合能力原则,而且,任何倾向于取消一般财产税的措施都是正确的。""Income Tax Hearing", (Milwaukee) *Evening Wisconsin*, May 24, 1911.

③ *Wisconsin Session Laws* (1911), Section 1087m—8(1) and (2), Chapter 658; Kennan, "The Wisconsin Income Tax"; Seligman, *The Income Tax*, 421; J. C. Stamp, "The Tax Experiment in Wisconsin", *Economic Journal*, 23: 89 (March 1913), 142—6. 相对美元价值按衡量价值计算,数据来自 http://www.measuringworth.com/uscompare.

曼(他在之前一直怀疑州所得税在美国的可行性)。①

在立法机构战败的所得税反对者迅速转向新的战场——法院。在所得税法颁布仅仅数月之后,一位威斯康星州的不动产经纪人就通过其律师对新税法的多个法条提出异议,其中就包括被合并和集权的行政权力。威斯康星州的最高法院很快就审理此案,并且一致性地裁决维持原有法条。最高法院在它的裁决中详细地解释了所得税运动的民主根源和比较语境,强调这项所得税标志着"本州总体税收政策的重要变迁"。首席法官约翰·温斯洛(John Winslow)代表法院写道,新的税法,"是盛行已久的、公共情绪的具体体现"。具体来说,法院强调 1908 年的宪法修订已经为累进税扫清了法律制度的障碍。这种"变化是在一般选举中被人民所批准的",温斯洛写道,"因此,它明确代表着立法机关和人民的共同理念,即可以采纳某些形式的一般性税收以补充或取代财产税"。②

在为税法辩护的过程中,温斯洛也注意到所得税成功的国际比较历史。法院坚定支持进步经济学家的思想观点以及弗朗西斯·麦戈文(Francis McGovern)州长签署该法案时的评论,坚定地宣称"所得税并不是一项未经检验的全新税收实验"。鉴于所得税在"全球诸多工业化政府"以及"美国二十州"令人尊敬的传统,法院认为,"应该根据支付能力而不是单纯的财产持有水平合理地征税"。因此,在执行新的所得税法时,温斯洛主张"立法机构仅采纳那些被全球最为开明的政府采纳多年并且得到许多深思熟虑的经济学家认可的税收"③。

法院非常明确地参考了支付能力原则,这说明由进步学者所引领的观念性革命已经对美国的法律人士和法理学发展产生了深远的影响。基于个人的

---

① Seligman, *The Income Tax*, 421; Stamp, "The Tax Experiment in Wisconsin"; Higgens-Evenson, *Price of Progress*, 85.

② *State ex rel. Bolens v. Frear*; *Winding v. Frear*. 法院将这两起案件合并为所得税案件, The Court consolidated these two cases as the Income Tax Cases, 148 Wis. 456 (1911), 504. "Believes Income Tax Law Invalid", *Milwaukee Sentinel*, November 16, 1911; "Income Tax Law Is Argued", *Milwaukee Free Press*, November 21, 1911.

③ *Income Tax Cases*, 505. 在签署这项法案时,麦戈文还附上了一份长篇的备忘录,其中声明:"根据能力调整公共负担的计划在瑞士、奥地利、法国、英国、挪威、瑞典、丹麦、荷兰以及德国各州早已被成功实践了多年。""Governor Calls Income Tax Just", *Milwaukee Sentinel*, July 14, 1911.

经济力量(而不是仅仅基于个人从国家行为中的获益)进行征税,这一观念已经广泛渗透到美国的生活中。接受以能力原则为内核的所得税不再局限于理论家的作品中,也不再仅仅是民粹主义立法者的宣言,现在,进步的法律专家也开始欣然接受这一遍布全国的财政革命。不仅如此,温斯洛将支付能力和"文明"集体与"开明政府"所采纳的所得税联系在一起,这表明进步的法律专家已经认识到美国法律运作所隶属的全球背景。通过支持可行、公平并且有效的所得税,他们相信能够帮助威斯康星州和美国走出未开化的落后时代,走进经济和政治共同繁荣的新时代。①

如果说税收改革者对法院的裁决(支持所得税)感到欣慰,那么令他们尤为安心的是法院对税收管理改革的认可。起诉人特别援引了管理地方官员选拔和任命的宪法条款,声称新创建的州税收估值机构违反了"对地方自治的宪法保障"。作为回应,法院裁定由新税法创立的"所得税税收估值办公室"既不是"县、市、镇或村"的办公室,也不是"在州宪法创建时期就已存在的任何实体,或是对上述任何一个州内市政机构的存在性或有效性至关重要的实体"。相反,法院认为税收估值的集中化管理是"一个全新的办公室……而它的选拔或任命可以按照任何立法机关自行决定的方式进行"②。

在威斯康星州的所得税法颁布之后的 12 年内,它实现了相当重要的成功(尽管幅度相对有限)。到 1920 年,所得税的税收收入已经超过 1 500 万美元,约占州和地方政府年度总收入的 14%。比较来说,一般财产税依旧是地方政府的主要收入来源,1920 年,它的税收收入约为 7 700 万美元,占总收入的 73%。③ 尽管所得税并没有实现亚当斯和豪根的期望——完全超越财产税而成为州的主要税收来源,但所得税确实使地方政府逐步减少了对过时私人

---

① *Income Tax Cases*,505.

② 同上,511. 许多观察报,包括坚定反对所得税的《密尔沃基哨兵报》,将法院对立法的遵从视为尚在雏形的、废除所得税的运动的"丧钟"。"Income Tax Law Valid, Says Court", *Milwaukee Sentinel*, January 10, 1912.

③ Harold M. Groves, "The Wisconsin State Income Tax", in *The Wisconsin Blue Book* (Madison, Wis. :Democratic Print Co. ,1933),51—61,58 (Table Ⅰ). 格罗韦斯的估算可能是保守的,考虑到他们计算了州和地方的收入,而不是仅考虑州政府的收入。不过,重点依旧是所得税成为威斯康星州日益重要的收入来源。请参阅 *The Wisconsin Blue Book*,1921 (Madison, Wis. ;State Printing Board,1921),355,539,541. 我非常感谢乔恩·蒂福德(Jon Teaford)指出了这一区别。

第四章　财政的创新工厂：州和地方层面的制度改革

财产税收制度的依赖。

在回顾新所得税的早期成功时，威斯康星州的改革者也注意到了管理改革的重要性，特别是任命专业的州估税官和在收入源头收集税收信息这两大举措。托马斯·亚当斯宣称："威斯康星州所得税的最大创举，是采用了非政治任命的收入评估官员。"这样，税收体系中就存在"一批官员，而他们的职位存续并不依赖于被税收估值的民众"。对亚当斯而言，这种管理改革标志着美国税收发展历史上的一大开创性时刻，他对此赞不绝口："任命一批受保护的税收官员，标志着威斯康星州，甚至可能是美国，财政历史的新时代，所得税的成功在很大程度上是因为他们的工作。"①

州税收委员会在之后制定的各项规定还要求支付薪资、分红和利息的第三方向州税收委员会提供获得这些收入的纳税人的相关信息，而这进一步提高了所得税的征收效率。这种从源汇报的信息就是被当代人称为"从源扣缴"的模式之一，它强调了第三方报告对这种准自愿税收体系的税收遵从的重要性。通过这些管理改革，威斯康星州的所得税成为一项有效的收入来源，并且很快成为其他数州，甚至是联邦政府所效仿的模式。②

另外，可能也是最重要的一点，1911年所得税法中的管理改革还显著改变了威斯康星州的税收估值以及征收的管理模式。传统上税收估值和征税流程都是由地方管控的，但在税法的新规之下，它们逐步转变为由相对自治的行政骨干团体进行管理和监督。这些行政骨干团体依靠技术改进（如使用缴扣信息等）以确保获得急需的税收收入。尽管许多税收专家依然对所得税持怀疑态度，但威斯康星州的活动家克服了税收改革的重重阻碍（法律、制度和社会三大层面）以解决20世纪之交的财政困境。具体来说，他们修订了宪法、强化了州级税收管理的行政权力，并且应对大众对权力集中的普遍性厌恶情绪，而这三点都是构建现代财政政体的必要步骤。通过克服这些困难，威斯康星

---

① T. S. Adams,"The Significance of the Wisconsin Income Tax",572.
② Kossuth Kent Kennan,"The Wisconsin Income Tax",*Annals of the American Academy of Political and Social Science*,58（March 1915）:65—76; Thomas E. Lyons, "The Wisconsin Income Tax",*Annals of the American Academy of Political and Social Science*,58（March 1915）,77—86. 目前的税务学者已经强调了第三方报告对有效所得税的重要性。近期文献的总结，请参阅 Joel Slemrod,"Cheating Ourselves:The Economics of Tax Evasion",*Journal of Economic Perspectives*,21:1（winter 2007）,25—48。

231

州的改革者在确保稳定收入来源的同时,积极应对日益严重的不平等问题。不仅如此,在为公共部门的后续发展奠定基础的过程中,他们还助力塑造了新的公民身份观。

  从许多方面来说,威斯康星州的所得税实验是美国公共财政变革的一个缩影。同其他许多州以及联邦政府一样,威斯康星州也必须应对现代化社会所带来的各种压力;它的收入体系也充斥着落后、无效和巨大的经济不平等,并且难以满足日益增长的公共产品和服务需求。但并不存在唯一的、普适性的解决方案。尽管一些州的财产税改革并未取得成功,或者还在致力于寻找新的收入来源,但威斯康星州和其他地区的活动家及官员将威斯康星州变成了累进税的创新孵化器,并且在其中探索新的理念、构建新的制度以应对现代城市工业化社会所带来的各种挑战。尽管有效的州所得税可能阻止其他更为激进的财政变革,但威斯康星州的税收改革运动获得了初步的成功,这为其他州和联邦的活动家与政治家带来了更多的信心,促使他们开始着手进行类似的根本性税收改革。

第五章　公司资本主义和宪法变革：
现代财政国家的法律基础

> 通过改变定义，将宪法从它是什么转变为它应该是什么，这种方式在各行各业中都极为普遍，并且循序渐进，以至于上帝、人民或公司的意志都完全没有意识到发生了什么。
>
> ——约翰·R. 康门斯（John R. Commons）法官

尽管各工业州都在积极拯救财产税并寻找新的收入来源，但联邦政府看似依旧在旧的财政轨迹上被动地漂移：依旧依赖进口和消费税作为自身的收入来源。在1896年的总统竞选中，威廉·麦金利（William McKinley，共和党）击败威廉·詹宁斯·布莱恩（William Jennings Bryan，民主党）入主白宫，这进一步强化了联邦层面关税制度的制度惰性。麦金利的胜利不仅标志着重要的选举调整不再支持民粹主义政党，转而偏向共和党，并且它似乎也扑灭了关税改革者的希望。事实上，麦金利总统和由共和党人控制的国会在第二年就将关税提高到内战以来的最高水平，进一步加强了共和党和全美对高关税制度的投入。[①]

---

① Charles Postel, *The Populist Vision* (New York: Oxford University Press, 2007), 269—70; Walter Dean Burnham, *Critical Elections and the Mainsprings of American Politics* (New York: W. W. Norton & Co., 1970), 71—90; Charles V. Stewart, "The Federal Income Tax and the Realignment of the 1890s", in *Realignment in American Politics: Toward a Theory*, ed. Bruce A. Campbell and Richard J. Trilling (Austin: University of Texas Press, 1980), 263—87; F. W. Taussig, *The Tariff History of the United States*, 6th ed. (New York: G. P. Putnam's Sons, 1914), 321—60.

诚然,美国—西班牙战争迫使立法者寻找新的收入来源,但事实证明,这场"华丽的小战争"是如此短暂,以至于美国并不能够突破自身旧的财政体制。最终,几乎所有在战时新开征的、为战争融资的税种在战争结束后被快速废除。不仅如此,战后的经济复苏也几乎没有给美国的联邦税制带来任何改变。1900—1907年,随着经济的稳步增长,进口关税和国内消费税的税收收入为美国的财政部带来了长期的年度盈余,从而暂时性地降低了国债的总额。考虑到政治和经济大环境的综合影响,美国的联邦层面并不具备足够的动力以推动根本性的财政改革。①

尽管在美西战争之后的十年之内,联邦的税收政策表现出明显的稳定性和连续性,但广泛的结构性力量还是逐渐为联邦的税收体制(间接且累退的税收体系)带来了巨大的压力。最终,这些历史性的力量与重大的历史事件发生碰撞,从而为改革者提供了重要的契机,让他们得以开征公司消费税,并且完成推翻波洛克案的宪法修订。在这些关键的结构性力量中,最为重要的是来自联邦预算的需求面压力,特别是与军事相关的各项支出(它一直是联邦支出的主导性构成)。退伍军人的养老金和抚恤金的年度均值约为1.4亿美元,占比超过年度联邦支出的四分之一。另外,与西班牙的短暂冲突还增强了美国在国际社会中的力量和声望,从而开启了美国对经济利益和地缘政治的国际监管。随着美国的新领土遍布全球,新改组的联邦军队成为美国这个新兴海外帝国的守护者。相应地,美国陆军部的支出也稳步增长,特别是在陆军部长伊莱休·鲁特(Elihu Root)在任期间。②

---

① Steven A. Bank, Kirk J. Stark, and Joseph J. Thorndike, *War and Taxes* (Washington, D. C.: Urban Institute Press, 2008), 51—2; Paul Studenski and Herman Edward Krooss, *Financial History of the United States* (New York: McGraw Hill, 1952), 235—7; *Historical Statistics of the United States Millennial Edition*, ed. Susan B. Carter, et al. (New York: Cambridge University Press, 2006), Series Y., 254—7.

② Robert P. Saldin, *War, the American State, and Politics since 1898* (New York: Cambridge University Press, 2010), Ch. 2. 也可参阅 Paul A. C. Koistinen, *Mobilizing for Modern War: The Political Economy of American Warfare, 1865—1919* (Lawrence: University Press of Kansas, 1997); Lewis L. Gould, *The Spanish-American War and President McKinley* (Lawrence: University Press of Kansas, 1980); Hugh Rockoff, *America's Economic Way of War: War and the U. S. Economy from the Spanish-American War to the Persian Gulf War* (New York: Cambridge University Press, 2012), Chapter 3.

第五章　公司资本主义和宪法变革：现代财政国家的法律基础

对于许多普通的美国民众而言，另一种同样重要的结构性力量是由再次复兴的高关税所引致的生活费用的日益高企。按照历史的标准来说，20世纪初期的年度通货膨胀率非常温和(年均值约为2%)，但是，许多工人和消费者认为，进口关税更高的覆盖面和税率不可避免地提高了"生活必需品"的价格，同时过分地"保护"了国内的垄断企业。1907年，新一轮的金融恐慌导致经济快速下行，并且引发了对财政赤字的担忧；这时，大家的注意力更强烈地集中在关税上，认为它是通货膨胀的"助推器"和垄断的力量的"强化剂"。具体来说，恐慌和随后的经济衰退使得联邦的年度收入快速降低，再一次凸显了经济财富和经济力量的差距日益扩大的问题，从而给支持关税制度的党派纲领造成了更大的压力。总的来说，这些结构性的因素再一次唤醒了推动财政秩序改革的各种原动力。[①]

各位学者早已经明确指出了一点：这些广泛的结构性力量为现代所得税制度的发展提供了至关重要的背景。在标准的历史记录中，无论是1909年诞生的公司税、宪法第十六条修正案，还是1913年开征的联邦所得税，它们的主要关注点都是高层政治人物如何在这些大范围的结构性因素的影响下创建一

[①] "The Increased Cost of Living", *American Economist* (August 22, 1902), 95; Mark Aldrich, "Tariffs and Trusts, Profiteers and Middlemen: Popular Explanations for the High Cost of Living, 1897—1920", *History of Political Economy* (forthcoming); Hugh Rockoff, "Banking and Finance, 1789—1914", in *The Cambridge Economic History of the United States*, Vol. Ⅱ, *The Long Nineteenth Century*, ed. Stanley L. Engerman and Robert G. Gallman (New York: Cambridge University Press, 2000), 665; Milton Friedman and Anna Jacobson Schwartz, *A Monetary History of the United States, 1867—1960* (Princeton: Princeton University Press, 1971), 152—74.

个全新的税收体系。① 这种标准记录的方式确实能够提供一种丰富的叙事方法,讲述发生在所得税运动背后的各种正式的政治斗争,但它们往往忽略了一个关键,也就是公司资本主义兴起的重要作用。实际上,公司资本主义的兴起对新兴财政国家的核心法律支柱是至关重要的。借用历史学家马丁·J.斯卡拉(Martin J. Sklar)的名言,"美国资本主义的公司重组",不仅有助于启动重建时期以来的第一次宪法修订,还通过以下三大途径大幅提高了全新财政秩序在未来得以实现的可能性。②

第一,在东北地区的商业部门中,资本的集中度不断提高。这为所得税的倡导者(特别是南部和西部地区的农业部门)提供了一个可以轻易瞄准的靶子。具体来说,那些新兴大型工业企业的富有股东和经理人恰好就是具备支付能力的个体纳税人,从而应该为政府日益增多的公共支出承担更高比例的税收负担。从这个意义上说,大合并运动为改革者提供了应用支付能力原则的宝贵机会,得以把对直接和累进税的呼声从学术界带到国家的权力中心。与此同时,鉴于美国根深蒂固的反垄断传统,公司资本主义的兴起也加剧了美国对经济权力集中的强烈厌恶;如果把美国的税收政策放在国际比较的视角下,那么这种厌恶情绪是最为明显的。

---

① 诚然,对这些传统历史叙述的解读是天差地别的。对其中一部分人来说,公司税和宪法修订源于"中间派"立法者和思想家的不懈努力,这些人在社会动荡和党派分割的大环境下竭力谋求恢复保守主义的平静。请参阅,如 Robert Stanley, *Dimensions of Law in the Service of Order: Origins of the Federal Income Tax, 1861—1913* (New York: Oxford University Press, 1993), Chapter 5. 而另外一些学者则认为,国会在退伍抚恤金和军事支出方面使用了它的自由裁定权,旨在促成一个偏好宪法修订和所得税法的关键政治联盟。请参阅 Bennett D. Baack and Edward John Ray, "Special Interests and the Adoption of the Income Tax in the United States", *Journal of Economic History*, 45: 3 (September 1985), 607—25. 还有一些人将第十六条修正案和第一项和平时期的永久所得税描绘成一场全面的胜利(对各种追求税收正义的自由主义活动家而言,这些人覆盖极为广泛,从边缘的农业联盟一直到进步的城镇改革者)。在这种传统的进步主义政治解读中,最为经典可能也是最好的一篇,一直是 John Buenker, *The Income Tax and the Progressive Era* (New York: Garland Press, 1985). 同样可参阅 Sidney Ratner, *American Taxation: Its History as a Social Force in Democracy* (New York: W. W. Norton, 1942); *Taxation and Democracy in America* (New York: W. W. Norton, 1967); Randolph E. Paul, *Taxation in the United States* (Boston: Little, Brown, 1954); Roy and Gladys Blakey, *The Federal Income Tax* (London: Longmans, Green, 1940); Elizabeth Sanders, *The Roots of Reform: Farmers, Workers and the American State, 1877—1917* (Chicago: University of Chicago Press, 1999), 220—30.

② Martin J. Sklar, *The Corporate Reconstruction of American Capitalism, 1890—1916: The Market, the Law, and Politics* (New York: Cambridge University Press, 1988).

第五章　公司资本主义和宪法变革:现代财政国家的法律基础

第二,巨型公司一方面被视为一种税收来源,另一方面被视为具有社会责任的公民,有责任为联邦做出贡献。许多经济和法律思想家(他们领导了税制改革运动背后的思想革命)将公司税描绘成构建新财政政体和现代公民意识的关键环节。早在1878年,托马斯·库利法官就提议对"在自身领域之中具有实际垄断地位的公司的股票"进行征税。[①] 相似地,20世纪初的思想家和政策制定者也不断强调一点:这些新兴的工业巨头在享受巨大的权力和影响力的同时,也应该承担伴随而来的社会责任和道德义务。从这个角度来看,这些新兴企业所产生的巨大利润不应仅仅被视为个人的私人收益,也应被看作由国家和集体共同生产并扩大的社会财富。正如亨利·卡特·亚当斯的解释(策略性地表述了亨利·乔治的原文大意),超额利润是"企业的非劳动增值,应通过税收机器进行分配,从而使公民受益"[②]。简言之,联邦(作为国家权力的行驶者)有权力以社会责任和团结的名义提取这些企业的部分利润。

第三,可能也是最重要的一点,美国的资本主义重组实质上是美国资本主义转向"公司治理"的一个过渡阶段。在该阶段中,美国的经济组织和行政流程都发生了翻天覆地的变化,从而赋予美国的国家建设者以新的、用以评估及征收个人和企业所得的"税务工具"[③]。随着收入和经济实力不断地集中到这些大型企业(经合并而成),政府机构也能够通过这些大型企业更容易地确定和获取税收收入的来源。简言之,公司资本主义的兴起,使公司和个人的所得

---

① Thomas M. Cooley, *Principles that Should Govern in the Framing of Tax Laws* (St. Louis: G. I. Jones and Co. ,1878),14,17,19,20.
② Henry Carter Adams, "Suggestions for a System of Taxation", *Michigan Political Science Association Publications*,1:2 (May 1894),60. H. C. Adams, *Description of Industry:An Introduction to Economics* (New York:Henry Holt & Co. ,1918),261-2; H. C. Adams, "Corporate Taxation", Mss Box 26, Henry Carter Adams Papers, Bentley Library, University of Michigan, Ann Arbor, Mich.
③ "税务工具"这一术语常见于发展经济学家的早期研究中。请参阅,如 Richard Musgrave, *Fiscal Systems* (New Haven:Yale University Press,1969),125; Harley H. Hinrichs, "Determinants of Government Revenue Shares among Less-Developed Countries", *Economic Journal*, 75 (September 1965),546—56. 当然,政治和经济历史学家也认可经济组织的变化对税制发展的重要影响。W. Elliot Brownlee, *Federal Taxation in America:A Short History* (New York:Cambridge University Press,2003); Martin Daunton, *Trusting Leviathan:The Politics of Taxation in Britain*,1799—1914 (Cambridge:Cambridge University Press,2001),14—15.

美国现代财政国家的形成和发展

变得更加"清晰"可见。①

随着1909年企业消费税的开征(在1913年的所得税之前),政府官员能够利用企业所提供的信息来强化税收的征管程序。实际上,立法者在起草早期的所得税法案之时,将运用到那些进步政治经济学家(他们被立法者描绘成政治中立的专家)的思想理念,并且创建了一套"从源扣缴"模式的所得税。慢慢地,美国在早期所采用的这种来自第三方的收入信息报告模式变得至关重要,因为它强化了税收遵从和税收行政管理能力。通过这些方式(当然还有一些其他的途径),在20世纪之交高速崛起的美国大型公司还加速了美国现代财政国家的发展。

财政改革的关键背景

许多历史性因素推动国家立法者在1909年通过了企业消费税,并且提出了推翻波洛克案的宪法修正案议案。这些历史性力量与促成1894年所得税法的结构性力量非常相似。具体来说,从19世纪后期开始,大规模移民与城市工业化的现代浪潮一直持续到20世纪初期的数十年,虽然略有波动(欧洲移民的新浪潮在进入新世纪前后达到了顶峰;同样的还有美国国内日益增加的、从农村到城市企业的人口流动)。② 在1894年采纳所得税之前,金融恐慌触发了美国大范围的经济萧条;同样地,在1909年采纳公司税和提议宪法修正案之前,美国也爆发了一次大规模的金融恐慌和经济衰退。特别地,后一次经济危机开始于1906年的旧金山地震和大火,这场灾难不仅摧毁了这座城市和它的居民,还引发了一系列事件,最终削弱了人们对东北部金融机构的信心。③

---

① James C. Scott, *Seeing Like a State: How Certain Schemes to Improve the Human Condition Have Failed* (New Haven: Yale University Press, 1998).

② Roger Daniels, *Guarding the Golden Door: American Immigration Policy and Immigrants since 1882* (New York: Hill & Wang, 2004); Timothy J. Hatton and Jeffrey G. Williamson, *The Age of Mass Migration: An Economic Analysis* (New York: Oxford University Press, 1998).

③ Robert F. Bruner and Sean D. Carr, *The Panic of 1907: Lessons Learned from the Perfect Storm* (New York: John Wiley and Sons, 2009); O. M. W. Sprague, *History of the Crises under the National Banking Act* (Washington, D. C.: Government Printing Office, 1910).

第五章 公司资本主义和宪法变革:现代财政国家的法律基础

1907年,脆弱的国民经济还没有从旧金山的巨大灾难中恢复过来,在秋天又发生了一次全面暴露纽约货币市场系统性缺陷的投资失败。这令广大的投资者惊慌失措,从而触发了对纽约数家重要银行和经纪公司的挤兑。随着越来越多的存款人要求兑现自己的存款,银行变得愈发资不抵债,最终,华尔街金融家 J. P. 摩根(J. P. Morgan)不得不开始干预(他过去也如此做过)以支持摇摇欲坠的金融机构。由于没有中央银行提供更多的信贷,而且美国又受制于严格的金本位制,所以摩根的个人财富和影响力似乎成为银行业应对金融危机的唯一手段。①

摩根的救援行动可能确实避免了灾难性的股市崩盘,但恐慌仍然弥漫至全美。在接下来的数年中,全国数百家小银行倒闭、大宗商品价格大幅下跌、失业率飙升。尽管随后经济衰退并没有上一次的经济萧条严重,但惨淡的经济环境迫使改革者和立法者重新考虑国家在经济中的作用。除了税收活动家(他们利用这次经济衰退以敦促财政改革)之外,货币专家也利用这次危机以推动金融界的改革运动,并促成进步时代的另一项重大制度成就——美联储的建立。②

同19世纪90年代初期的经济低迷时期一样,1907年的恐慌也促使公众更为关注财富和收入的巨大差距。在19世纪90年代出现经济下滑的初期,美国出现了各种对经济不平等的实证研究;相似地,在这次新的危机出现时,经济学家和社会评论员也再次强调工业化如何加剧了日益严重的贫富差距。尽管缺乏收入和财富的准确数据,但学者、新闻工作者和社会活动家采用新的统计学工具以推断财富日益增强的集中趋势。在该领域的相关研究论文中,诸多作者曾师从于重要的新学派经济学家。例如,弗兰克·H. 斯特里托夫(Frank H. Streightoff)曾在哥伦比亚大学向埃德温·塞利格曼和亨利·R.

---

① O. M. W. Sprague,"The American Crisis of 1907", *Economic Journal*, 18:71 (1908), 353—72; Ron Chernow, *The House of Morgan: An American Banking Dynasty and the Rise of Modern Finance* (New York: Atlantic Monthly Press, 1990), 121—30; Bruner and Carr, *Panic of 1907*.

② Allan H. Meltzer, *A History of the Federal Reserve*, Vol. 1: 1913—1951 (Chicago: University of Chicago Press, 2001), 128—9; William Greider, *Secrets of the Temple* (New York: Simon and Schuster, 1987), 273—5. 想了解更多关于美联储作为企业自由主义改革核心的内容,请参阅 James Livingston, *Origins of the Federal Reserve System: Money, Class, and Corporate Capitalism, 1890—1913* (Ithaca: Cornell University Press, 1986)。

西格(Henry R. Seager)学习,并先后在迪堡大学和印第安纳大学任教。在这次经济衰退之后,他于1912年出版了研究报告《美国的收入分配》(The Distribution of Incomes in the U.S.)。尽管斯特里托夫在描绘收入和财富分配的整体状态时非常谨慎,但他依旧通过现有数据得出了明确的结论:由于实际工资在过去二十年里一直停滞不前,因此收入和财富差距的缩小也进展甚微。①

其他的评论员则更为直接。威斯康星州的威尔福德·I. 金(Willford I. King)是一位统计学家兼政治经济学家,并且曾师从于理查德·伊利。他专门更新了乔治·福尔摩斯和查尔斯·斯帕的早期研究,旨在说明1910年"与二十年前相比,大量证据显示更高比重的收入集中在少数非常富有的人的手中"。金的统计分析还表明,在经济图谱的另一端,"最为贫穷的三分之二的民众仅持有5%～6%的财富,而中下阶层所持有的财富份额仍然较低"。对于金来说,驱动这种巨大差异的因素是非常明确的。金认为,"过去三十年来导致收入集中的最大动因是那些成功组织的'巨兽企业'"。"作为战利品,它幕后的推动者和操纵者以证券的形式获取了永久性的收入权力,而这种财富大到足以令克罗伊斯②看起来不过是个贫民。"③

与之前的研究一样,这些关于财富和收入集中的新统计研究也在很大程度上有助于对公众舆论的塑造。之前的研究进入了劳工会的报纸和国会的辩论;相似地,金和斯特里托夫等人的研究也影响巨大,不仅进入了工党关于社

---

① Frank H. Streightoff, *The Distributions of Incomes in the United States* (New York: Columbia University Press, 1912).

② 来自法语中的典故,Riche comme Crésus,译为像克罗伊斯一样富有;在法语中经常用来形容一个人极为富有、富可敌国,在西方国家,克罗伊斯就是有钱人的象征。——译者注

③ Willford I. King, *The Wealth and Income of the People of the United States* (New York: Macmillan Co., 1915), 231—2, 80, 218—19. 尽管金对"巨兽企业"颇有批评,但他的规范性提案对"基本生活工资"这种进步呼吁的态度依旧是保守和轻视的。文献出处同上。金的保守主义可能也反映了他的导师(理查德·伊利)的态度,后者到1915年已经开始担忧政府干预的日益加强。Benjamin G. Rader, *The Academic Mind and Reform: The Influence of Richard T. Ely in American Life* (Lexington: University of Kentucky Press, 1966).

第五章 公司资本主义和宪法变革:现代财政国家的法律基础

会主义的辩论,还被引入学者、宗教领袖甚至商业集团之间的经济讨论之中。① 像沃尔特·劳申布希(Walter Rauschenbusch)这样的社会福音牧师也日益担忧经济不平等所带来的各种破坏。参考对不平等的新近研究,劳申布希认为有必要平衡当前的财富集中程度,他生动地比喻道:"用一个通俗的例子来说,财富之于国家就像肥料之于农场。如果农民播撒它,让它均匀地覆盖在土壤之上,它将使整个土壤更加肥沃。但如果把它堆放起来,不仅土地将变得贫瘠,而且肥料堆下的植被将会被杀死。"②

对不平等的再次关注也重振了单一税运动,而它一直分散着对所得税的关注(这是所得倡导者所急需的公众注意力)。尽管职业经济学家(如塞利格曼和伊利)一直对单一税持怀疑的态度,但重要的公民,如费城的工业家约瑟夫·费尔斯(Joseph Fels)重新点燃了人们通过税收体系管制垄断力量的兴趣,特别是通过对土地价值的"非劳动增值"征收单一税。1909年,即亨利·乔治死后的第十年,费尔斯创立了一个基金会,旨在帮助传播并普及乔治关于土地改革和单一税的学说。③

但是,在美国真正接受单一税的只是少部分人,并且它并未获得普遍性的关注。部分原因是,更加务实的单一税支持者认为,累进所得税才是在政治上更为可行的选择。劳工领袖雅各布·G. 肖恩法伯(Jacob G. Schonfarber)告诉立法者:"我相信单一税,但我并不认为我们能够如此激进,以至于能够在全国范围内一次性地成功推行单一税,因为这会导致革命的动荡,而我相信我们

---

① Morris Hillquit and John A. Ryan, *Socialism, Promise or Menace?* (New York: Macmillan Co. ,1914), 123—5; Scott Nearing, *Financing the Wage-earner's Family: A Survey of the Facts Bearing on Income and Expenditures in the Families of American Wageearners* (New York: B. W. Huebsch, 1913), 105; National City Bank of New York, U. S. Securities, Government Finance, Economic and Financial Conditions (New York: National City Bank of New York, 1916), 7—8.

② Walter Rauschenbusch, *Christianity and the Social Crisis* (New York: Macmillan, 1907), 281. 关于劳申布希对现代社会基督教的重要性,请参阅 Christopher H. Evans, *The Kingdom is Always but Coming: A Life of Walter Rauschenbusch* (Grand Rapids, Mich.: Wm. B. Eerdmans Publishing Co. ,2004)。

③ Arthur N. Young, *The Single Tax Movement in the United States* (Princeton: Princeton University Press, 1916), 163—84; Arthur P. Dudden, *Joseph Fels and the Single-Tax Movement* (Philadelphia: Temple University Press, 1971), 199—245; Brownlee, *Federal Taxation in America*, 53—4.

需要的是渐进的发展路径。我并不想见证一场革命。"①通过这样的方式,人们对单一税重燃的兴趣推高了对根本性财政改革的呼吁,而且并不需要屈从于亨利·乔治的教条式要求。

尽管19世纪90年代与20世纪有着惊人的相似之处,但这两个时期之间也存在一个关键区别,即企业合并的变动格局,也就是"巨兽企业"(借用金的描述)在20世纪初的兴起。1895—1904年,在各种历史因素的共同推动之下,制造业企业在大合并运动中以惊人的速度不断合并。短短数年间,就有近两千家公司与自己的竞争对手合并,从而创造出一些全美最大的工业企业,它们之中的许多企业一直延续至今。②

大合并运动在美国历史上是史无前例的,而且它的影响非常巨大。虽然说是19世纪的运河和铁路公司开创了美国管理资本主义的先河,但早期的运输企业主要依赖于公开发行的债务和私人债务,所以,直到大合并运动才真正加速了制造业与金融资本的制度化融合。因此,公司合并的兴起也导致资本市场的加速扩张。最终,银行和金融公司蓬勃发展。与此同时,随着美国的金融投机精神和"股东民主"理念的日渐成形,大型公司的所有权也日趋分散。具有讽刺意味的是,与公司所有权日趋分散同时出现的是财富不断集中到掌

---

① "Testimony of Jacob G. Schonfarber", Washington, D. C., December 5, 1899, in *Report of the Industrial Commission*, Vol. Ⅷ (Washington: Government Printing Office, 1901), 444—46; Robert D. Johnston, *The Radical Middle Class: Populist Democracy and the Question of Capitalism in Progressive Era Portland, Oregon* (Princeton: Princeton University Press, 2003), 159—76.

② Naomi R. Lamoreaux, *The Great Merger Movement in American Business, 1895—1904* (New York: Cambridge University Press, 1895); Robert L. Nelson, *Merger Movements in American Industry, 1895—1956* (Princeton: Princeton University Press, 1959); Alfred D. Chandler, Jr. *The Visible Hand: The Managerial Revolution in American Business* (Cambridge, Mass.: Harvard University Press, 1977); David Bunting, *The Rise of Large American Corporations, 1889—1919* (New York: Garland Publishing, 1987).

第五章　公司资本主义和宪法变革:现代财政国家的法律基础

控"巨兽企业"的个人手中。①

当时的人们对大企业快速增长的态度是极为矛盾的。有些人大肆庆祝，认为大型工业公司是经济效率的理想典范，也是动员资本和实施科学管理的必要手段。反过来，还有许多人则对新的"巨兽企业"以及掌控和领导这些巨兽的"强盗资本家"持更加怀疑的态度。利用美国根深蒂固的反垄断传统，批评家将大公司视为贪婪的金融掠夺者，认为它们无视法律规则和共同道德，坚持不懈地扩张并巩固自己的经济帝国。的确，这些公司（许多公司在合并之后成为控股公司或"信托"公司）在主流文化中往往被描绘成经济的"八爪鱼"，其触手伸到了美国人生活的方方面面。因此，社会评论家非常担忧一点：在这些大企业中积聚的经济实力和政治力量会威胁到美国的共和价值观与自由民主的核心理念。这些担忧也反映在税收的政策上，这些大企业的所有者和经营者，很多时候甚至是这些公司本身，都成为改革者寻求重新分配税收负担的具体目标。②

然而，大多数累进税的支持者并不想如此激进地去重新分配这些新公司所产生的巨大财富；相反，他们希望能够重新校准当前税负分配中的不平衡。跟随进步政治经济学家（他们把基于支付能力原则对个人和企业征税推上了理论的高地）的脚步，法律专家和其他税制改革者牢牢把握住这个机会（来自

---

① William G. Roy, *Socializing Capital: The Rise of the Large Industrial Corporation in America* (Princeton: Princeton University Press, 1997); Vincent P. Carosso, *Investment Banking in America: A History* (Cambridge, Mass.: Harvard University Press, 1970); Lawrence E. Mitchell, *The Speculation Economy: How Finance Triumphed over Industry* (San Francisco: Berrett-Koehler, 2007); Julia C. Ott, *When Wall Street Met Main Street: The Quest for an Investors' Democracy* (Cambridge, Mass.: Harvard University Press, 2011); David Hochfelder, "'Where the People Could Speculate': The Ticker, Bucket Shops, and the Origins of Popular Participation in Financial Market, 1880—1920", *Journal of American History*, 93:2 (2006), 335—58. 当然，公司所有权和控制权的日渐分离，也成为下一代公司法学者和政策制定者的主要关注点。Adolf A. Berle Jr. and Gardiner C. Means, *The Modern Corporation and Private Property* (New York: Macmillan, 1932).

② Frank Norris, *The Octopus: A Story of California* (New York: Doubleday, 1901); Matthew Josephson, *The Robber Barons: The Great American Capitalists, 1861—1901* (New York: Harcourt Brace, 1934). 称赞公司和资本家的贡献的学术研究，请参阅，如 Allan Nevins, *Study in Power: John D. Rockefeller, Industrialist and Philanthropist* (New York: Scribner, 1953); Maury Klein, *The Change Makers: From Carnegie to Gates: How the Great Entrepreneurs Transformed Ideas into Industries* (New York: Henry Holt, 2004)。

大公司日益增强的力量和日益严重的财富差距),致力于重振税收改革运动。他们首先将公司及其所有者和经理人作为新的所得税目标。具有讽刺意味的是,美国的最高法院也为改革者提供了助力。在新的法官组合之下,最高法院裁定美西战争期间的重要税收措施有效,这为立法者和改革者要求重新裁定波洛克案打开了新的机会之门。这些裁决,再加上至关重要的总统领导,促使根本性的财政改革运动再一次复苏。

复兴的改革运动

早在19世纪90年代,甚至在企业合并的浪潮发生之前,州际公司的力量就日趋强大,这促使经济理论家重新考虑对这些大规模的、全国性企业的最优税收。正如我们在上一章中所看到的,19世纪后期州和地方的公司税主要是基于有形财产,而且不具备任何连贯性或一致性。为了对抗这种普遍性的"混乱",并合理化对跨州经营企业的征税,经济学家,如埃德温·塞利格曼、亨利·卡特·亚当斯以及弗朗西斯·沃尔克等,都认为联邦政府应该进行干预,并且对大型跨州企业的盈利能力征税。[①] 不过,波洛克案的裁决在废除所得税的同时,也废除了对跨州企业征收联邦税的初次提案。但是,最高法院在诺尔顿诉摩尔一案(*Knowlton v. Moore*)中首次确认了1898年国家遗产税的有效性,随后又在斯普雷克尔炼糖厂诉麦克莱恩一案(*Spreckels Sugar Refining Co. v. McClain*)中裁定企业消费税为有效,这些裁决再一次为财政国家的建设者开启了"机会之窗"。[②]

最高法院的这两项裁决虽然并未直接挑战波洛克案,但他们确实为进步的改革者带来了些许慰藉。通过限制宪法直接税条款的应用范围,这两大裁决维护了使用国家征税权打击某类财富集中的权力。在诺尔顿案中,法院判决1898年的继承税为一项间接的"遗产税"。由于历史上一直将遗产税视为

[①] Edwin R. A. Seligman, "The Taxation of Corporations Ⅱ", *Political Science Quarterly* 5: 3 (September 1890), 464; Francis Walker, *Double Taxation in the United States* (New York: Columbia University Press, 1895), 131; Adams, "Corporate Taxation".

[②] *Knowlton v. Moore*, 178 U. S. 41 (1900); *Spreckels Sugar Refining Co. v. McClain*, 192 U. S. 397 (1904).

第五章　公司资本主义和宪法变革:现代财政国家的法律基础

"不是对不动产或个人财产的征税……而是对与死亡有关的、财产转移或接收的征税",所以它们应被视为间接税而非直接税。法院认为,仅对财产转让的征税并不是需要分配的直接税。同样地,在斯普雷克尔案中,法院裁定对炼糖和炼油厂总收入所开征的税收(为了资助美西战争)也不是需要分配的直接税,而是一种间接的消费税。大法官约翰·M.哈兰(John M. Harlan)写道:"显然,这项税收的课税对象是年度总收入而并不是财产,它仅仅是用于开展或从事制糖业务的资金。"虽然这两项裁决均未明确挑战波洛克案的地位,但都表明法院不愿扩大直接税条款的适用范围。在下文我们还将看到,法院这种轻微的犹豫也为一些法律专家带来了质疑波洛克案的可持续性的机会。[①]

最高法院支持公司消费税的裁决也为那些致力于向新兴"巨兽企业"征税的活动家提供了新的契机。改革者牢牢地抓住了这个新机会。有影响力的思想家和公民领袖(如弗朗西斯·沃克)反复重申一点:基于财政公民的原则,公司有义务承担合理比重的税收负担。沃克作为发起税收概念性运动(基于个人能力的税收)的美国理论家,在企业合并浪潮的顶峰,即诺尔顿案裁决之后不久出版了一本著作,强调联邦企业所得税背后的分配问题:"理论上的正义首先要求这种税收能够覆盖企业的实际收入能力,其次要求税负应在收入的获取方之间被公平地分配。"后一点表明沃克同大多数政治经济学家一样,深知公司的税负取决于多种因素,而股东、工人或债权人(以及其他的可能方)可能才是最终的承担者。[②]

经济学家和立法者数十年来确实一直在应对各种各样的挑战,试图向公司及其股东征税。塞利格曼写道:"政府随处面临这样一个问题——如何才能捕捉这些证券的持有人或企业本身的纳税能力?为了实现实质性的正义,我们应该向谁征税以及如何对他们征税?放眼整个金融领域,都找不到任意一个问题有着如此令人失望的答案。"最终,这个难题并没有任何决定性的解决

---

① *Knowlton*,178 U. S. 41,81;*Spreckels Sugar Refining Co.*,192 U. S. 397,411.

② Francis Walker,"The Taxation of Corporations in the United States",*Annals of the American Academy of Political and Social Science*,19 (1902),1—20. 同样请参阅 "Testimony of Edwin R. A. Seligman", Washington, D. C., December 6, 1899, in *Report of the Industrial Commission on Transportation*,Vol. Ⅳ (Washington:Government Printing Office,1900),602.

方案。①

　　正如当今学者所表明的那样，监管和收入是美国公司税背后的两大混合原动力。当时很多人认为，公司是一个有机的实体商业联合、自身具备一种集体性的身份，因此可以通过税法控制并且管理这些大企业日益增长的力量；另一些人则认为，公司仅仅是个体的聚集，是一个法律实体，从而不具备任何超过为个体所有者意志服务的抽象的存在。从后者的角度来看，公司税的目的仅仅是通过向股东征税以有效地提高公共税收收入。②

　　上述两种对公司的解读一直占据学术界的主导地位，而且各自的背后都有着大量的历史证据。因此，公司税既是一种管理公司资本的税收手段，又是针对股东的、筹集收入的税收工具。尽管如此，对公司税的比较研究表明，与其他西方的工业化民族国家不同，美国在20世纪之交尤为专注于通过税收政策来约束资本家（更倾向于第一种解读）。从这个意义上说，监管和收入这两大目标并不对立，反而互相成就。就像盗贼和浸信会聚集在一起支持禁酒令一样，反对公司的监管者和管理收入的改革者都认同（至少在原则上）有必要开征公司税，即使他们的动机完全不同（前者是为了管制公司资本，后者是为了筹集收入）。把美国的所得税政策放在比较的视角（这样一个比较视角要低于国家的层面，但又高于美国的民族国家层面）之中进行观察，可以清楚地发现，当时的美国正在日益达成对某些类型的公司税的共识，而且美国人有着向资本家征税的强烈执念。

在监管与收入之间：比较的视角

　　如前文所述，在美国的地方层面，公司被规律地嵌入各工业州的征税网络

---

① Edwin R. A. Seligman, "The Taxation of Corporations Ⅰ", *Political Science Quarterly*, 5:2 (June 1890).

② 是监管还是代缴的争论近年来主导了关于美国公司税起源的法律历史文献。请参阅，如 Marjorie E. Kornhauser, "Corporate Regulation and the Origins of the Corporate Income Tax", *Indiana Law Journal*, 66 (1990), 53; Reuven S. Avi-Yonah, "Corporations, Society, and the State: A Defense of the Corporate Tax", *Virginia Law Review*, 90 (2004), 119; Steven A. Bank, "Entity Theory as Myth in the Origins of the Corporate Income Tax", *William & Mary Law Review*, 43 (2001), 173; Steven A. Bank, "A Capital Lock-In Theory of the Corporate Tax", *Georgetown Law Journal*, 94 (2006), 889。

第五章　公司资本主义和宪法变革:现代财政国家的法律基础

中。在内战前期,美国各州的政府都试图将各种财产税应用于公司。不仅如此,当各州在20世纪之交开始改革自身的财政结构时,公司一直都是它们的核心课税对象。加利福尼亚州的经验就很好地说明了这一点,加州的立法者在财产分类的运动中,通过企业所得税同时推动了两大目标:一是获取急需的财政收入;二是管制大公司日益增强的经济力量。①

通过这种方式,州级公司税法和税收政策就发展成为全美公共财政浪潮中不可分割的一部分;"支付能力"和"能力"这两个关键词不仅被用于个人,而且被同样频繁地用于公司。1886年,公司被美国的最高法院视为法人,并且享受第十四条修正案中的同等保护。②换言之,对公司征税不应仅仅基于它所持有的财产,而应基于它的收入能力。因此,公司税成功地将美国在税收思想层面发生的巨大变革付诸实践。

在比较各州的税法发展时,国家的官员也认同了基于获取收入能力或支付能力对公司征税的重要性。美国工业委员会的乔治·克拉珀顿(George Clapperton)于1901年写道:"这些州都明显倾向于按照获取收入的能力对准公共企业进行征税,在正确的引导之下,这必然是正确并且可行的税收原则,而且适用于当前工业环境之下的企业。"③到1909年,联邦税务官员甚至承认,连"税收"本身的确切定义也已经发生了变化。美国的公司局认为,税收是"作为一种一般性的收入来源(而不是一个等价的特定利益),并且是由政府要求的支出"。这个表达高度类似于理查德·伊利在1888年给出的税收定义。④

公司局承认两种税收理论(即受益原则和支付能力原则)是同时存在的,

---

① Carl C. Plehn, "Results of Separation in California", in *Proceedings of the Ninth Annual Conference under the Auspices of the National Tax Association* (Ithaca: National Tax Association, 1915), 50—8; David R. Doerr, *California's Tax Machine: A History of Taxing and Spending in the Golden State*, ed. Ronald Roach (Sacramento: California Taxpayers' Association, 2000).

② *County of Santa Clara v. Southern Pacific Railroad*, 118 U. S. 394 (1886).

③ George Clapperton, *Taxation of Corporations: Report on Systems Employed in Various States Prepared Under the Direction of the Industrial Commission* (Washington, DC: Government Printing Office, 1901); "Favors an Income Tax", *New York Times*, March 28, 1901, 5.

④ U. S. Department of Commerce & Labor, Bureau of the Corporations, *Taxation of Corporations: New England* Ⅰ, (1909), 3; Richard T. Ely, *Taxation in American States and Cities* (New York: Crowell, 1888), 14 (针对这个定义,伊利引用了1875年马萨诸塞州税收委员会的报告)。

247

但它还强调,它"往往更加偏好支付能力原则,即每个人,无论是自然人还是法人,应根据自身的支付能力为政府做出贡献"。实际上,公司局继续强调,公司提供了"一个原则上能够完美测试获利能力原则的场所,以考察这一税收方法是否能够在实践中确定正确的应纳税金额"。个人能力或支付能力往往难以被测度,更加难以被管理;但与个人不同,公司的未来盈利能力非常独特且适合被测度。具体来说,公司局认为,"股票的市值并不完全取决于过去的收益,而是主要取决于未来预期的盈利能力"。因此,公司面对的是"理论上正确的税收负担",并且"当人们在讨论鼓励公司成立是否符合公共利益这一问题时,自然会把这一点也纳入考虑"。在合并热潮结束之时,政府官员已经非常清楚地意识到一点:公司合并以及随之而来的资本市场扩张,使公司的利润以及股东和管理者的收入都变得更加"清晰"可见。①

促使美国思想家、法学家和政府官员欣然接受公司直接税的另一个原因是,美国所接受的公司人格理论。跨大西洋的思想再一次塑造了美国的税收辩论。在早些时候,新学派的政治经济学家从德国历史学派的海外导师那里学习了很多;现在,一群新的美国法律和经济理论家同样接受了德国的思想,认为公司的集体性质是实际或自然的独立存在物,并不仅仅是人为的实体。将公司视为真实实体的法律观念(认为公司具备自身的法律人格意识,以及随之而来的财政公民责任)支持了单独征收公司税的呼吁。德国法学家奥托·冯·吉尔克(Otto von Gierke),也是公司真实实体理念的主要支持者,他的作品将公司描绘成真实实体并且对美国的学者产生了极其巨大的影响。芝加哥大学的恩斯特·弗洛因德(Ernst Freund)教授将吉尔克的许多思想融入自己的经典著作,即1897年出版的《公司的法律性质》(*The Legal Naturre of Grporatins*)。②

美国的法学家之所以接受弗洛因德的公司法学概念(认为公司是实在并

---

① Ely, *Taxation in American States and Cities*, 16; Scott, *Seeing Like a State*.
② Ernst Freund, *The Legal Nature of the Corporation* (Chicago: University of Chicago Press, 1897). 关于大陆法系对美国法律的影响,请参阅 Horwitz, *Transformation* Ⅱ, 179—80; Ron Harris, "The Transplantation of the Legal Discourse on Corporate Personality Theories: From German Codification to British Political Pluralism and American Big Business", *Washington & Lee Law Review*, 63 (2006), 1421—78.

第五章 公司资本主义和宪法变革:现代财政国家的法律基础

独立的法人实体),主要原因是,它契合美国根深蒂固的反垄断传统,并且符合现代工业化国家中不断变动的物质条件。回想一下,几乎每一位进步的改革家(从政治经济学家到安置所的创始人,再到社会福音的牧师)都认为现代生活中日益加强的相互依赖性挑战了古典的个人主义理念。在城市的工业社会中,这些改革者主张人们应该更加关注于团结和社区的利益,而且,这一思想取代了原子式个人主义的主导地位。集体相对个人的重要性可能在商业生活中得到了最好的体现。亨利·卡特·亚当斯在公司兼并热潮的高峰期宣称:"我们马上就要达到商业操作的个体性被集体特征所吞没的阶段,因此,个体性的观点现在只是例外,而不是规则。"[1]

鉴于人们越来越关注集体的特权与义务,毫无意外,这种将公司视为真实的独立实体的理论会占据主导地位。甚至连美国最高法院也承认公司是抽象的个人,有权享受宪法第十四条修正案的同等保护。在1886年具有里程碑意义的圣塔克拉拉诉南太平洋铁路公司案(*Santa Clara v. Southern Pacific Railroad*)中,法院简洁地裁定"宪法第十四条修正案,即禁止国家剥夺其管辖范围内任何人的同等法律保护,适用于这些公司"。更为具体地,法院根据平等保护条款裁定,加利福尼亚州禁止对公司和个人财产按照不同的方式征税。虽然最高法院的裁定并没有明确将公司视为自然或抽象的实体,但它确实将公司的财产权嵌入了美国的宪法。[2]

在赋予公司人格合法财产权的过程中,最高法院在不经意间支持了改革者的单独公司税。因为,如果说公司是具备宪法权利的法人,那么它也是国家政体的成员之一,因此它的合法权利就伴随着相对应的社会义务和责任,其中也包括为州做出贡献。从这个角度来看,圣塔克拉拉案不仅为这些新出现的经济权力集中(公司)提供了合法性,也将这些新的企业组织放在了一个全新界定的社会契约中。不仅如此,企业具备单独的法律人格,这一观念对应着一种针对这些经济实体的巨大敌意。如果说,在美国的社会思想和主流文化中,

---

[1] Henry Carter Adams to Edwin R. A. Seligman, June 20, 1904, in "The Seligman Correspondence Ⅱ", ed. Joseph Dorfman, *Political Science Quarterly*, 56 (June 1941), 270—86, 275.

[2] *County of Santa Clara v. Southern Pacific Railroad*, 118 U. S. 394 (1886); Horwitz, *Transformation* Ⅱ, 66—76.

工业公司是一只贪婪并且试图将触角深入全美社会的巨型章鱼,那么肯定可以认为,公司这种经济组织在政体和法律秩序中也占据着独特的空间。①

虽然新出现的公司法律理论可能支持改革者对美国公司税的呼吁,但仍然存在一些独特的美国式问题,即公司资本税收的敌对性历史发展。尽管美国的思想家和立法者同时将公司视为资本的危险集中地和向企业所有者征税的有效渠道,但英国的专家则没有这种模棱两可的态度。对他们来说,公司就是一个法律实体,本身并不具备任何盈利能力。从税收的层面来说,英国的企业在功能上等同于合伙企业。相应地,英国主要使用"企业"所得税作为针对股东的间接征税工具。②

比较研究的税收专家反思了英美两国关于公司税收政策的各种差异。哈里森·B. 斯波尔丁(Harrison B. Spaulding)写道:在英国,"公司,除了出于征税之便,不被视为应税实体,所依据的理论是所得税应根据个人的纳税能力且仅对个人征税"。对于英国来说,这意味着

> 公司仅是个人用以便利地开展商业业务的各种手段之一,而且不应被视为单独的课税对象。它本身不是潜在的应纳税人,而是应税或不应税个体的集合。尽管出于某些特定的目的,有必要将公司视为独立的法律实体,但是,英国并未将此概念扩展到所得税的领域。③

不仅如此,美国企业与政府之间独特并且长期存在的对抗关系也反映出英美两国对公司截然不同的看法。美国将公司视为单独的法律实体,斯波尔

---

① Gregory A. Mark,"The Personification of the Business Corporation in American Law", *University of Chicago Law Review*, 54 (1987), 1441—83, 1465—6. 关于这一时期企业文化的意义,请参阅 Alan Trachtenberg, *The Incorporation of America: Culture and Society in the Gilded Age* (New York: Hill & Wang, 1982).

② Rob McQueen, *A Social History of Company Law: Great Britain and the Australian Colonies, 1854—1920* (Surrey: Ashgate, 2009), Ch. 5.

③ Harrison B. Spaulding, *The Income Tax in Great Britain and the United States* (London: P. S. King & Sons, 1927), 86—7.

第五章　公司资本主义和宪法变革:现代财政国家的法律基础

丁指出,这一观点"如此稳定,而且历史悠久,它毫无疑问会影响主流思想"[①]。

最为明显的影响,可能就是美国大众对这种经济权力集中,特别是大型商业公司的强烈厌恶与不信任。斯波尔丁写道:"在任何有关美国公司理念发展的讨论中,都必须牢记一点,公司往往被视为潜在的或实际的邪恶源头,也因此常常成为被怀疑的对象";"在实践中,所有'大企业'都是通过公司这一手段实现的"。因此,"民众会觉得如果对公司课以重税,那么税负将由社会中最为富有的那部分人承担"。与英国不同,斯波尔丁指出,美国人好像非常矛盾:他们的法律似乎与他们的政治是相互冲突的。也就是说,美国在政治理论上的自由放任资本主义似乎与实践中的、惩罚资本家的税收制度是相互矛盾的。

斯波尔丁的敏锐观察抓住了美国公司税政策的矛盾内核。虽然许多专家与立法者欣然接受伴随着公司资本主义兴起所出现的经济增长和繁荣,但他们依旧担心它会给社会和政治带来复杂的冲击与影响。为了对抗工业主义的过度发展,理论家认为,公司不应仅被视为个体经济主体的代理人,而应被视为具有重要社会责任的独立法律实体。"它无处不在,"塞利格曼在公司合并热潮的尾声写道,公司"造成了一个日益重要的问题,并为根据社会观点(而非个人观点)征税的内在含义提供了一个极好的示例"[②]。

这种社会观点意味着,在现代生活中日益加强的相互依赖性要求对税收体系进行重大调整;在这种调整中,集权的国家将成为急需的政治和社会力量以对抗经济力量向公司的集中。州层面的改革者,如托马斯·亚当斯、查尔斯·布洛克以及尼尔斯·豪根,拒绝了维持"地方自治权"的要求;相似地,国家层面的活动家也致力于扩张并巩固联邦的权力。弗朗西斯·沃克写道:"很

[①] Harrison B. Spaulding, *The Income Tax in Great Britain and the United States*, 92. 美英公司法和税收的差异也反映在这两个国家所有者和管理者的不同所有权结构与权力的关系之上。Steven A. Bank, *Anglo-American Corporate Taxation: Tracing the Common Roots of Divergent Approaches* (New York: Cambridge University Press, 2001), 142-6. 商业历史学家长期以来都认为, 在第一次世界大战之前, 英国企业界占据主导地位的是家族结构式的企业。请参阅 Alfred D. Chandler Jr., *Scale and Scope: The Dynamics of Industrial Capitalism* (Cambridge, Mass.: Harvard University Press, 1994), Chapter 7; Brian R. Cheffins, "Law, Economics, and the UK's System of Corporate Governance: Lessons from History", *Journal of Corporate Law Studies*, 1:1 (June 2001), 71-91.

[②] Seligman, "Pending Problems in Public Finance", *Proceedings of the Congress of Arts and Sciences, Universal Exposition, St. Louis* ed. Howard J. Rodgers (Boston: Houghton, Mifflin and Co., 1906) (emphasis added). 这篇文章后续被再版于塞利格曼极受欢迎的《税收论文集》(1913年)之中。

明显,从许多方面来说,扩大联邦的控制是必要的。不仅如此,随着国内不同构成之间经济联系的日益紧密,以及商业组织集中化程度的日益增加,这种必要性也在不断增强。这种经济生活中的相互支持必须在法律中得到更为恰当的表述。"①

从理论家到立法者

很快地,有影响力的联邦政治家就开始考虑,如何在新的税收立法内体现这种现代经济生活中日益增长的相互依存关系。1906年12月,西奥多·罗斯福总统详细阐述了他在早些时候提出的"财富税",并且建议国会考虑开征累进的遗产税,"如果可能的话,请考虑累进的所得税"。这些看似即兴的言论令经济精英及其在国会的代表们立刻警觉起来,担心这位"牛仔"总统可能坚持这些建议。然而,在随后的总统任期和政治生涯中,罗斯福对支持直接税和累进税的态度不断摇摆。他有时支持改革者的呼声,敦促美国和其他"文明国家"同样开征累进税;有时又提议联邦政府仅依赖遗产税,把所得税留给各州。最终,在整个总统任期内,罗斯福在推动直接税和累进税方面可以说是鲜有作为。②

罗斯福不愠不火的支持态度鼓励了中间派的律师和税收专家。1906年,前司法部长韦恩·麦克维格(Wayne MacVeagh)赞扬罗斯福为税制改革运动带来的关注。不过,与新自由派的改革者不同(借用塞利格曼的话,新自由派的改革者将直接税和累进税运动视为通向"完善现有税制使其更加公正"的道路),麦克维格相信让步并且接受温和的所得税有助于维持社会的稳定以及保留富裕者的财富。③总统的呼吁——对巨额财富开征温和的累进税——会让超级富豪感到惊恐,这一点令麦克维格感到非常惊讶(罗斯福本人亦然)。富裕者似乎忽略了一点:美国大众明显感受到了日益增长的公司力量和日益扩

---

① Walker,"Taxation of Corporations".
② Buenker, *Income Tax and the Progressive Era*,51—4;Ratner,*American Taxation*.
③ Edwin R. A. Seligman,"The Income Tax",*Political Science Quarterly*,9:14(December 1984),610—48.

第五章 公司资本主义和宪法变革:现代财政国家的法律基础

大的经济差距。麦克维格认为,在这种情况下,"资本家抵制所有试图让他们承担恰当税负份额的行为,恰恰暴露了他们独特的愚蠢"。经济精英完全不了解温和税收的关键作用——它能够避免激进的财富分配。如果说罗斯福的建议和诺尔顿案的裁决(裁定遗产税为有效)预示着未来可能对累积的财富征税,那么麦克维格的核心目标是,"向公众思想强调一点,即我们有必要对这样的税收施以适当的限制"[1]。

尽管麦克维格的言论可能反映了保守主义者对不断变化的历史环境的反应,但许多其他专家则真诚地相信一件事:由于公司合并所加剧的民众担忧以及日益严重的经济不平等确实能够重振真正的、有深远影响的财政改革。例如,诺尔顿案的裁决促使数位经济和法律专家重新展开关于波洛克案持续有效性的讨论。即将成为塞利格曼在哥伦比亚大学同事的卫斯理·C. 米切尔(Wesley C. Mitchell)总结了诺尔顿案的观点与论证,以说明最高法院一直在吸收关于直接税和间接税之间经济区别的信息,这恰恰可能是被波洛克案的各位法官所无视的区别。同样地,马克斯·韦斯特提出,直接通过修改宪法来推翻波洛克案的裁定,而不是依靠质疑法院推定的与新所得法的不一致。[2]哈佛大学的经济学家查尔斯·布洛克在《政治科学季刊》(Political Science Quarterly)中发表了一篇关于直接税条款的历史分析的文章(这篇文章篇幅很长,包含两大部分。另外,这篇文章毫无疑问经过了主编塞利格曼的批准),认为该条款是"对奴隶制做出巨大妥协的产物,是一个历史的遗物",因此,该条款"在任何合理的税收监管计划中都毫无根基"。[3]

最新的学术研究和州级税制改革都令美国国内对直接和累进税的兴趣与日俱增。法律专家,如弗兰克·J. 古德诺(Frank J. Goodnow),开始将注意力

---

[1] Wayne MacVeagh,"The Graduated Taxation of Incomes and Inheritances", North American Review,182:595 (June 1906),824—8,827;Buenker, Income Tax and the Progressive Era,51—4; Stanley, Dimensions of Law in the Service of Order,188—9.

[2] Wesley C. Mitchell,"The Inheritance Tax Decision", Journal of Political Economy,8:3 (1900),387—97;Max West,"The Income Tax and the National Revenues", Journal of Political Economy,8:4 (1900),433—51.

[3] Charles J. Bullock,"The Origin, Purpose and Effect of the Direct-Tax Clause of the Federal Constitution,Ⅱ", Political Science Quarterly,15:3 (1900),452—81,452—3. 同样可参阅 Bullock, "The Origins, Purpose and Effect of the Direct-Tax Clause of the Federal Constitution,Ⅰ", Political Science Quarterly,15:2 (1900),217—39.

转向税收，并且出版了以托马斯·库利早期作品为蓝本的、颇具影响力的税收文章。甚至连那些最初对所得税的行政管理效率持怀疑态度的专家，如威斯康星州的经济学家金斯曼（最初他拒绝采纳州级所得税），最后也承认新的"改革精神"似乎在波洛克案之后已经席卷了美国的许多州。"目前的所得税活动"由充当"政治实验室"的州主导推动，金斯曼于1909年承认，这为实现更为深远的、联邦层面的变革做好了准备。①

然而，前任司法部长，埃德温·B.惠特尼（Edwin B. Whitney，曾在波洛克案中败诉）为挑战所得税的宪法障碍提供了最为有力的依据。惠特尼在《哈佛法律评论》（*Harvard Law Review*）中发表了一篇伪装成学术文章的法律摘要，试图在法学界重新讨论波洛克案。从惠特尼的角度来看，最高法院对联邦遗产税的支持意味着直接税条款"仍旧存在疑义"。尽管惠特尼声称，他写此文的目的并不是"评论最高法院的裁定——在颇具政治争议性的问题上推翻自身众多先例的这种裁定"，但他从未掩饰他在捍卫1894年所得税时败诉的失望，所得税被"五比四这种反常裁定"的历史性"意外"给打败了。② 事实上，惠特尼预测"未来的所得税法，其实质条款可能略有不同"，将给法院带来宪法上的困境。这将迫使法官裁定一个问题：

> （是在波洛克案之前的）一系列裁定应该得到更大的重视，因为它们在所涉及的问题上都保持了一致性的观点；而且，其中的一个案例基本上发生在宪法的同一时代，从而阐述这个案例的人们已经见证并且裁定了宪法中所用词汇的正确含义。或者，其他的裁定（波洛克案）应该得到更高的关注，因为它被裁定的时间更晚，而且在组成法庭的9位法官之中，有5位法官认为它与之前的裁定存在区别，或者说推翻了之前的裁定。③

通过这种直接的比较，这位前任司法部长鼓励国家的建设者继续施加压

---

① Frank J. Goodnow, *Selected Cases on the Law of Taxation* (Chicago: Callaghan and Co., 1905); Delos O. Kinsman, "The Present Period of Income Tax Activity in the American States", *Quarterly Journal of Economics*, 23: 2 (Feb. 1909), 296—306, 304, 296.

② Edward B. Whitney, "The Income Tax and the Constitution", *Harvard Law Review*, 20: 4 (1907), 280—96, 280, 286, 289.

③ Edward B. Whitney, "The Income Tax and the Constitution", 288—9.

第五章 公司资本主义和宪法变革:现代财政国家的法律基础

力,并且呼吁对旧有税收体系的、真正的法律转型。

惠特尼的呼声并没有被忽视。实际上,他的论点说服了许多有影响力的律师和立法者,其中包括新当选的总统威廉·霍华德·塔夫脱(William Howard Taft)。他以关税改革者的立场入主白宫,并且透露了他对税法改革的观点:一个谨慎并且精心设计的、用以补充由低关税而降低的公共收入的所得税,有可能通过宪法的检验。[①] 在这些意见的鼓舞下,由众议院的科德尔·赫尔(Cordell Hull,田纳西州的民主党人)、参议院的约瑟夫·W.贝利(Joseph W. Bailey,得克萨斯州的民主党人)和参议员威廉·E.波拉(William E. Borah,爱达荷州的民主党人)带领的一群南方农业民主党以及由参议员罗伯特·拉·佛莱特(Robert La Follette,威斯康星州的共和党人)和阿尔伯特·C.康明斯(Albert C. Cummins,艾奥瓦州的共和党人)带领的美国中西部的进步共和党骨干联手,共同起草了新的所得税法。反对所得税的是守旧共和党的核心国会议员,他们的领导者是颇具影响力的参议院金融主席尼尔森·W.奥尔德里奇(Nelson W. Aldrich,罗得岛州的共和党人)和众议院议长约瑟夫·G.加农(Joseph G. Cannon,伊利诺伊州的共和党人)。[②]

尽管国家的立法者在波洛克案之后曾数次尝试开征所得税,但都惨遭失败。不过,1909年的国会辩论比较独特,因为当时诸多的历史因素相互融合,并且都有利于税收改革。具体来说,大公司的力量和经济不平等问题的日益加剧使得社会的焦虑情绪不断上涨、经济衰退导致联邦的财政赤字日益高企、最高法院对遗产税和公司消费税的支持、专业人士对财政改革的呼吁以及(可能是最重要的一点)共和党内部的潜在分裂,所有这一切似乎都在暗示开展重大税收改革的时机已经到来。南方民主党人非常确信他们获得了一个难得的机会,能够通过更加公平、有效的税收体系取代当前的间接税体系(它被赫尔形容为"臭名昭著的阶级立法体系")。赫尔在国会辩论中指出,保护性关税和国家消费税不仅让最没有能力的人承担了税收的财政负担,实际上还豁免了"卡内基家族、范德比尔茨家族、阿斯特家族、摩根家族和洛克菲勒家族总计数十亿美元累计财富"的税收。赫尔(和其他支持1909年所得税法的国家立法

[①] Ratner, *American Taxation*, 268—9; Paul, *Taxation in the United States*, 90—1.

[②] Ratner, *American Taxation*, 280—9.

者)的主要目标是重新分配国家的税收负担,而不是重新分配那些在企业工业发展中所产生的天量财富。①

威廉·E.波拉
(William E.Borah,
1865—1940)

科德尔·赫尔
(Cordell Hull,
1871—1955)

尼尔森·W.奥尔德里奇
(Nelson W.Aldrich,
1841—1915)

在诸位关键的立法者之中,众议院的科德尔·赫尔(田纳西州的民主党人)以及参议员威廉·E.波拉(艾奥瓦州的民主党人)坚定地支持所得税;参议员尼尔森·W.奥尔德里奇(罗得岛州的共和党人)则是所得税的坚定反对者。Courtesy of the Library of Congress, Prints & Photographs Division, photographed by Harris & Ewing, LC-DIG-hec-15593, LC-DIG-hec-20332, LC-DIGhec-16628.

图 5.1 三位立法者

在呼吁"向富裕者而不是贫困者征税"时,赫尔引用了许多著名的经济思想家和法学家的观点,这些人都曾公开支持累进所得税是按支付能力征税的最佳手段。② 实际上,赫尔的表述几乎重复了伊利(以及其他进步的政治经济学家)在数十年前支持所得税时所使用的文字,并且称之为"迄今为止最为公平的税收制度设计"。赫尔的引用说明了一点:发生在学术期刊和会议中的美国公共财政的概念性革命,在数十年之后再次走进国家权力的走廊,而这一切

---

① *Congressional Record*, 61st Cong., 1st sess. (1909), 44:536.

② *Congressional Record*, 61st Cong., 1st sess. (1909), 44:532-6. 赫尔与塞利格曼以及其他政治经济学家的通信主题一般都是:美国政府如何能够编制更准确的税收统计数据以及如何简化所得税。Cordell Hull to Edwin R. A. Seligman, April 16, 1915; July 11, 1918, ERASP; F. W. Taussig to Cordell Hull, October 2, 1917, Box 2, Folder 5, Cordell Hull Papers, Tennessee State Library and Archives, Nashville, TN.

第五章 公司资本主义和宪法变革:现代财政国家的法律基础

几乎与1894年所得税法的动荡时期一模一样。

赫尔及其同事都坚信,在国家税收结构中,通过对收入、利润及遗产的直接和累进税取代累退并间接的消费税,他们能够助力实现新的财政秩序。简言之,他们可以迫使美国社会中最具纳税能力的构成(富裕的公民和东北部的公司)为现代工业国家日益增长的公共需求承担税负。赫尔告诉他的各位立法同僚:"我并没有打算对财富进行不必要或不公平的征税,但我确实相信,国家的富裕者应该承担他们应负的税负,并且不应允许他们推卸这种责任。"[①]诚然,赫尔的言论也反映了南方民主党人的自身利益——他们热切地希望将税负从边缘地带转移到东北部的工业核心地带。不过,赫尔同时似乎明白了:通过强调巨大的个人财富也应伴随相应存在的公民责任,他的做法有助于为现代财政政体的后续发展创建一个制度上的"桥头堡"。

随着对所得税的支持日益提高,立法者起草了一份所得税议案,并且将其作为1909年待表决关税法案中的一部分。参议员约瑟夫·贝利和艾伯特·康明斯共同完成了一项提案,它要求对个人和公司超过5 000美元的净收入统一按2%的税率征税。[②]换言之,贝利-康明斯提案几乎复制了1894年的所得税法,这是对波洛克案的直接挑战。贝利和康明斯响应赫尔的观点并解释称,该法案的核心目标是为了确保富裕的公民和大公司的所有者承担了他们应负担的国家税负。贝利指出,把税基从消费转移到收入之上,是实现这一核心目标的最佳方式。借助那些重要的关键词(即新学派公共财政经济学家推动了长达数十年的关键词),这位得克萨斯州的参议员(贝利)强调,公平的税负分配来自"随着个人的支付能力而相应变化"的税收,而不是"随着个人商品消费金额的变动而变动"的税收。[③] 康明斯对此表示赞同,并且宣称,所得税

[①] *Congressional Record*, 61st Cong., 1st sess. (1909), 44:536, 533; Ratner, *American Taxation*, 272.

[②] Roy G. Blakey and Gladys C. Blakey, *The Federal Income Tax* (New York: Longmans, Green, and Co., 1940), 30—6. 有趣的是,贝利-康明斯所得税法为那些收入低于5 000美元的股东规定了免税额,因为他们有可能被重复征收了公司所得税。这条规定表明,即使在美国公司税发展的早期阶段,立法者就在考虑如何整合个人所得税和公司所得税。Steven A. Bank, *From Sword to Shield: The Transformation of the Corporate Income Tax, 1861 to Present* (New York: Oxford University Press, 2010), 62—6.

[③] *Congressional Record*, 61st Cong., 1st sess. (1909), 44:1351, 1538, 2447; Blakey and Blakey, *Federal Income Tax*, 37.

257

提案应被视为"对豁免财富这一恶性原则的攻击,而并不是对财富的直接攻击"[①]。一些所得税的支持者质疑他们的做法,也就是采用新的所得税法(它和曾经被最高法院废除的所得税法几乎完全一致)去直接挑战最高法院的裁决,他们认为,通过宪法修订来推翻波洛克案才是更为明智的策略。

毫不奇怪,代表东北部资本的保守派最为强烈反对这项所得税议案。罗得岛州的参议员兼共和党的核心发言人奥尔德里奇通过各种手段(如各种推迟辩论的程序性操作),致力于击败这项所得税提案。不仅如此,他们还投票否决了一项可能分化共和党并且损害保护主义的措施。为了团结共和党的同僚,塔夫脱总统促成了这两大党派之间的妥协。在6月的国会致辞中,总统提议以公司消费税和修订宪法案(准许开征不需分配的所得税)来替代贝利-康明斯的所得税提案;也就是说,塔夫脱总统的立场(认为所得税合宪)在这时已经发生了转变,他也认为直接以新的所得税法案挑战最高法院可能破坏最高法院(他非常尊重最高法院并且未来会入职其中)的完整性。[②]

不过,在塔夫脱的国会致辞中,最令人惊讶的是,他用以支持新公司税的依据。总统间接提到最高法院在1898年斯普雷克尔案中对公司税的裁定(判决对炼糖厂和炼油厂的公司税有效),并且将公司税描绘成"一种完全合法并且有效的税收体系",而且还能提供附加收益(监管甚至遏制公司资本主义发展)。塔夫脱认为,这个新的税种让"我们能够附带地使政府、股东和公众了解在这个国家中每一个企业的真实商业交易、收益以及利润"。塔夫脱认为,公司税能够提高美国企业的透明度,从而使美国迈向"对公司进行监督控制的漫长道路,从而防止更多的权力滥用"[③]。在塔夫脱的关键领导下,新的折中方案——公司消费税结合宪法修订提案(允许不需分配的所得税)——似乎同时缓和了两党的紧张情绪。对于开明的税收改革者而言,待表决的宪法修正案提供了一个一次性解决所得税问题的契机。不仅如此,公司税,尤其是它的附加条款还要求企业公开自身的记录,这不仅能够使企业更加透明,还能推动当前的税收体系向更加平等和均衡的方向发展。对于保守的税收反对者而言,

---

① *Congressional Record*, 61st Cong., 1st sess. (1909), 44:2447.
② Buenker, *Income Tax and the Progressive Era*.
③ *Congressional Record*, 61st Cong., 1st sess. (1909), 44:3344.

第五章　公司资本主义和宪法变革:现代财政国家的法律基础

公司消费税是阻止贝利-康明斯所得税法案的一种途径。"我将为公司税投票,目的是击败所得税。"这是奥尔德里奇的著名言论。对于他和其他保守派的共和党人而言,贸易保护主义所带来的权力和威望与他们切身的利益紧紧地捆绑在一起,因此,保持整个党派对关税的纪律性支持至关重要。奥尔德里奇宣称:"我愿意接受这一提案,是为了避免另一项提案,因为后者在我看来极其邪恶。不仅如此,在非紧急状况的和平时期开征这样一种税收,最终必将毁灭整个保护性的税收体系。"[1]最终,像奥尔德里奇这样的所得税反对者非常自信,认为待表决的宪法修正提案必将失败,而公司税也最终会被废除。

通往宪法修订案的批准之路

不过,事情并不如奥尔德里奇(以及这样的保守派人士)所预料,实际的发展甚至令他们备感苦恼。一方面,宪法修正案的批准运动逐步获得了强大的势头;另一方面,公司税也逐步演变为新财政秩序中的一项固定构成。具体来说,批准流程于1910年郑重启动,当年约有20个州批准了该修正案,而成功修订宪法必须要求36个州及以上通过这项修正案。决定性的转折点出现在1911年7月,届时纽约州成为第31个(可能是最重要的一个)批准该项修正案(该项修正案最终得以通过,并成为美国宪法的第十六条修正案,故下文简称第十六条修正案)的州。在纽约的关键支持下,批准过程获得了稳定的动力。到1913年2月,已经有足够数量的州批准了该项待表决的修正案。在宪法修正之后的不到一年内,第六十二届美国国会抓住了关键的政治时机,通过了1913年的安德伍德-西蒙斯关税法,这其中就包括温和累进的联邦所得税。[2] 不得不说,作为东北地区经济积聚的关键中心,纽约州的批准对宪法第十六条修正案的最终通过起到了非常关键的作用,而这项修正案正是现代美国财政最为基本的法律基础。[3]

---

[1] *Congressional Record*,61st Cong.,1st sess.(1909),44:3929。

[2] Underwood-Simmons Act,38 Stat. 114 (1913)。

[3] 更多关于第十六条修正案起源的内容,请参阅 Buenker,*The Income Tax and the Progressive Era*。

然而，通往批准的道路并不平坦，无论是纽约州还是全美。纽约州的批准之路充满了各种政治障碍，特别是纽约州州长——查尔斯·埃文·休斯（Charles Evan Hughes，他还是塞利格曼法学院的同学以及老朋友）——的坚决反对。尽管休斯州长并没有直接反对所得税，但他明确反对第十六条修正案，这使得纽约州的批准进程充满了纷争和不确定性。事实上，纽约州在1910年否决了该项修正案，直到两年之后才最终得以通过。

塞利格曼 vs. 休斯

1910年1月5日，在纽约州议会的开幕式上，休斯州长在特别致辞里专门讨论了有关所得税的第十六条修正案。休斯州长首先确认收到了这项宪法修正案，随后阅读了它的具体内容，"第十六条：国会有权对任何来源的收入征收并筹集税收，只要这些来源不在数州之间进行分配，并且不涉及任何普查或计数"①。休斯州长本人是纽约州律师协会一名非常受人尊敬的成员，而且还是一位著名的律师，所以他对拟议修正案的后半部分——排除各州之间的分配——并没有任何异议。无论如何，这一部分才是直接导致波洛克裁决的宪法依据。休斯承认："这种权力（征收不需要分配的所得税）应归属于联邦政府，前提是这种权力被恰当地用于应对国家的紧急情况。"不过，让这位州长非常不满的是如下的四个大字："任何来源。"他认为，这样的用词赋予国会对各州债务利息进行征税的权力，而这种权力能够摧毁各州的财政权力和政治主权。休斯宣称："州及其政府机构的借贷权将完全受到联邦征税权力的支配，这将损害州及其官员的基本权力，而我们必然要守护这项基本权力。"②

更为具体地说，休斯担心国会有权对"州政府或在州政府管理之下的市政机构发行的债券收入"进行征税。休斯认为，授予联邦这样的权力，将废除一种引申含义上的宪法限制。他辩称："州及其下属的政府机构现在所享有的一

---

① U. S. Constitution, Article XVI.
② State of New York, Senate, *Special Message from the Governor Submitting to the Legislature Certified Copy of a Resolution of Congress Entitled "Joint Resolution Proposing an Amendment to the Constitution of the United States"*, January 5, 1910, 3.

第五章　公司资本主义和宪法变革:现代财政国家的法律基础

种联邦税收的豁免权,这种权力并不是源自联邦宪法的任何明文规定,而是来自一种被认为是必要的引申。谁能保证在采纳这样一项明确阐述并且无所不包的修正案之后,这种引申的豁免权还会继续存在?"援引波洛克案和其他最高法院的判决,休斯认为这种引申的宪法限制(限制联邦征税权对州和地方政权的干预)已经被纳入美国的法理学,而拟议的修正案对这种存在已久的传统构成了潜在的威胁。从某些层面来说,休斯的主张也响应了州税务专家的担忧,如国家税务协会的创始人艾伦·里普利·富特(Allen Ripley Foote),他就曾担心联邦财政权力的集中化将破坏州的"税收主权"[①]。

但是,休斯反对修正案的理由并不完全基于宪法或其他的法律依据;他还认为,联邦对州和地方债券征税将使各州和市完全无法有效开发自身的资本市场。休斯解释说:"为了让州和市的债券可以在市场内进行交易(从而州和地方的管理机构可以使用债券作为融资手段),需要偶尔免除这种债券的税收,从而使政府的债券利息比原来的低。""允许此类证券成为联邦的课税对象,就是对州的借贷权力加以限制。最终,地方政府的各项成就就变成联邦政府的恩典。"[②]

正如历史学家约翰·D.布恩克(John D. Buenker)所记录的那样,休斯的发言所带来的后果是可以预见的:共和党人和反所得税的各大报纸纷纷声援州长的评论;民主党人与支持所得税的改革者则抨击休斯的演讲,称其代表着金融利益的权力。纽约州的美国参议员伊莱休·鲁特(他为宪法修订案的起草做出了巨大的贡献,并且还是一位杰出的共和党人士)试图冲淡休斯言论的影响,反复向州立法者担保这项修订案的意图绝非允许联邦政府取代州和地方的财政权力。实际上,正如鲁特所指出的,议会关于修订案具体用词的辩论表明,修订案的核心目标是否认"直接税"条款的应用范围的全新扩张(即波洛克案)。在给纽约州议会的一封信中,鲁特明确说明修订案的唯一目标就是去除波洛克案所带来的宪法障碍。换言之,修订案的真正目标是其中后半部分

[①] Allen Ripley Foote,"Annual Address of the President",*Conference on State and Local Taxation*,*Sixth Annual Conference under the Auspices of the National Tax Association* (Madison, Wis.: National Tax Association,1913),19—27.

[②] State of New York, Senate, *Sepcial Message from the Governor*.

有关分配的内容,并不是为了对州和地方的财政政体加以任何控制。①

同样地,自称为"好共和党人"的塞利格曼教授也斥责他的老朋友(休斯州长)以及对州长言听计从、忽略人民民主意愿的纽约州立法机关。正如我们所看到的,塞利格曼在州级所得税和联邦所得税之间一直倾向于后者,最重要的原因是,有效的所得税必须从收入的源头(被创造和被分配的源头)开始征收,而在这个国内资本和人口高度流动的时代,只有联邦政府能够管理这样一个"从源扣缴"的税收系统。基于捕捉个人支付能力设计的所得税应该由中央层面进行管理,这样才能保证全国的收入都可以被估值、申报和征收。为了争取纽约州的批准并且驳斥休斯的反对意见,塞利格曼将再一次为联邦所得税进行辩论。

事实上,当休斯明确反对宪法的修正案时,塞利格曼恰好完成了他在所得税方面的研究巨著。在这部研究著作的序言中,塞利格曼明确说明了他最主要的目标:"看来在不久之后美国就会开征所得税,而我写这本书的主要目的是让这个主题变得更加清晰,并且帮助立法者构建一套可行的方案。"②除了提供可行的方案之外,塞利格曼还打算说服立法者和读者一个关键问题:从历史上说,累进所得税是适合现代工业社会的一种税收手段。除此之外,在这本研究著作出版之前,塞利格曼就已经发表了一篇文章(从这本书的书稿中衍生而来的),并在其中直接质疑休斯的反对意见。

这篇文章发表于《政治学季刊》(当时塞利格曼依旧是主编),其中塞利格曼认为休斯的见解"在三个层面存在错误":第一,休斯州长混淆了法律先例,也就是忽略了波洛克案是对美国法律传统的巨大偏离,而这种法律传统是明确支持所得税的;第二,休斯并不理解市场力量将会抵消任何州和地方债券的

---

① 鲁特在起草第十六条修正案的具体用语方面贡献很大,特别是强调所得税是一种能够"不按人口分配"开征的"直接税";April 27,1909,copy of "Joint Resolution Proposing an Amendment to the Constitution of the United States"; "S. J. Res. No. 25"in Container No. 191: Corporation Tax Amendment,1909,Elihu Root Papers,Manuscript Division,Library of Congress,Washington,D. C.[ERP]. Buenker,*Income Tax and the Progressive Era*,278—9.更多关于国会对第十六条修正案具体用语的争论,请参阅 Bruce Ackerman,"Taxation and the Constitution",*Columbia Law Review*,99:1 (January 1999),1—57,36—9.

② Edwin R. A. Seligman,*The Income Tax: A Study of the History, Theory, and Practice of Income Taxation at Home and Abroad* (New York: Macmillan Co. ,1911),v.

第五章　公司资本主义和宪法变革:现代财政国家的法律基础

税收效应,从而将在一定程度上中和债券免税的经济收益;第三,也是最重要的一点,塞利格曼认为他的老朋友和老同学(休斯)完全不理解一点,即中央政治集权化的历史演变反映了经济和社会生活的各种变化,并且前者是后者所导致的结果。塞利格曼写道,制定宪法时的各种大环境已不复存在,"在19世纪……各种经济和社会的基本力量的快速发展创造了这个国家;而现在,这种发展在呼吁对诸多事务进行统一性的国家管理,这是当时的创建者完全无法想象的"。通过比较性的分析,塞利格曼得出结论:经济和法律流程不应该被过时的、州和地方自治的理念所束缚。塞利格曼宣称:"让我们不要继续迷恋'自治',让我们不要在自治意味着倒退(而不是进步)的情况下反对中央权力。"如前文所述,州级税务管理人员在尝试集中化管理地方的税收估值流程的过程中,也提出了相似的论点。①

尽管塞利格曼、鲁特和其他许多人质疑休斯的观点,但所得税的修正案还是没有在1910年得到纽约州议会的批准(当时共和党占多数席位)。在会议期间,修正案三次被表决并三次被占多数席位的共和党所否决。不过,第十六条修正案的命运并没有终结在1910年的立法会议中。第二年,纽约州的政治趋势发生了巨大的变动——立法机构和政府都由民主党派掌控,而且国会提议的所得税修正案再一次得到了巨大的关注。②

1911年,由于坦曼尼协会(纽约市民主党的执行委员会)在议会中占据多数席位,同时民主党派的约翰·A. 狄克斯(John A. Dix)就任州长,所以,在立法会议上有更多愿意倾听所得税修正议案的听众。然而,休斯(上任州长兼现任美国最高法院协理法官)在上一年的可怕警告依旧影响着许多州议员。这一次,塞利格曼教授不愿冒险,所以他公开声援了宪法修正案和所得税。意识到他的影响力可以扩大到学术著作之外,因此,塞利格曼在1911年再次向州立法委员会作证,而这次的目的与以往不相同。

在星期六下午漫长的听证会中,塞利格曼教授最后一位出场作证,他清晰地表达了他的反对意见,不仅针对休斯州长对修正案的质疑,而且针对在秋季

---

① Edwin R. A. Seligman, "The Income Tax Amendment", *Political Science Quarterly*, 25:2 (June 1910),193—219,214.

② Buenker, *The Income Tax and the Progressive Era*, 278—80.

民主党大胜之后依旧维持原先政治立场的共和党议员。本质上,塞利格曼重申了他之前的观点,指出休斯和他的支持者并没有意识到如下四点:第一,所提议的修正案仅仅是为了恢复波洛克案裁决之前的宪法状态;第二,有效的资本市场会考虑到州和地方债券与其他所有债券的、不同的税收效应;第三,即使联邦政府确实限制了州和地方的财政权力,所得税的潜在受益者是所有的政府,而不仅仅是联邦政府(收入层面);第四,人民的政治意愿代表了这个时代的精神,他们是支持修正案的。不仅如此,塞利格曼还详细解释了他在第二个论点中进行的经济学分析,甚至对休斯进行了人身攻击。在解释了相关的经济逻辑(有效资本市场会考虑证券的税收状态)之后,塞利格曼总结道:"如果我在哥伦比亚大学的任何学生犯了与休斯州长同样的错误,那我肯定会让他挂科。"[1]

塞利格曼还以同样的语气提醒留在州议会中的共和党议员,重申他在上一阶段议会证词中的政治警告。届时,塞利格曼已经警告过这些参议员,拒绝通过修正案就是无视人民的政治力量,后果自负。塞利格曼在1911年的证词中说:"这是我的好运气,可以向参议院的委员会表达我的意见:尽管我和在场的任何一位共和党人士一样是一名好的共和党人,但我相信,如果你们拒绝接受议案,共和党的民意调查会出乎意料的糟糕,而原因之一就是没有理会我的警告。"[2]由于他杰出的税收专业知识(受到同行甚至是批评者的肯定),塞利格曼对共和党立法者的野蛮谴责听起来振聋发聩。在同一场听证会中,司法委员会的一名共和党员试图质疑塞利格曼在税收方面的专长。这位共和党人手持一本公共财政学的教材,询问塞利格曼教授是否阅读过整本书。这个问

---

[1] "Corrects Hughes on Income Tax", *New York Times*, May 21, 1911, 12; "Says Hughes Made Mistake", *Washington Post*, May 21, 1911. 塞利格曼在这里指的应该是免税证券(如州和地方债券)的一个经济学概念,即由于更低的市场利率(相对于应税债券),这类债券会导致一种"隐形的税收"。Harry Watson, "Implicit Taxes", in *The Encyclopedia of Taxation and Tax Policy*, ed. Joseph J. Cordes, Robert D. Ebel, and Jane G. Gravelle (Washington, D. C.: Urban Institute, 1999), 167—8.

[2] Buenker, *Income Tax in the Progressive Era*, 288. 尽管塞利格曼在纽约州的立法者面前自称是一个"好的共和党人",但他的政治倾向很快就转向西奥多·罗斯福的进步公牛驼鹿党。Frank J. Goodnow to Seligman, September 9, 1912, Cataloged Correspondence, ERASP. 据塞利格曼的儿子尤斯塔斯说,他的父亲也将成为富兰克林·罗斯福和新政的坚定支持者。Interview with Eustace Seligman, September 3, 1974, Columbia Oral History Collections, Butler Library, Columbia University, New York, N. Y.

第五章　公司资本主义和宪法变革：现代财政国家的法律基础

题令围观者忍俊不禁，也立刻使这位提出询问的立法者备感尴尬，因为他很快意识到自己所持有的教材正是塞利格曼教授的著作之一。①

塞利格曼的评论，尤其是他对休斯的经济逻辑的强烈批判，引起了不小的轰动。例如，反对所得税的《纽约时报》一方面将塞利格曼的评论作为主要新闻加以报道；另一方面，刊登了贬低的社论和数封写给编辑用以质疑塞利格曼有效市场假说的信件。甚至连塞利格曼的导师约翰·伯吉斯（John Burgess）都公开表示反对所得税。就纽约州的民主党而言，他们将塞利格曼的言论作为棍棒，用以攻击坚持反对修正案的共和党派人士。有趣的是，共和党人在1910年将休斯的言论作为反对宪法修正案的政治宣言；相似地，许多民主党人在1911年利用塞利格曼的评论以及他的资历（客观的税收专家）为宪法修正案争取更多的支持。尽管塞利格曼试图澄清他并"不是攻击休斯州长的推理，而是躲在他极高声誉之下的人"，但他的证词的影响力不断扩大，同时批准修正案的政治推动力也逐步形成。②

由于民主党同时控制了纽约州的参议院和议会，再加上新当选的州长约翰·迪克斯的支持，第十六条修正案作为民主党坚定的党派路线在1911年的议会上获得通过。当然，立法机关的政治构成变化是导致纽约州批准第十六条修正案的主要因素，但塞利格曼的著作和证词也对达成这一结果发挥了重要的作用。他对休斯致辞的质疑，其实是用他的声望和影响力为所得税做出背书。这种背书来自一位表面上持中立态度并且在税收领域成果颇丰、极负盛名的专业人士，从而激发了支持所得税的各种力量。这种影响甚至超出了纽约州的范围，因为多个州的州长以与休斯类似的理由反对第十六条修正案，而这些州的所得税支持者则援引塞利格曼对休斯经济逻辑的质疑，从而对修正案的批准起到了非常重要的作用。事实上，纽约州对第十六条修正案的批准使天平向批准方向大大倾斜。不仅如此，在1912年的塔夫脱-罗斯福分裂后，国家的共和党开始走向分化，而待表决的宪法修正案立刻获得了进一步支

---

① Buenker, *Income Tax in the Progressive Era*, 288.
② "The Income Tax Hearing", *New York Times*, May 23, 1911, 10; "Mr. Fish at Issue with Prof. Seligman", *New York Times*, May 30, 1911; "Prof. Seligman Says His Remarks on the Income Tax Were Misunderstood", *New York Times*, May 25, 1911.

持,最终于1913年被通过。不久,塞利格曼对休斯的质疑也被证明是正确的。在1916年最高法院对布鲁沙伯诉联合太平洋案(*Brushaber v. Union Pacific*)的裁决中,休斯法官同意了一项一致性的裁决,而这项裁决在实质上否定了他之前的观点(认为第十六条修正案具备一般性的权力)。①

进步政治经济学家对立法的持久性影响

在第十六条修正案被批准后,国会很快就开始起草1913年的所得税法,而这时可以明显看出进步政治经济学家所带来的持久的影响力。立法者为了支持广泛税基的累进所得税,不仅常常援引"能力""收入能力"和"支付能力"的相关逻辑和语言;更有甚者,他们还直接引用塞利格曼最近发表的所得税文章,目的是说明这项待表决的所得税法得到了公正且中立的专家的支持。事实上,这种做法(诉诸进步政治经济学家客观且专业的知识)有助于打消各种不利的反对言论,比如声称南部和西部民粹主义立法者支持累进所得税的目的纯粹是出于私利等。

与此同时,关键的立法者,如赫尔和波拉,他们都借用公共财政经济学家的理论研究和比较历史证据以支持对不同收入来源开征差别化的所得税。他们还引用了塞利格曼的比较研究,旨在呼吁使用"从源扣缴"和"提前扣缴"的征税模式。诚然,所得税的一般概念在立法起草的过程中仍然面临着严峻的阻力,而且这种阻力一直延伸到所得税得以实施之后的一段时间;但第十六条修正案的批准为税收改革运动带来全新的、民主的合法性基础。支持所得税的立法者不仅援引了美国新学派经济思想家的诸多经验,而且充分利用了这种新的合法性基础。

保守派当然对这项待表决的所得税法案提出了诸多的批评,其中出现最频繁的观点认为,所得税是一种"调查性"税收。事实上,所得税的反对者自南北战争以来一直在谴责这种税收对隐私的侵犯。尽管改革者经常强调所得税评估收入时的隐私侵犯远不及地方层面财产税在财产估值时的隐私侵犯,但

---

① *Brushaber v. Union Pacific Railroad Co.*, 240 U.S. 1 (1924).

第五章 公司资本主义和宪法变革:现代财政国家的法律基础

人们的担忧并没有因此降低。① 不过,当立法者开始考虑新的所得税之时,他们对这种侵入性的抗议充耳不闻。在他们的私人通信中,关键的立法者觉得这些主张不值得一提,认为它"完全是就对任何政府干预的本能反抗",伊莱休·鲁特在给美国司法部长乔治·W.威克瑟姆(George W. Wickersham)的信中写道:"这种抗议完全是不理智的。它纯粹是一种动物本能,就像虫子进入眼睛时人们会眨眨眼睛一样。"②

政治领导人并不在意这种反对意见(认为所得税是对隐私的侵犯),他们更关注的似乎是另一种批评——认为税收改革的倡议者放弃了原则、屈服于民粹主义的骚动。这些批评者,如参议员亨利·卡伯特·洛奇(Henry Cabot Lodge,马萨诸塞州的共和党人)认为,通过把所得税设计为仅针对富人的"阶层税",该法案的支持者其实屈服于"大众的偏见"。③ 参议员博拉赫通过强调美国所得税运动的学术起源来抨击这种指责。博拉赫宣称:"所得税的推动者并不是那些寻求大众青睐的人,它的动力是那些找到信息源头并研究了所有国家统计数据的专业人士,而且他们对所得税进行了透彻、严谨和持续的调查研究。"诉诸税收专家中立并客观的专业知识,博拉赫试图化解这种负面评价,即认为他们(他和其他所得税法案的起草者)是在向激进的民粹主义低头。④

博拉赫还通过参考塞利格曼新出版的所得税论文,进一步强调自己的主张并不是出于政治倾向。尽管博拉赫承认,他可以"引用很多"博学思想家的著作,但他选择了"在美国最伟大的大学之一就职的出色学者的一段简短文字;我认为,这位学者和参加这场讨论的绝大多数人一样,并不关心公众的偏好"。博拉赫并未直接提及塞利格曼,而是引用了这位哥伦比亚大学教授的新书(这本书把所得税放在适当的社会和经济背景下进行讨论)之中的一节。"总而言之,在美国的现有条件下,税负的分配日益不公而且更富裕的阶层所负担的税负份额日益降低。我们需要采取一些必要的手段以恢复均衡的税负

---

① Steven R. Weisman, *The Great Tax Wars:Lincoln-Teddy Roosevelt-Wilson*, *How the Income Tax Transformed America* (New York:Simon and Schuster,2002),97,104.
② Elihu Root to George W. Wickersham, July 28,1909, Container No. 67, General Correspondence, S-Z 1909, ERP.
③ *Congressional Record*, 63rd Cong., 1st sess. (1913),50:3838—41.
④ 同上。

分配,而除了所得税之外,几乎再无其他的可能。"①对于塞利格曼、博拉赫和其他所得税的支持者而言,恢复财政均衡——而不是惩罚财富和成功——才是首要的目标。

实际上,1913年所得税法的法律细节就体现了这种致力于恢复财政均衡的诉求。具体来说,除了大幅降低进口关税并且扩大关税的免税清单外,安德伍德关税还规定,对个人年度收入超过3 000美元(夫妻为4 000美元)的部分按1%比例征收"常规"税,另外对从20 000美元到500 000美元的年度收入征收累进的"附加税",对应的起始税率为1%,最高税率为6%。鉴于这些相对很高的免征额,立法者可以确保新的所得税是一种"富人税",并且其目的是校准当前不公平的税负分配。② 具体来说,他们的目标是确保"闲散富人"承担他们应付的、维持政府支出的责任。"闲散富人"的概念来自约翰·斯科特·克鲁布(John Scott Clubb)在1913年发表的著名的政治讽刺画(见图5.2)。

与1894年的所得税法不同(其中规定了统一的税率),1913年的所得税法采用了累进的税率结构,由此可以看出,进步政治经济学家的观点已经深刻地影响了国会的思想。塞利格曼在他新发表的文章中,重申了对基于客观标准的累进税的支持。在他1894年的累进税文章中,塞利格曼承认一点:由于边际效用难以进行人际比较,这一问题确实削弱了对累进性的各种有力辩护(特别是绝大多数的传统辩护)。但是,与1894年的文章不同,他现在是基于一种更加客观的依据为累进性辩护。③

在塞利格曼新出版的所得税文章中,这种客观的辩护变得非常强而有力。他提醒读者:"如果我们采取一般性的观点和方法对待平均意义上的典型个

---

① *Congressional Record*, 63rd Cong., 1st sess. (1913), 50: 3841. 博拉赫直接引用了塞利格曼的专著。Seligman, *The Income Tax*, 640. 塞利格曼定期把奖学金寄给博拉赫。这位立法者曾回应道:"我可以向您——塞利格曼教授保证,您的每部作品我都仔细拜读,我无比感激您如此友好地寄给我奖学金"。William E. Borah to Seligman, February 25, 1911, ERASP.

② Section Ⅱ(A), subdivision (2), Underwood Tariff Act of October 3, 1913, 38 Stat. 166. 按照2012年的美元价值,单独纳税人的免征额约为72 000美元(夫妻则为约96 000美元)。另外,对高于478 000美元的收入将开始征收累进的"附加"税。相对的美元价值根据消费者价格指数计算,数据来源: http://www.measuringworth.com/uscompare/relativevalue.php。

③ Seligman, *Progressive Taxation in Theory and Practice*, 144—5.

第五章 公司资本主义和宪法变革:现代财政国家的法律基础

在1913年约翰·斯科特·克鲁布的政治讽刺画中,"工人阶层"非常开心地看到"所得税"的项圈套在了"闲散富人"的脖子上,而后者不得不为"政府支出"的前进做重复单调的工作。Courtesy of the Library of Congress, Prints & Photographs Division, LC-USZ62-84130.

图5.2 新来的工作者

体,而且政府只能处理阶层,也就是平均意义上的典型个体,那么,总体来说,很可能是采用某种累进的形式的规则比坚持统一的比例规则要更加公平。"通过采取这种基于阶层差异的"一般性的观点",塞利格曼避免了难以比较的、个体的主观边际效用,并且得以继续致力于解决税收改革运动的核心问题——巨大的不平等。塞利格曼总结说:"严格的比例税率会让典型的普通穷人比典型的普通富人承担更多的税负。"①尽管塞利格曼对累进税率的辩护不能说是令人振奋的,但即便如此,塞利格曼的谨慎论述还是达到了他的目的,特别是令阅读此书的议员将其作为学术诚信和中立的典范。可以说,政治经济学家的著作为立法者提供了一种中立的伪装;而一部分立法者确实在为他们的选民追求自身的利益。

新的所得税法中的其他内容也体现了这些具备改革思想的经济学家的持久影响。与1894年的所得税法一样,新的所得税适用于"每一位美国公民,无论是居住在美国国内还是海外"②。这种基于公民身份的全球性征税承诺强化了以下观点:新的所得税并非基于任何从主权国家之中获得的收益,而是基于所有美国公民的公民责任,无论居于何处,他们的社会义务和道德责任都要求他们根据个人的支付能力来承担自身应付的美国税负份额。简言之,富裕的美国人无法通过移居海外来放弃履行自身的公民责任和财政义务。而这恰恰就是直接和累进税的概念性革命的核心思想。

新的所得税法还将这个财政公民的概念扩展到公司实体。新税法按1%的税率对公司的净收入征税,取代了1909年的企业消费税(它对以公司形式经营的业务征税)。立法者以此强调一点:公司同个人一样,也应承担直接税所体现的相同的责任和义务。对于那些相信富裕的股东最终会承担企业所得税的立法者而言,这种法律语言的修改进一步推动了恢复税负均衡分配的目标。有了这些规定,国会的领导(如博拉赫)就可以真诚地宣称他们的法律是在专家的指导下制定完成的,并且将迫使富裕的阶层承担起应付的公共税负份额。③

当然,国会这种所谓的借鉴中立专家思想的宣言充满了历史的讽刺意味。为了实现自利的目的,博拉赫将塞利格曼以及其他进步理论家描述为独立于"公众偏好"的专业人士;但实际上,这些进步的经济学家早就有意识并且深深地投入到政治的事业中。他们在最初从概念上批判受益原则以及它所代表

---

① Seligman, *Income Tax*, 32—3. 更多关于塞利格曼对累进性的态度,请参阅 Herbert Hovenkamp, "The First Great Law & Economics Movement", *Stanford Law Review*, 42:4 (1990), 1003—5.
② Section Ⅱ(A), subdivision (1), Underwood Tariff Act, 38 Stat. 114, 166 (1913).
③ Section Ⅱ(G)(a), Underwood Tariff Act, 38 Stat. 114, 172 (1913); *Congressional Record*, 63rd Cong., 1st sess. (1913), 50:3841.

第五章 公司资本主义和宪法变革:现代财政国家的法律基础

的、贫瘠且商业化的财政公民观,目的就是希望能以此推动一场美国公共财政的基础性思想革命。到了1913年,当立法者需要把这些专家和他们的概念性思想作为中立和客观的依据之时,这些思想早已结出了果实。不仅如此,这些思想家在最初并不反对政治家在构建财政国家的法律基础时运用他们的关键词和思想。实际上,他们欣然接受这种关注。[①] 但是,随着新财政政体力量的不断增强,特别是在第一次世界大战期间,一些理论家不再愿意支持届时已经极为强健的战时税收体系。

尽管如此,在1913年,这些进步的政治经济学家非常满意看到自己的思想对待表决立法的影响。事实上,有些议员甚至还援引了新经济思想中的某些特定细节和内涵,如个人收入不同来源的理论差别。回想一下,亨利·卡特·亚当斯和其他人在19世纪八九十年代提出过一个概念:任何新的所得税都应区别对待不同的收入来源,即对劳动力的"劳动所得"的征税税率要低于对资本投资的"非劳动所得"的征税税率。[②] 不仅如此,还有数位议员援引亚当斯的主张和塞利格曼对英国所得税的比较分析,旨在支持"在职业收入和财产收入中偏向前者的差别对待"。这一观点随后在参议院被广泛地传播,但是,这种基于"收入特征"的差别待遇并没有在1913年的所得税法中被采用。不过,对"劳动所得"按照较低的优惠税率征税的理论思想在所得税体系中备受瞩目,并最终被纳入20世纪20年代的税法。[③]

另外,还有一种思想更为成功,因为它促成了"从源扣缴"的税收制度,也就是现代被称为"提前缴扣"的征税模式。这种新的征税方式在美国内战时期扣留体系的基础上借鉴了英国的经验;它要求所有向个体付款的机构,从工资、分红、利息以及租金中扣留并上缴一定的比例以作为部分的应纳税款。

这一成功的思想依旧来自塞利格曼,特别是他对大型公司在美国所得税中的关键作用的研究。亚拉巴马州议员奥斯卡·安德伍德(Oscar Under-

---

[①] Cordell Hull to Edwin R. A. Seligman, April 16, 1915; William E. Borah to Edwin R. A. Seligman, Feb. 25, 1911, Cataloged Correspondence, Edwin R. A. Seligman Papers, Rare Book and Manuscript Collection, Butler Library, Columbia University, New York, N. Y.

[②] Henry Carter Adams, *The Science of Finance: An Investigation of Public Expenditures and Public Revenues* (New York: Henry Holt and Co., 1898), 357.

[③] *Congressional Record*, 63rd Cong., 1st sess. (1913), 50: 3815, 3838.

wood)也是待表决的1913年税法和扣缴模式的主要支持者,他长篇累牍地引用了塞利格曼的所得税文章,旨在强调学术专家通过谨慎的比较证据说明"提前缴扣"是在美国尤其有效的举措。直接引用塞利格曼的所得税著作,安德伍德解释说,美国公司资本主义的加速兴起让"提前扣缴"这种模式变得特别具有吸引力:

> 由于美国人特殊的生活条件,因此,支持这种方法的理由在美国比在欧洲要更加强烈。首先,在全球所有的国家之中,美国拥有最发达的公司行为、最多样的公司形式以及最活跃的日常商业。公司证券不仅构成了大部分的个人无形财富,而且公司利润在商业利润中的占比也非常可观。①

相应地,安德伍德再次引用了塞利格曼的研究,并从中得出结论:扣缴模式在美国将尤为有效。安德伍德宣称:"国外支持提前扣缴所得税的各种主张在美国更加可信。""提前扣缴方案可以大幅减轻所得税管理上存在的诸多缺陷,因为它有效、可行,并且能够自动保障全部的应纳税收入。"②

最后,事实证明安德伍德对塞利格曼的引用是有效的。作为新税法的一部分,国会采纳了"提前扣缴"的预扣制度。它要求任何个人或组织在支付超过3000美元的薪金、利息或其他固定收益时,都代表个体纳税人代扣代缴税款。然而,由于法规本身并没有明确说明这种早期扣缴模式的具体实施方式,所以,在必要的行政细节和机构设置方面,国会授予财政部(征税的执行机构)很大的自由裁量权。因此,1913年的所得税法也就成为美国原始行政国家的发展先锋。正如我们将在下一章看到的,这种依法放权给执行机构的处理方式对战时国家财政力量的不断巩固是至关重要的。③

另外,在第一次世界大战开始之前的这段岁月中,美国的财政部也必须详细规定税收的各种具体程序。在1913年所得税法颁布之后不到一个月里,财

---

① *Congressional Record*, 62nd Cong., 2nd sess. (1912), 48: 3587 (Underwood quoting Seligman, The Income Tax, 661—2).

② 同上。

③ Section Ⅱ, subsection D, Underwood Tariff Act, 38 Stat. 114 (1913). 不仅如此,这项规定只适用于个体纳税人而非公司纳税人,并且它仅要求预扣与常规税项有关的应税金额,而不是累进附加税的应税金额。

第五章　公司资本主义和宪法变革:现代财政国家的法律基础

政部就发布了两项详细的法规,陈述了提前扣缴系统的具体要求。这些规定具体说明了在所得税提前扣缴的信托代理链条中,相应的金融机构所具备的具体的法律责任。同时,这些规定还强调了准确税收信息的重要性,并且将各种机构(如大型的工业公司)作为征税的代理机构。① 这种行政管理上的发展具备极为重大的意义,而法律专家当然注意到了这一点。例如,加里德·格伦(Garrard Glenn),是一位纽约的商业律师兼哥伦比亚大学法学院的客座讲师,他就将"从源扣缴"视为"新税法中最为重要的特点,甚至可能是最为流行的特点"。②

根据格伦的判断,国会将权力下放给执行机构是完全合法甚至是很常见的。引起格伦注意的是新法规中另一项革命性的变革——允许私人的第三方进行申报并且纳税。例如,新法规规定:作为债务人的公司和金融机构在支付利息时需要确定纳税人/债权人的所有凭证并且预先扣税。另外,类似的规则也适用于分红、租金以及其他的年度性固定收费。"因此,在每个从源扣缴的案例中,"格伦写道,"政府不仅仅征收了税收的收入,还了解了纳税人的相关信息。"③

这样的规定其实是一种由国家支持的纳税信息采集体系,它将产生深远的影响,并且展现了法律创新的双重作用。一方面,这种采集纳税人信息的行为有助于提高国家的社会控制与监督。比较来说,重建后期美国南方开征的人头税,实际上是一种重建种族主导和从属地位的、地方性的法律工具;现在这种税款扣留和信息汇报,实质上提高了国家纳税人的"清晰度",并且赋予联邦官员前所未有的社会信息和权力。但是,这种对隐私的"调查性"也一直是

---

① U. S. Treasury Department Regulations, October 25, 1913; October 31, 1913; Roger Foster, *A Treatise on the Federal Income Tax under the Act of 1913* (Rochester, N. Y.: Lawyers Cooperative Publishing Co., 1913). 更多关于这一阶段此类(或类似)行政管理发展的内容,请参阅 Joseph J. Thorndike, "Reforming the Internal Revenue Service: A Comparative History", *Administrative Law Review*, 53 (2001), 717—80。

② Garrard Glenn, "The Income Tax Law and Deduction at the Source", *Columbia Law Review*, 13 (1913), 714—26.

③ 同上,721。

保守批评家坚持反对所得税的主要理由。①

另一方面,由于1913年的所得税法是政治精英制定的、针对经济精英阶层的税收,所以很少有人担心这些新的税收信息被用于危险性的用途;相反,新税法的代扣和信息收集能够增强民众对新财政国家的信念与信心。这种从源头上保障税收收入并且核实纳税人信息的做法,表明新的所得税远不仅仅是意图讨好大众的"中间派"。事实上,从许多方面来说,生产并且收集更多的税收信息对实现新财政政体的理论抱负至关重要。具体来说,这是一种准确衡量个人收入或纳税能力的方法,如果不存在这种方法,就不可能存在基于个人支付能力的累进所得税。格伦承认:"我们不妨面对现实,如果不采用调查性的系统去发现课税目标,那么政府在所得税方面就不会有任何作为。"② 对于美国的许多普通民众而言,他们完全不需要缴纳这项新的所得税(因为它的免征额较高),并且非常支持通过所得税来恢复平衡的财政负担。因此,一个强大的第三方纳税和信息申报系统还赋予这个新的财政政体更高的社会与政治合法性。具体来说,如果说普通的工人和农民通过消费和进口税向国家政府缴纳他们应付的美国税负的份额,那么可以放心,国家的税务机关正在监控并且征收富裕阶层的所得税。因此,美国的普通工人阶级更有可能支持这种新的财政体制。

从源征收的所得税也意味着公共权力与私人权利之间的界限日益模糊化。由于大规模的公司经常是年度预扣付款的主要机构,并且需要向管理人员支付薪金以及向债权人和股东支付利息与股息,因此,这些私人的公司实体在实质上已经成为一种准公共性质的征税代理。正如格伦所解释的,最高法院长期以来一直支持将商业公司作为"政府征税的代理人"③。但是,新法规又更进了一步,它"要求这个转变为征税代理人的公民(大型的私人公司)履行

---

① Scott, *Seeing Like a State*. 从这个意义上说,税收遵从是创造模范纳税公民的一种手段。IAssaf Likhovski, "'Training in Citizenship': Tax Compliance and Modernity", *Law & Social Inquiry*, 32:3 (2007), 665—700.

② Glenn, "Income Tax Law", 723.

③ 同上, 725. 尽管他误以为这段话来自菲尔德法官,但格伦无误地引用了内战时期法院裁决确认B & O铁路公司的利息与股息代扣所得税的案例。*United States v. B. & O. R. R.* 84 U. S. 322 (17 Wall. 322) (1872).

第五章 公司资本主义和宪法变革:现代财政国家的法律基础

一份额外的职责——从债务人处收集能够确认其债务人身份的证明"。新的工业公司肯定能够胜任这项重要的信息收集任务,因为商业企业都拥有合理且常规化的会计体系,而其中充斥着大量的金融信息。从许多方面来说,管理资本主义的兴起实际上促进了全新财政国家的发展。私人公司演变为征税代理人和第三方的申报者,从而也成为国家与社会这种互惠互利结构的中心竞技场。①

利用私人机构来征收公共税款,事实证明这种手段是相对有效的。虽然在1915财年,个人所得税本身仅产生了约4 000万美元或更少的数字,并且不到总收入的6%,但财政部的官员和立法者对所得税的后续发展都保持非常乐观的态度。不仅如此,随着时间的推移,公司预扣的工资和股息逐渐成为个人所得税收入的主要来源。根据历史学家的估算,在所得税开征之初,"商人……约占申报收入的85%,而且占纳税额的近90%"。当代的估算结果也证实了这个结果:1916年,薪金和股息在个人所得税收入中的占比为44%;到1920年,这个比值跃升至近80%。②

为了将商业公司化身为现代的海关(即征税代理人),政府官员清楚地了解一点:他们需要提高国家的行政管理能力,并且向市民普及新税收体系的运作机制。他们也很清楚,"这个国家的人民并不习惯所得税,所以必须接受法律的教育",而且"行政管理的方法必须随着经验的积累同步地发展"。具体来

---

① Glenn,"Income Tax Law",725;Ajay K. Mehrotra,"American Economic Development, Managerial Capitalism, and the Institutional Foundations of the Modern Income Tax",*Law & Contemporary Problems*,73:1 (2010),25—62. 如今的税收专家早已认可了现代公司对税收征收的重要性。公共财政经济学家理查德·布德曾写道:"有效税收的关键是信息,而现代经济中关键的信息来源就是公司,因此,公司就等价于现代财政国家的口岸贸易关卡。"Richard M. Bird,"Why Tax Corporations?" *Bulletin for International Fiscal Documentation*,56 (2002),199.

② U. S. Treasury Department,*Annual Report of the Secretary of the Treasury on the State of the Finances for the Fiscal Year Ended June 30,1915* (Washington, D. C.:Government Printing Office,1916),53;Buenker,*Income Tax and Progressive Era*,14;U. S. Treasury Department,U. S. Internal Revenue,*Statistics of Income Compiled from the Returns for 1916* (Washington, D. C.:Government Printing Office,1918);U. S. Treasury Department,U. S. Internal Revenue,*Statistics of Income Compiled from the Returns for 1920* (Washington, D. C.:Government Printing Office,1922).

说,后者要求提高新税法的执行机构(税务局)的行政管理能力。[①] 不过,比较而言,前者,也就是教育人民,是一项更具挑战性的任务。立法者不仅需要教导他们的选民,还需要教导关键的中间群体——私人律师,因为只有通过他们,才能够更好地执行法律。

1914年2月4日,科德尔·赫尔直接向纽约州的律师协会讲授并强调了所得税有效管理的重要性。礼堂中挤满了听众,赫尔发表了长篇讲话,概述了新财政制度的成因和影响。他再一次引用了塞利格曼的著作原文,以提醒他在律师协会的各位同僚:所得税是在社会和经济正义的艰苦奋战中成长起来的。赫尔宣称:"美国在新的财政政策中纳入所得税,这标志着根本性的税收改革运动——一场席卷全国长达20年之久的战斗——达到了高潮。"这场战斗的制胜关键是,建立一套基于支付能力和"能力"原则的所得税体系,其中收入是对支付能力或能力最好的衡量。不过,也有一部分人质疑这种所得税体系,认为仅针对富人的所得税并不能理想地体现能力原则。赫尔提醒他们,国家所得税仅仅是国家整体税收体系中的一小部分构成;由于绝大多数美国民众在消费商品的过程中已经支付了消费和进口税,所以,高免征额的所得税意味着"税收负担的均等化"[②]。

然而,赫尔并不排除所得税可能在适当的时候扩展至覆盖更多、更为普通的民众。他宣称,所得税"就像所有新的法律一样",目前"必须首先被人们所理解,并且,在税收管理被证明是完全便捷并令人满意的之前,它还需要逐步调整以适应国内复杂的商业环境"。过早地把阶层税转变为大众税,"可能导致税收管理的崩溃"。但是,赫尔承认:"将来,当所得税的收入需求变得更高,

---

① *Annual Report of the Treasury of the State of the Finances for the Fiscal Year Ended June 30, 1915* (Washington, D.C.: Government Printing Office, 1916), 135; *Annual Report of the Treasury of the State of the Finances for the Fiscal Year Ended June 30, 1914* (Washington, D.C.: Government Printing Office, 1915), 31. 从1913年到1915年期间,国税局总部的人数从277人激增到530人,而外勤人员则从3 700人增加到4 200人。Thorndike, "Reforming the Internal Revenue Service", 741—2.

② Cordell Hull, "Address of Hon. Cordell Hull of Tennessee," *Congressional Record*, 63rd Cong., 2nd sess. (1914), 51, pt. 17 (Appendix): 102—6. "Income Tax Law to Stand", *New York Times*, January, 29, 1914. 赫尔经常回顾他起草这一税法(最重要的、第一份和平时期的永久性所得税法)时的关键作用。正如他告知塞利格曼的,可能略有夸张,"我对起草了1913年和1916年所得税法以及1916年联邦遗产税法,感到些许自豪"。Cordell Hull to Seligman, [n. d.] 1921, ERASP.

第五章　公司资本主义和宪法变革:现代财政国家的法律基础

而且法律也更彻底地了解商业环境并能够随之进行调整时,就可以很容易地降低免征额并且进一步扩展法律的条款,从而成为更全面、更永久的所得税。"[1]事实证明,这是他最有先见之明的言论,而这个时间的到来(覆盖大众的所得税)也比赫尔预期的要早得多。

赫尔指出,个体纳税人的关系网络具备很好的潜力,能力在大范围公民之中传播并增强税收意识。正如理查德·伊利(以及其他新学派经济学家)的建议,把税收来源从间接和"隐性"的消费税转变为直接并可见的所得税,新的财政制度可以促使富裕的公民再次参与到国家的政治中。赫尔解释说,"与无形、间接的关税不同",对收入的直接税"使每个公民都能清楚地看到并且了解他向政府缴纳的确切税额,而且还知道他所支付的每一元都进入了联邦的财政部"。[2] 因此,税收对富裕公民的重要性得到了提高,从而能够重新点燃他们的公民责任感和义务感。

赫尔声称,提高财政公民身份的另一种方法,是让律师群体教导这个国家的经济精英有关新法律的、行政管理层面的知识。作为一名前任的商业律师兼法官,赫尔清楚地意识到一个事实:纽约律师协会的各位成员都是美国主要企业和大量富裕公民最为信赖的法律顾问。通过影响这个律师群体,可以影响到信赖他们的大量企业和富人。赫尔致力于向各位律师强调"从源扣缴"的所有优点:"通过这种手段,政府能够在所有者和纳税人收到某些大笔收入之前,就得以拦截并获取它的税收。"[3]

同样地,赫尔致力于安抚那些忧心忡忡的批评家,而他们担心这种与传统征税方法差别巨大的预先扣缴体系将是政府堕落为"调查性"机构的第一步。直接引用塞利格曼的所得税研究,赫尔提醒他的听众,预留扣缴并不是新的税收手段,"英格兰、意大利和其他各国都长期采用这种方法,而且收效极佳"。他恳请美国的各位主要律师告知他们的客户"应该做出合理的努力……以遵守法律"。预留扣缴和第三方信息报告在所得税开征的第一年就取得了初步

---

[1] Hull,"Address of Hon. Cordell Hull of Tennessee",105.
[2] Richard T. Ely, *Taxation in American States and Cities* (New York:Crowell,1888); Hull,"Address of Hon. Cordell Hull of Tennessee",105.
[3] Hull,"Address of Hon. Cordell Hull",105.

的成功,这意味着富裕个体和主要企业已经开始接受新税法的行政管理要求。通过遵守"从源扣缴",这些公民"体现了真正美国公民所特有的爱国主义精神"。① 我们将看到,美国一些重要的律师将听从赫尔的建议,尤其是在经历了第一次世界大战之后,许多原本不情愿的法律人士变成了财政国家的热情建设者。

改革者关注新财政政策的实际运作方式(如何能够承担征收大规模新税源的行政任务),这说明他们不仅在意新财政秩序背后的各种思想理念,而且关心这种经济和社会理念的"执行状态"(如何通过法律和制度手段加以实施)。因此,对于这些进步的政治经济学家以及吸收他们思想与建议的立法者而言,新财政国家的法律基础并不仅仅在于体现并且实施有关公共财政的全新概念。实际上,将法律与国家建设结合起来还需要投入更多的努力。具体来说,它要求对征税的措施和手段以及对财政治理过程和行为都投入高度的关注。约翰·康门斯之后写道:"政府,是所有就任官员的所作所为。"②另外,在财政政策层面,立法者希望财政官员利用新兴的"巨兽企业",通过它们的信息收集和纳税能力,使税收制度变得更加公平、更加有效。

---

① Hull, "Address of Hon. Cordell Hull", 105.
② John R. Commons, *The Legal Foundations of Capitalism* (New York: Macmillan, 1924), 122. 基于康门斯的观察,法律现实主义者卡尔·卢埃林(Karl Llewellyn)附和了这一观点,他宣称:"对我而言,官员处理争议的作为,就是法律本身。" Karl Llewellyn, *The Bramble Bush* (New York: Oceana, 1930), 12.

第三篇

新财政秩序的巩固

第六章 律师、枪炮和公共资金：美国财政部、第一次世界大战和现代财政国家的行政管理

> 战争不仅激发了国家的理念，而且揭露了平时被隐藏的态度和倾向。在和平时期，国家的概念在未军事化的共和政体中日渐衰微，而战争，本质上是国家的良药。
>
> ——伦道夫·伯尔纳（Randolph Bourne）

1917年4月2日的夜晚，欧洲陷入了第一次世界大战的流血冲突和动荡不安之中，美国总统伍德罗·威尔逊（Woodrow Wilson）召集了一场国会的特别联席会议。在最近的数月之中，欧洲的战争冲突一再升级，而德国的无限制潜艇战①意味着美国无法再继续保持中立。在国家立法者、最高法院大法官和外交使团的面前，威尔逊发表讲话、敦促美国参战，并且宣称"必须保护民主的安全世界"。总统用他颤抖的声音承认这是一个巨大的请求，他缓慢而庄重地说道："这是一件可怕的事情，要带领如此伟大又和平的民众参加战争，而且是有史以来最为可怕、最具毁灭性的战争——甚至连文明本身似乎都危在旦夕。"

发动全面战争必然导致巨大的牺牲，其中包括以公平并有效的方式分配战争的融资负担。我们有必要"给予政府足够的借款"，威尔逊强调公共借贷的重要性，另外，还必须确保这些债务是"当代民众有能力以平等的方式，通过

---

① 这是指不分军用或民用的设备或工具，于战时为求打击敌方士气和消耗敌方物资，不惜攻击非军用部队或设备，尤其是载具的战略。——译者注

精心设计的税收进行偿付的"。总统的这些言论清晰阐明了美国的战争融资方式：一是政府借款；二是由当代及未来美国人所承担的税收。①

随后的战争危机造成了对"精心设计的税收"的强烈需求，而这很快成为巩固现代财政国家的关键催化剂。在1913年通过宪法第十六条修正案之后（所得税的宪法基础已经确立），威尔逊政府可以通过大幅提高新所得税的深度和广度来为战争融资。第十六条修正案以及随后开征的第一次和平时期的累进所得税为战时的立法者提供了一个关键的契机，得以推动美国税法和政策的结构性转变。正如历史学家戴维·M.肯尼迪（David M. Kennedy）所观察到的，战时的税制"造就了美国的财政革命"。简言之，第一次世界大战是现代美国财政国家得以巩固的分水岭事件。②

与战争动员的其他方面一样，战时税制引发的财政革命也需要投入巨大的国家行政资源，而美国财政部的经历正是这种巨大投入的最佳见证。作为所得税法的执行机构，财政部负责创建、管理并且捍卫战时的各项财政政策。事实上，全球战争以及战时的税收体系——其中包含全新并且难以解读的"超额利率"税——意味着财政部需要具备史无前例的、极高的行政管理能力，而这项艰巨的责任——统筹管理并且提高财政部的行政能力——就落到了当时的财政部部长威廉·吉布斯·麦卡度（William Gibbs McAdoo，也是伍德

---

① "Must Exert All Our Power", *New York Times*, April 3, 1917, 1; "Full Text of Address by the President to Congress", *Los Angeles Times*, April 3, 1917, 11.

② David M. Kennedy, *Over Here: The First World War and American Society* (New York: Oxford University Press, 1980), 112. 更多关于第一次世界大战对美国国家形成重要性的内容，请参阅 Thomas J. Knock, *To End All Wars: Woodrow Wilson and the Quest for a New World Order* (New York: Oxford University Press, 1992); Ronald Schaffer, *America in the Great War: The Rise of the War Welfare State* (New York: Oxford University Press, 1991); Marc A. Eisner, *From Warfare to Welfare State: World War Ⅰ, Compensatory State-Building, and the Limits of the Modern Order* (University Park: Pennsylvania State University Press, 2000); Ellis W. Hawley, *The Great War and the Search for Modern Order: A History of the American People and Their Institutions, 1917—1933* (New York: St. Martin's Press, 1979); Barry Karl, *The Uneasy State: The United States from 1915 to 1945* (Chicago: University of Chicago Press, 1983); Christopher Capozzola, *Uncle Sam Wants You: World War Ⅰ and the Making of the Modern American Citizen* (New York: Oxford University Press, 2008).

第六章 律师、枪炮和公共资金：美国财政部、第一次世界大战和现代财政国家的行政管理

罗·威尔逊总统的侄子)的肩上。①

不过,由战争所引致的税法和政策的急剧转变以及战时出现的美国原始行政国家的独特雏形,都不是必然发生或者命中注定的。事实上,战争危机只是带来了一种政治上的可塑性,并且为国家的建设者创造了一个独特的机会,使他们得以构建美国税制(税法和税收政策)的发展框架。但是,这种框架的具体形式完全不是必然的。从这个意义上讲,战时的财政革命既不是为了满足战时激增的收入需求,也不是全面累进税改革的突然结束(虽然有学者曾如是指出)。② 相反,战时的税制一方面延续了公共财政在之前发生的概念转变(由战前进步的学者和政治领袖所推进的);另一方面,限制了社会民主主义和一些民粹主义税收改革者的野心(激进的、再分配财富的税收政策)。

尽管战时的税收体系可能并没有达到一些税收活动家所预想的高度,但它确实包含了前所未有的高额累进税,从而在根本上改变了经济义务的分配、厘清了财政公民概念的内涵以及巩固了行政国家的新兴力量(最后一点可能是最为重要的)。这三大关键要素不仅导致财政政体快速扩张,而且进一步推动了现代美国自由主义的一股新分支的发展,而这股新力量致力于使用国家的力量来推动进步和平等的理念。③

在创建战时税收制度的财政部官员中,负责建设战时财政部行政管理能力的是一群精英律师。这些政府律师是财政部中的企业家式的中层官员,他们负责管理行政人员(负责处理日常事务),并且接受高层政府机构的领导。他们中

---

① 正如罗伯特·D.库夫(Robert D. Cuff)所指出的:"在美国的军事力量向海外出发之前,一支行政管理的队伍就已经抵达了华盛顿政府。"Cuff, *The War Industries Board: Business-Government Relations during World War* I (Baltimore: Johns Hopkins University Press, 1973), 1; W. Elliot Brownlee, *Federal Taxation in America: A Short History* (Cambridge: Cambridge University Press, 1994), 24, 51, fn. 4.

② John F. Witte, *The Politics and Development of the American Income Tax* (Madison: University of Wisconsin Press, 1985); Robert Higgs, *Crisis and Leviathan: Critical Episodes in the Growth of American Government* (New York: Oxford University Press, 1987), Chapter 7; James Weinstein, *The Corporate Ideal in the Liberal State, 1900—1918* (Boston: Beacon Press, 1968), 214—54.

③ 关于威尔逊政府对现代美国自由主义发展的重要性,请参阅 John Milton Cooper, Jr., *Woodrow Wilson: A Biography* (New York: Vintage, 2011); Ronald J. Pestritto, *Woodrow Wilson and the Roots of Modern Liberalism* (Oxford: Rowman & Littlefield, 2005)。

的一部分人一直是南方民主党和威尔逊总统的支持者,如国税局局长丹尼尔·C. 罗珀(Daniel C. Roper)以及助理财政部长托马斯·B. 洛夫(Thomas B. Love),所以他们能够轻松地融入战时财政部的管理体制。[①] 但剩下的人和战时的财政管理体制就略显格格不入,如华尔街的共和党人拉塞尔·C. 莱芬韦尔(Russel C. Leffingwell)以及阿瑟·B. 巴兰廷(Arthur B. Ballantine)。这两位在第一次世界大战之前都是财政部的顾问,但在战时被迅速提升到更为重要的职位上。他们代表着精英的公司律师,对待战时财政国家的兴起以及自己在其中扮演的角色,他们的心情是矛盾的——既感到自豪又略感惊恐。

这些财政部律师同时具备专业的法律知识和丰富的社会联系,这两者对国家财政能力的发展都是至关重要的。在1914年对纽约律师协会的演讲中,科德尔·赫尔就曾呼吁各位律师向全美最富裕阶层灌输纳税遵从的文化;相似地,威尔逊政府也将财政部的律师(如罗珀、洛夫、莱芬韦尔和巴兰廷等)作为国家与公民之间的主要沟通媒介。这些财政部的律师竭尽全力,成功地将进步公共财政经济学家的各种理念付诸行动;也就是说,他们为税收的执行机构(财政部)构建了必需的制度能力,从而得以成功地运行一套基于支付能力的税收体系。总而言之,在这些政府律师的帮助下,美国锁定了一套税收的筹资模式,并且对未来产生了极其深远的影响(远远超过对战争危机的影响)。甚至在某些情况下,超出了这些律师自己的预期。

就巩固新财政秩序而言,这些财政部的律师从多个层面做出了贡献。第一,作为律师协会的主要成员,他们利用自身独特的社会关系和专业网络——他们曾就读于精英的律师学校、就职于主要的公司法律所,并且为美国最大型的企业和最富裕的个人提供咨询服务,从而构建了一套极为独特的社会关系和专业网络——为财政部招募并培训了专业的办事团队。这个团队包含一群志同道合的法律专业人士,并且共同致力于完成财政部的核心制度任务,即建立公众信心。为了提高这种信心,最为必要和关键的是,让公众对财政部的自

[①] 毫无意外地,为伍德罗·威尔逊总统工作的这些律师(这些由律师/学者转变而成的政治家对美国行政国家的思想运动做出了巨大的贡献)站在前沿阵地上,通过税法及税收政策为现代美国的财政国家构建了必要的行政基础设施。Woodrow Wilson, *The State: Elements of Historical and Practical Politics: A Sketch of Institutional History and Administration* (Boston: D. C. Heath and Co., 1889).

第六章　律师、枪炮和公共资金：美国财政部、第一次世界大战和现代财政国家的行政管理

由裁量权抱有充分的信心，因为它有助于实现税收体系的关键转变——从充满政治互利的关税体系转变为由专业政策制定者和行政官员管理的所得税体系。

第二，这些律师运用自身的法律实践技能强化了财政部的行政权力。为了捍卫财政部的司法控制权、限制其他政府部门的干涉，并且管理为全球战争融资的各种事务，他们的法律专业知识是必不可少的。在行使国家权力这一愿望的驱动下，这些具备专业知识和职业素养的财政部律师积极参与并且创建了一个独特的法律行政国家。[1]

第三，作为知识型的管理者，这些律师协助制定了大量政策，特别是战争融资组合（税收与债务）的具体方案。[2] 这些律师通过自身的关系网络、技能和经验，寻求合法的、替代性的收入来源；引导财政部的努力方向（在宪法允许的范围之内）；提醒主要的政策制定者一个关键问题，即税收和公共债务的抉择影响甚广，涉及爱国主义、战时牺牲以及财政公民身份的动态变化。

第四，也许是最重要的一点，战时的财政部律师还充当了关键的调解人，负责调解社会力量与意识形态之间的冲突。从传统意义上说，律师是解决社会利益冲突的、托克维尔式的仲裁员。从巩固新财政秩序的层面来说，这些律师致力于在民粹党领袖和保守力量之间斡旋，调解两者之间的巨大冲突。具体来说，前者希望利用这场真正的危机（战争）对美国的政治经济进行激进的改造和重建；后者则希望保留或者拓展战前的累退性关税和消费税体系。我们回顾一下第二章的内容，上一个时代的、具备改革思想的公共财政经济学家

---

[1] 许多近期的研究考察了社会关系和专业网络对美国国家建设的作用，请参阅，如 Mary O. Furner and Barry Supple, eds., *The State and Economic Knowledge: The American and British Experiences* (New York: Cambridge University Press, 1990); Daniel P. Carpenter, *The Forging of Bureaucratic Autonomy: Reputations, Networks and Policy Innovations in Executive Agencies, 1862—1928* (Princeton: Princeton University Press, 2001); Michael Bernstein, *A Perilous Progress: Economists and Public Purpose in Twentieth-Century America* (Princeton: Princeton University Press, 2001)。

[2] 斯蒂芬·斯科洛内克(Stephen Skowronek)认为，律师是美国国家的"最重要的思想来源"。Skowronek, *Building a New American State: The Expansion of National Administrative Capacities, 1877—1920* (New York: Cambridge University Press, 1982), 32。尽管斯科洛内克指的是19世纪的政府律师的重要作用，但是他反复强调了律师在解决危机时所展示的"思想技能和人力资本"，这同样适用于第一次世界大战时期财政部的各位律师。文献出处同上，31—4；同样可参阅 Willard Hurst, *The Growth of American Law: The Law Makers* (Boston: Little Brown, 1950), 334—5。

也曾在集权的民粹主义和自由放任的保守主义之间寻找属于他们自己的方向,从而推动了他们的理念与设想,并最终为美国的税收体系构建一个全新的概念性基础。相似地,在战时的紧急情况下,这些财政部的律师也要在两大政治的极端力量之间找到属于他们自己的航向。①

在完成上述任务的过程中,这些律师并不是完全利他的、公共财政的监护人。他们确实拥有建立公众信心的爱国主义热情,但这并没有阻止他们对职业和个人利益的关注与追求,特别是关于战后的个人发展机遇。具体来说,他们创建了一套美国式的、理想化的韦伯式官僚机构;在这个过程中,他们并没有遵守刻板的公务员制度,而是继续忠实于高度市场化的职业体系。② 无论如何,在试图协调不同社会利益的过程中,他们坚信公司资本主义才是经济发展和社会繁荣的动力引擎。

除了承担"民主因素的制衡"之外,财政部的各位律师还协助建立了新财政政体的行政管理基础。③ 他们将直接和累进税更为紧密地结合到新的法律及管理体制之中,并以此改善了公共资金的融资模式。接下来,这种模式将引领新财政秩序的后续发展,并且从根本上改变美国的生活,其深远影响将远远超出这些律师的预想。这些财政部的律师建设了必要的行政能力,从而将公共财政经济学家的各种理念付诸实践;但具有讽刺意味的是,在制度化支付能力原则的过程中,他们也加剧了伴随而来的财政短视问题。正如我们所看到的,税收专家一般不会注意到他们提倡的、基于能力原则或纳税能力原则所带来的严肃问题——它切断了税收政策与支出政策之间的联系。在推动支付能力原则的过程中,他们忽略了支出层面财政政策的功能。事实上,支出层面的财政政策也可以用来解决分配不公正的问题。因此,这些财政部的律师也践行了这种财政短视:为了在实践中应用支付能力原则,他们建设了必要的行政机构,但同时缩小了新兴财政政体的范畴。同进步的政治经济学家一样,这些

---

① Alexis De Tocqueville, *Democracy in America*, 2 vols. [New York: Vintage Books, 1945 (1835)], vol. 1, 282—8. 艾米尔·迪尔凯姆(Emile Durkheim)的社会理论也认同专业素质在协调冲突性力量和保持秩序方面的广泛性作用。*The Division of Labor in Society*, trans. Joseph Ward Swain (New York: Free Press, 1933).

② Max Weber, "Bureaucracy" in *From Max Weber: Essays in Sociology*, ed. Hans H. Gerth and C. Wright Mills (Oxford: Oxford University Press, 1946), 196—245.

③ Tocqueville, *Democracy in America*, 282.

第六章 律师、枪炮和公共资金:美国财政部、第一次世界大战和现代财政国家的行政管理

政府律师也在不经意间限制美国的整体性税收和转移支付体系。

战时国家主义、财政革命以及行政资源的注入

作为战争动员工作的一部分,联邦政府的自身力量以及对美国社会的影响范畴都显著扩大了。例如,联邦总支出占国内生产总值(GDP)的比重从1914年的0.2%暴增到1919年的约3.2%。① 在美国参战之后的数月之内,国内创建了多个新的联邦机构,包括:规范食品价格、生产和分配的食品管理局,处理劳资关系的国家战争劳工委员会以及尤为特殊的战争工业委员会。在金融家伯纳德·M.巴鲁克(Bernard M. Baruch)的领导下,战争工业委员会试图协调并同时简化军事工业的采购流程。在可能是政府对经济领域最为彻底的干预中,威尔逊政府还控制了铁路,并且将多条运输路线整合为一套完整的国家运输体系。另外,在战争爆发前夕,出现了一种强势的、美国式社团主义,即"联邦政府、工业界以及军事部门共同发展出一套相互依赖的、复杂的、现代化和专业化的结构"②。

为了支持这种前所未有的、国家与社会之间的制度依存性,国家的税收制度开始逐步转型。1913年批准的第十六条修正案以及随后颁布的累进所得税法为立法者奠定了必要的法律基础,从而使他们能够实施更强有力的税法和税收政策;战争的紧急情况也为联邦政府带来了一个非常宝贵的契机,让它有机会去锻炼这种全新的征税权。③ 正如我们所见,战前所得税的免征额非常高,而且累进税率也较为温和,所以仅影响了一小部分的美国公民,并且对国家的税收收入贡献甚微。具体来说,在1914财年,联邦的税收收入依旧由

---

① *Historical Statistics of the United States: Millennial Edition*, ed. Susan B. Carter et al. (New York: Cambridge University Press, 2006), Table Ea584—587, Table Ca9—19.

② Paul A. C. Koistinen, *Mobilizing for Modern War: The Political Economy of American Warfare, 1865—1919* (Lawrence: University Press of Kansas, 1997), 4. 也可参阅 Hugh Rockoff, *America's Economic Way of War: War and the U.S. Economy from the Spanish-American War to the Persian Gulf War* (New York: Cambridge University Press, 2012), Chapter 5; Hew Strachan, *Financing the First World War* (Oxford: Oxford University Press, 2004); Steven A. Bank, et al., *War and Taxes* (Washington, D.C.: Urban Institute Press, 2008), Chapter 3.

③ Witte, *Politics and Development of the Federal Income Tax*, 79—87; Brownlee, *Federal Taxation in America*, 47—58.

关税和消费税主导,而且只有约 2% 的劳动力缴纳了所得税,其税收收入仅占联邦总收入的不到 10%。[①]

然而,到战争结束时,对收入和利润的税收收入已经超越了其他所有形式的税收。个人所得税的最高边际率飙升至 77%,而申报所得税的劳动力比重也攀升至近 20%;与此同时,所得税和利润税的税收收入在 1919 财年约占联邦总收入的一半(见表 6.1)。尽管免征额显著下降,但战时的税制依旧具备"对富人课以重税"的特性。实际上,美国最富有家庭(年收入超过 50 000 美元)的有效税率从 1916 年的约 3% 激增至 1922 年的 22%。[②]

表 6.1　1913—1921 财年最高边际税率及税收收入(按收入来源分类)

年份	最高边际税率(%)	个人所得税收入(百万美元)	公司所得税收入(百万美元)	战争利润税及超额利润税(百万美元)	所得税和利润税总收入(百万美元)	税收总收入占联邦总收入的百分比(%)
1913	7	28	43	—	71	10
1914	7	41	39	—	80	12
1915	7	68	57	—	125	16
1916	15	173	172	—	345	31
1917	67	795	504	1 639	2 938	80
1918	77	1 128	653	2 506	4 287	83
1919	73	1 270	744	1 432	3 445	51
1920	73	1 075	637	989	2 700	48
1921	73	719	366	335	1 421	35

资料来源:*Historical Statistics of the United States*;*Annual Reports of the Treasury Department*,1914—1921;Roy G. Blakey and Gladys C. Blakey,*The Federal Income Tax*(New York:Longmans,Green,and Co.,1940),Table 20,512。

---

① United States Treasury Department,*Annual Report of the Secretary of the Treasury on the State of the Finances for the Fiscal Year Ended June 30*,1914(Washington,D. C.:Government Printing Office,1915),149.

② *Historical Statistics of the United States*,Series Ea758—772;Thomas Piketty and Emmanuel Saez,"Income Inequality in the United States,1913—2002"(2004),http://emlab.berkeley.edu/users/saez/piketty-saezOUP04US.pdf. 对于少数年度收入超过 100 万美元的纳税人,他们的有效税率从 1916 年的 10% 暴增至 1918 年的超过 70%。W. Elliot Brownlee,"Historical Perspectives on U. S. Tax Policy toward the Rich",in *Does Atlas Shrug? The Economic Consequences of Taxing the Rich*,ed. Joel B. Slemrod(New York:Russell Sage Foundation,2000),45.

第六章 律师、枪炮和公共资金：美国财政部、第一次世界大战和现代财政国家的行政管理

税收并不是强大战时政府的唯一资金来源，政府借贷和货币权力（刚创立不久）同样至关重要。[①] 政府债券当时被巧妙地称为"自由贷款"，同样提供了可观的收入。具体来说，公共债务总额占 GDP 的百分比从 1914 年的 0.2％ 暴增到 1919 的约 4.3％。[②] 不仅如此，宽松的货币政策也是一种便利的融资渠道（尽管往往不被承认）。从 1916 年 6 月到 1919 年 6 月，货币的供应量增加了超过 110 亿美元，同时消费者价格飙升了近 66％。尽管战后恢复了预算盈余和更加稳定的货币供应，但事实证明，债务融资以及通货膨胀也是战时融资来源的关键构成。实际上，根据经济史学家的估计，美国的战争经费有 30％ 来自税收，30％ 来自货币创造，其余 40％ 来自公共借贷。正如我们将看到的，战时的政府官员，特别是财政部的律师，对这种资金的来源分布备感焦虑，极为担心它们所产生的各种影响。[③]

从历史和比较的角度来看，美国第一次世界大战融资的经济后果好坏参半。一方面，战时的财政政策为欧洲盟军和美国的远征军提供了足够的资源，从而使它们得以赢得战争；另一方面，与美国的内战时期相比（当时的北方主要依赖于债务融资和货币创造），第一次世界大战时期的战争融资有明显改善。具体来说，美国的民众在第一次世界大战时期响应了国家分享牺牲的鲜血和财富的号召，而且战前通过税收重振公民身份感的呼声也继续在民众中产生共鸣，从而导致税收在战时融资中的地位显著提升。不过，如果同时考虑政府筹集税收收入和抑制通货膨胀成本的能力，那么美国第一次世界大战的

[①] 除了传统的战争融资来源——税收、公共借贷以及发行货币——之外，美国还采用了更为隐形的"税收"——价格管制。Rockoff, *America's Economic Way of War*, 24—7, 126, 129.

[②] 按照名义值，美国的联邦预算从 1914 年的约 4 亿美元激增到 1919 年的超过 130 亿美元，而同期的公共总债务也从 10 亿美元暴涨至 250 亿美元。*Historical Statistics of the United States*, Series Ea584—587.

[③] Charles Gilbert, *American Financing of World War I* (Westport, Conn.: Greenwood Publishing, 1970), 177—99, 212—13; Bartholomew H. Sparrow, *From the Outside In: World War II and the American State* (Princeton: Princeton University Press, 1996), 298—302; Milton Friedman and Anna J. Schwartz, *A Monetary History of the United States, 1867—1960* (Princeton: Princeton University Press, 1963), 189—239; Hugh Rockoff, "Until It's Over, Over There: The U. S. Economy in World War I", in *The Economics of World War I*, ed. Stephen Broadberry and Mark Harrison (Cambridge: Cambridge University Press, 2005), 310—43; Rockoff, *America's Economic Way of War*, 125, Table 5. 2.

融资表现与第二次世界大战的相去甚远。在第二次世界大战中,税收收入在战时融资的占比大幅提高,而且通货膨胀率也要低得多(导致这种差距的主要原因是生产力的提高和美国当时较为稳定的储蓄率)。①

从国际比较的层面来说,美国第一次世界大战融资的经济表现几乎超越了其他所有的主要参战国。诚然,为了满足更公平牺牲的社会呼吁,大规模的战争几乎迫使所有交战方都大幅提高自身的累进税,不过,每个国家的战争融资都存在非常具体的差异。只有大不列颠遵循着与美国类似的道路,有能力通过税收为战争的支出融资(约占融资规模的五分之一),但是它的价格上涨远远超过美国的情况。相比之下,法国、俄罗斯和意大利几乎完全无法依赖税收,不得采用大规模的公共借贷和引致通货膨胀的货币创造,从而在很大程度上破坏了本国战后的信誉度和经济状况。相似地,德国在战争之初期待快速的胜利,而这种过于乐观的态度促使它严重地依赖公共借贷。总的来说,美国的相对成功可以部分地解释一个问题:为什么第一次世界大战对美国地缘政治力量的早期发展是至关重要的?②

在战争动员的早期阶段,立法者似乎打算在战争融资中保持平衡的税收和公共债务比例;1916年的收入法案(它颁布于美国正式参战的前夕)也表明了联邦政府的这种决心,它大幅提高了所得税、对军需品制造商的营业利润税以及累进联邦遗产税的税率。在进步团体(如美国战争财政委员会和公平联邦所得税协会)的支持下,这一新法案具有广泛的吸引力。另外,在1916年的收入法案颁布之前,美国的最高法院还确认了1913年的所得税法,这一裁决

---

① Hugh Rockoff, "The United States: From Ploughshares to Swords", in *The Economics of World War II: Six Great Powers in International Comparison*, ed. Mark Harrison (Cambridge: Cambridge University Press, 1998); Rockoff, *America's Economic Way of War*, Chapter 6; Sparrow, *From the Outside In*; James T. Sparrow, *Warfare State: World War II Americans and the Age of Big Government* (New York: Oxford University Press, 2011), Chapter 4.

② Kenneth Scheve and David Stasavage, "The Conscription of Wealth: Mass Warfare and the Demand for Progressive Taxation", *International Organization*, 64 (fall 2010), 529–61; Paul Studenski and Herman E. Krooss, *Financial History of the United States: Fiscal, Monetary, Banking, and Tariff, including Financial Administration and State and Local Finance* (New York: McGraw-Hill, 1963), 280–1; Gilbert, *American Financing of World War I*, 221–4; Michael H. Hunt, *The American Ascendancy: How the United States Gained and Wielded Dominance* (Chapel Hill: University of North Carolina Press, 2007), Chapter 2.

第六章 律师、枪炮和公共资金：美国财政部、第一次世界大战和现代财政国家的行政管理

令立法者信心十足，开始强制推行这种新的财政力量。①

随着战争的深入，立法者竭尽全力以维持最小化的公共借贷，旨在抑制通货膨胀，并且保证战争的成本在代际和社会经济阶层之间的公平分配。在1917年的国会致辞中，威尔逊总统表示："在可行的范围内，战争应该由当代人通过纳税而不是下一代人通过债务来承担。"财政部长麦卡度则反复重申，"50%的战争费用应由"税收来资助，并且认为各国政府最致命的错误是不能通过税收让当代人公平并且及时地承担他们应付的战争成本。② 为了追求代际间的公平而致力于平衡战争的融资结构，这一愿望说明威尔逊政府谨记自身的社会责任和道德义务——监督战争融资的分配效应。财政部的律师也支持这种对代际公平的追求，尤其是在其他部门的官员开始偏离承诺的时候。

尽管1916年的收入法案强化了国家政府的征税权，但在美国参战（始于1917年4月）之后，战争的融资结构还是大幅背离了最初的承诺，并且引来了巨大的争议。麦卡度在最初预计，战争需要35亿美元而新的税收能提供18亿美元的收入。令人遗憾的是，这种乐观的预计很快就幻灭了。到1917年的夏天，预期的战争成本已经接近150亿美元，而税收却不足20亿美元。麦卡度后来回忆道："每重新计算一次，成本的总和就愈发增高，高到令人震惊。不仅如此，战争中还存在许多的不确定因素，从而无法计算出明确的成本值。"③

当财政部疲于应对激增的战争费用时，美军已经开始向海外航行，而此时的美国社会开始日益呼吁对收入、利润以及财产转移的充公性税收。要求"财

---

① *Revenue Act of 1916*, 39 Stat. 767 (1916); W. Elliot Brownlee, "Wilson and Financing the Modern State: The Revenue Act of 1916", *Proceedings of the American Philosophical Society*, 129(2)(1985), 173—205; Roy G. Blakey and Gladys C. Blakey, *The Federal Income Tax* (New York: Longmans, Green, and Co., 1940), Chapter 4; *Brushaber v. Union Pacific Railroad Co.*, 240 U.S. 1 (1916). 特别地，军需品税是一个精确瞄准的法规，专门针对杜邦公司，也被称为"火药信托"，因为它是当时的弹药和军用炸药的主要制造商。1916年，约90%的军需品税收入来自杜邦公司。Stuart D. Brandes, *Warhogs: A History of War Profits in America* (Lexington: University of Kentucky Press, 1997), 135.

② "McAdoo Talks Over Loan at Lunch with Bankers", *Wall Street Journal*, May 5, 1917; William G. McAdoo, *Crowded Years: The Reminiscences of William G. McAdoo* (Boston: Houghton Mifflin, 1931), 389—90; Dale N. Shook, *William G. McAdoo and the Development of National Economic Policy, 1913—1918* (New York: Garland Publishing, 1987), 263—4; Gilbert, *American Financing of World War I*, 84.

③ McAdoo, *Crowded Years*, 372; Kennedy, *Over Here*, 107, 109.

富应征"和军人应征相匹配的呼声开始充斥于国内主要刊物的社论版面。1917年的夏天,当国会就一项新的税法议案展开辩论时,像《洛杉矶时报》(Los Angeles Times)这样的报纸就在言辞上质疑洛克菲勒家族和福特家族:他们绵薄的经济牺牲是否能够与"军人的伟大牺牲相提并论,要知道,这些军人冒着生命危险以血肉之躯为国家抵挡敌人的子弹和刺刀"[①]。

随着社会压力的增加,立法者开始不断加强新税收体制的权力:1917年的收入法大幅提高了税率,尤其是针对富人的税率;新税法还将个人的最高边际税率提高至前所未有的高度,颁布了数项名义消费税并且开征了极富争议的超额利润税。尽管1916年的军需品利润税已经对所有武器生产商的利润按12.5%的单一税率征税,但新开征的超额利润税还对"投资资本超过合理收益回报的"的利润征税,另外它的覆盖范围是所有企业,而不仅仅是军需品行业。[②]

其他国家也曾通过超额利润税来筹集资金,但美国史无前例地依赖于这一税收,标志着威尔逊政府有意改变商业利润的概念与含义。同公司所得税一样,新开征的战时超额利润税反映了商业利润之社会含义的深刻变化。"超额"利润这一术语意味着存在一个企业能够获得的、合理的收益水平,而任何超出该水平的、过剩的收益都是"不合理"或"异常的"。通过战争产生的过剩收益是一种意外的收益,它高于财务利润的合法水平。对这种超额利润征税反映了一种信念:广大民众可以通过国家的权力,合法征收企业通过战争所牟取的超额利润。从这个意义上讲,利润不再仅仅是通过私人努力获得的收益。在普通美国民众牺牲生活和生命之时,开征超额利润税一方面表达了社会和政界对战争暴利的愤慨;另一方面,反映了全社会对共同牺牲的要求,而这种共同牺牲恰恰是美国财政部所大力推崇的、财政公民平等意识的核心内容。利润的新价值当然没有躲过民粹领导者、经济学家和进步主义者的注意,他们

---

① "Conscripting Capital", *Los Angeles Times*, June 4, 1917; "Where the Burden Shall Fall", *Puck*, April 21, 1917, A7; "The Conscription of Wealth", *The Independent*, April 28, 1917, 193.

② 8%被确定为"合理的回报率",高于这一水平的所有利润按最低8%至最高60%的累进税率对超过投资资本32%的企业利润征税。*Revenue Act of 1917*, 40 Stat. 300 (1917). 关于计算超额利润的一个非常实用的基本案例,请参阅Rockoff, *America's Economic Way of War*, 116.

第六章 律师、枪炮和公共资金:美国财政部、第一次世界大战和现代财政国家的行政管理

大力支持开征这一新税种;当然,保守派则坚定地反对它。①

在1917年税法颁布前,纽约律师阿莫斯·平肖特(Amos Pinchot)就大胆地宣称:"如果我们能在战时通过一项大型的所得税,那么其中的一部分,或者更多,将会持续下去。"②为了维持这项新的所得税,财政部进行了重大的重组。财政部自上而下的层次结构急剧扩张,新增了数位助理部长和大量的普通员工。不仅如此,它的执行单位——负责解释、评估和征收税款(包括超额利润税)的国税局——在丹尼尔·罗珀的领导下也急速扩张。从1913年到1920年,国税局的职员人数增加了近4倍,从大约4 000名员工增加到将近16 000名。虽然在战争结束后这个数字略有下降,但很快就稳定在一个新的水平——保持在战前水平的2倍之上。可以说,第一次世界大战对国税局的管理能力产生了明显的棘轮效应(见图6.1)。③

财政部在第一次世界大战前后的支出也能反映这种人员上的激增。一方面,财政部的整体预算增长超过2倍(按1913年为基年的实际价格计算),从1915年的8 600万美元增长到1919年的1.87亿美元,而且,这项支出在战后也大体保持稳定;另一方面,国税局的具体预算(实际值)在同一时期的增长幅度更加惊人,几乎增长了3倍,从略低于700万美元增长至1 900万美元。这些数据明确一点:在战争状况之下,行政权力的扩张导致了经济资源投入的大

---

① "The Excess Profits Tax-Discussion", *American Economic Review*, 10:1 (March 1920), 19—32; W. Elliot Brownlee, "Economists and the Formation of the Modern Tax System in the United States: The World War I Crisis", in *The State and Economic Knowledge*, ed. Mary O. Furner and Barry Supple, 401—34, 409—11; W. Elliot Brownlee, "Social Investigation and Political Learning in the Financing of World War I,"in *The State and Social Investigation in Britain and the United States*, ed. Michael Lacey and Mary O. Furner (Cambridge: Cambridge University Press, 1993), 323—64, 328—32. 1917年的税法还大幅提高了对酒精饮料、烟草以及财富转移的税收,并且对奢饰品、体育用品甚至口香糖和电影票开征了各种各样的消费税。所有这些税收的目的都是希望在象征意义上(或实质上)分散战时的财政牺牲。
② *Revenue Act of 1917*, 40 Stat. 300 (1917); Pinchot quoted in John W. Hillje, "New York Progressivism and the War Revenue Act of 1917", *New York History*, 53:4 (October 1972), 446.
③ Blakey and Blakey, *Federal Income Tax*, 540, Table 32; Alan T. Peacock and Jack Wiseman, *The Growth of Public Expenditure in the United Kingdom*, 1890—1955 (London: George Allen & Irwin, 1967); Sparrow, *From the Outside In*.

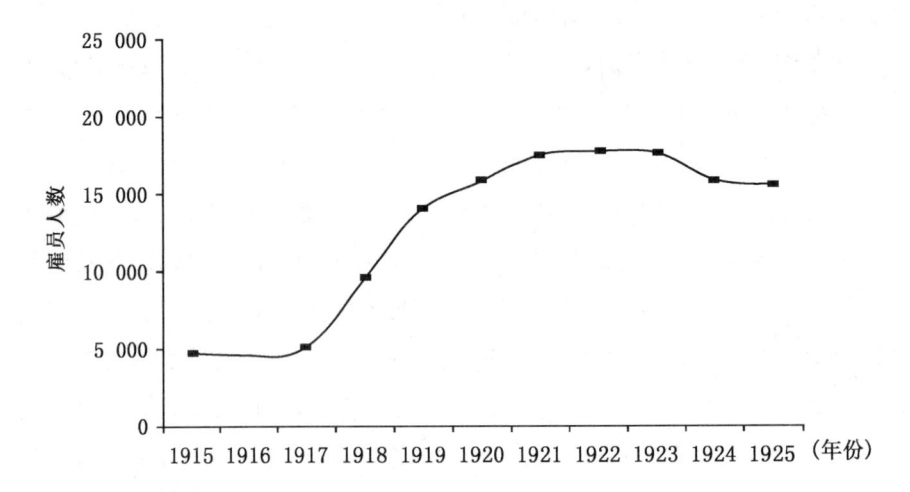

资料来源：Blakey and Blakey, *Federal Income Tax*, 540, Table 32; *Annual Reports of the Treasury Department*, 1914—1926。

图 6.1　1915—1925 年国税局增长情况

幅增加。①

总而言之，第一次世界大战在美国引发了翻天覆地的变化，并且大幅促进了美国民族国家的历史性发展。美国经济、社会和政体之间的紧密联系举世无双，并且促使公共财政和联邦的行政能力发生了根本性的转变。到战争结束之后，尽管战时高额的累进税率被削减，同时关税收入也随着国际贸易的复苏而增加，但是，联邦的税收体系再也没有恢复到战前的水平，甚至没有回到战前的发展轨道上。换言之，第一次世界大战是激发美国在 20 世纪初期发生财政革命的关键性历史事件。具体来说，战争冲突巩固了新的财政政体，它重新分配了现代国家的金融义务，并且赋予共享牺牲和财政公民理念以新的内涵；最重要的是，战争为财政政体行政能力的扩张（事后证明是不可逆的）提供了一个历史性的大舞台。

---

① *Annual Report of the Secretary of the Treasury*, 1914—1925; Sparrow, *From the Outside In*, 295-8; *Historical Statistics of the United States*, Table Cc1-2.

第六章　律师、枪炮和公共资金：美国财政部、第一次世界大战和现代财政国家的行政管理

财政部的各位律师

在战时国家权力剧烈变化的过程中，财政部的各位律师也留下了自己的印记。麦卡度（他曾是纽约市的商业律师）和律师协会的其他成员们一起在财政部担任关键职位，而且这些律师往往私交甚笃。例如，罗珀和洛夫都是南方民主党人。作为南卡罗来纳州的一名律师兼议员，罗珀曾在多个政府委员会和机构内任职，而且还是美国第一批现代国家官员（这批官员为公共和私营部门之间搭建联系的枢纽）。① 洛夫曾是一名保险律师并曾出任得克萨斯州的议员，由于他在威尔逊连任竞选中做出了突出贡献（他担任得克萨斯州威尔逊连任运动的领袖），因此出任财政部的关键职位。另外，在洛夫的整个职业生涯中，当然也包括在财政部的任职期间，他对民主政治党派的兴趣似乎强于对复杂的保险法或政府服务的兴趣。②

如果说罗珀和洛夫反映了南方民主党在威尔逊政府中的根基，那么莱芬韦尔和巴兰廷则代表了北方贵族的力量。这些政府律师构成了一个庞大的职业关系网络，而莱芬韦尔无疑是这个网络的中心节点。他毕业于耶鲁大学和哥伦比亚大学法学院，作为纽约著名律所（克莱文斯和亨德森律所）的前合伙人，莱芬韦尔在战争的绝大部分时间是事实上的财政部副部长。③ 作为纽约诸多重要金融机构的法律顾问，他在战前曾监管大量复杂的企业重组并且曾

---

① 罗珀于19世纪90年代就职于州际商务委员会。另外，通过自身积累的监管知识和经验，他随后在一家铁路和公用事业融资公司担任经理一职。Daniel C. Roper, *Fifty Years of Public Life* (Durham: Duke University Press, 1941), 90—1; "The Public Service Record of Daniel C. Roper", Box 11: Honorary Bound Volume, March 31, 1920; Daniel C. Roper Papers, Rare Book, Manuscript & Special Collections Library, Duke University, Durham, N. C. [hereinafter DCRP].

② "New Treasury Assistant", *Washington Post*, December 11, 1917; Thomas B. Love to Newton Baker, Jan. 3, 1916; Love to J. Howard Ardery, Dec. 20, 1917, Box 6 (IU7D), Thomas B. Love Papers, Dallas Historical Society, Dallas Tax [hereinafter TBLP]. 更多关于洛夫的资料，请参阅 Lewis L. Gould, *Progressives and Prohibitionists: Texas Democrats in the Wilson Era* (Austin: University of Texas Press, 1973), 61—2, 278—9; McAdoo, *Crowded Years*, 403; Sue E. Winton Moore, *Thomas B. Love, Texas Democrat, 1901—1949* (Master's thesis, University of Texas, 1971).

③ 在他的财政部任期之内，莱芬韦尔记录并收集了大量的文件，这可能是这位克拉瓦斯律所前合伙人的职业习惯。Russell C. Leffingwell Papers, Library of Congress, Washington, D. C. [hereinafter RCLP].

主导一些最具挑战性的、企业和市政证券的发行。① 他的高级法律合伙人保罗·克拉瓦斯（Paul Cravath），称莱芬韦尔是"我们律师协会最好的律师之一，并且当之无愧是最好的合同律师"②。

同莱芬韦尔一样，巴兰廷也是东北地区的法律精英。他在哈佛大学和哈佛法学院接受教育，并且在波士顿成为一名杰出的公司律师，专门从事破产重组和公司融资。在战争开始之际，他是国税局"律师委员会"的一名临时顾问，并且很快成为国税局的事务律师（即国税局首席律师）。随后，他成为国税局的一位核心人物，负责组织征税流程，并且为超额利润税的合宪性进行辩护。③

这些财政部的律师加入政府部门的方式往往都与自身的发展背景相吻合。作为威尔逊的长期支持者，洛夫和罗珀在民主党多年的忠诚服务为他们赢得了高层的职位；另外，莱芬韦尔和巴兰廷被任命的原因是自身丰富的实践知识和经验。不过，尽管后两位的背景大体相似，但莱芬韦尔和巴兰廷成为"年薪1美元"的财政部官员的渠道不尽相同。莱芬韦尔家族和财政部部长麦卡度长期保持着良好的社会联系，但有意思的是，莱芬韦尔并不是通过家族关

---

① 在1907年恐慌来袭之际，莱芬韦尔协助库恩勒布投资公司为宾夕法尼亚铁路公司发行了价值6 000万美元的短期债券。Robert T. Swaine, *The Cravath Firm and Its Predecessors*, 1819—1947, 3 vols. (New York: Ad Press, 1946), Vol. Ⅰ, 716.

② Stephen A. Schuker, "Leffingwell, Russell Cornell", in *Dictionary of American Biography*, Supplement 6, 1956—1960, ed. John A. Garraty (New York: Charles Scribner's Sons, 1990), 376—8; W. Elliot Brownlee, "Russell Cornell Leffingwell", in *Banking and Finance*, 1913—1989, in *Encyclopedia of American Business History and Biography*, ed. Larry Schweikart (New York: Facts on File, 1990), 216—39; *Selected Letters of R. C. Leffingwell*, ed. Edward Pulling (Oyster Bay, N. Y., 1979), 3—5; Paul Cravath to William G. McAdoo, May 4, 1917, Russell C. Leffingwell Papers, Series Ⅰ, Correspondence, Box 6, Folder 119, Sterling Memorial Library, Yale University, New Haven, Conn.

③ "Arthur Ballantine, Lawyer, Dies", *New York Times*, October 12, 1960; "Hoover Aid in Treasury Dies in N. Y.", *Washington Post*, October 12, 1960; Melvin I. Urofsky, "Ballantine, Arthur Atwood", in *Dictionary of American Biography*, Supplement Six, 1956—1960, ed. John A. Garraty (New York: Charles Scribner's Sons, 1990), 3—4; "Named Legal Advisors on War Revenue Regulations", *Official Bulletin*, December 1, 1917; Arthur A. Ballantine to Daniel C. Roper, November 25, 1918, Box 1, IRS Solicitor 1917—1919, Arthur A. Ballantine Papers, Herbert Hoover Presidential Library, West Branch, Iowa [hereinafter AABP]; Roper, *Fifty Years*, 174.

第六章　律师、枪炮和公共资金：美国财政部、第一次世界大战和现代财政国家的行政管理

丹尼尔·C.罗珀
(Daniel C.Roper,
1867—1943)

阿瑟·A.巴兰廷
(Arthur A.Ballantine,
1883—1960)

拉塞尔·C.莱芬韦尔
(Russell C.Leffingwell,
1878—1960)

这三位政府官员为战时财政国家的行政能力构建做出了至关重要的贡献。Courtesy of the Library of Congress, Prints & Photographs Division, LC-USZ62-99049 (Roper), LC-DIG-hec-21468 (Leffingwell); and The New York Public Library (Ballantine)。

图 6.2　财政部的三位律师

系,而是通过前合伙人（保罗·克拉瓦斯）得到了麦卡度的注意。① 相比之下,巴兰廷进入战时财政部的路径则更为常规,很可能是因为他在赔偿铁路受伤者的案例中的出色表现。具体来说,他在此案中采用了进步的立场（依据保险而不是传统的侵权诉讼）,从而得到了财政部行政官员的注意。②

莱芬韦尔及其同事都在美国的法律界拥有极高的权威；另外,当时的法律界本身也正在经历巨大的变动。法律历史学家罗伯特·W.戈登（Robert W. Gordon）认为,在第一次世界大战爆发之际,法学界正好处于从"自由法学"转向"进步法学"的巨大变迁之中。在战争开始前,各位精英律师并不太担心对

---

① Brownlee,"Russell Cornell Leffingwell"。根据罗伯特·斯温的表述,当美国正式宣布参加第一次世界大战,莱芬韦尔加入了普拉茨堡预备役军官训练营,这充分体现了他的爱国热情（因为很可能终结他成功的律师事业）。这个看似冲动的决定令克拉瓦斯（莱芬韦尔的高级合伙人）极为震惊,所以立刻加以干涉,希望莱芬韦尔在法律和金融事务方面的专业知识不要浪费在战场上。Swaine, *Cravath Firm*,209. 克拉瓦斯认为,鉴于莱芬韦尔的年龄和经历,他在华盛顿就职能够比"带着枪、做帮厨或者教美国年轻人如何使用刺刀刺穿想象中的敌人的身体"为这个国家做出更大的贡献。文献出处同上。

② Arthur A. Ballantine,"A Compensation Plan for Railway Accident Claims", *Harvard Law Review*,29:7 (May 1916); "Modernizing Railway Accident Law", *The Outlook*, November 15,1916.

公共与私人权力界限的监管,而是更关注于通过自身的职业关系与技术专长来有效解决社会的冲突并且保护客户的利益;不过,随着法律实践从普通法的法院扩展到大公司的会议室,这些精英律师的重点也不再仅仅是保护客户的利益,他们逐渐成为关键的谈判者和调解者,负责协商并且执行影响各方面利益的、复杂的大型交易。①

财政部的各位律师就代表着这种新的局面——以高技能的交易律师担当关键的调解人。尽管他们的个人特质无疑会影响自身的决策和行为,但他们的专业网络关系、法律技能以及实践经验都反映了一种历史特定的职业观:在现代的自由政体的建设进程中,律师承担着极其重要的作用。正如莱芬韦尔在他职业生涯的尽头所观察到的,他这一代律师的主要作用不仅仅是在法律实践中成为某一领域的专家,而且,借用他的原话,"是一位知道何时应该召集专家的医生"②。

作为财政部的法律医生,莱芬韦尔及其同事运用独特的法律分析方法,旨在寻求一套兼具系统性、前瞻性和长期性的治疗方案。他们以一种全面的视角建设财政部的组织能力、制定财政政策的具体方案、寻找替代性的收入来源,并且评估新税法和税收政策的分配效应。这些律师清楚地知道一点:为了完成这些任务,必须创建一套专注于赢取公众信任的核心制度文化。事实上,由于财政部长期缺乏必要的行政管理能力,而且在货币政策推行之初也没能成功建立公众对财政部的信心,所以第一次世界大战为财政部带来了新的、赢取公众信心与支持的宝贵机会。③

财政部的各位律师牢牢抓住这个机会。他们在政府的工作中充分利用各

---

① Robert W. Gordon, "The American Legal Profession, 1870—2000", in *The Cambridge History of Law in America*, Vol. Ⅲ: *The Twentieth Century and After* (1920—), ed. Michael Grossberg & Christopher Tomlins (New York: Cambridge University Press, 2008), 92—8; Hurst, *Growth of American Law*.

② R. C. Leffingwell, "Comments on the Proposal", *Journal of Public Law*, 5 (1955), 5.

③ James Q. Wilson, *Bureaucracy: What Government Agencies Do and Why They Do It* (New York: Basic Books, 1989), 370—3; Gretchen Ritter, *Goldbugs and Greenbacks: The Antimonopoly Tradition and the Politics of Finance in America* (New York: Cambridge University Press, 1997), 175; Richard Bensel, *Yankee Leviathan*, *The Origins of Central State Authority in America 1859—1877* (New York: Cambridge University Press, 1990), Chapter 4; Carpenter, *Forging Bureaucratic Autonomy*, 60—3.

第六章　律师、枪炮和公共资金:美国财政部、第一次世界大战和现代财政国家的行政管理

种各样的合作与谈判技巧,部分技巧来自战前的交易实践经验。如罗珀在回忆录中所说的,他管理国税局的主要目的就是培养国税局和纳税人之间的协作关系。"随着政府与企业的不断合作,双方都应该为了共同的利益相互合作而不是相互对抗,这一点变得愈发重要。"他回忆道。当然,战争的紧急状况迫使美国的民众放下(至少暂时地)长期以来对权力集中的怀疑态度,这也有助于减少两者之间的对抗。但是,罗珀及其同事都非常清楚一点:他们不能浪费这种由战争危机所带来的宽容。赢得战争、使世界成为民主的安全之地,意味着需要以独特的方式融合公共权力和私人权力;也就是说,必须要让公众相信战时财政政策的有效性和公正性,只有这样,才能树立新财政政体的社会正统性。[1]

招聘、培训以及对创立公众信任的共同承诺

对于财政部的各位律师来说,建立公众信任的途径之一是召集并雇用一群志趣相投的同事,并且共同完成财政部的核心使命:与公民进行合作从而增加政府收入。发展一群志同道合的行政官员和工作人员并非易事,尤其是考虑到财政部日益扩张的规模、战争初期的社会分化以及在战时经济繁荣之下的私人部门的强烈吸引力。无论如何,像莱芬韦尔和罗珀这样的管理者充分利用他们的社交关系和专业网络,雇用与他们分享社团主义国家建设的共同愿景和职业偏好的职员。莱芬韦尔的第一目标当然是自己曾经就职的克拉瓦斯律所,他从律所中招募了几位关键的助手,其中包括休·萨特莉(Hugh Satterlee)和S. 帕克·吉尔伯特(S. Parker Gilbert),后者是一位受尊敬的公司律师,并在未来会接替莱芬韦尔的财政部副部长职务。不仅如此,他还为保罗·克拉瓦斯"扭转了局面",让这位前高级合伙人协助美国的代表共同参加同盟国的欧洲会议。[2]

同样地,罗珀雇用了自己的朋友以及在美国邮政部、关税委员会和筹款委

---

[1] Roper,*Fifty Years*,177,193.

[2] Swaine,*Cravath Firm*,210;Lawrence L. Murray,"Bureaucracy and Bipartisanship in Taxation:The Mellon Plan Revisited",*Business History Review*,52:2 (Summer 1978),200—25.

299

员会的多位前任的同事,从而组建自己的国税局局长"内阁"。鉴于他穿梭于政府与私人公司之间的职业经历,罗珀还期望通过未来的预期收益吸引那些愿意助力开创新财政秩序的人。几位重要的税务律师,如老巴雷特·普雷蒂曼斯(Barrett Prettyman Sr.)和艾伯特·L.霍普金斯(Albert L. Hopkins)在后来回忆说,罗珀通过呼吁爱国义务、共同牺牲以及"这项新的税收业务很可能发展成为一项重要的律师事业",招募了许多艰苦奋斗的年轻律师,其中还包括首批在华盛顿工作的"女士律师"。①

凭借他们广泛的职业关系和社会网络,这些律师将财政部的管理机构快速转变为战时财政国家和商业界之间的关键调解人。事实上,由于他们是精英职业网络(包括银行家、律师、会计师和商业领袖)的中心节点,财政部的这些律师能够为不同的利益方提供咨询,并且招募到志趣相投的法律专业人士。莱芬韦尔会定期向他的前同事和客户群咨询,目的是检验与财政政策有关的各种理念、了解私人对政府行为的看法,并且就纳税人、债券投资者和财政部之间不断发展的关系进行深度的沟通;反过来,这些被咨询的前同事和客户也会向莱芬韦尔寻求帮助,希望通过他的影响力来解决自己与国税局之间的税收事务。②

---

① Roper, *Fifty Years*, 174-5; "Robert Miller, U. S. Tax Lawyer under Woodrow Wilson, Is Dead", *New York Times*, January 2, 1968, 41; Albert L. Hopkins, *Autobiography of a Lawyer* (Chicago, 1966), 106; E. Barrett Prettyman, "Autobiography of an Obscure Man at Forty", unpublished manuscript in Box 122, E. Barrett Prettyman Papers, Library of Congress, Washington, D. C. 我非常感激丹·恩斯特找到普雷蒂曼的手稿,并且确认了这份手稿与我的研究之间的相关性。战后,许多曾在财政部就职的律师实现了成功的税法职业生涯,其中包括普雷蒂曼、霍普金斯、罗伯特·N. 米勒(Robert N. Miller)和安娜贝尔·马修斯(Annabel Matthews),最后一位是为巴兰廷工作的少数女性律师之一。马修斯的职业生涯开始于1914年,最开始在国税局担任书记员并且逐步成长为一名资深的律师,到1930年,她成为美国税收上诉委员会的第一位女性法官。"Miss Matthews, U. S. Tax Expert", *Washington Post*, March 25, 1960. 也可参阅 the appointment and promotion letters contained in "Folder 11: Correspondence, 1914—1930", Annabel Matthews Papers, 1880—1960, Schlesinger Library, Radcliffe Institute, Harvard University, Cambridge, Mass.

② Leffingwell to Thomas W. Lamont, Jr. (Officer of J. P. Morgan & Co.), February 21, 1918, Reel 3; Leffingwell to Otto Kahn (Member of Kahn, Loeb investment banking house), June 10, 1918, Reel 5; Leffingwell to Goldman, Sachs & Co., July 8, 1918, Reel 9; Leffingwell to George O. May (Senior Partner, Price Waterhouse & Co.), August 12, 1918, Reel 10, RCLP; Brownlee, "Russell Cornell Leffingwell", 217. 关于莱芬韦尔对其朋友和前同事的帮助,请参阅 Leffingwell to W. M. Cutcheon (of Cravath), Dec. 1917, Reel 1; Leffingwell to Love, January 23, 1918, Reel 2 RCLP.

第六章　律师、枪炮和公共资金：美国财政部、第一次世界大战和现代财政国家的行政管理

同样地，罗珀也发展出自己独特的合作方式。在战争开始之后，罗珀创建了数个咨询委员会和一个"律师委员会"（最初也包括巴兰廷），旨在"不时审查有关国税局法律效力的各种决定"并"唤起公众的合伙关系意识"，而这种合伙关系来自战时的各种新税法。罗珀认为，"如果要保证通过公平、公正的法律执行来实现政府和纳税人之间的合作"，那么这种"公众合伙关系的意识"是必不可少的。①就像那些进步的政治经济学家一直论证的那样——直接和累进税可以重振现代的公民参与意识，罗珀及其同事也通过税收来加强公共部门和私人利益之间的全新社会契约。

在职业忠诚、对未来财富的承诺以及爱国主义的召唤下，这些财政部的律师招募了大量志同道合的战友。不过，尽管财政部的办事人员在战争期间快速激增，但招募办事人员依旧非常困难。原因很简单，同征兵或私人部门的工作相比，政府的就业立刻黯然失色，这大大减少了可聘用的潜在人数。因此，为了提高公众的信心，财政部的这些律师需要提振员工的士气并且留住的人才。1918年夏天，美国国内有传言称征兵的年龄限制很快就会降低，这让莱芬韦尔大为担心，认为这可能大幅减少财政部的就业人员。莱芬韦尔警告麦卡度，"由于有人提议拓宽征兵年龄，财政部以及自由贷款的组织效率都危在旦夕"。事实上，这种担忧可能反映了莱芬韦尔自身的焦虑，因为他差一点就响应征兵的号召。由于莱芬韦尔本人"当麦卡度招募他进财政部时，正在报名征兵的路上"，所以他很可能同情那些渴望更加积极地参与战争但在财政部任职的各位职员。莱芬韦尔写道："这些人可能更乐意亲身参加战斗，而不仅仅是为战争融资和记账，只有让他们觉得自己正在最合适的岗位上为战争的胜利做出贡献，我们才能够留住他们，让他们继续为政府工作。"②

罗珀对爱国主义的运用更为深入，他将"记账"和"战斗"联系在一起，旨在留住财政部的员工并同时激发他们的工作士气。在对外勤人员的讲话中，这

---

①　"D. C. Bank Merges Foreign Branches: Roper Names Advisors", *Washington Post*, April 3, 1918, 5; Roper, *Fifty Years*, 174; Roper, "The War Revenue Act and the Taxpayer", 2, December 13, 1917, Box 27: Addresses, DCRP. 作为政治的知情者，罗珀也一直回应着政治家的请求，助力他们帮助自己的朋友和选民获取政府内的职位。Breckinridge Long (Third Assistant Secretary of State) to Daniel C. Roper, February 28, 1920, Box 11, DCRP.

②　Leffingwell to McAdoo, August 17, 1918, Reel 10, RCLP; "1 500 000 for France", *Washington Post*, April 4, 1918, 2.

位国税局局长表示,他们的工作对战争是至关重要的。罗珀宣称:"虽然我们的士兵和水手为战争付出了一切,但你们谨慎、无私又不知疲倦的工作再加上你们无比的热情和高速的理解力,为战时及和平时期的国家保障了资金收入的生命之流。不仅如此,你们还让每个人都了解到了非常重要的一点:每个人的纳税都为战争的胜利做出了自己的一份贡献。"①

随着战争的不断深入,培训财政部新员工的任务也变得愈发重要,因为它对保障财政部制度文化的连贯性是不可或缺的。当然,财政部的各位律师也在危机中不断学习。罗珀和巴兰廷竭尽全力创造出一套适合新利润税的、合理的征税程序;洛夫则与莱芬韦尔紧密合作,并且成为莱芬韦尔个人律所(处理公共财政问题)的初级合伙人,从而亲身了解到"克拉瓦斯体系"的严格要求(经常要忍受来自这位严格职业前辈的严厉斥责)。②

为了完成这一核心任务——建立公众信心,财政部还需要培养并且留住一群训练有素的职员,因为他们——新的助理和书记员——的招聘和培训的速度难以匹敌私人部门"挖墙脚"的速度。由于新税法的"复杂性",罗珀解释说,出乎意料地造成"我们最为优秀员工的大量流失",因为私人企业"不断从我们的组织内部挖走受训过的职员",旨在能够遵守新的法律法规。罗珀回忆道:"随着大量职员一个接一个在金钱的诱惑之下离开财政部,这种情况引起了我们的警觉。"为了应对这种"训练有素的职员的大批量出走",罗珀,这位务实的机构企业家,同他的"小内阁"一起为国税局的职员创立了一所专门的"培训学校",用于培训税法知识和相关的会计基础。虽然这个培训计划并没能成功阻止财政部的离职潮,但确实保障了外勤人员和工作人员的知识水平与业务能力。纽约州的著名会计师,荷马·S. 佩斯(Homer S. Pace)负责担任这所

---

① Roper,*Fifty Years*,183. 国税局的外勤人员极好地回馈了罗珀对他们的信任,而且他们非常清楚一点:追随罗珀能够让他们的战后职业生涯"回报更高、苛求更少"。A. S. Walker to Daniel C. Roper,March 27,1920,Box 11,DCRP.

② 毫不意外,洛夫的耐心最终被消磨殆尽,所以不再担任莱芬韦尔(这位纽约民主党人兼克拉瓦斯律所的合伙人)的直接下属,所以他在战后不久就回到了自己的舒适区——得克萨斯州的民主政治。"Excess Tax Review Board",*Wall Street Journal*,April 3,1918.

第六章　律师、枪炮和公共资金：美国财政部、第一次世界大战和现代财政国家的行政管理

培训学校的主管。另外，国税局各个部门的负责人也成为这所学校的"教授"①。

招聘、留任以及培训高技能的专业人员，这些举措看起来是有成效的。举例来说，罗珀用怀旧、可能略有夸大的修辞讲述了国税局的咨询小组与委员会的重大成就：他们如何成功说服心怀不满的纳税人，让他们相信税收评估流程的准确性和有效性。同样地，其他的财政部高级官员也把重点放在建立公众信任之上。麦卡度曾经解释说："治国才能的关键问题，是在必要的税收和国家的收入能力之间建立公正的联系。"②相似地，莱芬韦尔欣赏麦卡度"能够做到所倡议的巨额税收并没有遭受民众的反抗"，以及他如何"反而赢得了纳税人的信心"，尤其是商业利益团体的信心。麦卡度的一切成就，莱芬韦尔总结道，是因为财政部非常谨慎地与"无知或恶意的公司诱饵"划清了界限，而其他的联邦机构早已堕落地"习以为常"。③

行政能力与执政机构的理性形象

为了实现财政部的机构使命——建立公众信任，确实需要建立国家与社会合作的社团主义关系，但另一项同样重要的任务是建设财政部的行政能力。如果说"记账"而不是"战斗"是财政部职员为这场战争的胜利所做出的贡献，那么财政部的律师的贡献是确保财政部具备所需的全部行政权力，从而能够实现公平并有效的战争融资。为了做到这一点，财政部首先需要建立，继而需要守护它的行政管辖特权。这一点在战争时期尤为重要，因为无数的政府组织在战争动员的大背景下应运而生，而这些组织的管理界限往往是模糊的。

---

① Roper, *Fifty Years*, 181; Lillian Doris, *The American Way in Taxation: Internal Revenue, 1862—1963* (Englewood Cliffs, N. J.: Prentice-Hall, 1963), 218. 罗珀为 BIR 外地办事处设立了类似的培训。Roper, "The War Revenue Act and the Taxpayer", 3, DCRP.

② McAdoo to Kitchin, June 5, 1918, Record Group 56—General Records of the Office of the Secretary of the Treasury, Box 187, Folder "Tax-Excess Profits & War Profits. 1917—1920", National Archives and Record Administration, College Park, Md. [hereinafter NARA Excess Profits Tax Folder].

③ "Excess Tax Review Board", *Wall Street Journal*, April 3, 1918; Roper, *Fifty Years*, 175; Leffingwell to George R. Cooksey (Assistant to the Secretary of the Treasury), August 23, 1918, Reel 11, RCLP.

因此，财政部需要在战时融资的迷雾中塑造出理性的机构形象，即使这并不一定与事实相符。

为了保护财政部行政管辖的权力范围，财政部的律师充分运用自身的职业联系和法律技能。一方面，他们严厉斥责其他机构的越权行为，坚决捍卫财政部对财政政策的管辖权。他们斥责的对象往往是新设立联邦的机构，如资本发行委员会（下文简称 CIC，它是战时金融公司的一部分，用以过滤并且简化私人商业的资本流动）。例如，CIC 曾试图规范并且管理传统银行的贷款业务，这明显是对财政部权力的严重侵犯，而财政部的律师则通过法律解读将其迅速击退。"如果 CIC 对银行贷款的干预并没有遵守其赖以成立的法案内容，那么无论它采用何种方式，我都认为这是一个糟糕的组织，并且违背了我们的精神。"莱芬韦尔如是通报给麦卡度。①

另一方面，财政部的各位官员还严格监管着财政联邦的边界，并且划清了州政府的权力界限。1918 年夏天，某些州试图对联邦债券的利息进行征税，而这当然违反了联邦法律。因此，财政部运用自身、司法部和联邦储备体系的联合权力，要求州税务官员尊重财政联邦制的管辖范围。联邦官员的严厉斥责立刻提醒了州的立法者：在这一领域中，联邦立法具有至高无上的权力。不仅如此，财政部的律师还采用了多种手段（如起草新的立法、劝诱立法者以及制定新的规则），旨在于美国的联邦体系结构中限制州政府的自治权。事实上，在这个过程（遏制其他战时机构和州政府的权力）中，财政部明确界定了竞争组织的权限，并且巩固了自身机构的权力。②

不仅如此，财政部内部的各个分局也经常发生权力管辖权的冲突，特别是在与纳税公众进行沟通方面。从巴兰廷和莱芬韦尔在 1918 年秋天的通信中

---

① Leffingwell to McAdoo, August 24, 1918, Reel 11, RCLP; Eisner, *From Warfare State to Welfare State*, 230—1. 莱芬韦尔采用了类似的步骤以确保战时的金融公司不直接参与战争的融资。Leffingwell to Thomas V. Lamont (Partner, J. P. Morgan & Co.), February 21, 1918, Reel 3, RCLP.

② Leffingwell to Attorney General Thomas W. Gregory, March 23, 1918; Leffingwell to Gregory, October 14, 1918; Leffingwell to Gregory, December 1918; Leffingwell to Senator Robert L. Owen, March 26, 1918; Leffingwell to McAdoo, December 1917; Leffingwell to Congressman Carter Glass, January 16, 1918; Leffingwell to Richmond Weed, September 3, 1918, RCLP. 要了解更多关于政府权力界定的重要性，可参阅 Weber, "Bureaucracy". 关于联邦主义对这一阶段美国政治发展的重要性，请参阅 Kimberley S. Johnson, *Governing the American State: Congress and the New Federalism, 1877—1929* (Princeton: Princeton University Press, 2007).

第六章 律师、枪炮和公共资金:美国财政部、第一次世界大战和现代财政国家的行政管理

就略见一斑,他们在信中讨论谁有权制定与征税相关的财政部规定。莱芬韦尔认为是财政部部长麦卡度,而不是其下属——国税局局长罗珀,因为财政部最终负责接受国库券作为所得税和利润税的缴款。他严厉地告诉巴兰廷:"公共债务和公共资金与国税局局长完全不相关,另外,由发行机构制定的法规会令投资人……感到安心。"莱芬韦尔以他惯常的自负风格回复信件,为了支持自己的法律观点,他甚至还在信中给巴兰廷写下了详细的立法语言。①

不过,保障司法管辖权并不是建立行政权力的唯一问题。为了传播执行机构的理性形象——一个富有组织性与连贯性的执行机构,必须为机构建立公认的法律透明度、稳定性和正统性。有些时候,这意味着财政部的律师愿意使用自身的法律和财务专业知识,以帮助纳税人执行独特而又复杂的商业交易。非常典型的例子是帮助亨利·福特(Henry Ford)在1919年完成买断福特汽车公司少数股东股份的交易。正如罗珀后来回忆所称的,这次交易被证明是一个"特殊的机会",让国税局得以展现它致力于同纳税人合作的承诺。一方面,国税局为福特公司提供了税收指导,从而帮助它实现了收购;另一方面,这项交易帮助国税局获得了可观的税收,并且为财政部赢得了企业界的信任。②

除了这类特殊情况之外,财政部的律师还清楚地意识到一点:为了建立理性的机构形象,在战时融资这种不确定的大环境下加强财政部的明确性,他们还需要控制公共的信息流。无论如何,正如这些律师们的经验之谈,信息对于资本市场的有效运作以及整个收入筹集的流程都是至关重要的。不过,为了塑造一个审慎而明智的机构形象,在实践操作中的重点并不是提高机构的信息透明度,而是谨慎地管理公众对机构的看法。为此,莱芬韦尔亲力亲为,严格控制公众获取财政部政府信息的相关渠道。他告诫各位局长,要注意对媒体发布的各种信息,而且经常亲自编辑财政部的官方报刊。不仅如此,他还定

---

① Leffingwell to Ballantine, October 25, 1918, Reel 16, RCLP.

② "Fords Acquire Stock Control in their Company", *New York Times*, July 12, 1919, 1; Roper, *Fifty Years*, 181—2; Douglas Brinkley, *Wheels for the World: Henry Ford, His Company, and a Century of Progress, 1903—2003* (New York: Viking, 2003), 240—2. 福特公司的交易也造成了重大的税收争议,从而对国会联合税收委员会的创建产生了重要的影响。George K. Yin, "James Couzens, Andrew Mellon, the 'Greatest Suit in the History of the World,' and Creation of the Joint Committee on Taxation and Its Staff", *Tax Law Review*, 66.

期阅读纽约和华盛顿的各大报纸,以了解媒体如何报道他们的战争融资政策以及各位主编对新税收政策的态度和反应。①

财政部的各位律师还通过一些其他方式来塑造公众对财政部的看法。在麦卡度的紧急指示之下,托马斯·洛夫利用他在得克萨斯州的关系和自身的政治技能四处推广自由公债。他反复强调:购买战争债券是公民展示爱国主义的一种途径。如我们所见,罗珀曾通过国税局的顾问委员会和特设委员会说服纳税人税收评估流程是公正并且有效的。在难得的、自鸣得意的时刻,甚至连莱芬韦尔都承认财政部高度的战争融资管理水平非常熟练,并且成功增强了公众对该部门的信心。1918年秋天,在了解到新闻界和投资者都赞同地接受了第四次也是最大一次的自由贷款的分销之后,他写给麦卡度,称"我们承担了艰巨的任务并且给民众施加了沉重的负担,但迄今为止,没有引起任何对抗或争议。现在,我们比以往任何时候都更加需要让民众感觉到这台伟大的行政机器正在如此平稳的运行"。②

如果说维护司法管辖权以及控制公共信息流对财政部专业效率的发展是必不可少的,那么,税收征管流程的管理以及偿债时间的协调则进一步提高了财政部的组织能力。1918年春天,财政部正在考虑允许纳税人延迟缴纳新开征的所得税和利润税,而这给财政部的组织能力带来了一项非常重大的考验。财政部的各位律师在最初默许了延迟纳税的计划,但在深思熟虑之后,他们一致认为,任何晚于1918年6月15日的延迟纳税(新的所得税和利润税)都会打乱财政部现金流的时间安排。早在1917年12月,莱芬韦尔就曾警告麦卡

---

① Leffingwell to McAdoo, September 11, 1918; Leffingwell to Thomas Love, July 19, 1918; Leffingwell to McAdoo, August 17, 1918; "For Morning Papers" (Leffingwell approved press release regarding recent issuance of Treasury certificates), September 12, 1918; Leffingwell to John Burke (Treasurer of the United States), December 3, 1917; Leffingwell to McAdoo, January 16, 1918, Reel 1, RCLP.

② George S. Adams to Love, Jan. 19, 1918, Box 7 (IU 7D-8A) TBLP; Leffingwell to McAdoo, September 11, 1918, Reel 12, RCLP. Schafer, *America in the Great War*, Chapter 8. 财政部的官员还与乔治·克里尔(George Greel)的公共信息委员会通力合作,强调购买自由债券的财政义务,并且诱哄美国民众提前进行圣诞大购物以加快获取相关的联邦销售税的收入。George Creel to Woodrow Wilson, August 6, 1918; Wilson to Creel, August 8, 1918, Container 2, George Creel Papers, Manuscript Division, Library of Congress, Washington, D. C. 更多关于公共信息委员会的内容,请参阅 Stephen Vaughn, *Holding Fast the Inner Lines: Democracy, Nationalism, and the Committee on Public Information* (Chapel Hill: University of North Carolina Press, 1980).

第六章 律师、枪炮和公共资金:美国财政部、第一次世界大战和现代财政国家的行政管理

度,"一旦允许延期缴纳税收","我们就不能安全地"发行新的债券凭证,因为延期收缴急需的税收现金流会导致财政部无法支付未偿付的、政府债务的利息。①

尽管财政部反对延期纳税的想法,但它也清楚地意识到一点:强迫纳税人一次性全额缴纳所得税和利润税可能对经济造成巨大的冲击。具体来说,银行家担忧它们的客户,特别是大型企业,可能因为纳税而同时提款,从而触发对银行资金储备的恐慌性挤兑。与此同时,其他客户可能需要向银行借贷以缴纳税收,这会使银行的资金状况更加糟糕。因此,商业和金融界中的很多人敦促立法者允许联邦税收的分期付款。财政部的各位律师一方面仔细监控着收入的预算,另一方面在快速思考替代延期纳税的其他方案。②

财政部提出了数项建议,旨在解决税收现金流的时间问题。在一封致议员、银行家和主要商界人士的信件中,莱芬韦尔综合了部门中法律人士的研究工作,以说明几种可行并合法的、替代性的解决方案,其中包括"预先征收所得税和利润税的部分缴款",以及使用短期凭证代替现金来纳税。莱芬韦尔提醒各位政策制定者,最新颁布的自由债券法案允许财政部把收缴的税款存入美国的银行,从而可以减轻任何潜在的、银行短期存款的周转问题。此外,法律还为债券持有人/纳税人规定了恰当的息票支付时间,这可以帮助他们按时缴纳税款。有了这些(还有一些其他的)防护措施,莱芬韦尔自信可以说服麦卡度和其他官员,没有必要对延迟纳税这一要求进行让步。③

随着最后期限(6月15日)的临近,莱芬韦尔和洛夫愈发焦虑,不断阅读日益增多的、有关预期税收缴纳的新闻报道。④ 最终,联邦政府在最后期限之

---

① Leffingwell to McAdoo, December 1917, Reel 1, RCLP;"May Accept Part Payment of Taxes",*Washington Post*,April 12,1918,3.

② "Banks Want Excess Tax Paid in Installments",*Wall Street Journal*,September 28,1917,2;"Want Only Revision in the War Tax Bill",*New York Times*,December 11,1917,14;"Installment Plan for Taxes Urged",*Washington Post*,March 14,1918,10;Leffingwell to Love,March 2,1918;March 7,1918;March 19,1918,Reel 3,RCLP.

③ Leffingwell to Daniel Roper, [n. d.];Leffingwell to Hoxsey, April 22, 1918;Leffingwell to Frank E. Howe (President, Manufacturers National Bank);Leffingwell to Benjamin Strong,April 22,1918,Reel 4,RCLP.

④ Leffingwell to Love,April 12,1918,Reel 4,RCLP;"Income Tax May Net $4 000 000",*New York Times*,April 12,1918,17.

307

前收到了近28亿美元的利润税和所得税,同时还有8.55亿美元的其他国内税收。① 更为重要的是,国税局能够在不对货币市场或整体经济造成严重冲击的情况下完成全部的征税流程。一位银行家惊讶地解释道:"缴纳税款时没有任何问题,这笔巨大的金融交易几乎在没有人注意的情况下完成了。这笔巨大的交易运行得极为平衡,完全没有干扰到商业或银行的业务。"麦卡度向莱芬韦尔表达了他的个人祝贺,赞扬如此成功的征税流程和他的出色领导。②

在执行战时的税法和相关政策时,财政部还同时提高了战时财政国家合法性的关键基础——财政部的行政管理能力。虽然,他们的运作有时并不够透明,但莱芬韦尔和他的同事致力于通过构建一个理性的执政机构形象来赢得公众的信任。在这个过程中,他们还在其他的联邦执行机构和财政联邦的体系内增强了财政部的行政权力。不过,赢得并且维持纳税人和公众的信心只是财政部早期所经历的挑战之一。在制定财政政策的一般原则方面,财政部的官员还面临着另一项艰巨的挑战——让公众确信参加全球战争的成本和牺牲在所有公民之间被平等地分担。这些公民不仅包括在海外战斗、奉献生活和生命的诸位战士,还包括留守在国内、收割战时经济繁荣果实的众多公民。

政策制定以及财政公民权之中的国家义务

在财政部官员面临的主要政策问题中,最重大的就是分析战争融资组合(税收和公共接待)的各种选项。尽管几乎每个人都认同有必要保证税收和公共借贷在战争融资中的平衡,但经济学家、社会评论家以及立法者对于这两者的具体比例远没有达成一致的观点。在他们激烈争论的背后,最为根本的问题是:如何定义爱国主义、战士牺牲以及财政公民权之间的关联?换言之,公民和国家在战争的经济状况下分别对对方拥有怎样的权利和义务?

---

① "U. S. Reaps Richest Harvest in Taxes", *Washington Post*, June 26, 1918;"War Taxes in Year Yield ＄3 694 703 000", *New York Times*, August 7, 1918, 15.

② "＄3 000 000 000 Tax Paid with No Strain", *New York Times*, June 17, 1918, 10;"Banks Easily Meet Income Tax Drain", *Washington Post*, June 23, 1918; Leffingwell to McAdoo, June 28, 1918, Reel 8, RCLP.

第六章　律师、枪炮和公共资金：美国财政部、第一次世界大战和现代财政国家的行政管理

对于许多社会批评家和政策制定者来说，答案是显而易见的。财政公民身份意味着政治集体中的所有成员——纳税人、债权人和消费者——都承担着道德责任和爱国义务，从而应该为支持国家做出必要的战时牺牲。"一种新的公民义务感将改变这个国家的精神。"进步记者弗雷德里克·刘易斯·艾伦（Fredrick Lewis Allen）在战争之初如是预言。进步的税收改革者数十年来一直致力于推动直接和累进税（它的基础理念是每个公民对社会的义务与其支付能力成正比），旨在以此塑造全新的社会团结精神与公民义务感。最终，第一次世界大战成为一个历史性的关键时刻，因为它将直接和累进税更紧密地融入美国的法律制度和社会文化，从而进一步深化了共同社会责任这一进步理念。[①]

然而，尽管国家忠诚感在日益增强，但国内根深蒂固的区域性冲突仍然存在。在战争前夕，克劳德·基钦（Claude Kitchin，北卡罗来纳州的民主党人），一位众议院多数党派的领袖兼筹款委员会主席，就完全没有掩饰他的地区性部门偏见。他写道，如果富裕的纽约居民"彻底相信他们必须为新增的陆军和海军缴纳所得税，那么，即便是未来的德国入侵也无法让他们像现在这般恐惧并慌忙地做出准备"。同威廉·詹宁斯·布赖恩一样，基钦也是所得税的坚定支持者和战争坚定的反对者。而且，像布赖恩一样，基钦也不畏惧利用人们对新的、直接和累进税收体系的恐惧和焦虑。其他的政治领袖则进一步抨击有产阶层。"股票经纪人当然不会参军，因为他们发动战争的目的就是获取利润。"参议员乔治·W. 诺里斯（George W. Norris，内布拉斯加州的共和党人）宣称："他们躲在华尔街富丽堂皇的办公室里，坐在桃花心木的书桌后面，全身

---

① Kennedy, *Over Here*, 43—4; Richard T. Ely, *Taxation in American States and Cities* (New York: Crowell & Co. , 1888); Edwin R. A. Seligman, *The Income Tax: A Study of the History, Theory and Practice of Income Taxation at Home and Abroad* (New York: Macmillan, 1911).

都是修剪好的息券,而这些息券上沾满了母亲的血汗和同胞们的生命之血。"①

尽管部门和阶级之间的关系依旧紧张,但数位财政部的律师都相信一点:这次的战争危机提供了一个独特的机会,得以推动一种新型的公民身份观、一种以累进税作为约束力的新的社会契约。财政部与乔治·克里尔的公共信息委员会密切合作,共同开展宣传活动,以强调纳税与打赢战争之间的正向联系。政府采用了"四分钟男子"作为销售自由贷款的促销手段,他们在电影院、教堂、地方集会处和其他社交场所大肆宣讲纳税的美德。例如,他们常用口号之一是:"把您的所得税交给国税局的征税官,就等于帮助潘兴将军把军队的旗帜扛到了战斗前线。"②

相似地,罗珀经常指示国税局的员工在征税的过程中反复强调并呼吁爱国主义、公民义务和公民身份。他还争取到了美国神职人员的影响力以及大众和商业期刊的传播能力,以传达"缴纳所得税的荣耀"。他告诉各位商业记者,他们秉承着严肃职业的义务,需要反复提醒一点:"那些全额缴纳自由税收的民众,无疑与投资自由债券或自愿参军的人们一样爱国。"当机会主义者试图通过逃税以获取利润时,罗珀带着强烈的民族热情亲自斥责这种行为。由此可以反映出,美国战时国家的核心是爱国主义与高压政治。他告诉一位潜在的线人:"毫无疑问,没有任何良好公民会想到从邻居(那些不熟悉这个复杂税法细节的人们)少报的税收中获利,只要他是一位良好公民、一位以正确态度对待自己国家人民的人,而这个正确的态度就是在这场战争中保卫自己

---

① Arthur Link,*Wilson:Campaigns for Progressivism and Peace*,62. 更多关于基钦的内容,请参阅 Alex M. Arnett,*Claude Kitchin and the Wilson War Policies*(Boston:Little Brown,1937);Homer Larry Ingle,*Pilgrimage to Reform:A Life of Claude Kitchin*(Ph. D. dissertation,University of Wisconsin,1967);Norris quoted in Norman L. Zucker,*George W. Norris,Gentle Knight of American Democracy*(Urbana:University of Illinois Press,1966),128. 当时的统计数据也证实纽约的富裕公民承担了较高比重的所得税:仅1916年纽约州所得税的收入就占总所得税收入的35%。U. S. Internal Revenue,*Statistics of Income:Compiled from the Returns for 1916*(Washington,D. C.:Government Printing Office,1918),12—13.

② Schaffer,*America in the Great War*,4—7;Bank,*War and Taxes*,68.

第六章 律师、枪炮和公共资金:美国财政部、第一次世界大战和现代财政国家的行政管理

的祖国。"①

另外,在制定一般性财政政策的过程中,财政部的各位律师还扩展了传统财政公民身份的内涵,而这种传统概念仅仅专注于公民的义务与责任。同战前支持累进税的税收理论家和政治活动家一样,战时的财政部律师相信财政公民身份意味着国家对其公民也存在相应的社会义务和民主责任:国家不仅需要在战争中保护自己的公民,而且需要确保战时财政牺牲在所有集体成员中被公平地分配。

这样,财政公民身份不再只是一个单向的力量——仅仅要求公民对国家保持忠诚。相反,财政公民权要求国家承担一系列的共同责任,即公平地分配现代全球战争的成本和牺牲。这是因为,新的税法已经使"政府变成商业的合作伙伴",正如罗珀所解释的那样,新的财政政策的范围和强度使"双方为了共同利益而进行合作变得日益重要"。简言之,基于高额累进税的新社会契约要求国家和公民同时履行各自的职责。②

从战时融资组合的政策辩论中,我们能够很好地观察到爱国主义、战时牺牲和财政公民身份之间的相互影响。一方面,由民粹主义和进步立法者[如基钦和老罗伯特·M. 拉福莱特(Robert M. La Follette Sr. ,威斯康星州的共和党人)领导的脆弱的国会联盟不满足于对税收负担的再次分配,而是希望利用新的征税权和战时的紧急状态对财富进行更加激进的再次分配。同他们在国会中的民粹主义前辈(他们领导并通过了宪法第十六条修正案和1913年所得税法)一样,这些战时的立法者致力于使用税收体系解决当时存在的、严重的不平等问题。拉福莱特承认新税法的作用力度是有上限的:"我们不应征收太高的税收,以免削弱工业的力量或阻碍生产。"尽管如此,他还是告知各位议员,进步的领袖应该义不容辞地致力于确保"这个国家的财富将被税收的力量无情地带走,就像男子被军队带去参加战斗一样"③。

---

① "An Urgent Duty and a Glorious Privilege", *Literary Digest*, January 12, 1918, 32; Roper, *Fifty Years*, 176, 180; Roper, "The War Revenue Act and the Taxpayer", 5, DCRP. 关于胁迫对第一次世界大战期间公民身份的文化的重要性,请参阅 Capozzola, *Uncle Sam Wants You*。
② Roper, *Fifty Years*; Roper, "The War Revenue Act and the Taxpayer", DCRP.
③ Robert M. La Follette, "War Taxes and Profiteering", in *The Political Philosophy of Robert M. La Follette*, ed. Ellen Torelle et al. (Madison, Wis. ;Robert M. La Follette Co. ,1920),222.

与这个政治联盟对抗的是一个商业组织,而他们支持的是消费税和针对所有社会阶层的一般性所得税。这个组织的领袖是东北部的商业精英,他们清楚地意识到国家税收体系的转型(从间接消费税体系向直接税体系转变)会产生严重的区域性影响。事实上,即使在1917年收入法出台之前,纽约商会还发表了一份声明,敦促实施"更加接近于国内全体人民负担的税收;不应该放弃或过分减少间接来源的税收收入,而且也不应过度依赖于直接税这一收入来源,因为这会妨碍这个国家的金融业和企业在国内外的发展"。当然,这个商业组织并非只有一种声音。许多公司清楚地认识到战争要求经济上的大量牺牲,而且许多公司出于爱国责任,已经尽其所能地使自身的价格和利润保持在合理的限度之内。但是,当涉及税收,尤其是新的利润税时,美国的公司都会采取各种各样的措施以避免将战时的利润全部缴纳给财政部。①

如果说他们——南方和西部的立法者以及东北部的商界精英——的分歧反映了美国一直以来紧张的区域关系,那么经济学家并没有采取任何行动来安抚这种敌对的关系。实际上,经济学家在战争筹资问题上也存在类似分歧。其中一些人,如哈佛大学的O. M. W. 斯普拉格(O. M. W. Sprague)和耶鲁大学的欧文·费雪(Irving Fisher)都赞成"现收现付"法,即使用累进所得税和宽税基的消费税来抑制通货膨胀并且为战争提供资金。斯普拉格写道:"男人的应征从逻辑的角度和公平的层面来说,都应该对应着对现有收入的某种应征,这是完全必要的。"②而其他的一些重要专家,如埃德温·塞利格曼、亨利·卡特·亚当斯和查尔斯·布洛克,则担心过度依赖于征税会抑制经济生产力的源动力。尽管前文我们已经看到,这些政治经济学家长期以来都支持累进税,但战争确实削弱了他们对所得税的热情。他们依旧承认税收应该是战争融资的重要构成,但他们建议采取一种更为平衡的方法,并且预测很快就

---

① "New York Chamber of Commerce and the Excess Profits Tax", *Commercial and Financial Chronicle*, February 3, 1917, 421; "Opposition to the Excess Profits Tax By Business Men", *Commercial and Financial Chronicle*, February 10, 1917, 517; "The Injustice of the Excess Profits Tax", *Commercial and Financial Chronicle*, May 19, 1917, 1957; Braneds, *Warhogs*, 174—5, 172.

② O. M. W. Sprague, "The Conscription of Income a Sound Basis for War Finance", *Economic Journal*, 27: 105 (1917), 1—15, 5; "Loans and Taxes in War Finance", *American Economic Review* (Suppl., March 1917), 199—223; Irving Fisher, "How the Public Should Pay for the War", *Annals of the American Academy of Political and Social Science*, 78 (July 1918), 112—17.

第六章 律师、枪炮和公共资金:美国财政部、第一次世界大战和现代财政国家的行政管理

有必要增加公共借贷,特别是在战争的冲突变得旷日持久的情况下。①

作为仲裁人,财政部的律师必须处理这两大对立的战争融资观点。为此,莱芬韦尔及其同事反复强调一点:财政公民身份也包含着国家的义务——公平地分配战时牺牲的负担。作为决策者,莱芬韦尔正在考虑于1918年的春夏发行第三轮自由贷款,而这位"华尔街的共和党人"依旧坚信高额累进税的重要性。莱芬韦尔提醒麦卡度,"在能够安全征税的范围内,应该尽可能地课以重税"②。尽管麦卡度在最初也同意这个观点,但他很快就迷上了更为轻松、低息且附带税收优惠的政府债券。③ 为了变现爱国主义,麦卡度开始了他的全国巡回演讲,以宣传和销售政府的债券。他还争取到数位财政部律师的帮助(其中包括托马斯·洛夫),并且邀请了一些知名的美国艺术家和名人前来助阵。④

莱芬韦尔也认同"爱国主义的呼吁无可替代",但他对爱国主义、战时牺牲和财政公民身份的理解要更为广义。麦卡度的爱国主义意味着国家可以依赖于公民的义务和责任、直接通过债务和税收为战争融资。但对于莱芬韦尔及其同事而言,这种不假思索的、求助于更多公共借贷(而不是更加依赖税收)的融资方式,实质上是放弃了国家对公民的社会责任,因为它违反了直接和累进税背后的、新的社会契约。当然,财政部的律师也并不认同完全依赖于税收(如斯普拉格的观点)或者极为恐惧过度税收的观点。

实际上,作为各种社会力量的仲裁者,这些律师试图找到一条更加温和的

---

① E. R. A. Seligman, "Borrowing Must Supplement Taxes in War Finance", *New York Times*, April 15, 1917, E3; Seligman, "Loans versus Taxes in War Finance", *Annals of the American Academy of Political and Social Science*, 75 (January 1918), 52—82; Henry Carter Adams, "Borrowing as a Phase of War Financing", *Annals of the American Academy of Political and Social Science*, 75 (January 1918), 23—30; Charles J. Bullock, "Financing the War", *Quarterly Journal of Economics*, 31:3 (May 1917), 357—79; Bullock, "Conscription of Income", *North American Review*, 205:739 (June 1917), 895—904.

② Leffingwell to McAdoo, March 1, 1918, Reel 3, RCLP.

③ 。回顾第一次世界大战,麦卡度在回忆录中夸赞自己与内战期间的财政部部长萨尔门·柴斯(Salmon Chase)不同,因为他能够直接呼吁人民的爱国主义热忱,从而数次成功地超额发售债券。McAdoo, *Crowded Years*, 374.

④ McAdoo, *Crowded Years*, 374; Kennedy, *Over Here*, 105—6; "McAdoo Calls Bankers", *Washington Post*, March 22, 1918, 5.

313

道路。莱芬韦尔提醒麦卡度,依赖多种类别的税收既能够增加税收收入和限制消费,还能够公平地分配战争的成本。凭借自身丰富的资本市场经验,这些律师清楚地了解一点:税收和债券之间的权衡从根本上讲是一个时间的选择问题,也就是应该由当代纳税人还是未来纳税人来承担战争的成本。一项"强迫人民接受债券"的战争融资政策,根据莱芬韦尔的判断,是对未来纳税人的双重惩罚——他们既要为战后恢复提供资金,还要偿还战争的贷款。不仅如此,更加依赖于公共借贷还会带来其他各种各样的问题。具体来说,如果信贷市场上充斥着政府的债券,莱芬韦尔向麦卡度保证,那么必然导致国家的金融破产;它"仅仅意味着市场里堵塞着大量无法被消化的证券,从而必然导致债券价格的贬值和货币的通货膨胀,最终将破坏美国的信誉"。尽管随着战争的不断深入,莱芬韦尔似乎忘记了他的这番评论,但事实将证明,他关于通货膨胀的言论是相当富有先见之明的。①

除了分析融资方案的具体组合之外,财政部的律师还利用自身的关系网络、技能和经验以处理一些相对日常但同样重要的政策制定。莱芬韦尔及其同事充分运用自身的法律专长和业务知识,将财政部演变为国家权力的守门人。例如,当麦卡度试图采用"房地产联邦税"时,财政部的律师和总检察长办公室一起提醒这位财政部部长,国家财产税要求"宪法修正案允许美国不经分配就征收直接税"。这些律师清楚地知道,第十六条修正案只授权了无须经过分配的所得税,而对房地产的联邦直接税则需要进一步的宪法修订。②

不过,在监督国家权力方面,财政部的律师也不仅仅充当约束者。正如所有优秀的守门员都了解其他进攻路线一样,财政部的律师也经常运用自身的法律技术和专业知识来解决相关政策建议所面临的各种法律挑战。例如,1918年秋天,随着德军的撤退,威尔逊政府正在考虑建立战时贸易出口公司,旨在对出口征税并增加税收收入。莱芬韦尔及其同事提醒麦卡度,此类征税是"被宪法明文规定禁止的"。但是,这些财政部律师并没有就此止步,他们还

---

① Leffingwell to McAdoo, March 1, 1918, Reel 3, RCLP.
② Leffingwell to Richmond Weed (Treasury legal staff), February 5, 1918; Leffingwell to McAdoo, March 1918, Reel 2, RCLP; Brownlee, "Social Investigation and Political Learning", 338.

第六章 律师、枪炮和公共资金：美国财政部、第一次世界大战和现代财政国家的行政管理

提出了可行的替代建议。①

通过这个案例可以看出，这些财政部的律师如何使用自身的职业关系网络和法律技能以制定具备前瞻性的、社团主义式的长期解决方案。在咨询过战争贸易委员会（这个机构在当时负责监督所有的进出口活动）的成员以及克拉瓦斯的前合伙人 E. C. 亨德森（E. C. Henderson，莱芬韦尔称之为"我认识的最好的律师，无人可及"）之后，莱芬韦尔建议威尔逊政府放弃对这种出口征税，因为这种短期措施必然遭到宪法的否决。不仅如此，莱芬韦尔的替代性建议非常富有远见，关注美国如何在战后巩固自身的贸易地位和长期的地缘政治力量。

具体来说，他提议建立一个类似战时工业委员会的社团主义机构，负责组织国内的出口商并为其颁发许可证。莱芬韦尔解释说，这个计划将"具备巨大的优势……有助于出口商在战后快速发展美国的国际贸易，而不是让它们陷入无序的状态、混乱心灰意冷甚至无法处理战后的各种问题"。为了缓解威尔逊政府的渴望（对出口商日益高企的利润进行征税），莱芬韦尔向麦卡度保证："如果采纳这个计划，那么强大的战时利润税可以保证财政部获得这些出口企业的超额利润。"②不过，战争在一个月内就迅速结束了，这让麦卡度无法继续考虑出口税或建立新的出口许可机构，但莱芬韦尔的建议生动地展示了一点：这些财政部的律师已经被国家建设的社团主义模式所深深地吸引。

寻找新的税收来源以及呼吁爱国主义和财政公民身份是很好的示例，可以展示财政部如何致力于在各个社会经济阶层、地区甚至代际公平地分配战争的成本。但是，战争融资政策的影响往往非常复杂，甚至常常会相互矛盾。麦卡度似乎意识到债券利率可能存在某些深远的影响，所以他在最初特意设定了较低的利率，并且认同"我们应该降低战争的成本，不仅为了如今的我们，更为了未来的我们和那些在法国参战的勇士，因为他们几乎没有任何机会可

---

① Leffingwell to McAdoo, October 16, 1918, Reel 15, RCLP.

② Leffingwell to McAdoo, October 16, 1918, Reel 15, RCLP. 毫无疑问，这种致力于改善美国战后贸易政策的努力也令公司律师协会受益匪浅，因为主要的财政部律师，如莱芬韦尔和罗珀，他们的战后职业生涯都与国际商业的活动愈发相关。Ron Chernow, *The House of Morgan: An American Banking Dynasty and the Rise of Modern Finance* (New York: Atlantic Monthly Press, 1990), 251, 312—14; Roper, *Fifty Years*, 207—8.

以投资并积累这些自由公债,但他们必须在退伍之后加入纳税人的队伍,同我们一起偿还这些利息"①。

然而,麦卡度的言论(帮助普通的"纳税军人")与他的行为或者说战时的现实并不相符。他口中的普通纳税人的"大军"其实可能非常之小。虽然各种消费税覆盖了大范围的公民并且引起了各种各样的抗议,但联邦税收收入的主体依旧是富人的所得税和成功企业的利润税。当时的政策制定者全神贯注于如何减轻社会对战争暴利的关注,似乎很少考虑对中产阶级(那些领取薪金的群体)征税。这种普遍性的所得税(覆盖中产阶级)将在第二次世界大战中被有效地开征。②

不仅如此,最初的、免税且低利率的政府债券并没能实现财政部所宣称的那种战时的经济牺牲。债券的免税优惠令富人更为受益,因为他们是主要的投资者,而且他们的边际累进税率也相对更高。③ 尽管自由贷款的持续超额认购是一种明显的政治胜利,但债券并没有达到财政部所预想的经济效应。事实证明,免税利息导致公共收入的大量流失。毫无疑问,财政部的律师意识到了这些自相矛盾的行为(因为他们非常了解税收与各种市场力量之间的相互作用),但他们并没有努力做出一些政策上的改变。④

这样的融资政策还会导致价格水平的突然上升,从而进一步破坏财政部所预想的经济目标。在热情发债的过程中,财政部为债券投资者培养了一种"借入和购买"的心态;也就是说,这种债券不仅没有将资金从当前的消费中转

---

① McAdoo to Kitchin and Simmons, September 5, 1918, Reel 12, RCLP; Gilbert, *American Financing*, 126.

② Brandes, *Warhogs*, 129—31. 更多关于第二次世界大战期间决策者如何制度化大众所得税的纳税文化的内容,请参阅 David M. Kennedy, *Freedom From Fear: The American People in Depression and War* (New York: Oxford University Press, 1999), 624—5; Carolyn Jones, "Class Tax to Mass Tax: The Role of Propaganda in the Expansion of the Income Tax during World War II", *Buffalo Law Review*, 685 (1989), 37; Sparrow, *Warfare State*, Chapter 4。

③ 事实上,正如经济历史学家休·罗克夫(Huge Rockoff)所表明的,购买自由债券的投资者,他们的税后回报率与其他同等风险的资产回报率相当,这意味着麦卡度的野心并未真正地得以实现;也就是说,债券并没有真的变现爱国主义。"Until It's Over", 322—7.

④ Studenski and Krooss, *Financial History*, 288—92. 直到战后,政府证券的吸引力一直是个棘手的问题。关于附带税收优惠的政府债券在战后的影响效应,请参阅 Murray, "Bureaucracy and Bipartisanship"; M. Susan Murnane, "Selling Scientific Taxation: The Treasury Department's Campaign for Tax Reform in the 1920s", *Law & Social Inquiry*, 29:4 (2004), 819—58。

第六章　律师、枪炮和公共资金：美国财政部、第一次世界大战和现代财政国家的行政管理

移出来，而且创造了新的货币并加剧了通货膨胀。从理论上讲，非银行公众所购买的债券是有可能抑制通货膨胀的，因为它既能减少普通民众的消费支出，还能把实际的经济资源从私人的消费转到战争的生产中。但是，由于财政部鼓励个人投资者使用借贷的资金购买政府债务，而且大部分由财政部发行的、低于市场利率的短期债券是由银行直接购买的，最终，这些巨额的战时借贷加剧了战时的通货膨胀。①

新创建的联邦储备系统的政策变动也进一步加剧了通胀的压力。具体来说，它修改了对储备金要求的相关法律，要求集中化区域银行的储备并且将地区银行扩张为有资格的联邦存款机构，这些政策虽然仅仅使货币政策发生了一些微妙的变化，但导致了极具弹性的货币供应。事实上，银行借贷的增加以及宽松的货币政策这两者导致货币供应量的爆炸性增长，从而导致价格水平的激增。② 尽管麦卡度宣称已经从过去的错误中学习到了经验，但他依旧依赖于这些容易获取的资金（债券），而最终的结果与内战时期大规模印刷美元极其相似，都是高度的通货膨胀。

财政部的律师在不知不觉间为银行借贷的提高以及最终的通货膨胀做出了贡献。从财政部副部长的位置来看，莱芬韦尔支持麦卡度这种自相矛盾的想法和行动。尽管他先前警告过这种过度借贷的不利影响，但莱芬韦尔似乎暂停了他的金融判断。莱芬韦尔不仅鼓励包括美联储成员银行在内的金融机构接受美国债券作为贷款抵押，他还支持麦卡度对待债券再销售的态度（致力于使用道德劝说与爱国主义情怀，而不是法律限制，以防止投资者为了未来的消费而出售所持有的债券）。③ 同麦卡度一样，莱芬韦尔相信自由的民主制度不能限制公民的经济决策——禁止公民销售所持有的金融资产，尤其战时更是如此。"毫无疑问，要避免人们认为一旦购买了债券，那么在未来就不允许

---

① Friedman and Schwartz, *Monetary History*; Studenski and Kroos, *Financial History*, 288—9; Rockoff, "Until It's Over", 317—19.

② 从1916年6月到1919年6月，货币的供应量增加了110多亿美元；与此同时，消费者价格提高了近66%，而且生活成本增加了超过70%。Friedman and Schwartz, *Monetary History*, 216. 正如各位经济历史学家所揭示的，"美联储在实质上成了财政部销售债券的窗口，其货币政策的唯一目的几乎就是销售债券"。文献出处同上。

③ 请参阅，如 Leffingwell to McAdoo, December 8, 1917; Leffingwell to F. H. Meeker, Esq. (President, Unadilla National Bank), December 1917, Reel 1, RCLP.

销售它们,"莱芬韦尔在1918年4月给麦卡度的电报中如是说道,"我们意识到债券的持有者可能不得不出售所持有的债券,而他们应该受到相应的保护,以尽可能地避免可能的损失。"①

像麦卡度一样,莱芬韦尔更喜欢通过呼吁投资者的爱国主义情怀和财政责任来抑制通货膨胀,而不是使用强制手段。莱芬韦尔严厉地告诉各位立法者:"这应该是财政部长和所有公共人物的共同目标,不要鼓励人们今天把钱借给政府而第二天又要回来,也不要让他们可以轻易这样做,而是要教导人们积极存款并把它借给政府长达数年左右的时间。自由贷款是一项投资,也是全世界最好的投资,但它们不是货币,也不应该是。"②

莱芬韦尔还试图通过强调公民义务来约束私人的支出。他用财政部长在年度报告中的原话提醒麦卡度本人,富裕的美国人拥有额外的、战时的金融义务和公民责任。"富裕的男性和女性都拥有更高的收益率,所以应该承担更大的责任、避免自我放纵、拒绝无用和不必要的奢侈品,并且放弃舒适、愉悦和便利,从而真正地影响经济并且为国家树立榜样。"③

国内公民的财政牺牲与前线士兵的血肉奉献是密不可分的。正如莱芬韦尔再次提醒麦卡度的,并且还引用了麦卡度年度报告中的原文:

> 这是每个公民的神圣职责,而且应该被视为一种光荣的特权——每个爱国者都应该维护政府的信誉,这和在欧洲战场上为了我们而牺牲的勇敢男儿们一样,都付出了伟大的牺牲并且具备高贵的灵魂。我们必须像支持我们的军队一样维持我们的政府信誉,因为只有无可指摘的政府信誉才能够筹集到足够的资金以维持我们的军队。④

当然,并非所有的公民都接受这种"神圣的职责"或"光荣的特权",一些议员可能认为财政部的文字不过是空洞华丽的修辞。但是,莱芬韦尔和麦卡度坚信他们能够通过爱国主义的动员来达到自己的目的,尽管他们的行为最终

---

① Leffingwell to McAdoo, April 6, 1918, Reel 4, RCLP.
② Leffingwell to Kitchin, December 1917; Leffingwell to Rep. Richard Olney, December 1917, Reel 1, RCLP.
③ Leffingwell to McAdoo, April 6, 1918, Reel 4, RCLP; U. S. Treasury Department, Annual Report, 1917, 3.
④ 同上。

第六章　律师、枪炮和公共资金：美国财政部、第一次世界大战和现代财政国家的行政管理

让战争的真实成本变得模糊不清。[1]

尽管战争的不确定性经常让决策者应接不暇，但财政部的律师确实为一般性的财政政策建立了适度的框架。莱芬韦尔在1918年的春季曾提出警告，目的是平衡战争融资中的税收和公共借贷，而这反映了平等分配战时牺牲和战争成本的社会诉求。在随后的立法（直到1919年冬季才颁布，届时第一次世界大战已经结束，而且共和党人控制了国会）中，税率并不如一些民粹立法者所预期的那样累进，但也不像一些商业领袖和保守立法者所期许的那样保守。相反，新的税法是一种妥协，它反映了威尔逊政府试图维持财政公民的社会责任和道德义务的意图。

作为政策制定者，财政部的律师并不仅仅是被动的技术人员或法律工程师，他们还是主动的、政策和政治上的企业家——试图以自身的专业知识说服立法者接受相关政策的合法性和实用性。他们不仅是组织能力的建造者，有时还会使用自身的权力去行使新出现的行政自治权。[2] 简言之，他们不仅是利益的获取者，而且是利益的创造者（他们积极地在立法流程中表达对法律和政策后果的个人见解）。因此，在推进新财政政体的行政管理框架方面，财政部的律师一方面有效地执行了国会的民主意愿；另一方面，如果新法规的影响可能阻碍他们的目标，那么他们会挑战立法者。具体来说，在1918年的春夏之交，财政部的律师质疑了超额利润税的有效性，这可以说是他们对立法者最为严峻的一次挑战。

在公正与收入之间：评估并且捍卫超额利润税

从战争伊始，美国社会就对战争带来的暴利产生了担忧，为此先后开征了对军需品制造商的利润税（1916年）以及对所有企业的超额利润税（1917年）。早在1917年，流行杂志《展望》(*The Outlook*)就记录了美国国内对主要行业

---

[1] Gilbert, *American Financing*, 232—36; Rockoff, "Until It's Over", 332—8; Kennedy, *Over Here*, 137—43.

[2] 更多关于"中层"政府官员如何运用自身的关系网络及声誉来创建独立于立法者的各种政策，请参阅 Carpenter, *Forging Bureaucratic Autonomy*。

"利润超凡增长"的关注。在比较了从 1914 年到 1916 年一百多家公司的利润之后,《展望》杂志的编辑计算出这些公司的总利润"比战争开始那一年的要超出 10 亿美元不止"(见表 6.2)。尽管股票市场的实际价值正在显著下跌,但这些企业的公司股息却随着利润的飞涨而大幅上涨,并且股本的回报率也节节攀升。鉴于这些统计性的证据,《展望》与其他主要的流行期刊都坚定支持开征超额利润税,旨在让"这些战争的新娘付出代价"①。

表 6.2　　　　　　1914—1916 年部分美国公司的利润增长

公司名称	1914 年(美元)	1916 年(美元)	增加额(美元)	增加百分比(%)
美国汽车公司	20 176 127	10 769 429	8 693 302	419
伯利恒钢铁公司	5 590 020	43 593 968	38 003 948	680
美国钢铁公司	23 496 768	271 531 730	248 034 962	1 056
杜邦公司	4 831 793	82 013 020	77 181 227	1 597
通用汽车公司	7 249 733	28 789 560	21 539 827	297

资料来源:"Helping the War Pay for Itself", *The Outlook*, June 27, 1917, 319—20. 作为众议院讨论超额利润税的一部分,更详尽的表格在国会记录上。*Congressional Record*, 65th Cong., 1st sess. (1917), 55, part 3:2541.

在这种反战争暴利的社会情绪的推动之下,国会通过了 1917 年的超额利润税。与早期的战争利润税不同,全新的超额利润税意图覆盖更为广泛的商业所得,并且将超过一定法定合理或"正常"水平的利润视为"超额"利润。②然而,许多经济与法律专家质疑这种"超额"利润税(对超过"普通水平"的所有利润征税)的效率、可管理性甚至是合宪性。争论的重点在于,是否可以将"投资资本"作为确定超额利润的计算基准?塞利格曼总结了各种对"投资资本"概念的反对性观点,他写道:"资本的构成是如此难以捉摸,以至于几乎不可能

---

① "Helping the War Pay for Itself", *The Outlook*, July 27, 1917, 319—20; "To Tax 'Excess Profits'", *Literary Digest*, January 27, 1917, 176; "The Excess Profits Tax", *New Republic*, September 15, 1917, 174—5; Brandes, *Warhogs*, 135—7. 休·罗克夫曾估算出利润税约占战时总税收的 40%,成为战时的主要税收来源。Rockoff, *America's Economic Way of War*, 117—18.

② War Revenue Act of 1917, 40 Stat. 300. 新的超额利润税同时适用于个人、合伙企业和公司。

第六章　律师、枪炮和公共资金:美国财政部、第一次世界大战和现代财政国家的行政管理

进行精确的计算。"①

商业和法律界的人士都赞同塞利格曼的观点。《商业和金融纪事》——代表着正统的商业思维——攻击了"这种对'超额'利润的过度征税",认为它是"政府对财富的充公";《华尔街日报》的编辑则更偏好英国版本的战争利润税,所以也将美国的超额利润税贬低为"草率而且不明智的立法……那些政客对少数人的资本征税,目的是得到多数人的政治施舍,最终在华府匆匆立法"。代表金融利益的律师也加入了声讨的大军,比如罗伯特·R.里德(Robert R. Reed),他是一位投资银行家协会的律师,反复宣称超额利润税涉嫌违宪,并且抨击新税法是一种"对企业的充公税"。②

在超额利润税开征之后,商业领域的反对者立刻委托一组经济学家对美国和英国的战争融资进行比较性的研究。为了驳斥这项研究,财政部也组织了自己的专家小组,目的是考察不同类型利润税的经济影响。财政部的研究由托马斯·亚当斯领导,我们已经知道,他是威斯康星大学的经济学家,并且对威斯康星州率先开征州级所得税起到了重要的作用。亚当斯的研究支持了金融界和学术界自始至终的预测——超额利润税会在无意间带来负面的影响。具体来说,这种超额利润税以"投资资本"作为确定"超额利润"的基准,将会对小型企业产生比对大企业产生更多的不利影响,但大企业才是这项税收的目标对象。

大型公司能够通过操纵法律来减少自身的应纳税额:它可以通过增加投资资本(无论是通过发行更多的股权,还是增加对无形资产的投资,或是其他可行的会计操作)来提高计算超额利润(计算回报率和利润率)的基准水平,从而将自身的净利润归属于较低的税率档次。相比之下,小型企业,尤其是那些主要依靠个人服务的企业(如家族企业),它们一方面初始的投资水平较低;另

---

① 尽管塞利格曼一直认为累进所得税是根据能力原则进行征税的恰当手段,但他反对超额利润税,因为它"不仅仅需要通过笨拙的资本选择来获取纳税能力,而且造成原则上的严重不平等以及行政管理上糟糕的不确定性"。Edwin R. A. Seligman, "The Excess-Profits Tax", *The Nation*, March 28,1918,365—6.

② "Excessive Taxation of 'Excess' Profits", *Commercial and Financial Chronicle*, September 1,1917;"The Mysteries of the 8% Excess Profits Tax", *Commercial and Financial Chronicle*, April 28,1917;"Assails the Profits Tax;Counsel of Bankers' Association Warns against Hasty Legislation", *New York Times*, December 6,1918.

一方面，没有能力（没有足够的闲置资金或任何其他灵活性）调整它们的资本水平或者年度投资。因此，对于超额利润税而言，小企业是遭受打击最为严重的。①

在财政部完成这份研究之前，麦卡度曾鼓励各位立法者考虑采纳一项全新的英式利润税（它对所有高于战前平均收益的利润征收极高比率的税率），并将其作为超额利润税的补充。由于克劳德·基钦依旧是超额利润税在国会的主要支持者，所以麦卡度直接把他的建议写给了这位代表南方的、强势的国会议员。在一封谨慎起草的信件中，麦卡度解释说："当前的超额利润税并不一定能够覆盖到由战争带来的所有利润。"麦卡度认为，"对所有的战时利润（这种战时利润以战前平均利润为基准进行测量）按统一 80% 的税率进行征税"，能够更好地打击战争暴利。②

基钦并没有被麦卡度说服。他这样的民粹主义立法者从一开始就希望将超额利润税变成联邦税收体系中的永恒构成。当然，也有一些财政部的官员认同基钦的想法。超额利润税具有"明显的好处"，财政部的一位律师在战争期间写道，使它能够成为"政府收入体系中的永久组成部分，并且可以在必要时，控制那些赚取巨额利润的垄断或信托"。不过，如果以战前的平均利润作为衡量基准进行征税，那么这项税收只能作为一项暂时性的举措，在战争结束后将会被轻易地废除。③

财政部的律师团结起来支持麦卡度。超额利润税的初步研究一经完成，财政部的律师就急切地希望通过这份研究获得必要的支持，以战争利润税取

---

① "Memorandum on the Differences between a War Profits and an Excess Profits Tax", July 27, 1918, NARA Excess Profits Tax Folder; Leffingwell to Adams, July 27, 1918, Reel 10, RCLP; Brownlee, "Economists and the Modern Tax System", 415—17; George O. May, "Methods of English War Profits Tax", *New York Times*, September 4, 1917.

② McAdoo to Kitchin, June 5, 1918, (emphasis in the original) NARA Excess Profits Tax Folder.

③ Arnett, *Claude Kitchin*, 260; Blakey and Blakey, *Federal Income Tax*, 133; Perry S. Talbert (Head of Law Division, Commissioner of Internal Revenue) to George R. Cooksey (Assistant to Secretary McAdoo), August 8, 1917, quoted in Brownlee, "Economists and the Modern Tax System", 408. 塔尔伯特在整个第一次世界大战期间一直是国税局的成员，并在战后成为华盛顿特区的税务顾问。Roper, *Fifty Years*, 181—2; P. S. Talbert, "Relief Provisions and Treasury Procedure on Appeal", in *The Federal Income Tax*, ed. Robert M. Haig (New York: Columbia University Press, 1921), 250—61.

第六章　律师、枪炮和公共资金:美国财政部、第一次世界大战和现代财政国家的行政管理

代超额利润税。由于莱芬韦尔一直怀疑使用投资资本计算超额利润会导致各种不公平的问题,所以他热情地整理了相关的资源以游说基钦。① 事实上,亚当斯的研究以及众多小企业的请愿书都证实了莱芬韦尔的直觉:超额利润税并没有准确地俘获由战争创造的利润,它实质上放任了公司资本主义的快速增长,完全没有遏制或驯服它。②

亚当斯的报告同时批评了超额利润税的利率结构和税基,不过,他的批评是非常谨慎的。但是,为了推动对超额利润税的修订,莱芬韦尔毫不犹豫地选择性地参考了这项研究。同他在私人部门的许多同事一样,莱芬韦尔似乎特别不愿意利用新生的国家能力对公司的利润加以管制。在给总统秘书乔治·图穆蒂(George Tumulty)的机密备忘录中,莱芬韦尔明确表达了他的看法,阐述了战争利润税和超额利润税之间的根本差异:

> 对于任何经济学派来说,战争利润税的基础都是一种爱国主义的认知——没有人可以从战争中大幅获利。相较而言,超额利润税的基础是另外一种甚至是完全不可理喻的观念,即税收的功能是把所有的利润都降低到以投资资本为基准计算的同一水平,从而剥夺创造投资回报的各种因素,如勤奋、远见和睿智。换言之,超额利润税不仅打击了资本,而且还让创造资本回报的智慧、能力和精力都不堪重负。③

相比之下,财政部的这项研究并没有对超额利润税做出尖锐、直接的批评。确实有一些经济学家认为,过度的超额利润税可能阻碍经济生产率的发展;另外一些经济学家,如戴维·弗莱迪(David Friday)和罗伯特·默里·黑格,甚至认为可以利用这种税收来打击垄断。④ 但是,对于莱芬韦尔来说,超额利润税是"完全不可理喻的",因为它挑战了现代美国资本主义的利润动机

---

① Leffingwell to McAdoo, July 31, 1918, Reel 10, RCLP.
② Brownlee, "Social Investigation and Political Learning", 357—9. 关于小企业反对超额利润税的部分案例,请参阅 Leffingwell to Love, August 24, 1918; Leffingwell to Tunstall, September 4, 1918; J. MacFarlane (President, Red River Iron Works) to Leffingwell, August 21, 1918, NARA Excess Profits Tax File。
③ "Confidential Memorandum Concerning War Profits Taxes and Excess Profits Taxes", July 31, 1918, NARA Excess Profits Tax Folder.
④ David Friday et al., "The Excess Profits Tax-Discussion", *American Economic Review*, 10:1 (Suppl.; March 1920), 19—32; Blakey and Blakey, *Federal Income Tax*, Chapter 8.

和根本原则。这位前公司律师非常愿意打击战时的暴利,但他不愿意破坏经济发展的长期动机(投资和回报),因为在他心中,这才是国家经济增长和生产力提高的驱动力。

在给图穆蒂的私人备忘录中,莱芬韦尔更进一步地批评了通过累进税率向公司征税的基本原则。"从理论上讲,对公司征收的任何累进税都是不可理喻的,公司仅仅是个人的集合,通过这种税收,大公司的许多小股东所面对的税率可能高于较小公司中极为富有的大股东所面对的税率。"不仅如此,莱芬韦尔还在报告的结论中强调了超额利润税的负面影响。莱芬韦尔解释说:"累进税的目标应该是最有能力支付税收的富人,但累进的超额利润税则完全无视这一原则,并且常常会导致相反的结果。"[1]在批评累进公司税率时,莱芬韦尔也间接表达了他对战争利润税的支持,因为它采用统一并且较高的比例税率。与此同时,他反复强调了根据支付能力原则征税的重要性,坚称他致力于公正并且有效地使用美国新生的财政能力。

莱芬韦尔的这份机密备忘录似乎达到了预期目的。图穆蒂在次日回复称:"政府的方针很简单,我们必须坚持战争利润税。"他又补充说,政府向国会和公众展现的、支持"全部商业'组织'"的立场,这才是"最为重要的"。行政自治在很大程度上取决于民主立法者(通过选举产生的)如何获知各位官员(非选举产生的)的想法。同一天,威尔逊总统写信给基钦,告知他有必要将"战争利润税和单纯的超额利润税区分开来"。总统强调,前者是"明显公平的"。尽管在选举年开征新税是较为困难的,但威尔逊乐观地向基钦保证,新的战争利润税会受到工商界的欢迎。"我不相信那些从战争中获利的美国制造商会反对这个新税,"威尔逊写道,"相反,我认为他们会备感自豪,因为他们与那些为了美国的和平及世界的自由而牺牲的生命一样,都分担了战争的负担。"[2]

威尔逊对工商界的信心可能并不准确,但他的最终目标是说服基钦以及

---

[1] "Confidential Memorandum Concerning War Profits Taxes and Excess Profits Taxes".

[2] Tumulty to Leffingwell, August 1, 1918; Wilson to Kitchin, August 2, 1918, NARA Excess Profits Tax Folder. 为了支持自己的立场,莱芬韦尔直接写信给威尔逊总统,告知总统这两种税收是天差地别的,"可以非常确定的说,这两种税收的差别绝不仅仅是名称,它们的差别是实质的,并且触及社会与经济问题的根本"。Leffingwell to Wilson, August 2, 1918, quoted in Ingle, *Pilgrimage to Reform*, 150.

第六章 律师、枪炮和公共资金:美国财政部、第一次世界大战和现代财政国家的行政管理

其他国会议员相信战争利润税在政治上的可行性。这并不是一个简单的任务,因为超额利润税在当时仍然拥有强大的政治支持和社会声援。除了基钦之外,还有很多人坚持认为,即使超额利润税存在自身的问题,但它仍是"公正超越收入的"有力象征(借用一个农业集团的形容)。在写给麦卡度的一封信中,全国农民委员会认为战争经费中的税收比重过低。另外,它的成员还提出了一项自由税收法案,认为它是自由贷款推动下的必然结果。代表全美众多农民和劳工团体的全国农民委员会呼吁:"应该通过战争利润税、超额利润税、所得税以及对土地价值的未劳动增加值的税收来筹集大约一半的战争成本。"麦卡度将此信转达给了莱芬韦尔,而后者在回信中乐观地指出,税收"在1918财年占总支出的近三分之一"①。

为了进一步支持战争利润税,财政部再次委托托马斯·亚当斯对利润税进行系统的比较分析。在负责征收一项新的战时税收之前,特别是在选举年这个敏感时刻,财政部希望确定战争利润税可以在促进平等的同时不会导致战时公共收入地降低。亚当斯的第二份报告证实了财政部的期望。具体来说,如果对超过战前平均水平的利润按80%的单一税率征税,那么可以达成如下两个目标:第一,大企业将支付比小企业更高的税收;第二,总税收收入仅会小幅下降。不过,亚当斯的第二项研究还明确建议保留超额利润税,并且将其作为新开征的、战争利润税的补充。这是因为,超额利润税能够覆盖那些"在战前已经获得异常高利润率……但完全不支付战争利润税的公司",如福特汽车公司。这项研究可能令莱芬韦尔非常失望,因为它强调了超额利润税的优点,而他渴望以战争利润税取代超额利润税。尽管如此,他还是放弃了自己的个人见解,并且加倍努力地支持财政部的立场——保留超额利润税,同时

---

① Arthur Capper (Chairman of the Farmers' National Committee for War Finance) to McAdoo, August 10, 1918; Leffingwell to Capper, August 27, 1918, NARA Excess Profits Tax Folder. 农业联盟在提交给立法者的一份正式提案中也附加了这些要求,呼吁"保留所得税和超额利润税以实现战争成本的民主式筹资"。"Farmers Outline Their Program for Legislation", *New York Times*, December 15, 1919, 1. 一些报纸编辑,甚至还有威尔逊政府中的部分官员,似乎赞同这些农民的观点。"Dodging the War-Profits Issue", *New York World*, July 30, 1918, 7; "An Example of War Profits", *New York World*, August 1, 1918, clippings in NARA Excess Profits Tax Folder.

将其作为全新的、战争利润税的补充。①

最终,财政部的官员说服国会,从而通过了同时开征战争利润税和超额利润税的提案。到1918年9月,众议院起草并且通过了一项综合性的收入法案,其中就有一项同时包含超额利润税和战争利润税的法案,而且这份法案非常复杂。总的来说,财政部的官员运用自身的经济知识和法律专长促成了一种政治上的妥协,同时说服了基钦和其他的议员接受他们的分析:混合或双重利润税才是解决战时暴利的有效方式。因此,财政部的官员得以将新开征的战争利润税(这项税收基于战前的平均利润进行计算)作为一项临时性的收入措施,并且可以在战争结束之后轻易地将其取消。从政治上说,莱芬韦尔和他的财政部同事还在实践上成功地引导了农民等激进社会团体(如全国农民委员会以及基钦这样民粹主义立法者)的需求。②

当立法者和财政部的官员正忙于评估超额利润税的各项优点时,国税局的律师则在考虑这项税收的合宪性。这些律师很早就知道管理超额利润税的最大挑战是"澄清投资资本的具体含义"。在攻克这项难关的过程中,巴兰廷领导的国税局律师也承认,征收超额利润可能面临一些宪法上的挑战。反对这项税法的人,如代表投资银行利益的法律代表人罗伯特·里德,就暗示过一点:在任何情况下,如果不能对投资资金做出清晰的定义,那么超额利润税就是一项违宪的、政府充公式的征税。考虑到这些评论,巴兰廷运用自身的法律技能和战时经验,于1919年在《耶鲁法学杂志》上发表了一篇文章,在其中为超额利润税做出了详尽的理论辩护。③

在超额利润税的税法中,巴兰廷认为,主要有两个部分可能存在宪法问

---

① "Corporations Paying War-Profits and Excess-Profits Taxes", October 18, 1918, NARA Excess Profits Tax Folder.

② 公司被要求按照超额利润税(根据投资资本衡量的、征收税率范围为35%~70%的超额利润税),或者按照战争利润税(根据特定信用加上1911—1913年的平均战前净收入衡量的、对超过部分的净收入按80%的税率征收的战争利润税),并且按两者中的较高者纳税。Blakey and Blakey, *Federal Income Tax*, 167—9; Bank, *War and Taxes*, 74—6.

③ "Boston Man Named for Job; Ballantine Chosen by President for Solicitor of Internal Revenue", press clipping, Box 1, IRS Solicitor 1917—19, AABP; "Excess Tax Review Board", *Wall Street Journal*, April 3, 1918; Ballantine, "Some Constitutional Aspects of the Excess Profits Tax", *Yale Law Journal*, 29:6 (1919), 625—42, 625.

第六章　律师、枪炮和公共资金：美国财政部、第一次世界大战和现代财政国家的行政管理

题。一是如里德所暗示的,第五修正案会质疑使用"投资资本"作为确定超额利润税的税收基准;二是税法中的"救济条款",它允许国税局使用比较统计的数据为没有任何投资资本的企业估算投资资本,而这可能是对国会权力的违宪授权。巴兰廷认为,"已裁决的案件已经表明了,这两部分都不太可能受到宪法的质疑"①。

　　关于第一个问题。从理论上来说,巴兰廷认同第五修正案的正当流程条款可能限制国会征税权的行使范围。但是,巴兰廷分析了先前的案例裁定,指出基于投资资本利润率的税收是完全可行的,并且完全隶属于国会征税权力的范围之内。"至于税收的方式,与任何'分类'一样,关键问题是这种税收方式是否存在任何合理的依据,还是完全任意裁定的。"巴兰廷写道。在分析了大量的案件之后,巴兰廷总结道,以正当流程条款对国会征税权提出的任何法律质疑都很可能败诉。巴兰廷解释道:"法院果断地支持联邦的征税权,基于第五修正案对征税法案的所有质疑在过去全部败诉,另外基于不正当操作理由的诉讼也全部败诉。"②

　　关于第二个问题。巴兰廷试图解决的是超额利润税中的"救济条款"的合宪性问题。具体来说,这一条款赋予国税局估算企业的投资资本的自由裁量权,而质疑的观点认为,这项条款是一种违宪的、对立法权力的下放。巴兰廷认为,这种自由裁量权仅仅是执行法律中的一项管理功能,并不是来自立法权力的行使或下放,因此不能视为对立法权的行使或下放,就更不是违宪的。"只要国会授予行政官员的权力是用以决定税收条款如何应用于某一特定的事实状态,"巴兰廷解释道,那么就"不涉及立法权的授权"。不仅如此,巴兰廷坚称,从操作性和制度性来说,国会使用"投资资本"来衡量超额利润是对法院长期授予国会税法制定权的一种制度性遵从。引用托马斯·库利法官在近半个世纪前的著作,巴兰廷再次重申:"已裁决的案件表明了一个前提:国会的每一项法案都是有效的,并且在特定的准备条件下开始实施;法院,即使在不存在必需的战争收入的情况下,也不太可能宣布一项基于税负公正而制定的税

---

① "Urges A Sound Basis for Wartime Taxes", *New York Times*, June 18, 1918, 17; Ballantine, "Some Constitutional Aspects of the Excess Profits Tax", 627.

② Ballantine, "Some Constitutional Aspects of the Excess Profits Tax", 630.

法是无效的。"①

巴兰廷还诉诸不断变化的历史条件,以巩固自己对超额利润税的辩护。同新学派的政治经济学家一样(他们认为开征直接和累进税的理由是,有必要通过这种税收满足美国工业社会中不断变化的各种需求),巴兰廷也将社会与政治的大环境当作赋予执行机构自由裁量权的合理依据。他承认在之前的时代,人们可以宣称立法机构应该设立税法并且负责管理征税流程。但是,在现代的工业社会之下,日益复杂的法律法规要求更为稳定、持续并且有效的管理,从而需要创建新的政府机构和行政组织。巴兰廷写道:"意识到法案运作主体的多样性以及相关法规的现实影响的复杂性,法院早已今时不同往日,它完全支持使用立法权力制定更加灵活的行政手段。"②巴兰廷对超额利润税的辩护不仅仅是一项学术行为,他的观点还为动荡的法律环境带来了些许稳定的因素。不仅如此,他的法律分析在最终得到了证实——在战争结束后不久,最高法院的裁定就确认了超额利润税的有效性。③

不过,为了避免有人将自己对超额利润税的宪法辩护视为一种对超额利润税的明确支持,巴兰廷——这位前任的公司律师——非常谨慎地平衡自己对超额利润税的辩护,在非法律层面上对超额利润税提出了尖锐的批评。同许多人一样,巴兰廷也认为超额利润税存在几处重要的缺点。具体来说,它不能遏制通货膨胀,它必要的调查性激怒了广大的纳税人、增加了收入的不确定性,甚至推迟了收入的产生。综合来说,这些问题最终将导致超额利润税在战争结束后被废除,但就其合宪性而言,巴兰廷坚信,"法院几乎不可能裁定超额利润税所涉及的区别对待是敌对或任意的"。如果企业主和纳税人认为超额利润征税是不明智的,那么除了司法挑战之外,还有其他的解决途径。巴兰廷更加温和地总结说:"纳税人如果想要求更为公平和明智的、税收负担的分配,他们必须通过国会,而不是法院。"④

巴兰廷的言论颇具先见之明。在战争结束后不久,超额利润税就因为国

---

① Ballantine,"Some Constitutional Aspects of the Excess Profits Tax",639。
② Ballantine,"Some Constitutional Aspects of the Excess Profits Tax",641.
③ *LaBelle Iron Works v. United States*,256 U. S. 377(1921),393.
④ Ballantine,"Some Constitutional Aspects of the Excess Profits Tax",635,642.

第六章 律师、枪炮和公共资金:美国财政部、第一次世界大战和现代财政国家的行政管理

会的强烈反对而遭到废除。这令一些民粹主义立法者、经济学家以及社会团体大失所望,因为他们希望将超额利润税作为美国税收和管制体系中的一项永久构成。

新财政秩序的战后愿景

战争于1918年11月结束,随后,许多财政部的律师逐渐回到私人部门工作。罗珀带领许多国税局的同事加入了蓬勃发展的华盛顿特区,负责咨询和税法的相关实务,再之后他又回到公共部门担任富兰克林·罗斯福的秘书。① 同样地,洛夫也急于回到私人部门以及得克萨斯州的政治活动之中,因为他利用与华盛顿的联系发展了有利可图的战后法律实务业务。② 巴兰廷也在战后回到了私人部门,并且最终加入一家纽约的律师事务所,即杜威-巴兰廷律所的前身。在整个20世纪20年代,他领导了公司税务业务的蓬勃发展,并且成为精英税收群体的主导发声者。我们将看到,战争的经验将巴兰廷从一名传统的公司律师变成一位积极的所得税倡导者。到1931年,他又重返华盛顿,在奥格登·L. 米尔斯(Ogden L. Mills,他在哈佛的同学)领导的财政部担任副部长,并且再一次为战时使用超额利润税进行辩护。③

与其他人不同,莱芬韦尔依旧留在财政部以确保战后的平稳过渡。他先后为麦卡度和卡特·格拉斯(Carter Class,麦卡度的继任者)两位财政部部长

---

① Roper, *Fifty Years of Public Life*, 170—1, 211, 269—70.
② Thomas B. Love to Kermit Roosevelt, January 26, 1916; Love to Kermit Roosevelt, September 23, 1919, Kermit Roosevelt Papers, Library of Congress, Manuscript Division, Washington, D. C.; George S. Adams to Love, Jan. 19, 1918, TBLP.
③ Urofsky, "Ballantine, Arthur Atwood"; Arthur A. Ballantine, "War Policies in Taxation, Statement before the War Policies Commission", May 20, 1931, Record Group 56—General Records of the Office of the Secretary of the Treasury, Box 187, Folder "Tax-Excess Profits & War Profits. 1923—32", NARA Ⅱ.

329

工作，并且得到了他们的敬佩与尊重。① 莱芬韦尔渐渐开始喜欢政府官员这一角色，但当威尔逊总统选择戴维·F. 休斯顿（David F. Houston，原农业部长）而不是他作为格拉斯的继任者时，莱芬韦尔并没有掩饰自己的失望。事实上，莱芬韦尔在1920年重新回到了克拉瓦斯律所，但很快就离开了，继而在摩根大通的投资公司担任一项高级职位。②

美国财政部的这些律师很快就意识到，他们的这段政府就职经历具有深刻的历史性意义。在1919年秋天的一系列信件中，罗珀和莱芬韦尔评价了自己与各位同事的贡献，并且各自讨论了他们对战后新财政秩序的具体构想。经受住了战争危机的考验，这些经验丰富的管理人员反思了过去三年的工作——他们如何翻天覆地改变了联邦财政体制的日常运作。基于自身的经验，罗珀和莱芬韦尔讨论如何促使战后的税收制度更加有效。在给莱芬韦尔的信中，罗珀提出了两项主要的政策建议：第一，他提议建设一个"税务法庭"，负责直接裁定来自地区法院的各种上诉；第二，也许是更加重要的，他建议财政部考虑从根本上重组现有的税收体制，并将重点放在那些在征税过程中"给纳税人带来最少麻烦"的"收入来源"。③

莱芬韦尔对这两条建议的反应并不相同。莱芬韦尔"接受税务法庭这个想法"④，因为罗珀和莱芬韦尔都很清楚一点：战时税法的高度复杂性带来了

---

① 战后，格拉斯称赞莱芬韦尔是"财政部最重要活动中不可或缺的存在"。相似地，麦卡度回忆称，他非常珍惜莱芬韦尔这位"华尔街的共和党人"，特别是莱芬韦尔如何在保持忠诚的情况下质疑他的想法。"尽管莱芬韦尔的观点与我的常常不一致，而且我们在争论中各抒己见。与他完全认同我相比，这让我能够更加自信和满意地做出决定。"麦卡度还写道："一旦我做出了决定，莱芬韦尔会遵照我的决定，忠诚并且热情地执行它。"Carter Glass to Leffingwell, February 2, 1920, quoted in Pulling, ed., *Selected Letters of R. C. Leffingwell*, 9; McAdoo, *Crowded Years*, 430; Murray, "Bureaucracy and Bipartisanship in Taxation".

② 在1952年写给友人的一封信件中，莱芬韦尔讲述了他知悉威尔逊总统任命的是休斯顿（而非他自己），对此他颇感失望，但并不意外。无论如何，莱芬韦尔既不是威尔逊的密友，也不是他的民主党同僚。"在各种情况之下，"莱芬韦尔写道，"总统任命一位故友、民主党人以及深受他信任的内阁大臣担任重要的政府职务，而不是一位只了解对方期望的陌生人，这是再自然和恰当不过的事情了。"Quoted in Pulling, ed., *Selected Letters of R. C. Leffingwell*, 7. 战后，莱芬韦尔作为摩根大通合伙人的身份，可能也让他失去了在富兰克林·罗斯福政府中的职位。Schuker, "Leffingwell, Russell Cornell", in *Dictionary of American Biography*, 377; Swaine, *Cravath Firm*, Vol. II, 315.

③ Daniel C. Roper to Russell C. Leffingwell, October 17, 1919, NARA Excess Profits Tax Folder.

④ Leffingwell to Roper, October 20, 1919, NARA Excess Profits Tax Folder.

第六章　律师、枪炮和公共资金：美国财政部、第一次世界大战和现代财政国家的行政管理

非常多的法律问题，这令司法系统不堪重负。不仅如此，罗珀认为，这个税务法庭的首要目的是让复杂的法律问题"由经过国税局特别培训的人裁定"，从而"保障税务法庭裁决的合理性，并且同时确保政府和纳税人双方的利益"。当然，这个想法也反映了罗珀对专业知识的坚定信念。[①]

莱芬韦尔同意罗珀的想法。战时财政部的标志之一就是为纳税人提供稳定并可预期的税法体系。而且，这样一个准独立的司法机构（由训练有素的税务专家构成的税务法庭）能够制度化各种税收争议的一致性决议，而这种正式的合理性正是国家建设者所梦寐以求的。另外，这样一个法庭还能够为新生的税务律师团体确定机构自治的界限与范围。虽然莱芬韦尔没有详细说明另外一个颇具私心的优点，但专门的税务法庭还可以确保法律专业人士对这种稀缺服务的垄断，从而增强律师在新财政政体中的集体性力量。不仅如此，这也可能进一步细化律师团体的专业分工，将税法专家与其他的公司和商业律师区分开来。[②]

尽管莱芬韦尔支持专门的税务法庭，但他对罗珀的另外一个建议（从根本上改变收入的来源）就不那么热情。不仅如此，参议员里德·斯穆特（Reed Smoot，犹他州的共和党人）以及累进税和财富转移税的反对者很快就开始呼吁类似的改革，要求返回更为"便捷"的、以大规模关税和消费税构成的税收体系。对莱芬韦尔来说，这项建议几乎是要重回战前的累退和间接的税收体系，而莱芬韦尔认为这种税收体系早已被成功的战时税收政策管理所淘汰。莱芬韦尔告知罗珀，他的建议"如果被拓展到极限……将意味着我们只能开征保护性关税、超额利润税和消费税这样的间接税"[③]。

回归旧财政体制意味着回到累退且不透明的而且在本质上非民主的公共

[①]　Roper to Leffingwell, October 17, 1919, NARA Excess Profits Tax Folder.

[②]　国税局的税务法庭并没有得以创建，但这种想法推动了联邦特别税务审判法庭的成立，即美国税收上诉委员会，也是当今美国税务法庭的前身。Harold Dubroff, *The United States Tax Court: An Historical Analysis* (Chicago: Commerce Clearing House, 1979). 税收学者已经分析过税收上诉特别法庭的具体情况，请参阅William D. Popkin, "Why a Court of Tax Appeals Is So Elusive", *Tax Notes*, May 28, 1990, 1101—10; Griswold, "The Need for a Court of Tax Appeals", *Harvard Law Review*, 1153 (1944), 57。

[③]　Leffingwell to Roper, October 20, 1919, NARA Excess Profits Tax Folder. "Three Plans for Tax Revision", *New York Times*, December 21, 1919, 38.

财政体制。"就间接税的情况而言,全社会通过提高生活成本来缴纳这些税款,所以对纳税人所造成的不便利程度是最低的。"莱芬韦尔承认它的便利性。"的确,大多数人完全感觉不到这样的间接税。"但是,这种看不见的税收形式违反了民主的理念和现代经济学的经济原则,它更加在乎征税的便利而不是税收的透明度(直接税具备这种透明度)。"作为一个非常好的民主原则,当然也是很好的经济原则,"莱芬韦尔写道,"应该选择直接税(如所得税),而不是间接税,尽管前者无论如何都会给纳税人带来一定程度的不便利,而后者则完全不会。"①

尽管莱芬韦尔并没有详细说明"非常好的民主原则"的具体含义,但从他在财政部任期内的各种想法和行为可以看出,他认为直接税、民主以及财政公民身份之间存在一种密不可分的联系。正如我们所见,从19世纪末期开始,税收改革者和新学派的政治经济学家就一直在强调一点:对收入、利润和遗产继承征税的"不便"会使公民更加习惯于国家的运作,因为直接向联邦政府纳税会让公民更加在意公共资金的筹集和使用方式,并最终有助于塑造一种全新的公民身份观。的确,理查德·伊利以及其他的进步公共财政经济学家都恰恰是因为这些理由而支持直接和累进税,并且认为这种更加可见、更容易感受到的税收体系能够提高美国的整体公民意识。②

莱芬韦尔和其他财政部律师也通过自己的行动——而不是言论——支持了上述的观点。在为战时财政部建立管理能力的过程中,他们致力于向纳税人确保征税的一致性与公平性。财政部的律师不仅为复杂的税收新规阐明了具体的操作流程,而且评估、再次评估所得税和利润税的经济效应,这些都有助于建立公民和政府之间的信任。对一个参与全球战争的自由民主国家而言,这种信任对战争的胜利至关重要。

但他们做得远远不止如此。从莱芬韦尔对罗珀的讲话中可以看出一点:他们对战后新财政秩序的愿景并不仅仅是通过直接税给公民灌输对国家的归属感(类似股东对公司的那种归属感)。财政部的律师非常清楚,即便是强有力的战时税法也只影响了小部分的美国公民。事实上,在斥责罗珀改变收入

---

① Leffingwell to Roper, Oct. 20, 1919, NARA Excess Profits Tax Folder.
② 请参阅,如 Ely, *Taxation in American States and Cities*; Seligman, *The Income Tax*.

第六章　律师、枪炮和公共资金：美国财政部、第一次世界大战和现代财政国家的行政管理

来源的建议时，莱芬韦尔的重点依旧是国家对公民的财政义务以及政府官员对国家的责任，也就是平等并有效地分配现代工业民主国家的财政负担。因为他们坚信，只有如此才能达成公正与收入之间的平衡。

第一次世界大战从根本上改变了美国联邦的公共财政体制。财政秩序的观念变革根源于19世纪后期和20世纪初期的各种社会动荡，以及来自大西洋对岸的、社会归属感和财政公民身份概念的兴起。同样地，理论学家、改革家以及法学家的共同努力使这些新思想逐步内嵌于美国的法律体系和政治文化中。不过，联邦政府的直接和累进税体系直到第一次世界大战期间才最终得以强化和巩固，因为第一次世界大战为美国的国家和社会带来了前所未有的相互依存关系，随之而来的是联邦支出和行政能力的爆炸性增长。总而言之，这场战争催生了美国的新财政国家，以及这种新财政政体所代表的一切。

尽管是第一次世界大战为美国的财政革命和行政变革创造了历史条件，但抓住这个机会实现变革的是一群独特的政府律师。他们按照自己的独特愿景——强大并且公正的、法律型利维坦政府——塑造了美国的新财政政体。诚然，他们的愿景并不总是与公众的利益相吻合，而且这些财政部的律师也绝对不是纯粹利他的人民英勇领袖。在协助制定政策的过程中，他们把自身的管理专业知识置于社会团体的民众意愿和当权的立法者的诉求之上。不仅如此，在招聘和委任办公室工作人员的过程中，他们帮助了许多私交的朋友和前同事，而且为自身战后的法律业务发展出一个潜在的、利润颇丰的领域。

事实上，在第一次世界大战后，这些财政部的律师参与协调了公共权力与私人部门之间的关系，从而为未来的"华盛顿律师"树立了榜样。尽管他们忠诚于战时的国家政府，但这些精英律师最终无法放弃自身对公司资本主义的、根深蒂固的信仰，认为它才是经济增长和生产力提高的源泉。即使他们致力于更加公平地在地区、阶级和世代之间分配战争的成本，但难以预料的战争变化常常压倒了他们的意图和目标。

无论如何，这些财政部的律师利用自身的职业关系、法律技能和实务经验，为战时的财政体制在极端的激进改革和保守的惯性力量之间找到了自己的方向。他们创建了一个致力于建立公众信心并同时强化自身行政能力的执行机构，制定了大量聚焦于互惠权利和义务的财政公民身份的财政政策，评估

并捍卫了新生的超额利润税,并且搭建了战后财政秩序的基本构架,从而助力盟军在欧洲的胜利。在这个过程中,他们还为新兴的现代美国的自由主义国家加强了产生税收收入的能力。

在第一次世界大战期间锻造的这种新财政体制并没有在战后走向消亡。虽然一些直接和累进税的反对者试图让美国的公共财政体制重新回到战前的关税和消费税制度,但事实证明,新财政体制非常坚韧。尽管联邦的征税权在战后确实有所紧缩,但战争带来的高额预算赤字限制了立法者在短期内剔除财政国家新生而强大的征税权的上限。实际上,新财政体制的韧性极为强大,一方面归功于诸多思想家和政治改革者在之前奠定的思想框架和法律基础;另一方面,归功于战时财政部建立的各种融资模式。总而言之,现代美国财政国家在第一次世界大战期间已经建成了自身的制度基础。在国家的紧急状况下,财政部的律师行使了新的征税权,从而为新的财政秩序构建了行政管理的基础。

第七章　削减的悖论：战后的共和党支配以及现代财政国家的韧性

在战争中为了满足公共利益而采取的各种措施并不都会得以持续，许多措施的确会随着战争的结束而结束。但是必须牢记一点，让那些曾经规模有限的私人公司变得如此重要的利益依存关系并不是由战争造成的……从这个意义上说，无论有多少公共管制机构随着战争压力的消失而走向衰落，这种运动态势是不会逆转的。

——约翰·杜威（John Dewey）

在1921年夏末，也就是《凡尔赛条约》签订（标志着第一次世界大战结束）之后的两年，国会正在起草一项新的税收法案。在上一次的国民选举中，共和党在名义上控制了国家的政策制定（尽管并不稳定），但共和党在国会的参议院和众议院都占据明显的多数席位。不仅如此，沃伦·甘梅利尔·哈丁（Warren Gamaliel Harding）入主白宫，他是一位坚定的共和党人，并且曾任俄亥俄州的参议员。特别地，哈丁的竞选承诺是要使这个国家恢复到"正常状态"。种种迹象似乎都在表明，废除"对富人课以重税"的战时税制已经迫在眉睫。战争的紧急状态已经结束，从而高额累进的税收体系失去了重要的推动力。因此，很多当时的观察家认为，战后的共和党的首要目标（这也是他们长期以来的目标）之一，就是削减战时的财政结构。事实上，国会正在起草的新税收法案也确实如此。具体来说，作为"恢复常态"政策体系中的一部分，待表决的收入法案承诺将削减个人收入的最高边际税率、废除对商业的超额利润税和战争利润税(这两项税收在战时就颇有争议),并且为资本所有者提供丰厚的税收优惠。①

但是,一些亲商业的共和党人还想更进一步。邮政局长威廉·H. 海斯(William H. Hays,他在当选之前曾任国家共和党主席)就激烈地申辩,认为这项法案赋予投资者的税收优惠极为有限。事实上,海斯代表着共和党内的主导力量,即战后的反国家主义流派。在收入法案的国会辩论结束之后,海斯写信给新任命的财政部长安德鲁·W. 梅隆(Andrew W. Mellon),鼓励他加强并且加速对战时税制的削减进程。

梅隆很快就回应了海斯。他告诉海斯,财政部内的无党派经济学家"认为扩展(这项法案的削减程度)是不明智的"。由于战后的经济衰退,这位新任财政部长(他之前是匹兹堡的银行家)认为,他有必要限制各位共和党同事对税收削减的热情,从而为经济增长提供一个稳定且可预期的整体环境。在他看来,快速且大幅调整财政体制既草率又无知,另外在政治上更是相当浮躁(特别是考虑到国会中共和党的多数席位其实相当微弱)。梅隆告诉海斯:"我想你也会认同,我们应该争取的,是我们可能得到的,而不是冒着输掉整个[法案]的风险去要求更多。这才是明智的决策。"②

梅隆的谨慎态度实质上能够很好地反映美国国内对战后政治与经济削减的一种广泛存在的矛盾态度。诚然,商界渴望国家放松对经济的管制、消除联邦政府对运输业和资本市场的控制、削减税率甚至用国家销售税取代所得税,以至于最终将美国带回自由放任的、所谓的黄金时代。但是,一部分经济精英则希望维持甚至强化某些战时的社团主义。具体来说,同战时一样,战后的商业领袖依旧干涉联邦政府的方方面面,包括如何提高本身的效率、如何加强政策的有效性以及如何保持一种商业的运作模式。不仅如此,他们还索求国家机构的帮助,以进一步合理化和常规化他们的逐利行为;对应地,赫伯特·胡

---

① 67th Congress, 1st sess., House Report 350 (1921); Roy G. Blakey and Gladys C. Blakey, *The Federal Income Tax* (London: Longmans, Green and Co., 1940), 189—222.

② Mellon to Hays, November 17, 1921, Record Group 56, General Records of the Department of the Treasury, Correspondence of the Office of the Secretary of the Treasury, Central Files of the Office of the Secretary of the Treasury, 1917—32, Box 187; Folder "Tax-Exchanges of Property, 1921—1932", National Archives and Record Administration, College Park, Md. [hereinafter NARA Ⅱ].

第七章 削减的悖论:战后的共和党支配以及现代财政国家的韧性

佛(Herbert Hoovers)领导的美国商业部也非常乐意提供这种帮助。例如,实业家在20世纪20年代初还向国家寻求帮助以规范他们的劳工;许多商业领袖还同某些农业利益方一起,试图通过恢复保护性关税来限制来自国外的竞争。[1]

在财政政策领域,这种提倡削减的政治宣言与现实制度的连续性是相互矛盾的,而且这种冲突表现得尤为明显。一方面,联邦政府在共和党立法者的领导下,在战后十年内逐步取消了高额累进的"对富人课以重税"的税制。不仅如此,政策制定者还在重返国家销售税的呼声之下对新税制进行了大幅调整。具体来说,他们废除了超额利润税,并且大幅缩减了遗产税的覆盖范围(通过提高免征额和降低税率)。最重要的,联邦政府还通过梅隆的"科学税收改革"计划,将个人收入的最高边际税率从战时的77%降低至20世纪20年代末期的25%。因此,最富有的美国家庭(年收入超过50 000美元)的有效所得税税率从1920年的22%降低到1930的9%左右。[2]

另一方面,联邦的直接和累进税体系在许多保守派立法者的抗议声中依旧得以延续,既没有恢复到战前累退的进口和消费税体系,也没有采用新的联邦销售税。不仅如此,美国的税收体制也完全没有回到战前的历史轨迹上,当时直接和累进税仅占政府收入的很小一部分。例如,1926年的个人所得税的最高边际税率为25%,依旧远高于战前的7%,对最富有美国人的有效税率也

---

[1] Marc Allen Eisner, *From Warfare State to Welfare States: World War Ⅰ, Compensatory State Building, and the Limits of the Modern Order* (University Park: Pennsylvania State University Press, 2000); David J. Goldberg, *Discontented America: The United States in the 1920s* (Baltimore: Johns Hopkins Press, 1999); Joseph A. McCartin, *Labor's Great War: The Struggle for Industrial Democracy and the Origins of Modern American Labor Relations*, 1912—1921 (Chapel Hill: University of North Carolina Press, 1997); Ellis Hawley, *The Great War and the Search for a Modern Order: A History of the American People and their Institutions*, 1917—1933 (New York: St. Martin's Press, 1979); John D. Hicks, *Republican Ascendancy*, 1921—1933 (New York: Harper & Row, 1960); William E. Leuchtenburg, *The Perils of Prosperity*, 1914—1932 (Chicago: University of Chicago Press, 1958).

[2] Revenue Act of 1921, 42 Stat. 227, 233 (1921); Revenue Act of 1924, 43 Stat. 253 (1924); Revenue Act of 1926, 44 Stat. 9 (1926); Revenue Act of 1928, 45 Stat. 791 (1928); *Historical Statistics of the United States, Millennial Edition*, ed. Susan B. Carter et al. (New York: Cambridge University Press, 2006), Table Ea758—772; Paul Studenski and Herman E. Kroos, *Financial History of the United States* (New York: McGraw Hill, 1963), 312—15.

是如此。同样地，联邦遗产税得以延续。这是非常具有象征意义的，因为遗产税既被视为极为重要的进步传统的标志，也象征着对基于"支付能力"原则和新财政公民身份的持续性承诺。不仅如此，来自公司所得税的税收收入在战后十年内的大部分时期稳步增长，从1917年的约2.07亿美元增加到1928年的约13亿美元。实际上，整个20世纪20年代，仅个人和公司所得税的税收收入就占联邦总收入的约50%，远高于战前约8%的水平(见表7.1)。[①]

表7.1　　　1916—1929年最高个人所得税税率以及税收收入来源　　　单位：%

	1916年	1919年	1922年	1925年	1927年	1929年
最高边际税率	15	73	58	25	25	24
对最富裕家庭的有效税率	3.0	13.1	9.8	7.5	7.8	8.1
所得和利润税收入（占联邦总收入的百分比）	16.4	67.2	51.8	48.4	55.3	60.4
关税及消费税收入（占联邦总收入的百分比）	72.1	17.0	16.7	25.2	25.0	27.2

资料来源：Roy G. Blakey and Gladys C. Blakey, *The Federal Income Tax* (New York: Longmans, Green & Co., 1940), Tables 20 and 21, 512—15; W. Elliot Brownlee, "Historical Perspectives on U. S. Tax Policy toward the Rich", in *Does Atlas Shrug? The Economic Consequences of Taxing the Rich*, ed. Joel Slemrod (New York: Russell Sage Foundation, 2000), Table 2.3, 45; U. S. Treasury Department, Bureau of Internal Revenue, *Statistics of Income for 1930* (Washington, D. C.: GPO, 1932); *Historical Statistics of the United States*, ed. Susan B. Carter et al. (New York: Cambridge University Press, 2006), Series Ea588—593, Series Ea594—608。

还有一点非常有趣，梅隆担任财政部长期间的重要标志之一，就是财政部的去政治化承诺，即财政部不再有任何纯粹的政治任命，所有的任命都是为了提高部门的行政效率。因此，即使削减税收的呼吁(甚至还有重返旧体制的呼

---

① Carter, *Historical Statistics of the United States*, Table Ea594—608; W. Elliot Brownlee, "Historical Perspective on U. S. Tax Policy toward the Rich", in *Does Atlas Shrug? The Economic Consequences of Taxing the Rich*, ed. Joel Slemrod (New York: Russell Sage Foundation, 2000), 29—73. 参考布朗利(Brownlee)的研究，对最富裕1%的美国家庭的有效税率从美国参战前的3%激增至战争高峰时期的近16%，不过在整个20世纪20年代，这个指标有所回落，并且保持在8%的水平。文献出处同上，45, Table 2.3。

第七章　削减的悖论:战后的共和党支配以及现代财政国家的韧性

声)不绝于耳,但财政部的核心构成一直是直接和累进税体系,并且是由专业人士管理和监督的。总而言之,正如约翰·杜威的精准预测,累进税运动及其代表的一切并不会在战后被取代。

政治的不确定性和保守派梦想幻灭的十年

20世纪20年代是一个独特的时代,它在政治上充满了各种争议和偶然的事件。虽然如今回忆往昔,人们会认为咆哮的20年代①和爵士时代②是一个社会与文化自由勃发的时期。但对当时的人们来说,这个时代实际上充斥着各种各样的紧张关系。具体来说,美国在当时的政治和经济前景都起伏不定,不断受到各种各样的挑战。从提倡削减的政治宣言与现实制度的连续性的相互矛盾性就可见一斑。有影响力的商业和公民领袖推动了一系列的反税运动,致力于让美国回到财政的"正常"(他们在战时可能有所缓解的反税情绪在战后很快被释放出来)。另外,大量的政治保守组织(从美国税务同盟到商务人士国家税务委员会)试图说服立法者废除许多"令人厌恶的"税种,甚至希望采纳一项国家销售税。③ 这些要求完全对立于工人阶层社会团体、激进的知识分子、政府顾问以及进步政治家的立场;他们支持的是新的财政国家,从而与那些保守的、希望恢复旧财政秩序的社会力量发生了严肃的正面冲突。回到20年代初期,没有人知道这场战斗的最终胜利者是谁。

不过,如果把时间轴向后拨动10年、拨到战后十年的尾声,我们就可以清楚地看到:新税收体制的社会和政治前提已经深深嵌入美国的法律和政治经济之中,并且成为众所周知的部分;而保守派则在自身的"政策制定失败"中泥足深陷。对保守派而言,20世纪20年代成为"幻灭的十年"。④尽管反对税收

---

① 指美国和加拿大20世纪20年代这一时期。10年间所涵盖的激动人心的事件数不胜数,因此有人称这是"历史上最为多彩的年代"。——译者注

② 爵士时代,一般指第一次世界大战以后、经济大萧条以前的约10年时间,即1918—1929年,这段时期充满着享乐和自由文化。——译者注

③ Isaac William Martin, *Rich People's Movements* (New York: Oxford University Press, 2013); Romain D. Huret, *Taxed: American Resisters to Taxation from the Early Republic to the Present* (Cambridge, Mass.: Harvard University Press, forthcoming).

④ Martin, *Rich People's Movements*, Chapter 2; Huret, *Taxed*, Chapter 4.

的活动家确实削弱了新财政秩序中的某些税收构成,但他们无法动员一场全面的社会运动,更无法推翻直接和累进税体系。简言之,战后十年充分表明了美国现代财政国家的强大韧性。

当然,并非所有人都满意新财政秩序的具体形式。一方面,一些民粹主义者和进步活动家就对这种不完全的胜利感到失望,所以他们将注意力转向推动某些特定类型的税收改革。举例来说,对克劳德·基钦和罗伯特·拉福莱特这样的立法者以及对大卫·弗瑞德和罗伯特·穆雷·黑格这样的经济学家而言,超额利润税的废除令他们感到希望破灭,因为这是他们攻击垄断利润的有力工具。另一方面,也是更加重要的一点,新财政体制专注于巩固直接和累进税收体系,并且坚决反对联邦销售税,而后者在无意间给新财政体制的发展带来了极为深远的影响。具体来说,这种对消费税的持续污名化和对稳定财政体制的痴迷——无论是理性的还是感性的——几乎完全来自对纳税能力这一概念的坚定信仰(认为它完全优越于受益原则)。但是,具有讽刺意味的是,这几乎完全排除了运用新财政体制的全部能力解决现代工业资本主义各种弊端的可能性。具体来说,鉴于消费税在美国国内的固有形象——一种累退并且高度政治化的历史遗物,税收改革者忽略了一个重要问题:一个更加全面的、同时包含税收和转移支付的全面税收体系可以用来抵消消费税可能带来的累退性税负。简言之,美国战后财政巩固的代价是异常高昂的;美国财政国家的韧性也强化了美国的财政短视,而这将一直困扰后代的美国思想家、立法者以及活动家。

这一切怎么可能发生?考虑到美国在战后不断地激烈抨击累进的税率结构,我们如何能够解释一个关键的问题:为什么新生的美国财政国家具备如此卓越的持续性和韧性,但同时又秉承了如此狭隘的自由财政的愿景?另外,当时的共和党控制了国家政治权力的关键机构,而且共和党(梅隆也是共和党人)也负责领导财政部。那么,最初由进步改革家设想的美国财政体制,是如何以及为什么能够日益发展壮大,甚至在20世纪20年代的巨大压力之下依旧得以存续并且繁荣发展的呢?

这个历史难题的部分答案是因为"程序性"削减(削减某项法规)和"系统性"削减(削减整个体系)之间存在显著的理论差异。一些颇具历史性思维的

第七章 削减的悖论:战后的共和党支配以及现代财政国家的韧性

社会学家已经阐明了一点:削减的结果取决于削减之前政治决策的"锁定效应"和"政策反馈"。这两种持续性的历史力量对程序性削减和系统性削减的影响是截然不同的:它们允许对某项法律法规进行程序性的废除,但会限制国家整体治理结构的系统性倒退。[1] 从这个意义上说,国家的财政政体发展是一个路径依赖式的历程,而第一次世界大战是其中的关键节点。具体来说,第一次世界大战为美国锁定了公共融资的具体模式,从而在20年代引起了一系列限制系统性削减的政策反馈机制。最终,战后十年美国的财政政体保留了重要的思想框架和法律基础、关键的行政能力以及对累进税体系的主流社会支持,但同时在程序上削弱了高额累进的税率结构。

从这个意义上讲,20年代既没有突然终结了进步主义的发展,也没有简单地延续战时的税制。[2] 事实上,新的财政时代植根于更广泛、更深入的改革沿袭,它可以追溯到19世纪后期对税收制度日益严重的社会对抗、上一代进步政治经济学家所推动的思想革命以及吸收这些新经济思想、为新兴财政体制构建法律基础的各位立法者。不仅如此,战时的政府律师在战前的法律基

---

[1] Paul Pierson, *Dismantling the Welfare State? Reagan, Thatcher and the Politics of Retrenchment* (New York: Cambridge University Press, 1994); Pierson, *Politics in Time: History, Institutions, and Social Analysis* (Princeton: Princeton University Press, 2004), Chapter 3.

[2] 传统的历史分期仍然将第一次世界大战作为进步主义的终结。请参阅,如 *The American Promise: A Compact History*, ed. James L. Roark et al. (Boston: Bedford/St. Martin's Press, 2010), 565; Alan Brinkley, *American History: A Survey* (New York: McGraw-Hill, 2007), 704—5. 其他学者通过强调战后的结构性力量,如史无前例的战后联邦赤字、两党政治和官僚的连续性,已经确认了20世纪20年代财政削减的局限性。John F. Witte, *The Politics and Development of the Federal Income Tax* (Madison: University of Wisconsin Press, 1985); Jacob Metzer, "How New Was the New Era? The Public Sector in the 1920s", *Journal of Economic History*, 45:1 (1985), 119—26; Lawrence L. Murray, "Bureaucracy and Bi-Partisanship in Taxation: The Mellon Plan Revisited", *Business History Review*, 52:2 (Summer 1978), 200—25; Benjamin Rader, "Federal Taxation in the 1920s: A Reexamination", *The Historian*, 33:3 (1971), 415—35; Sidney Ratner, *Taxation and Democracy in America* (New York: John Wiley & Sons, 1947). 还有一些学者强调梅隆和财政部的专业人士并不像人们想象的那样反对直接和累进所得税,以及退伍军人福利的社会运动如何给两党政治带来巨大的压力以保留累进所得税和利润税。W. Elliot Brownlee, *Federal Taxation in America: A Short History* (New York: Cambridge University Press, 1996); Joseph Thorndike, "The Republican Roots of New Deal Tax Policy", *Tax Notes*, August 28, 2003; M. Susan Murnane, "Selling Scientific Taxation: The Treasury Department's Campaign for Tax Reform in the 1920s", *Law & Social Inquiry*, 29:4 (2004), 819—56; Anne Alstott and Benjamin Novick, "War, Taxes, and Income Redistribution in the Twenties: The 1924 Veterans' Bonus and the Defeat of the Mellon Plan", *Tax Law Review*, 59 (2005), 373—438.

础上为财政部构建了行政管理的基础框架,从而进一步扩展了税收理论家的思想。这个行政框架非常重要,它不仅为美国的第一次世界大战融资,而且锁定了一种公共融资的具体模式,这个模式在第一次世界大战结束后依旧得以延续。

继续追溯,我们可以发现财政部在行政能力建设上的成就也来自数十年的社会动荡、思想冲击和政治活动中的积累。究其根本,正如约翰·杜威所指出的那样,战争只是加剧了(并没有创造)美国国内的"利益相互依存",而它才是诸多进步运动的根本动因。具体来说,如果政权建设和国家的形成需要"重新安排制度关系从而使相关的政府运作得以稳定化和规范化"[①],那么,20世纪20年代的制度关联和政府常规运作就反映了律师、法学家、立法者、经济学家、记者以及普通美国民众如何欣然接受并且努力实现上一时代对民主式税收改革的坚定承诺。

实际上,在战后十年,人们普遍接受了政府与社会之间财政关系的全新政治与社会前提。从法律专业人士的精英论述到法院对新行政框架的司法默认,再到新一代经济学家的论著以及立法者和普通民众的呼声,大量证据表明一点:现代美国公共财政的基础思想早已深入人心。尽管新的税收体系仍然是针对最富有美国人的"富人税",但到战后十年的尾声,新的财政秩序已经牢牢确立了它的思想、法律以及行政基础。

诚然,新财政体制依旧面对多方面的阻力。但在大多数情况下,绝大多数美国人欣然接受了美国财政体制的巨大变迁,即从过时的税收体系(分类、隐蔽、政治化的非直接和累退性的税收体系)转变为集权、透明并由专业机构管理的直接和累进税体系。即使所得税只覆盖了一部分美国家庭,但富裕的纳税人确实定期排队缴税(见图 7.1)。到 20 世纪 20 年代末期,这些在第一次世界大战前被改革者清晰阐述过的、关于现代财政国家的大胆新思想已经成为一种广为接受的言论,频频出现在美国的主流社会、政治和经济论著以及日

[①] Karen Orren and Stephen Skowronek, "Regimes and Regime Building in American Government: A Review of the Literature on the 1940s", *Political Science Quarterly*, 113:4 (winter 1998—9), 689—702, 693; Orren and Skowronek, *The Search for American Political Development* (New York: Cambridge University Press, 2004), Chapter 3.

第七章　削减的悖论:战后的共和党支配以及现代财政国家的韧性

常生活中。

在这张大约拍摄于1920年的照片中,个体纳税人为了缴纳所得税而在国税局的办公室里排起了长队。Courtesy of the Library of Congress, Prints & Photographs Division, LC-DIG-npcc-20560.

图7.1　1920年排长队缴纳所得税的纳税人

精英论述与新财政秩序的提升

如前文所述,国家决策者在第一次世界大战结束前就已经展开了激烈的辩论,争论战后财政体制的发展方向。从丹尼尔·罗珀和拉塞尔·莱芬韦尔在1919年10月的通信中就可以看出,战争已经使部分"华尔街共和党人"相信了一点:基于"支付能力"原则的税收制度是一种对民主的坚定承诺并且具备行政上的优势。① 其他的前财政部律师也全力支持新财政体制。战后,财政部的许多律师回到了私人部门以变现战时积累的经验和政治关系网络。不过,他们在战后的贡献对新财政体制也存在着深远的影响。

具体来说,托马斯·洛夫在战后利用自身与华盛顿的联系建立了一家回报颇丰的律所(总部在达拉斯),旨在告诫当地的公民应该缴纳自身的税款;另外,他重返得克萨斯州的政治活动,特别是与禁酒令有关的活动。② 不过,洛夫牢记他在战时管理战争风险保险局时的经验教训——"互助与合作的伟大社会原则"。事实上,他在财政部的成功经历让他确信了一点:有必要扩大政府的保险范围,从而覆盖大范围的私人部门的工人。因此,在第一次世界大战即将结束之际,洛夫就开始推动政府对各种工业关系的监管,认为新财政体制可以通过税法来监管私人雇主如何提供伤残保险。洛夫的倡议并没有直接讨论税收的概念、法律或行政管理层面的问题;相反,他认为可以间接地将税收政策用于促进其他的社会目标。无论如何,他的这种态度(希望扩大政府的强制保险体系)表明了战争经验如何促使人们意识到积极政府具备与日俱增的重要功能。③

与此同时,丹尼尔·罗珀正在积极建立与商业界之间的联系,目的是说服他们接受由战争所导致的、税收体系的巨大变迁。即使已经准备离开国税局,但罗珀依旧定期与商业团体会晤,以解释战争如何使美国的财政发生翻天覆地的变化。例如,在对辛辛那提市商人俱乐部的致辞中,这位国税局的局长自

---

① Daniel C. Roper to Russell C. Leffingwell, October 17, 1919; Leffingwell to Roper, October 20, 1919; Roper to Leffingwell, October 17, 1919, Record Group 56, Excess Profits Folder, NARA Ⅱ. 即使在离开财政部后,莱芬韦尔依旧为他精挑细选的接班人小 S. 帕克·吉尔伯特(S. Parker Gilbert Jr.)就税收政策的发展进行讨论。Murray, "Bureaucracy and Bi-partisanship in Taxation", 217—19.

② Thomas B. Love to Kermit Roosevelt, September 23, 1919, Kermit Roosevelt Papers, Library of Congress, Washington, D. C. ; Thomas B. Love to Daniel Roper, December 13, 1918, Thomas B. Love Papers, Dallas Historical Society, Dallas, Tex.

③ Thomas B. Love, "The Social Significance of War Risk Insurance", *Annals of the American Academy of Political and Social Science*, 79 (1918), 46—51; "The Government's Responsibility for Disabled Industrial Workers", *Proceedings of the Academy of Political Science in the City of New York*, 8:2 (February 1919), 152—6. 更多关于洛夫的内容,请参阅 Lewis L. Gould, *Progressives and Prohibitionists: Texas Democrats in the Wilson Era* (Austin: University of Texas Press, 1973), 60—3; Sue E. Winton Moore, *Thomas B. Love, Texas Democrat, 1901—1949* (Master's thesis, University of Texas, 1971)。

第七章　削减的悖论:战后的共和党支配以及现代财政国家的韧性

豪地宣布:"所得税和超额利润税是我们的主要收入来源,它们代表了过去数十年的巨大变化。"罗珀在与莱芬威尔的私人通信中可能表达了对保留"不便利"所得税的苦恼,但他明确地在公开场合庆祝战争带来的这种巨大转变。借用他自己的朴实话语,对收入、利润和财富转移的累进税已经占据了重要的地位,这意味着"我们已经跨过了税收新时代的门槛"①。

罗珀对自己参与助力美国跨过这个历史性的门槛深感自豪。他的致辞反复提醒商人和富有的纳税人,"开明并且公平的税法管理"已经成为战时财政国家不可分割的一部分,并且为全新的财政体制积累公众信心。如果累进税体系在战后的重建时期依旧能够得以存续,那么私人利益与公共部门之间的这种相互信任也会得以持续。罗珀宣称:"必须让公民尊重法律,反过来,政府必须对自己的公民表现出明显的信心。"纳税人和政府官员都需要承认一点:新的财政公民身份要求政府和公民之间存在双向的收益与义务。"承认并且理解这种公民身份的双向义务能够保障政府与民众之间最大的共同利益,而且,由必要性和爱国主义带来的思想团结也会一直得以延续。"②

对于罗珀而言,在新的社会契约之下,纳税人的公民责任和义务都是显而易见的。任何逃税、未能履行自身义务的公民不仅违反了法律义务,还违反了道德的义务。效仿进步公共财政经济学家的言论,罗珀解释了逃税的后果与影响:

> 只有从狭隘并且本质上自私且短视的角度来看,个人才可以觉得出于私人目的而逃避税收义务是可取的。不过,选择这种行为对自身的害处是无形却实质性的。它不仅破坏了个人的道德品质,而且阻碍了思想发展的水平。这与在商业活动中采用有悖于现代商业道德的手段同样糟糕。③

---

① Daniel C. Roper to Bernard Baruch, August 26, 1920, Box 1, Alphabetical Correspondence, Folder Ba-Bf, 1918—43;"Business Taxation in the Period of Reconstruction, Address of Daniel C. Roper before Business Man's Club of Cincinnati, Ohio", November 20, 1918, Box 27, Folder: Addresses, 1913—1930, Daniel C. Roper Papers, David M. Rubenstein Rare Book & Manuscript Library, Duke University, Durham, N. C. [hereinafter DCRP].

② Roper, "Business Taxation in the Period of Reconstruction"; Roper, "Personality in Service", April 18, 1925, Box 27, "Folder: Addresses, 1913—30", DCRP.

③ Roper, "Business Taxation in the Period of Reconstruction".

通过将逃税与不道德的商业行为联系起来,罗珀试图引起在座各位商业人士的共鸣。

罗珀还强调了更多务实的担忧。在这些熟知资产负债表及收入报表重要性的商业人士面前,罗珀反复强调联邦预算的结构性压力以及应对这种压力所必需的行政机制——一套稳健而强大的、能够产生收入的行政机器。1919年4月,罗珀在伊利诺伊州的制造商协会发表演讲,题目为《我们应该如何对待所得税?》,其中,他解释了为什么任何试图废除当前税收制度的政治努力(无论党派)都因为最近的经济和社会形势而走向失败。具体来说,除了偿还战争债务并且提供退伍军人的福利之外,罗珀提醒他的听众们,国家政府还必须应对新的"社会发展",也就是禁酒令。美国国会在战争结束之际批准生效了第十八条修正案和沃尔斯特法案,这意味着国内的税收来源被大幅削减了。尽管禁酒与税收改革之间的关系非常复杂(如我们前文所述),但对于罗珀这样的所得税倡导者而言,有一件事是非常明确的,即禁酒令意味着一大主要的税收来源被"完全去除"[1]。

除了说明这些新的结构性约束之外,罗珀还解释了为什么美国在战后依旧必须保留这个看似复杂的税收体系(对收入、利润和遗产的所得税)。与共和党的官员不同(如威尔·海斯一直打着"简化税收"的旗号,呼吁快速调整战时的税制),罗珀强调的是法律的复杂性,它内嵌于任何现代的税制之中,尤其是基于支付能力的、对个人和企业的征税。罗珀宣称:"所得税的能力原则要求准确衡量每个纳税人的能力,为了明确保证税负的公平性与公正性,税法的条款才会如此错综复杂。"[2]

罗珀并没有详细说明纳税能力为何是新税制恰当的概念基础,很可能因为届时纳税能力这个词语已经成为广为接受的日常词汇之一。通过罗珀的言论可以确定,税收绝不仅仅是政府服务的价格,而且税收和政府提供的福利也不存在如何对应的等价关系。事实上,罗珀理所应当地认为税收的支付能力已经是现代税收的检验标准。罗珀在1925年告诉一个商业团体:"谨慎并且

---

[1] Daniel C. Roper, "What Should We Do with the Income Tax?" Box 27, Folder: Addresses, 1913—30, DCRP.

[2] 同上。

第七章　削减的悖论:战后的共和党支配以及现代财政国家的韧性

大体准确地确定维持政府所必需的预算金额,然后按照公民的支付能力征收预算所需税收。"到20世纪20年代,这个曾经充满强烈政治含义的短语及其所代表的思想,俨然已经变成一个公认的主张。①

正如支付能力是公平的前提一样,行政能力(用以管理复杂的新税法)也是公正、公平并准确地确定纳税人"净收入"的前提。从一开始,税收改革者就认为纳税人有权扣除与生产相关的各项成本。遵守这一原则通常意味着需要设计复杂的规则与规定,以确保处境相似的纳税人可以得到相似的税收待遇。随着战争期间的税率攀升和新税种的增加,有关扣除以及如何确定净收入和超额或战争利润的法律法规也变得日益复杂。对应地,准确并公平地计算这些金额也变得更加困难。罗珀认为,在财政部的行政管理方面,坚持关注公平并正确的税收评估,不仅能够加强公众对政府的信任,还会产生各种有益的长期影响。他宣称:"必须还要牢记一点,我们正在构建的这个税收基础可能持续很久,如果现在建立好稳固的基础,那么未来的问题就不会那么艰难。"②

对于管理所得税将面对的各种挑战,罗珀可能过于乐观了。不过,他的另一个想法确实非常中肯,也就是他坚信培育纳税文化对所得税的长期成功是至关重要的。尽管他反复向商业领袖保证,国税局负责雇用并培训最好的外勤征税官员,但所得税的成功实质上依赖于准自愿遵守的纳税公民。"所得税来自人民,也必须得到人民的支持。"罗珀宣称。

> 国税局最重要的职能并不是要强制公民遵守法律,而是要明智地引导公民的自愿遵从。这是对我们的公民身份的一项伟大而严肃的考验。每一个希望政府制度、和平以及人民安全永久存在的良好公民都应该意识到自己的责任是责无旁贷的,并且应该以身作则,遵守法律的规定。③

由于战后的所得税基本上是一项"富人税",所以罗珀反复强调富裕精英拥有重要的公民纳税义务,以及他们因此成为实际上的联邦领导者。

---

① Roper,"Personality in Service",2.
② Roper,"What Should We Do with the Income Tax?"2,5.
③ 同上,5.更多关于"准自愿遵守"对税收征收理论的重要性内容,请参阅 Margaret Levi,*Of Rule and Revenue* (Berkeley:University of California Press,1988),52—5.

履行这些公民义务绝非易事。罗珀非常清楚税法的复杂性迫使纳税人必须"保证得到最好的顾问建议"。由于这种需求的快速增长,"全国快速建立了成千上万家税务咨询公司"。但是,罗珀担心其中的许多咨询公司并"没有能力向纳税人提供建议,并经常收取过高的咨询费"。尽管他非常谨慎,并没有劝阻大家不要聘用"胜任的律师和会计师"(他本人很快在私人部门担任公司纳税人的顾问,而且回报颇丰),但他主张商业人士在选择税务咨询时应当非常谨慎。为了促进税务专业人士的进一步细化分工,罗珀建议商业人士选择"那些众所周知、可靠的企业或个人,而且他本人及其员工都严格遵守高尚的美国职业道德"①。

无论聘用什么类型的税务顾问,罗珀坚信所有纳税人都需要遵循自己的良知去履行自身财政义务。为了实现这一目标,这位国税局局长毫不犹豫地把国内的纳税牺牲同战场上的生命牺牲联系在一起,而这时战争的破坏依旧历历在目。事实上,罗珀经常在商业协会的演讲中强调一点:诚实纳税的公民和久经沙场的战士是一样的,因为无论如何他们都尽到了自己的职责。"当战争结束之时",罗珀总结说,具有公民意识的纳税人可以和"那些冒着生命危险去战斗的士兵一样,宽慰地说出:'我也尽了自己应尽的职责'"。②

如果说罗珀是美国财政国家和商业界之间的一大关键枢纽,那么亚瑟·巴兰廷就是国家与法律专业人士之间的重要枢纽。在战争结束后的两周,巴兰廷就向罗珀递交辞呈,并且重返他公司律师的职业生涯。作为战争期间的税务技术人员,巴兰廷不仅积累了极好的声誉,而且建立了大量商业和法律界的社会关系,所以他非常期待重返私人部门,并且把自己的法律业务从一般公司法领域扩展到税收领域。最终,他并没有回到波士顿,而是搬到了纽约,与哈佛法学院的一些同学一起创立了鲁特—克拉克—布克纳—巴兰廷华尔街律

---

① Roper, "What Should We Do with the Income Tax?" 5.
② 同上,6—7,8。决策者和政治活动家将在第二次世界大战期间使用相似的借口。James Sparrow, *Warfare State: World War II Americans and the Age of Big Government* (New York: Oxford University Press, 2011), Chapter 4.

第七章 削减的悖论:战后的共和党支配以及现代财政国家的韧性

师事务所。①

为了振兴他的私人事业,巴兰廷成为一名重要的演讲者,并且在全国巡回演讲。作为马萨诸塞州和纽约州律师协会的精英成员,巴兰廷经常应邀与其他律师和精英公民分享他的经验和税法知识。事实上,巴兰廷的演讲往往座无虚席,并且在律师协会的会议上极受欢迎。巴兰廷经常借演讲之机来说服他的听众:尽管政治言论宣称要削减税收,但直接和累进税已经成为美国法律和政治经济中的一项永久构成。巴兰廷宣称,"虽然国会可以修改税率、简化税收并且提高税收在实际操作中的公正性",但直接和累进税绝不会被取消,并且"无疑将一直是一项重要的收入来源"。②

同罗珀一样,巴兰廷的这一结论也来自自身的战争经历。第一次世界大战的经历让巴兰廷和许多国家建设者(他们在战前的观点往往是模棱两可的)明白一点:对收入、利润和财产的税收同时具备征税的灵活性和有效性。同样地,战后的结构性压力(来自战后高启的预算赤字)也要求联邦政府保持这种高效的收入来源。不过,对巴兰廷而言,最重要的是,"所得税无疑将会一直被保留下来",因为它已经成为美国的一大主流观念、对应着社会的正义与公民的责任,并且完全融入了美国的主流法律、政治、社会话语与文化之中。巴兰廷告诉律师协会中的各位同僚:"所得税和利润税将承担很大一部分的税收负担,因为无论我们怎么想,普通选民都坚信所得税和利润税(这种基于支付能力的税收制度)是一种公平的制度,也许比其他的任何制度都公平。"像罗珀一样,巴兰廷也没有详细说明这种大众都认可的"支付能力"原则,很可能是因为他同样认为大多数美国人必定支持这种基于纳税能力的直接和累进税,特别是在经历了战前数十年的抗争和全球性战争之后,并且所得税和利润税在战

---

① Arthur A. Ballantine to Daniel C. Roper, November 25, 1918; Roper to Ballantine, November 29, 1918, Box 1 Alphabetical Correspondence, "Folder Ba-Bf, 1918—1943", DCRP; Melvin I. Urofsky, "Ballantine, Arthur Atwood", ed. John A. Garraty, *Dictionary of American Biography*, *Supplement Six*, *1956—1960* (New York: Charles Scribner's Sons, 1990), 33—4; Ajay K. Mehrotra, "Ballantine, Arthur Atwood", ed. Roger K. Newman, *Yale Biographical Dictionary of American Law* (New Haven: Yale University Press, 2009), 27—8.

② Arthur A. Ballantine, "The Lawyer and the Income Tax", December 10, 1920 (Annual Meeting of the Massachusetts Bar Association), Box 24, Arthur A. Ballantine Papers, Herbert Hoover Presidential Library, West Branch, Iowa [hereinafter AABP].

时所产生的收入还维持了国家政府的战斗力量及信誉。总而言之,到20世纪20年代初,巴兰廷也非常清楚地认识到,这个国家已经进入了一个新的税收时代。[1]

然而,并非所有人都相信战后十年是全新财政纪元的序幕。在社会和政治层面上,当时依然存在大量的抵制力量,特别是来自累进税的主要征税对象——富裕的精英。因此,巴兰廷和罗珀做这些演讲的核心目标之一,就是说服律师、法学家、商人以及其他的精英公民去支持这种新的税收体系。为了达成这个目标,他们往往需要间接说明新的税收体系对个人或协会所存在的各种利益。尽管巴兰廷和罗珀并没有在演讲中说明伴随着新税收时代出现的、律师和银行家的个体利益或职业前景,而且也没有强调新税法创造了巨大的需求,即罗珀所说的对"称职的律师和会计师"的需求,不过,这种物质吸引和社会利益的潜台词一直在他们演讲的上下文义之中。

然而,像巴兰廷这样的前任政策制定者早就意识到新财政制度带来的潜在经济回报。像许多战时加入财政部的律师一样,巴兰廷加入的原因也是多重的,一方面出于强烈的公民义务和爱国自豪感,另一方面也受到战后美好职业前景的吸引。换言之,他们加入财政部既是为了分担战时的牺牲,也是为了分享战后美好的职业前景——相关的法律税收业务。借用罗珀的话来说,"这种税收业务很可能成为非常重要的律师业务"[2]。然而,"这种税收业务"可以发展为"对律师和其他税务专业人员相当重要的事情",前提是这些专家和他们的精英客户要坚信直接和累进税的未来,相信它已然成为新法律秩序中的一项永久构成。由于仍然存在诸多的压力,即一方面有人要求恢复之前基于关税的消费税税收体系;另一方面,有人提出开征新的联邦消费税,巴兰廷和

---

[1] Arthur A. Ballantine,"Practical Aspects of the Income Tax",June 4,1921 (Before Louisiana Bar Association),Box 24,AABP. 巴兰廷在20世纪30年代早期也就第一次世界大战时期超额利润税的成效参加听证会,届时他担任胡佛政府的助理财政部长。Arthur A. Ballantine,"War Policies in Taxation,Statement Before the War Policies Commission",May 20,1931,RG 56—General Records of the Office of the Secretary of the Treasury,Box 187,Folder "Tax-Excess Profits & War Profits.1923—32,"NARA Ⅱ.

[2] Daniel C. Roper,"What Should We Do with the Income Tax?";E. Barrett Prettyman,"Autobiography of a an Obscure Man at Forty",unpublished manuscript,Box 122,E. Barrett Prettyman Papers,Library of Congress,Washington,D. C.

第七章 削减的悖论:战后的共和党支配以及现代财政国家的韧性

罗珀很清楚他们需要竭尽全力说服精英的律师和商业人士,让他们相信直接和累进税能够同时获得大众的支持(得以成为税收体系的永久构成)以及私人的利益。

对所得税的司法默认以及所得税的实践框架

并非只有前财政部的各位律师致力于影响精英的纳税人和他们的税务顾问,法院的影响也不容忽视。事实上,这些律师的各种言论就可以反映法院的支持态度,特别是能够反映法院如何开始认同这种新税收制度的合法性。美国的最高法院在战后依旧延续了它对国家所得税(1916年的国家所得税)的确认,而且它的一系列裁决表明,最高法院日益关注于新所得税体系的功能性框架。具有讽刺意味的是,即使最高法院看似限制了第十六条修正案的适用范围,但它解决了更加务实的问题——所得税的正确定义以及新税收体系的公平和有效管理。

执业律师和法学界很快就注意到法院的支持态度。到20世纪20年代中期,出现了一系列研究联邦所得税的法律论文。这些文献补充或取代了(更多是取代)19世纪后期由托马斯·库利、巴勒斯和弗朗西斯·希尔利亚德撰写的、有关次国家级税收的法律论文。不仅如此,主要的法学院也调整了他们的教学范式,将联邦案例的分析、美国财政部的法规以及新的国家收入法融入他们的税法课程。在这两大力量的影响下,下一代的律师、法学家以及政策制定者对直接和累进税深信不疑,坚信对收入、利润和财富转移所征收累进税是现代生活之中毫无争议的核心部分。事实上,从最高法院对直接和累进税的司法默认就能够看出,精英的法律话语体系到20年代末已经高度接受了这项税收政策以及内嵌于它的、始于19世纪的那场概念性革命。

不过,在法律界完全接受之前,最高法院已经对第十六条修正案的宪法含义以及战时的收入法做出了裁定。这一进程开始于1916年,当时的法院在布鲁塞伯诉联合太平洋铁路公司一案中确认了1913年的所得税。具体来说,纳税人在这一案件中起诉1913年的所得税,认为累进的所得税违反了第十六条修正案的具体规定和正当程序条款。在1916年的布鲁塞伯案中,纳税人是联合太平洋铁路公司的股东,他试图阻止该公司代表他根据1913年所得税法的具体管理规定来代扣并代缴税款。爱德华·怀特(Edward White)法官是此案的首席大法官(他本人非常反对波洛克案的裁决),并且负责撰写布鲁塞伯案的法庭一致裁决意见。[1]

怀特认为,第十六条修正案并没有对联邦政府的完全征税权施加任何新的限制;相反,该修正案是对波洛克案的直接批判。参考维济银行诉芬诺案(1869年最高法院在此案中确认了对州银行票据的联邦税),怀特宣称,宪法的分配要求与一致性要求的初始含义"并不是限制联邦政府完全而全面的税收权力,它本质上只是规定了这种权力的具体实施模式"。通过把分配要求视为一项仅涉及税收"实施模式"的法规,怀特实质上更进了一步,等价于宣称第十六条修正案并不是"意在赋予征收一般意义所得税的相关权力",并且宪法的第八节第Ⅰ条就已经赋予国会这种完全的征税权;相反,怀特写道:"第十六条修正案的全部目的是让所有从分摊中征收的所得税不必考虑它的收入来源。"简单来说,第十六条修正案废除了波洛克案的裁决,即认为对财产收入的税收是需要分摊的直接税。最后,怀特概括性地驳回了以"正当程序条款"为理由、试图限制国会完全征税权的申诉。[2] 对于许多当代的观察家来说,最高法院的这项裁决"确定了"所得税的合宪性,而这个案子甚至被称赞为国会"将美国征税权带入私人收入的生产领域"的"最终胜利"。[3]

---

[1] 240 U.S. 1 (1916). 近年来,在法律学者对直接税条款具体含义的争论中,布鲁塞伯案又吸引了一些新的关注。Erik M. Jensen,"The Apportionment of 'Direct Taxes': Are Consumption Taxes Constitutional?"*Columbia Law Review*, 91 (1997), 2334—2419; Bruce Ackerman, "Taxation and the Constitution", *Columbia Law Review*, 99 (1999), 1—58; Leo P. Martinez, "'To Lay and Collect Taxes': The Constitutional Case for Progressive Taxation", *Yale Law & Policy Review*, 18 (1999), 111—54.

[2] 240 U.S. 1 (1916), 13, 17—18, 24. 更为具体地,最高法院裁定认为诉诸正当程序条款的起诉是毫无根据的,"因为可以确定这一条款对宪法赋予国会的征税权并没有施加任何限制;换言之,宪法并没有自相矛盾:赋予征税权的同时,又通过正当程序条款收回这种权力"。文献出处同上,24。

[3] "The Income Tax and the Sixteenth Amendment", *Harvard Law Review*, 29:5 (1916), 536—8; "B. M. K.", "Constitutional Law: The Constitutionality of the Federal Income Tax of 1913", *University of Pennsylvania Law Review*, 64:5 (1916), 498—502, 498. 如今的宪法学者都更为直接地称赞布鲁塞伯案。宪法法律学者布鲁斯·阿克曼(Bruce Ackerman)写道:"通过这个案例,首席大法官成功地将最高法院领入了一个勇敢的新世界,在这个世界里,国会有更大的自由裁量权,并且通过累进税来追求分配的公正。"Ackerman, "Taxation and the Constitution", 40.

第七章　削减的悖论：战后的共和党支配以及现代财政国家的韧性

如果说布鲁塞伯案已经"确定了"所得税的合宪性，那么最高法院还需要澄清有关新税收体系的、更加实际却看似普通的法律问题，诸如应税收入的确切构成以及何时可以认为纳税人获得了这样的收入。通过随后的一系列裁决，最高法院解决了上述两大问题，从而对新的所得税体系产生了非常重要的影响。具体来说，它不仅有助于定义新税收体系的具体法律参数，还巩固了对累进所得税的司法承诺。即使最高法院在标志性的案件（1920年的艾斯纳诉麦康伯案）中，确实意图限制第十六条修正案的适用范围，但它的裁决间接或无意地为所得税体系构建了更加可行的操作性基础。[①]

在麦康伯案中，最高法院需要裁定所收到的普通股股息是否构成应税收入。默特尔·H.麦康伯（Myrtle H. Macomber），即本案中的纳税人，也是加利福尼亚标准石油公司的股东。1916年，标准石油公司按2∶1的比例向全体股东发放股息。尽管财政部之前对股票股息的可征税性含糊其词，但1916年的收入法案明确规定股票股息为应税收入。[②] 麦康伯质疑该项法规。马伦·皮特尼（Mahlon Pitney）法官按5∶4的多数票裁定：支持纳税人的起诉，认为股票股息不属于应税收入，因为它不符合第十六条修正案中"收入"的特定含义。通过这种对第十六条修正案的狭义解读，多数票法官将收入定义为"来自劳动力、资本或两者结合的各种所得"。第十六条修正案明确取消了对"各种收入的税收，无论其来源"的分配要求，但最高法院并没有广义地解读其中的收入定义，而是更关注于收入来源的字面含义。由于股票股息并没有从纳税人的原始资本投资或个人的劳动之中分离或"产生"出来，所以皮特尼法官裁定股票股息不属于第十六条修正案所包含的、精确定义的收入。[③]

[①] 252 U.S. 189 (1920).更多关于麦康伯案的历史背景和持续影响力的相关内容，请参阅 Marjorie E. Kornhauser, "The Story of Macomber: The Continuing Legacy of Realization", in Paul Caron, ed., *Tax Stories* (New York: Foundation Press, 2009), 93–135; Charlotte Crane, "Pollock, Macomber, and the Role of the Federal Courts in the Development of the Income Tax in the United States", *Law & Contemporary Problems*, 73: 1 (2010), 1–23.

[②] T.D. 2163, 17 Treas. Dec. Int. Rev. 114, rev'd, T.D. 2274, 17 Treas. Dec. Int. Rev. 279 (1915); Revenue Act of 1916, 39 Stat. 756.

[③] 252 U.S. 189 (1920), 207; Sixteenth Amendment, U.S. Constitution.更多关于这一时期股权分散的情况，请参阅 Julia C. Ott, *When Wall Street Met Main Street: The Quest for an Investors' Democracy* (Cambridge, Mass.: Harvard University Press, 2011); Lawrence E. Mitchell, *The Speculation Economy: How Finance Triumphed over Industry* (San Francisco: Berrett-Koehler Publishers, 2007).

353

最高法院多数票的宪法论点一直颇受争议,而且最终被后续的裁决所否决,但即便如此,皮特尼法官的经济逻辑和实践推理也是合理的。股票股息的发行本身并没有给麦康伯增加任何财富,这也与埃德温·塞利格曼发表在《纳税人的法律简报》上的重要文章的解释相同。① 派发股息之后,麦康伯并没有比之前更加富裕。尽管他的资本投资价值随着时间的推移而增加,但派发股息的时间并不是对这种增值征税的恰当时间点。不仅如此,由于股息并不是现金,而是以股票的形式,所以它并不能准确地代表"之前积累的利润",也没有带来纳税所需的现金或流动资产。②

股票股息可能确实反映了公司价值的长期升值,但最高法院的多数票认为,在这种升值与原始的资本投资分离之前,纳税人都没有实现这种应纳税的收入。正如皮特尼法官所说:

> 决定性的基本事实是股东并没有从公司资产中得到任何的、可以供其单独使用并受益的收益;相反,他初始投资的每一美元以及企业在商业运作中通过使用他和其他股东资金所获得的任何增值,依旧是公司的财产并承担着商业的风险,甚至可能完全摧毁他的全部投资。考虑到事情的真实情况,从实质上而不是形式上,他完全没有得到符合第十六条修正案中定义的任何收入。③

皮特尼对股息交易的经济实质分析是正确的,但他的宪法主张似乎不那么具有说服力。在获得股票而非现金股息时,麦康伯确实继续了他对标准石油的投资,并同时"承受着商业的风险"。但是,这是否在宪法上意味着只有"来自劳动、资本或两者共同"的所得才能被认可为收入并因此可被征税(麦康伯案的多数票裁决)?第十六条修正案是否支持可以通过收入的来源确定收入的应纳税性?

小奥利弗·温德尔·福尔摩斯(Oliver Wendell Holmes Jr.)法官对此并不认同。用一种几近粗鲁的反对态度,福尔摩斯认为多数票的裁决似乎收窄

---

① Edwin R. A. Seligman, "Are Stock Dividends Income?" *American Economic Review*, 9:3 (1919), 517—36; Kornhauser, "The Story of Macomber", 60.
② 252 U.S. 189 (1920), 212.
③ 同上, 211.

第七章 削减的悖论:战后的共和党支配以及现代财政国家的韧性

了对第十六条修正案的普遍性理解。福尔摩斯写道:"我认为第十六条修正案中的'收入'一词,应该根据它被通过之时最明显的共识进行解读。"对于福尔摩斯来说,这意味着应该去除有关直接税宪法含义中的各种细微差别,比如收入是否"产生于"某一特定来源。福尔摩斯认为:"第十六条修正案的明确目的是取消类似什么可能是直接税的这类问题,而且我认为在通过这项修正案时,大多数投赞成票的非律师不可能向其他人提出关于收入定义的细微差异的问题。"[1]

许多著名的法律评论家认同福尔摩斯法官的观点。哥伦比亚大学的宪法教授托马斯·里德·鲍威尔(Thomas Reed Powell)曾向亚瑟·巴兰廷咨询麦康伯案的裁定,他也认同福尔摩斯对第十六条修正案的共识性解读。在《哥伦比亚法律评论》的一篇文章中,鲍威尔宣称第十六条修正案"被广泛视为对波洛克案的'召回'"[2]。令鲍威尔和其他许多法律人士感到懊恼的是,波洛克案这个僵尸之手好像从坟墓中爬了出来,并且再一次统治了法院的裁决。对于后代的学者来说,最高法院在麦康伯案中仅占微弱多数的裁定令人回想起了放任自由的立宪主义——将私人产权放在积极政府日益增强的权力之上(在1905年洛赫纳诉纽约案时,人们首次注意到这种意识形态)。[3] 反国家主义的共和党,如威尔·海斯无疑会欣然接受最高法院对第十六条修正案的狭义解读以及相关的裁决。

不过,麦康伯案绝不是宪法对收入的最终定义。尽管在随后几年的多个案例中,最高法院都延续了麦康伯案的宪法推理(应税收入必须来自劳动或资

---

[1] 252 U. S. 189 (1920),220 (Holmes, J. dissenting). 路易斯·布兰迪斯(Louis Brandeis)法官也不认同这个案例的裁决;另外,他对多数票经济逻辑的质疑更加冗长并且混乱。Ibid. ,220—38.

[2] Thomas Reed Powell, "Stock Dividends, Direct Taxes, and the Sixteenth Amendment", *Columbia Law Review*, 20:536—49 (1920),538. Thomas Reed Powell to Arthur A. Ballantine, Dec. 30, 1920, Folder D1, Memo in consultant work, 1918—19, Thomas Reed Powell Papers, Harvard Law School Library, Cambridge, Mass. [hereinafter HLSL].

[3] U. S. 45 (1905)198. 当今的学者依旧把麦康伯案与洛赫纳案联系在一起。Jed Handelsman Shugerman, *The People's Courts: Pursuing Judicial Independence in America* (Cambridge, Mass. : Harvard University Press, 2012),161. 柯克·斯塔克(Kirk Stark)甚至把麦康伯案称为"联邦所得税的洛克纳"。Kirk J. Stark, "The Unfulfilled Tax Legacy of Justice Robert H. Jackson", *Tax Law Review*, 54:171 (2001),198,214.

本,或两者的混合)①,但在随后的数十年,最高法院开始逐步降低收入来源的宪法重要性。到1940年,最高法院的裁定实际上已经表明,应税收入可以在不考虑来源的情况下加以确定,而且也不需要与资本分开或分离。另外,在随后的二十年内,必须先实现收入才能进行征税的这一原则也从一项宪法要求缩水成为一项"基于行政便利"的简单规则。②

尽管如此,麦康伯案在实践层面的影响依旧得以延续,这也体现了美国最高法院深具讽刺意味的悠久传统。具体来说,税务机关认同最高法院的多数票观点,即难以对财富的单纯增量进行征税。首先是行政管理上的问题。由于投资价值的不确定性以及所谓的"纸面利润"没有带来可纳税的现金流,所以向股票股息征税无疑是不公平的。其次,纳税人未经任何干预性处置的、单纯的投资增值依旧"承受着商业的风险",因此,在发放股息时对股东征税并不是一个恰当的时机。总而言之,最高法院的观点——财富的一般增值不应被征税——已逐步嵌入现代美国的税法之中,被视为一种税收的"实现要求"。尽管从概念层面来说,要求收入先经实现再可纳税并非最高法院的创举,但麦康伯案确实赋予这一概念重大的宪法意义。③ 虽然这个宪法含义在未来将逐步消散,但麦康伯案在实践层面已成为代表性的规则,即资本投资的增值在实现事件(即某种形式的"销售或其他的财产处置")发生之前一般不应纳税。④

皮特尼法官和投多数票的其他法官不太可能预见到这种结果:在缩减第十六条修正案适用范围的过程中,他们在不经意间为现代的所得税体系建立

---

① 请参阅,如 *Merchants' Loan & Trust Co. v. Smietanka*,255 U. S. 509 (1921); *Bowers v. Kerbaugh-Empire Co.*,271 U. S. 170 (1926)。

② *Helvering v. Bruun*,309 U. S. 461 (1940); *Helvering v. Horst*,311 U. S. 112 (1940),116. 到20世纪50年代中期,通过专员诉格伦肖玻璃公司案,麦康伯案的宪法逻辑已经完全被剔除。*Commissioner v. Glenshaw Glass Co.*,348 U. S. 426 (1955). 更多关于格伦肖玻璃公司案的内容,请参阅 Joseph M. Dodge,"The Story of Glenshaw Glass: Towards a Modern Concept of Gross Income", in *Tax Stories*, ed. Caron,15—51。

③ 财政部和国税局经常提到一点——收入需要在被"实现"后才能被征税。最高法院对这一理念的推崇"增加了收入这一概念的分量,并且确保了收入实现对税法发展的重要作用"。Kornhauser,"The Story of Macomber",97.

④ 这一概念依旧是当前税法的一部分。U. S. Internal Revenue Code,§ 1001(a). 同样可参阅 Edward J. McCaffery,*The Oxford Introductions to U. S. Law-Income Tax Law* (New York: Oxford University Press,2012),12—15,36—40。

第七章　削减的悖论：战后的共和党支配以及现代财政国家的韧性

了一项定义性的原则——实现原则。事实上,这个案件裁定的短期影响远远逊于它的长期影响。实现要求不仅明确了什么是应纳税收入,它还有助于解决另一个问题——何时应该向对应的投资人/纳税者征税？简言之,最高法院为收入的定义赋予了某种宪法上的意义,从而为所得税的管理提供了一个关键的时间原则,而这最终(尽管是在无意之中)加强了新税收体系的持续有效性。[1]

追随最高法院的脚步,各种税务专业人士都非常尽职地致力于提高新税法体系的司法接受度。如前文所述,罗珀和巴兰廷专注于向各大商业团体和律师协会发表公开演讲,而最高法院为所得税体系提供了一个可行的实践框架;与此同时,主要的税务律师和学者正致力于撰写新的联邦税文章,并在其中总结主要的法律案例、财政部的判决以及与联邦收入、利润和财富转移税相关的各项新法规。[2]之前的税收文章往往结合了国家和州的法律覆盖范围。不过,鉴于第一次世界大战后联邦案例和财政部裁决的爆炸性增长,税务专业人员迫切需要总结有关新税法体系的各种变化,以引导他们走过这个新的规则和程序的复杂迷宫。[3]

乔治·E. 霍姆斯(George E. Holmes)是纽约市的一名税务律师,也是最早注意到这种新需求的人。作为企业信托公司税务新闻通讯部的前任编辑,霍姆斯在战前就开设了自己的律师事务所。他的律所非常成功,吸引了大量富裕的客户以及诸多敏锐的年轻律师,如伦道夫·E. 保罗(Randolph E. Paul,他在之后成为主要的新政税收专家,并且是新政律所保罗 & 韦斯的联

---

[1] Crane,"Pollock, Macomber, and the Role of the Federal Courts". 正如法律学者保罗·卡隆(Paul Caron)所解释的,尽管麦康伯案并没有创造收入实现这个概念,但"它如此之早又如此深刻地把这一概念融入我们的税收体系中,以至于如今任何试图抹除这一概念的努力都会面对难以逾越的政治与制度阻碍"。Paul L. Caron,"Tax Archaeology",in *Tax Stories*, 4.

[2] George E. Holmes, *Federal Income Tax* (Indianapolis: Bobbs-Merrill Co., 1920); Herbert C. Fooks, *Leading Cases*, *Federal Taxation* (Federalsburg, Md., 1926). 在福尔摩斯和福克斯(Fooks)培养律师的同时,罗伯特·H. 蒙哥马利(Robert H. Montgomery)和乔治·O. 梅(George O. May)这两位会计师也在培养新的会计师。Robert H. Montgomery, *Income Tax Procedure* (New York: Ronald Press, 1921); George O. May, *Twenty-Five Years of Accounting Responsibility*, *1911—1936*; *Essays and Discussions* (Lawrence, Kans.: Scholars Book Co., 1936).

[3] 请参阅,如 Henry C. Black, *Treatise on the Law of Income Taxation under Federal and State Laws* (Kansas City, Mo.: Vernon Law Book Co., 1916).

357

合创始人之一)。随着 1916 年的收入法案拓宽了新税收体系的深度和广度，霍姆斯开始专注于税收论文的写作，并且发表了大量的税收文章。① 作为第一批专门研究所得税事务的律师之一，霍姆斯迅速成为这一领域的权威。在第一次世界大战期间，他协助托马斯·亚当斯和美国财政部以及美国经济协会对超额利润税进行定期的反复评估，其中包括对超额利润税的全球比较性分析。不仅如此，在整个 20 世纪 20 年代，霍姆斯不断更新他的文章与著作，而且还成为重要职业组织——如国家税务协会——的主要成员。②

在 1925 年版的《联邦所得税》一书中，霍姆斯回顾了近十年内发生的、巨大的法律转型。在他看来，"一些有关所得税的知识"已成为"执业律师……必不可少的能力"。霍姆斯写道："任何在某种程度上不熟悉[所得税]税法复杂性的法律专业人士都承担着严重的风险，现在人们都意识到税收是最重要的一大法律分支。"毫无疑问，霍姆斯如此赞颂所得税的重要性，在一定程度上有自利的因素。就像巴兰廷和罗珀很清楚他们的公开演讲可以让税务专业人员(包括他们自己)受益颇丰，霍姆斯也肯定非常清楚，保证新税收体系的持续性活力将会给他个人带来巨大的收益。③

尽管如此，霍姆斯的这本著作(更新了之前的版本)主要是为了说明一点：到 20 世纪 20 年代中期，美国的财政范式已经"见证了彻底的变革"。稳定的高税率以及州所得税的大量涌现，霍姆斯认为，"让税收这个主题变得非常重要，绝不能再被忽视"。尽管美国国内依旧充斥着大量关于减税和财政缩减的政治言论，但任何明智的、观察了近期社会变动的律师都应该明白一点，借用罗珀的话来说，国家和法律界已经"跨过了税收新时代的门槛"④。

霍姆斯指出，许多迹象表明，所得税已经牢牢地内嵌于美国的法律体系之

---

① George E. Holmes, *Federal Income Tax: Including Tax on Undistributed Net Income, Capital Stock Tax, and War Excess Profits Tax* (Chicago: Callaghan, 1917). 更多关于 1916 年收入法案重要性的内容，请参阅 W. Elliot Brownlee, "Wilson and Financing the Modern State: The Revenue Act of 1916", *Proceedings of the American Philosophical Society*, 129 (1985), 173—210。

② "Seventh Session: Federal Taxes", in *Proceedings of the Fourteenth Annual Conference on Taxation under the Auspices of the National Tax Association* (New York: National Tax Association, 1922), 301—26; "Blackmer Lawyer Killed in Subway", *New York Times*, June 3, 1932, 42.

③ George E. Holmes, *Federal Income Tax*, 6th ed. (Indianapolis: Bobbs-Merrill Co., 1925), iii.

④ 同上。

第七章 削减的悖论：战后的共和党支配以及现代财政国家的韧性

中,而其中最有说服力的是法学院对这一主题日益浓厚的兴趣。霍姆斯宣称,到 1925 年"几乎所有的一流法学院都开设了税法课程",而事实也大体如此。① 尽管州和地方税的相关课程长期以来是诸多法学院的基本教学内容,但它的主要侧重点是财产税和司法管辖区的相关问题(从库利法官和弗兰克·古德诺法官的著作中就可见一斑)。不过,到 20 年代的中期,有关联邦收入、利润和财富转移税的课程以及案卷研究在这些法学院变得更为常见。1922 年,哈佛大学法学教授约瑟夫·H. 比尔(Joseph H. Beale)整理了第一本面向学生的、联邦税法重要案例的案例集。尽管比尔教授更负盛名的是他在法律冲突方面的研究和作品,但在职业生涯的早期,他就对税收颇有兴趣,还撰写过一篇有关州级公司税的文章。这一兴趣促使他在 1922 年撰写了这本案例集,它极受欢迎,经过多版修订并很快成为该领域的主要法学院教科书之一。②

比尔教授的《税收案例集》并没有轻视地方税收和管辖权冲突问题,另外,它还对有关联邦收入、遗产和利润税的几乎所有重要案例进行了全面性的解读。③ 在第一版的案例集中,有近四分之一内容专注于"联邦所得税"的相关问题,并在其中分析了自麦康伯案之后的,收入司法定义的演变、收入的计算、对允许扣除额的批准以及其他一些与法条解读及年度会计相关的问题。整个 20 世纪二三十年代,即美国法律现实主义的全盛时期,比尔不断地修订这本案例集,而它的后续版本还反映了法学院不断变动的观点以及它们对新税收制度的日益增加的认可与接纳。以 1924 年的版本为例,其附录中包含了推荐的"附带阅读",以及旨在帮助学生熟悉"有关原则应用"的各种相关问题。④

尽管比尔经常被法律现实主义者,如沃尔特·惠勒·库克(Walter

---

① George E. Holmes, *Federal Income Tax*, 6th ed. (Indianapolis: Bobbs-Merrill Co., 1925), iii.

② Joseph Henry Beale, *A Treatise on the Conflict of Laws*, 3 vols. (New York: Baker, Voorhis, 1935); Beale, *The Law of Foreign Corporations: And Taxation of Corporations Both Foreign and Domestic* (Boston: W. J. Nagel, 1904); Beale, *Cases on Taxation* (Cambridge, Mass.: Harvard University Press, 1922).

③ Beale, *Cases on Taxation*, 368—511. 哈佛法学院的税收教材的一大影响深远之处,就是对管辖权问题的关注,请参阅 John Leo Carten Jr. "Notes Taken for Course Work at HLS", Box V, c24, Taxation, HLSL.

④ Beale, "Preface", *Cases in Taxation* (1924 ed.), 369—77.

Wheeler Cook)嘲笑为过时的、形式主义的守旧派代表,但他的整体学术研究和思想视野其实极为宽广,跨越了多个学科。具体来说,比尔的《税收案例集》以及附录中的补充材料和相关问题都证明了他的前瞻性思维。同他的年轻同事罗斯科·庞德(Roscoe Pound)一样,事实证明,比尔教授在美国法理学的发展进程中承担了关键性的过渡作用。虽然在早期的大部分研究(特别是对法律冲突研究)中,比尔教授确实强调了形式主义的机械性规则,但随后的更多研究(当然也包括他的《税收案例集》)以及他在制度建设方面的贡献都表明他完全不是一名反现代主义者,这只是一些批评者的错误观点。事实上,在1914年美国法学院协会的致辞上,比尔宣称当代的法学教授不仅应该继承前辈的努力并且研究"我们学科之中的各个分支",而且应该承担起"更为现代的任务,即把法律与当代生活的各种需求更加紧密地联系在一起"。实际上,他的《税收案例集》就是为了填补法律与现代生活之间鸿沟所搭设的桥梁。①

同其他早期的法律现实主义者一样,比尔也致力于从一个更加"科学"的有利视角来研究"行动中的法律",从而改革"书面上的法律"。正如托马斯·里德·鲍威尔对《税收案例集》的热情评论:比尔将重点放在税法的功能层面,这展示了法律实践如何受到整体社会环境的影响。鲍威尔写道:"任何一个了解法律近期发展的人,在面对税收问题时都能够敏锐地意识到法律还取决于对许多事物的理解,而这些事物一直都在法律自身的范畴之外。"在《税收案例集》的后续版本中,比尔和一位年轻的合作者——罗斯威尔·麦吉尔(Rowell Magill,哥伦比亚大学的法律教授,并且在之后成为一名新政的拥护者),一起扩展了有关联邦税的章节内容,从而覆盖了大量新增的行政规定、正式的法条修订以及社会对新税法体制不断提高的接纳度。到1926年,这本案例集已历经数次修订并且成为该领域的主流教材。J. M. 马奎尔(J. M. Maguire)——比尔的年轻同事之一——经常在他的哈佛税法课上使用这本案例集的内容,并对这本案例集大为赞赏,认为它很早就意识到了一点:新的税收制度已然

---

① Beale quoted in John Henry Schlegel, *American Legal Realism and Empirical Social Science* (Chapel Hill: University of North Carolina Press, 1995),45. 将比尔作为早期法律现实主义的陪衬的内容,请参阅 Neil Duxbury, *Patterns of American Jurisprudence* (Oxford: Oxford University Press, 1995),22—4。关于他的更为细微的观点,请参阅 Perry Dane, "Joseph Henry Beale, Jr.", in *Yale Biographical Dictionary of American Law*, 31—2。

第七章　削减的悖论:战后的共和党支配以及现代财政国家的韧性

"成为美国财政天堂的天顶,而且会在未来多年都保持这一地位"①。

失败的1921年销售税、经济学家与财政短视

执业律师和法学院对所得税的兴趣日益浓厚,这无疑说明新的税收体制已经深深地内嵌于美国的司法秩序中。不过,从许多层面来说,最高法院的法律默许其实反映了美国战后十年国家高层的一种政治趋势。具体来说,无论是在国会还是在财政部,人们都有一个共识(虽然有时会略有停顿),即战时财政所取得的巨大成功已经稳固了直接和累进税收体系的未来地位,甚至连热衷于废除这种强大收入体制的共和党领袖也不得不承认这一共识。

在1921年收入法案的政治辩论中,能够清晰地看到战后十年之初的历史可塑性和进步的决心,而且,财政部长梅隆正是因为这一法案而断然回绝威尔·海斯极为热切的减税提议。1921年的收入法案具有高度历史意义,其原因有三:第一,在这一税收法案的辩论过程中,国会第一次认真考虑了国家销售税的提案;第二,推动这一法案的社会与政治讨论为税务专家提供了关键的背景环境,使他们可以巩固对新财政体制的思想承诺;第三,这次辩论有助于启动"梅隆计划"中的"科学"税制改革,这也是它至关重要的主要原因。最终,这场辩论否决了国家销售税,并且确定了梅隆计划的主要原则——逐步削减,这表明20世纪20年代非但没有标志着累进改革的结束,反而进一步证实了税收改革运动的社会民主目标。

---

① Thomas Reed Powell,"Review of Cases on Taxation", *Harvard Law Review*,36:4 (1923), 499;Joseph Henry Beale and Roswell Magill,*Cases on Federal Taxation* (New York:Prentice Hall,1926);"Memo to Professor Campbell April 1,1933",Folder 31—1:Evaluation of Tax Problems Class,John MacArthur Maguire Papers,HLSL;J. M. Maguire,"Review of Cases on Taxation",*Harvard Law Review*,39:6 (1926),791. 直到20世纪30年代,马奎尔一直在编辑这本税法案例集,届时他已经成为财政部的顾问,而时任财政部长为亨利·摩根索(Henry Morgenthau)。"Roswell Magill,Lawyer,68,Dead",*New York Times*,December 18,1963;Joseph J. Thorndike,"Profiles in Tax History:Roswell Magill",*Tax Notes*,January 25,2008.

未选之路：被否决的 1921 年销售税

早在《凡尔赛条约》签署之前，累进税的反对者就要求终结战时强大的税收体制，而他们的首要目标就是超额利润税。如前文所述，商业领袖和学术专家已经在战争期间说服财政部的律师和美国的国会——混合的战争利润税（英式战争利润税结合超额利润税）优于单一的超额利润税（针对超过"正常"回报率的、所有企业的利润）。随着战争的结束，彻底取消利润税看似不再遥远。事实上，在执政的最后几个月，威尔逊政府为共和党打开了在战后猛烈抨击超额利润税的大门。

1920 年，威尔逊任命大卫·F. 休斯敦（David F. Houston）为财政部长。同他的前任部长卡特·格拉斯一样，休斯敦呼吁取消超额利润税。他认为超额利润税歧视了"在融资时相对保守的公司"，并且它的管理"非常复杂，正在迅速失去效用"。这位新任财政部长建议，用新的公司利润税取代超额利润税，以确保在"公平和正义的基础上"获得足够的收入。[①]

商业领袖和保守派议员牢牢抓住休斯敦的反对评论。到 1921 年夏天，在共和党控制下的财政部和白宫内都充斥着各种取消超额利润税并全面降低税率的呼声。一位银行家提醒哈丁总统及其财政部同事，共和党是否能够成功取决于他们能否"有效处理我们的税法……尤其是下面两点：第一，取消超额利润税的必要性；第二，大幅削减目前很高的附加税率"[②]。相似地，波士顿商会也向国会传达了它们的调查结果，它显示绝大多数企业赞成废除超额利润

[①] *Annual Report of the Secretary of the Treasury on the State of the Finances, for the Fiscal Year Ended June 30 1920* (Washington, D. C. : Government Printing Office, 1921), 38 – 9; Ratner, *Taxation and Democracy in America*, 403.

[②] James G. Cutler, President, Lincoln-Alliance Bank, Rochester, N. Y., to President Harding (July 30, 1921); Andrew Mellon to Cutler (August 6, 1921), contained in Record Group 56, General Records of the Dept. of the Treasury, Correspondence of the Office of the Sec. of the Treasury, Central Files of the Office of the Sec. of the Treas, 1917—1932, Folder, "Tax-Corporations, 1917—1926", Box No. 178, Entry 191, NARA Ⅱ. 附加税指的是最高边际税率。

第七章 削减的悖论:战后的共和党支配以及现代财政国家的韧性

税并降低目前极高的边际税率。①

商业界可能确实一致性地反对超额利润税,但是,对于什么才是最佳的替代物,相对难以达成共识。投资银行家奥托·卡恩(Otto Kahn)一直反感战时强大的税收体系,而且非常厌恶超额利润税,抨击它为"压在企业之上、沉重而笨拙的巨手"。不过,在用什么税种取代超额利润税的问题上,卡恩并不支持公司税,而是支持累进的销售税。卡恩的预测相当乐观,他认为,累进式销售税,即对所有超过2美元的销售额按照1‰的税率征收销售税,就能够补偿因为废除超额利润税而减少的收入,甚至还有足够的收入能够允许对高额累进个人所得税"大幅减税"②。

一份修改版的销售税议案很快就传到了国会大厅。1921年,众议院议员艾萨克·巴哈拉赫(Isaac Bacharach,新泽西州的共和党人)和参议员瑞德·斯穆特(Beed Smoot,犹他州的共和党人)提出了一个伴生法案,试图以单一税率的销售税取代超额利润税。后来,在同一个会议上,新当选的国会议员奥格登·L.米尔斯(Ogden L. Mills,纽约州的共和党人,最终将接替梅隆担任财政部长)提出了一个与卡恩建议类似的、累进销售税的议案。③

国会内外关于销售税的政治与社会辩论,都生动地展现了美国极为严重的阶层和地区分裂,而这长期以来困扰着税收的改革。除了卡恩之外,其他许多商业精英也公开支持以销售税替代超额累进税。具体来说,东北部商业精英的各种组织——如商人全国税收委员会和美国税收联盟——基本上支持销

---

① James A. McKibben, Secretary, Boston Chamber of Commerce, to Hon. James A. Gallivan (April 7, 1921), Brooklyn Chamber of Commerce to Hon. John Kissel (November 1, 1921), Record Group 233, Records of the U. S. House of Representatives, 67th Congress, Petitions & Memorials, Committee on Ways & Means (HR67A-H23.5) Internal Revenue, Box 504. NARA D. C.

② "O. H. Kahn Criticizes Excess Profits Tax", *New York Times*, January 22, 1920. 卡恩并不是唯一一位支持以销售税替代超额利润税的人。税收专家莫里斯·F.弗雷(Morris F. Frey)早在两个月之前就提交了一份类似的请愿。"Would Eliminate Excess Profits Tax", *New York Times*, November 9, 1919, 23. 关于支持和反对1921年销售税的个体和群体的相关总结,请参阅 K. M. Williamson, "The Literature on the Sales Tax", *Quarterly Journal of Economics*, 35:4 (August 1921), 618—33.

③ S. 202 "The Sales Tax Act of 1921", *Congressional Record*, 67th Cong., 1st sess. (1921) 61: 151; Blakey and Blakey, *Federal Income Tax*, Chapter Ⅷ. 在第一次世界大战期间,斯穆特也提议采用一般销售税替代各式各样的消费税。Blakey and Blakey, *Federal Income Tax*, 179. 为了支持他的累进"支出税",米尔斯细致说明了累进性这一概念如何被温和保守派的立法者们所接受。*Congressional Record*, 67th Cong., 1st sess. (1921), 61, part 5:5138.

363

售税;由保守组织者J. A.阿诺德(J. A. Arnold)创建的美国税收联盟则快速成为多产但未必原创的反税文学阵地。另外,阿诺德本人(他几乎反对所有的累进税改革,尤其是所得税)也很快成为一名著名的政治说客,助力基层保守派对梅隆计划的支持。①

销售税的议案轻易得到了具有相同立场的共和党立法者的支持。除了斯穆特、巴赫拉赫和米尔斯之外,还有诸多立法者公开支持以销售税替代高额的个人所得税和超额利润税。特别地,斯穆特的提案(单一税率的销售税)引起了一些立法者的关注,这些立法者的政治目标是在废除累进税率结构的同时,恢复基于销售税的税收体系。对于参议员乔治·H.摩西(George H. Moses,新罕布什尔州的共和党人)而言,斯穆特的提议创造了一个契机,让他能够"打击待表决税收法案之中的邪恶原则——累进税,因为它代表了卡尔·马克思的共产主义理论"。另外,相对不这么愤怒的立法者则建议美国顺应全球的趋势,开征销售税。斯穆特参议员的法案中引用了菲律宾的成功经验,其他议员则指出,法国和加拿大也在最近开征了销售税,而且它们的成功经验非常值得美国效仿。由此可以看出,尽管美国的政治领导正式拒绝了加入国际联盟的要求,而且不接受美国国际主义的理念,但他们还是愿意在海外寻找有关税收政策的新思路。②

尽管如此,仍然有共和党议员对使用销售税表示担忧。对许多人来说,美国从未尝试过联邦的销售税,贸然开征可能本身就是一个危险的实验。③ 这种政治上的警惕实际上反映了某些商业部门对销售税提案的疑虑态度;也就是说,商业界在战后对税收改革的意见长期不统一。虽然绝大多数商人反对超额利润税(这部分是大致统一的),但大家并不认同以销售税替代超额利润

---

① Williamson, "Literature on the Sales Tax", 618—19. 更多关于阿诺德的信息,请参阅Susan Murnane, "Selling Scientific Taxation", 843—51; Martin, *Rich People's Movements*, Chapter 2; Huret, *Taxed*, Chapter 4。

② Moses quoted in Ratner, *Taxation and Democracy in America*, 410. 更多这种全球趋势的相关参考,请参阅 *Congressional Record*, 67th Cong., 1st sess. (1921), 61, part 7:7238—7340。

③ *Congressional Record*, 67th Cong., 1st sess. (1921), 61, part 7:7236. 商业领袖和立法者也考虑过其他的公司税,包括未分配利润税。Steven Bank, *Anglo-American Corporate Taxation: Tracing the Common Roots and Divergent Approaches* (New York: Cambridge University Press, 2011), Chapter 3.

第七章 削减的悖论:战后的共和党支配以及现代财政国家的韧性

税(这部分是充满分歧和争议的)。举例来说,一些商业协会,如全国工业会议委员会(National Industtial Conference Board,NICB)、全国信用协会和全国零售杂货商协会,出于各种各样的原因反对这个销售税的提案。对于他们之中的一部分人来说,重要的问题是一些所谓的"次要"问题,包括如何准确定义"销售"、如何管理这种从未尝试过的全新税收以及如何确定公平的免征额等。事实上,这样的问题重要到足以让他们不再支持销售税。对于他们之中的另一部分人来说,米尔斯的"支出税"的累进性不足以扭转当前的税收体制。[①]

不过,人们拒绝销售税最普遍的理由还是因为无法确定它的税收负担。在各种销售税提案得到华盛顿的关注之前,全国各地的商人就已经在开会讨论某种新形式消费税的各种优点。这些商业协会中最大、最有影响力的是NICB,他们在断然拒绝斯穆特的提案之前就仔细讨论过销售税的税收负担问题。正如NICB的税务委员会所解释的,无论最终由谁来支付销售税,消费税都是"无法被辩护的"。具体来说,如果企业有能力把全部的税负都转嫁给消费者,那么它的分配影响将过于严重、完全超过社会认知的接受范围。委员会解释道:"我们——美国的商人群体——是这个国家的良好公民并且一直在为此努力,我们不可能为了让企业可以免除数以十亿美元计的超额利润税,就建议开征一项让最终消费者承担这数以十亿美元计税负的税收,这完全违反了基于支付能力的税收原则,我们不能要求商人群体躲在这样的税收后面。"

即使战争的紧急情况早已结束,但新的财政公民身份和遵守基于纳税能力的税收体系得以延续,甚至对经济精英也是如此。NICB不能昧着良心要求国会以销售税替代超额利润税。"我们不认为这是好的公民,我们也不认为这是好的经济理念。这是我们放弃或拒绝销售税的真正原因——消费税将最终由消费者承担。"[②]

NICB可能并没有想到"好的公民身份"应该支持以看似累退的销售税替

[①] "The Sales or Turn-Over Tax: Its Unfairness to Business and to the Consumer", *Credit Monthly* (May 1921),19—21;Williamson,"The Literature on the Sales Tax",622. 更多关于米尔斯提案的内容,请参阅 Steven A. Bank,"The Progressive Consumption Tax Revisited",*Michigan Law Review* 101 (May 2003),2238—60,2243—45。

[②] *Proceedings of the Second National Industrial Tax Conference*, No. 17 (New York: National Industrial Conference Board,1920),40—1。

代高额累进的所得税和超额利润税。但这并不意味着它拒绝销售税的动机完全是出于公民义务或财政公民身份。具体来说，NICB 的税务委员会认为，销售税其实是一种"总收入税"，而这种税收并不符合商人的利益。因为企业一旦无法向消费者转嫁税负，就不得不把这种税收视为运营成本，那么这样的销售税可能对相似情况的企业产生巨大且不平等的影响。委员会指出："对总收入的税收没有考虑企业之间不同的运营成本，所以是不合理的税收。"[①]

对于已经习惯于仅将"净收入"（所得税和利润税）视为恰当税基的商人而言，转向新的税收体系似乎是不明智的。如果开征本质上是"总收入税"的销售税，NICB 解释说，将会造成"严重的不平等，以至于我们对超额累进税的各种不满都完全不值一提，并且会加剧收入不平等的问题"。可以看出，尽管 NICB 最初反对销售税是基于财政公民权和分配公平性层面的理由，但最终更为重要的是自身成员的经济利益。委员会总结道："出于自身的最佳利益以及所有阶层纳税者的公平，我们不认为这个国家的商人应该支持一项会导致巨大净收入差异的税收。事实上，只有净收入才应该是税收的正确参照，因为不同企业之间的经营成本存在巨大的差异。"[②]

商业界对销售税的割裂态度为反对者提供了击败国会销售税提案的良好契机。这些反对者包括代表南部和西部的议员以及他们的选民。最终，他们依赖支付能力这一逻辑成功地否决了销售税的提案。同他们在战时所做的一样，有组织的农业和劳工协会再次要求保留超额利润税，旨在约束公司的垄断，并且推动"正义大于收入"的价值观。[③] 工会和农场联合会的请愿书如雪花一般涌入国会的办公室。他们提醒立法者，普通的农场主和工人在数十年前就率先反对不公平的间接和累退税，而现在也坚决反对任何向旧财政秩序的倒退行为。总而言之，战争引发了美国公共财政的重大性结构性变迁，而与

---

① *Proceedings of the Second National Industrial Tax Conference*, No. 17 (New York: National Industrial Conference Board, 1920), 41.

② 同上，41—2. 全国信贷协会对销售税提出了几乎相同的批评。"The Sales or Turn-Over Tax," 19—20.

③ Arthur Capper (Chairman of the Farmers' National Committee for War Finance) to McAdoo, August 10, 1918; Leffingwell to Capper, August 27, 1918, NARA Excess Profits Tax Folder, NARA II.

第七章 削减的悖论:战后的共和党支配以及现代财政国家的韧性

切身利益相关的普通民众则坚决维护这种新的财政秩序。①

因此,许多劳工和农业协会希望在否决销售税的同时,继续保留超额利润税。正如美国农业局联合会的 H. S. 麦肯齐(H. S. McKenzie)向国会所解释的,商人渴望取消超额利润的原因之一是,他们担心"如果它变成一种行之有效的税收形式",那么,企业"将不得不永远承担这项税收"。作为两百万美国农业局成员的代表,麦肯齐反复强调销售税税负转嫁的分配效应。他告诉立法者:"我相信,如果用一般销售税……替代高额的附加税和超额利润税,那么,你们将在人民身上又施加一层不合理的重担,而现有税率已经让他们承担了极为沉重的税负。"②

累进所得和利润税是更为公平的并且是当前累退进口和消费税的必要抵消,这样的提醒在立法者那里不绝于耳。不过,如果有的立法者不确定普通工人与农民对恰当税基这一重大问题的态度,可以看看纽约奶农重申的"四大原则"。他们认为,任何类型的税收改革都应该遵照以下四大原则:

(1)为了支持国家政府,个人的净收入是对纳税能力的真实衡量。

(2)税率应该是累进的;也就是说,个人的收入越高所面对的税率也越高。

(3)由于我们国家中的每个人都应该为支持政府做出自己的一份贡献,所以一定比例的税收可以是有依据的、通过关税和其他消费税的形式进行征收。

(4)尽管筹集收入是所有税收制度的第一目标,但是税负分配应

---

① 请参阅,如 John J. Quinlivan, Toledo Central Labor Union, to Congressman William W. Chalmers (April 29,1921);J. R. Howard, American Farm Bureau Federation, to House Ways & Means Committee (August 16,1921), Record Group 233, Records of the U. S. House of Representatives, 67th Congress, Petitions & Memorials, Committee on Ways & Means (HR67A—H23.5) Internal Revenue, Box 503, National Archives and Record Administration Ⅰ, Washington, D. C. 。

② *Internal-Revenue Hearings on the Proposed Revenue Act of 1921 Before the Senate Committee on Finance*, 67th Congress, 45 (1921), 310, 320.

367

该尽可能倾向于更加富裕的人,而不是集中在穷人身上。①

通过这四大原则,麦肯齐简洁地总结了累进税运动的主要目标。

反对销售税的国会议员听取了麦肯齐和其他工人与农民组织代表的建议;民粹主义的立法者,如克劳德·基钦可能沉浸在之前的选举失败中难以自拔,所以在辩论中相对沉默;另外,许多反叛的共和党人也非常愿意质疑这项销售税提案。具体来说,进步的共和党人——如詹姆斯·弗雷尔(James Frear,威斯康星州的共和党人)——就提醒他的同事并且明确指出一点:由战争带来的前所未有的超额赤字意味着国会需要继续征收原有的所得税和利润税,而不是尝试性地用销售税来替代它们,并且最终导致无法确定的税收收入。弗雷尔指出,销售税还将对"我们所吃、所穿的全部物品"都产生负面的分配效应,"并且让这个国家的所有男人、女人和儿童都被征税"。詹姆斯·弗雷尔的这番言论的目的是唤醒大家的早年记忆,而当时其他的间接税也对国家的税负分配存在类似的累退性影响。②

税务专家持续的自治权和影响力

尽管立法者的辩论表达了他们所代表的选民之间的矛盾意愿,但在这个新生的积极国家中,至少有一个群体保持着清晰并且坚定的立场,即强大并且颇具影响力的财政部税收专家。这些税收专家很好地说明了一点:在美国的新财政体制中,行政和法律自治权正在日益增强。这些财政部的专业人士运用自身的能力和新建立起来的自治权,成功克服了战争危机的各种不确定性,从而获得了极高的声誉,并且代表着超越党派控制的政府官员。虽然他们往往来自私人部门或学术界,而且代表着各种不同的利益,但这些财政部的律师和经济学家通过自身的职业关系、技能和专业知识,成功地建立了美国现代财

---

① *Internal-Revenue Hearings on the Proposed Revenue Act of 1921 Before the Senate Committee on Finance*,67th Congress,45(1921),307—8. 这种情绪遍及西部和南部各州持同样想法的农民和工人。请参阅,如"Farm v. White House",*Idaho Statesman*,August 24,1921;"Farm Bureau Resolutions",*Grand Forks Herald*,December 17,1921;"Farmers Favor Lot of Changes",*Charlotte Observer*,November 18,1921。

② *Congressional Record*,67th Cong. 1st sess.(1921),61,part 5:5141。

第七章 削减的悖论：战后的共和党支配以及现代财政国家的韧性

政国家的行政自治权。总而言之，这些职业专家与立法者不同，他们并不需要面对日常的政治压力。不仅如此，他们还通过自己在战时的表现证明了一点：他们有能力为这个新的财政秩序塑造必要的基本框架。[1]

托马斯·亚当斯是这种全新行政自治权的主要代表之一，他曾在战后短暂地留在财政部，帮助管理战后过渡事务。亚当斯在政府服务期间的杰出贡献为他赢得了极高的声誉，当时的人们认为他是"税务专家的院长"，是一位智慧机敏且客观的专家，并且在相互竞争的政治团体间担任一个极为重要的角色——诚实的仲裁人。亚当斯在约翰霍普金斯大学就读博士学位，接受的是德国式"神学"风格的历史研究生的教学；亚当斯在其大部分早期学术生涯中，在威斯康星大学任职，而且是理查德·伊利聘请的第一位外校人士，之后成为伊利的合作者（共同撰写了一本著名经济学教材）。如我们前文所述，亚当斯还曾在威斯康星州的税务委员会任职。事实上，他终其一生都是一位颇具改革意识的学者。在他的职业生涯的最后阶段，他被公认为"政治学者"的"光辉榜样"，以及"思想世界和行动世界间的联络官"。[2]

在战争结束之后，亚当斯常常在国会听证会、商业组织以及民间社团上发表评论，这些评论不仅对公众意见产生了很大的影响，而且深深影响了立法者战后的税收改革路径。作为第二代新学派的经济学家，亚当斯孜孜不倦地为威斯康星州的所得税（美国第一个有效的州所得税）搭建了必要的行政基础框架。另外，他也在战时的财政部扮演了类似的角色。不过，战时的实践经历令他对新税收体系，尤其是超额利润税的幻想略有破灭。与其他进步的政治经济学家不同（如罗伯特·默里·黑格和戴维·弗瑞德支持在战后继续征收超额利润征税），亚当斯认为这项税收过于复杂，会压垮仍处于起步阶段的、财政

---

[1] W. Elliot Brownlee, "Economists and the Foundation of the Modern Tax System in the United States", in *The State and Economic Knowledge: The American & British Experiences*, ed. Mary O. Furner and Barry Supple (New York: Cambridge University Press, 1990), 425—9.

[2] "Tommy Adams", *Saturday Evening Post*, June 3, 1933, 20; "Thomas Sewall Adams (1873—1933)", *Bulletin of the National Tax Association*, 18 (April 1933), 194—201; Roy G. Elliot, "Dean of Tax Experts", *Credit Monthly* (March 1921), 21; Thomas Earl Geu, "Professor T. S. Adams (1873—1933) on Federal Taxation: Déjà vu All Over Again", *Akron Tax Journal*, 10 (1993), 29—46; Michael J. Graetz and Michael M. O'Hear, "The 'Original Intent' of U. S. International Taxation", *Duke Law Journal*, 46: 5 (March 1997), 1020—1109.

国家的行政机器。①

不过,亚当斯并不认同保守商业人士和立法者的期望,即逆转美国的累进财政改革。事实上,他主张为了拯救所得税而必须废除超额利润税。亚当斯在1921年写道:"我找到了废除超额累进税最为深层的原因——坚持这项税收会威胁到所得税的生命,在我看来,没有任何联邦政府在未来五六年内能够具备充分的行政能力同时开征这两项税收(所得税和超额利润税)并取得成功,哪怕是极为微小的成功。"②

亚当斯的主要目标是保留所得税。他认为,"一个成功管理的所得税",是"金融民主的必要构成"。对他来说,新税收体制的崩溃将是"政治悲剧本质的一种必然"。作为一个历史主义者,亚当斯强调他反对超额利润税和其他替代性税收的主要原因是,美国当前尚有不足的行政管理能力;而他支持所得税是因为,通过战时的经历已经证明两点:第一,所得税是一种有弹性、有效率并且平等的收入来源;第二,美国目前已经具备足够的行政能力来征管这项税收。

同财政部的各位前任律师一样,亚当斯也坚信所得税必然应该被保留。他大胆地预测道:"从客观的历史角度来看,所得税必然成为联邦财政体系中的一项重要构成,甚至可能是最主要的构成,我们必须保留它。"对亚当斯而言,成功意味着在美国有能力管理好新生的所得税之前,不再鲁莽地尝试其他的财政新实验。亚当斯担心后代会"迷失在对替代性税收的尝试之中"。为了减少此类替代品的吸引力,至关重要的是确保所得税不被"抹黑和丢弃"。亚当斯总结说:"为了做到这一点,我们必须在尝试更为困难的税收应用之前,学好基础的游戏规则,也就是普通累进所得税的恰当应用。"③

---

① Robert Murray Haig (assisted by George E. Holmes), *The Taxation of Excess Profits in Great Britain* (Princeton, N. J. : American Economic Association, 1920). Robert M. Haig et al. , "The Excess Profits Tax", *American Economic Review*, 10 (Suppl. ; March 1920), 1—32. 尽管黑格与其他几乎所有的税收专家一样,批评超额累进税的行政管理负担,但他在原则上支持这种税收,认为它是"在不冒社会主义风险和各种弊端的前提下,抓住社会化工业部分各种有利条件"的一种手段。Haig, *The Taxation of Excess Profits in Great Britain*, 174—5.

② Thomas S. Adams, "Should the Excess Profits Tax be Repealed?" *Quarterly Journal of Economics*, 35:3 (May 1921), 363—93, 370. 同样,请参阅 *Hearings before the Committee on Finance U. S. Senate*, 67th Congress, 1st session on H. R. 8245 (Washington, D. C. : Government Printing Office, 1921).

③ Adams, "Should the Excess Profits Tax Be Repealed?" 370—1.

第七章 削减的悖论:战后的共和党支配以及现代财政国家的韧性

不过,学习"基础的游戏规则"并没有阻止亚当斯和其他税收专家支持对当前税收结构的改进,或建议某一类别的销售税。事实上,就像亚当斯相信废除超额利润税有助于捍卫所得税一样,他还主张采用一种改良版的商业销售税,并且认为它能够进一步降低行政管理的负担并补充当前的收入、利润和财富转移税。具体来说,亚当斯认为,可以通过对制造商和零售商的"调整后的总收入"(借用亚当斯的话,他指的是企业在生产和销售某类商品过程中所产生的增加值)征税,来补偿由废除超额利润税所带来的收入损失。"以销售税的形式,并且对生产者或经销商(作为购买者)在购买用于再销售商品或生产销售物品过程中的其他必需品时给予免税或退税,"亚当斯解释道,"就'商品、货物和货品'的生产者和销售者而言,税收会被更进一步地简化。"亚当斯提出的这种规范版本可以说是现代"贷项凭证"类增值税(VAT)的一种最早的概念性表达。① 实际上,亚当斯更加偏好税收行政管理的简易性。作为一名彻底的改革派,他赞成"将税收制度朝着更公正的方向发展",这一点与塞利格曼的主张一样。但是,在行政简化与分配公平之间,亚当斯似乎更倾向于前者。

亚当斯在1921年销售税辩论的高峰期写过一本书,希望以他的建议影响决策者的投票。实际上,他对超额利润税的批判确实对这项税收的最终废除产生了重要的影响。② 不过,亚当斯某些大胆而雄心勃勃的建议却在政治上无功而返,特别是他的"调整后的总收入"税。在为州和联邦政府服务超过二十年之后,亚当斯已经意识到一点:经济思想并不存在于真空之中,最终的财政政策还取决于更为广泛的、社会和政治的相关因素。"这项建议被采纳的机会很小。"亚当斯很早就预见了结果——他的修改版企业销售税(也可以称为原型—增值税)最终不会被采纳。③

---

① Thomas S. Adams,"Fundamental Problems of Federal Income Taxation",*Quarterly Journal of Economics*,35:4 (August 1921),527—56,553. 一些税收学者认为,亚当斯是第一批支持增值税的思想家。Kathryn James,"Exploring the Origins and Global Rise of VAT",in *The VAT Reader:What a Federal Consumption Tax Would Mean for America* (Falls Church,Va. :Tax Analysts,2011),15—16;Clara K. Sullivan,*The Tax on Value Added* (New York:Columbia University Press,1965),17. 更多关于当前"贷项发票"增值税的内容,请参阅 Alan Schenk and Olivier Oldham,*The Value Added Tax:A Comparative Approach* (New York:Cambridge University Press,2007),34—9。

② Ratner,*Taxation and Democracy in America*,403—10;Randolph E. Paul,*Taxation in the United States* (Boston:Little,Brown,1954),764—6。

③ Adams,"Fundamental Problems of Federal Income Taxation",554。

但对于亚当斯来说,这种简化版销售税的失败可以给人们很多启示。亚当斯曾经生动有力地解释了一个问题:为什么在美国,民主对公平的强烈诉求能够推翻行政管理对简易性原则的追求?他的解释在未来数十年不断引起政策制定者和政策分析师的共鸣(特别是在考虑其他各种形式的销售税时)。具体来说,亚当斯承认销售税的失败能够很好地说明"基于个人经验的原则无效性":

> 它说明了一点:必须保证社会与政治的力量被置于行政管理原则和个人偏好之上,因为前者控制了税收体系的具体演变,并且这些力量必须作为事实被人们所接受。历史的事实表明,现代国家更喜欢公平而复杂,绝不是简单却不平等。争取平等与正义的呼声越来越高,比确定性和便利性的呼声更加不容争辩。你可能觉得这既感性又愚蠢,但事实就是如此。①

当然,亚当斯绝不相信在财政关系中要求平等和民主正义是感性或愚蠢的。

事实上,对于亚当斯和其他财政改革者来说,所得税具备自身的内在发展动力和延续惯性。亚当斯写道:"所得税确实是复杂的,它的批评者并没有夸大其词,但它依旧得以传播和发展,随着时代的发展,它拥有越来越多的追随者。"援引托克维尔和所得税最近的发展,亚当斯确定它对美国这样的自由民主国家有着独特的吸引力。另外,亚当斯写道:"它在关税、消费税或销售税(它们的税负被认为是累退的)为主体税种的民主国家尤为不可抗拒。即使美国在明天用简单的销售税替代了复杂的所得税,但十年之内它还会卷土重来。就金融史来说,'简易性'绝不是最高的标准。"②实际上,亚当斯的言论准确预见了美国的所得税在未来数十年的发展历程。

亚当斯的这一观点(所得税将取代旧的间接和累退的税收体系)隐含了他对历史背景和发展顺序的历史敏感性。亚当斯似乎比其他任何累进税的改革者都更为清楚地认识到一点:促使美国开征所得税的各种社会力量和独特的、历史事件的发生顺序,都对美国的财政体制有着极其深远的影响。由于美国

---

① Adams,"Fundamental Problems of Federal Income Taxation",554.

② Adams,"Fundamental Problems of Federal Income Taxation",555.

第七章 削减的悖论:战后的共和党支配以及现代财政国家的韧性

人长期以来都在反抗他们心中累退且不公平的旧税收体制,因此他们认为所有的销售税都是落后且倒退的。即便是在1921年,所得税还处于它的起步阶段,但它已然被视为一种公平而有效的税种,并且被用于平衡之前"落后"的税收体系。[①] 基于收入、利润和财富转移的累进税收体系在美国变成了现代进步和开明创新的标志;与此同时,消费税——如关税和营业税——则被视为销售税,代表着陈旧且衰败的财政秩序,并且对应着政党政治、冷漠的公民身份、精英阶层的财富聚集以及代表传统守夜人身份的消极政府。

从许多方面来说,托马斯·亚当斯只是追随了他的各位思想导师的脚步。当亨利·卡特·亚当斯、埃德温·塞利格曼、理查德·伊利和其他的先进公共财政经济学家在19世纪80年代末和90年代开始推广所得税运动时,他们致力于标榜基于经济"能力"或"支付能力"的税收思想的优越性;同时,刻意抨击关税和营业税这样的消费税是有害的财政手段。换言之,这些具备改革思想的经济学家以纳税能力原则和对应的关键词"支付能力"挑战了当时盛行的、税收的"收益原则"(在19世纪后期,这一原则在大体上代表着消费税体制和自由放任的政府观点)。

在此过程中,这些进步的政治经济学家可能在不经意间将美国的财政史推上了一条极具讽刺意味的发展道路。通过诋毁消费税背后的"受益"原则,这些思想家实质上切断了政府支出与税收收入之间的联系。换言之,以支付能力为主的税收体系忽略了现代财政国家的支出层面,而这为美国的税务专家和他们的追随者造成了一种财政短视。由于仅仅专注于收入层面,因此能力原则的支持者忽略了非常重要的一点:可以通过整体的税收—转移支付流程来实现税负的公平分配。具体来说,他们没有认识到这种极具效率的累退性税收(消费税)能够产生巨大的税收收入,而且这些收入可以用于累进性的社会福利支出项目,从而抵消消费税潜在的累退性税负问题。换言之,新学派的美国政治经济学家很可能早已为美国关上了开征消费税(如增值税)的大门。

[①] 数年后,罗伯特·默里·黑格及其学生将各州的销售税描述为"毫无必要的税收倒退"。Robert Murray Haig and Carl Shoup, *The Sales Tax in the American States* (New York: Columbia University Press, 1934), 108.

与他的导师不同,托马斯·亚当斯似乎清楚地意识到了这个现实——美国已然被这种财政短视蒙蔽了双眼。可能因为他长期的政府服务,或者因为他在教职和财政国家建设者这两大身份中的不断互换,亚当斯同时积累了广阔的视野和务实的技能,从而能够重新考虑这种最为"落后"和有害的财政手段。无论如何,亚当斯的想法在许多方面被证明领先于他的时代,至少在美国确实如此。20世纪20年代,其他的西方工业国家很快就开始实验流转税和其他的各种早期版本的增值税;但美国至少在国家层面,坚定不移地拒绝以销售税为基础的税收体系。尽管有亚当斯的支持,但1921年的所有销售税提案依旧被国会委员会或立法大会所否决。最终,销售税既无法解决商业界的矛盾态度,也无法对抗有组织的工人和农民及其政治代表的坚决抵制。

收入的经济定义与僵化的财政短视

虽然亚当斯简化销售税设想的失败映射出美国的一条未选之路,但与此同时,其他的财政学家则继续追随新学派政治经济学家的脚步,不断巩固通向累进所得税体制的道路,而这将进一步加剧美国的财政短视。塞利格曼的主要学生之一罗伯特·默里·黑格,正在将他导师的思想注入财政关系的新时代之中。黑格于1914年在哥伦比亚大学获得经济学博士学位,随后,按照塞利格曼的要求,开始对加拿大的土地价值税进行实证研究。[①]另外,黑格的博士论文主题是伊利诺伊州的财产税,所以前往加拿大进行研究的目的,一是加深他对财产税的理解,二是更进一步了解加拿大的单一税改革实验。在此之后,黑格协助财政部完成了对战争利润税的比较分析与研究。另外,在塞利格曼的帮助下,黑格开始自己的教职生涯,他首先在哥伦比亚大学的新闻学院任

---

① "The Teacher, An Address by Robert Murray Haig", in *Edwin Robert Anderson Seligman, 1861—1939* (Stamford, Conn.: Overlook Press, 1942), 16—17. 当时人们将黑格描述为塞利格曼的"思想继承人"以及塞利格曼"爱若亲子"之人。H. S. Bloch to Robert M. Haig, July 23, 1939; Eustace Seligman to Haig, July 28, 1939, Carl S. Shoup Papers, Yokohama National University Library, Yokohama, Japan.

第七章 削减的悖论:战后的共和党支配以及现代财政国家的韧性

教,随后转至新成立不久的哥伦比亚大学商学院。①

1931年,塞利格曼退休,黑格接替他的导师,成为哥伦比亚大学麦维克政治经济学教授。同塞利格曼一样,黑格的一生都奉献给了哥伦比亚大学、公共财政研究和累进税的改革运动。在他的整个职业生涯中,黑格不仅帮助哥伦比亚大学维持了以公共财政研究为中心的学术传统,而且还坚定地支持对收入、利润和财富转移的累进税。②

1920年12月,黑格和塞利格曼在哥伦比亚大学聚集了一批美国主要的税务专家,开会并讨论了联邦所得税的未来前景和实践层面的各种问题。这项开创性的会议活动,标志着哥伦比亚大学成为美国公共财政研究的领导中心;会议还编辑并出版了一套论文集,从而进一步推动了对所得税体系的概念性承诺。对于会议的目标,塞利格曼解释道,"阐明现代所得税的基本原则,而这对制定者、管理者和纳税人而言都非常重要"③。与会的发言人包括托马斯·亚当斯、托马斯·瑞德·鲍威尔、乔治·福尔摩斯、亚瑟·巴兰廷以及其他数位财政部的前任官员。④ 事实上,每段发言都非常有助于加深对新税收体系实践框架的理解。

特别值得一提的是,这场会议中的一篇文章对收入含义的理论发展产生

---

① Robert M. Haig, *A History of the General Property Tax in Illinois* (Urbana: University of Illinois Studies in the Social Sciences, 1914); Robert M. Haig to E. R. A. Seligman, July 22, 1914, Edwin R. A. Seligman Papers, Butler Library Rare Book and Manuscript Collections, Columbia University, New York; Robert Murray Haig, *The Exemption of Improvements from Taxation in Canada and the United States: A Report Prepared for the Committee on Taxation of the City of New York* (New York: M. B. Brown Printing & Co., 1915).

② Edwin R. A. Seligman to A. E. Chandler, Aug. 22, 1915; Seligman to Robert M. Haig, April 13, 1911; Aug. 18, 1915; Oct. 29, 1917, Correspondence: Seligman, 1908—1922, Robert M. Haig Papers, Butler Library Rare Book and Manuscript Collections, Columbia University, New York, N. Y. [hereinafter RMHP]; "Robert Murray Haig", *Political Science Quarterly*, 68:3 (September 1953), 479—80; W. Elliot Brownlee, "Shoup Mission to Japan: Two Political Economies Intersect", in *The New Fiscal Sociology: Taxation in Comparative and Historical Perspective*, ed. Isaac William Martin et al. (New York: Cambridge University Press, 2009).

③ Edwin R. A. Seligman, "Introduction-The Problem in General", in *The Federal Income Tax*, ed. Robert Murray Haig (New York: Columbia University Press, 1921), x.

④ Thomas S. Adams, "When Is Income Realized?" Thomas Reed Powell, "Constitutional Aspects of Federal Income Taxation", 51, 90; George E. Holmes, "Loss as a Factor in the Determination of Income", 138; Arthur A. Ballantine, "Inventories", 160, in *Federal Income Tax*, ed. Haig.

了尤为深远的影响。在这篇文章中,罗伯特·默里·黑格对比了收入的经济定义与法律定义之间的差异,目的是帮助缩小"法定"收入含义(税收专家和立法者关注的定义)和"概念性"收入定义(经济学家关注的定义)之间的差距。同前辈的经济思想家一样,黑格从功利主义的前提出发,即"从根本上讲,收入是一系列无形的、心理体验的满足感"。黑格承认,测量这种"心理上的满足"是"无形而且难以捉摸的"。但是,经济学家的目标并不是放弃这种理想的收入观点,而是希望找到一个更为接近这一理想收入理念的、恰当的代理变量。从这个角度判断,黑格认为他找到了一个非常不错的、暂时性的起点。黑格写道:"经济学家的收入定义是这样的:收入是指个人经济力量在两个不同时点之间净增加值的货币价值。"①

通过这个简洁而全面的概念性定义,黑格不仅总结了前几代经济思想家(包括伊利和塞利格曼)的观点,还提供了一个能够指引未来税收改革者的规范性的基准线。黑格承认,他的简洁定义是建立在其他学者的工作基础上。如我们前文所述,在近四十年之前,弗朗西斯·沃克、塞利格曼和其他美国思想家就已经考虑以经济实力作为衡量标准来确定纳税能力。按照黑格本人的说法,他的概念性定义只不过是综合了这些早期的理论,从而为未来的税收改革者提供了一个非常有用的检验标准;在原有的经济力量的概念基础上,黑格还补充了一些重要的元素,即货币价值、净增长和规定的时间段。事实上,这些元素非常重要,绝不仅仅是一些细小的片段,因为它们为基于"心理满足"的模糊定义增加了急需的清晰度和精确度。简言之,黑格的目标是为应税收入的未来发展提供一个思想性的基准点。②

尽管黑格可能并没有预见到这篇文章的深远影响,但其他学者,包括黑格的学生卡尔·S. 寿普(Carl S. Shoup)和威廉·S. 维克里(William S. Vickrey),很快就意识到这个收入定义的重要价值。事实上,黑格最初计划进一步拓展他的简短文章,并与寿普合著一本综合性的专著,细致地讨论收入概念性

---

① Robert Murray Haig,"The Concept of Income-Economic and Legal Aspects",in *Federal Income Tax*,ed. Haig,2,7 (emphasis in the original).

② Francis A. Walker,"The Bases of Taxation",*Political Science Quarterly*,3:1 (March 1888),1—16;Edwin R. A. Seligman,*Progressive Taxation in Theory and Practice*,2nd ed. (Princeton:American Economic Association,1908);Haig,"Concept of Income",3.

第七章　削减的悖论：战后的共和党支配以及现代财政国家的韧性

起义的起源与影响。尽管寿普一直坚持不懈地努力，但这个项目并没有完成，主要是因为亨利·西蒙斯（Henry Simons，一位芝加哥大学的年轻经济学家）很快就继续了黑格的后续研究，并且撰写了相关的专著。最终，西蒙的专著和黑格的文章一起成为公共经济学及税法领域的早期经典教材。到20世纪30年代后期，当税务专家谈到收入的经济含义时，他们脑中浮现的都是黑格-西蒙定义。[①]

黑格的定义之所以具有吸引力，其原因之一是它关注了税收在实践性方面的限制，而这种限制可能限制理想的税基范围。与他同时期的欧洲经济学家（他们也在不断推进财政学的研究，特别是研究政府如何通过税收政策纠正市场失灵以及最优商品税的问题）一样，黑格关心的是如何在现实环境下应用他的综合性收入的定义。[②]黑格在文章中承认，任何基于"货币价值"的定义从内在都受限于通货膨胀，他称之为"经济价值标准的不完善"。如果收入的经济定义无法解释价格水平的上涨，那么必然会带来不公平。同样地，任何收入的理想特征在实践中都受到会计方法（用以确定净收入）和征税机构行政能力的限制。因此，法律或"应纳收入"必须比"经济收入"的概念要更为狭义。[③]

黑格明确指出了这些限制，旨在证明"收入的法定定义"应该是一个不断演进的、反映经济与社会环境的标准。黑格强调（这也说明了他的历史主义倾向），"应税收入的概念，是一个动态且可变的概念，在不同时间、不同国家和不同运作条件下会发生巨大的变化"。因此，立法者和政策分析者都应该以"流动并灵活的态度"处理所得税，从而"允许收入的法定定义随着经济环境的技

[①] Henry Simons to Robert M. Haig, October 22, 1936, Henry C. Simons Papers, Box 3, Folder 22, Special Collections Research Center, University of Chicago Regenstein Library, Chicago, Ill. 关于寿普撰写的这一项目的诸多草稿，请参阅，如 Box 29, Folder 4: "Carl's Outlines-Research Project", RM-HP; Henry Simons, *Personal Income Taxation: The Definition of Income as a Problem of Fiscal Policy* (Chicago: University of Chicago Press, 1938). 现今的税法、会计以及公共经济学的教材一般都将黑格-西蒙斯的收入定义作为传统的标准定义。请参阅，如 Joseph Bankman et al., *Federal Income Taxation* (New York: Walter Kluwer, 2012), 12—14; Harvey Rosen and Ted Gayer, *Public Finance* (McGraw-Hill, 2008), 382—3.

[②] Agnar Sandmo, *Economics Evolving: A History of Economic Thought* (Princeton: Princeton University Press, 2011), 261—3. 毫无疑问地，在亚瑟·C. 庇古（Arthur C. Pigou）以及弗兰克·拉姆齐（Frank Ramsey）的开创性研究的带领下，正式的公共经济学分支在这一时期首次在欧洲成型。文献出处同上。

[③] Haig, "Concept of Income", 19—20.

377

术改进而变得更加精准和正确"。①

通过承认应税收入的临时性本质,黑格似乎还接受以其他的方法衡量来征税的经济实力或纳税能力。他的历史分析和比较研究方法都表明,"经济收入"可能并不是无论何时何地都能衡量"两个不同时间之间经济实力净增值"的最优方式,而且美国可能也不是在实践上定义"应税收入"的先锋。不过,同他的导师一样,黑格对历史的进程抱有一种执着的线性观点。尽管塞利格曼接受的是德国历史学派的训练,但他始终以一种辉格式的视角看待美国的经济和政治发展。相似地,黑格似乎也欣然接受了这种狭隘的观点,即认为美国是其他民族国家的财政灯塔。②

尽管他承认美国的行政能力相对落后于其他的工业化国家(如英国"出色的公务员制度"),但黑格高度赞扬美国的财政国家对收入的法律定义。对于美国的法律定义,黑格自豪地宣称,"从它的一般范围的视角来看,毫无疑问是当前在理论上最为完美的所得税法"。黑格的民族主义热情与美国当时的历史条件以及美国在地缘政治上的巨大优势琴瑟和鸣。由于战后的其他国家都致力于重建自身的财政体制,因此黑格和其他思想家自然而然地坚信美国的法律制度可以成为其他各国的效仿榜样。③

事实上,黑格对美国法律对收入定义的钦佩之情远远超过了民族主义的骄傲。作为所得税的坚定支持者,黑格赞扬应税收入的法律定义也有自己的动机——为了排除其他的财政改革。具体来说,在销售税辩论最为激烈的时刻,黑格如此强调美国所得税法在理论层面的完美性是为了一个特别的目的:阻止美国的立法者和经济学家接受其他的任何税基。这位哥伦比亚大学的教授愿意接受对收入定义的修改,前提是这种变化不会导致任何其他的新税种。黑格写道:"毫无疑问,那些令法律更加务实并更加可行的、必要的、有关收入

---

① Haig,"Concept of Income",28。

② Edwin R. A. Seligman, *The Economic Interpretation of History* (New York: Columbia University Press, 1907). 更多关于塞利格曼的历史经济解读的自由资产阶级版本,请参阅 Richard Hofstadter, *The Progressive Historians: Turner, Beard, Parrington* (London: Jonathan Cape, 1969), Chapter 5。

③ Haig, "Concept of Income", 19. 关于第一次世界大战后美国地缘政治霸权的兴起,请参阅 Emily S. Rosenberg, *Spreading the American Dream: American Economic and Cultural Expansion, 1890—1945* (New York: Hill & Wang, 1982), Chs. 7 and 8。

第七章 削减的悖论:战后的共和党支配以及现代财政国家的韧性

抽象定义的修改,我们是必须接受的,但前提是公平的代价并不足以使其他可行的替代性税收变成更具吸引力的收入筹集手段。"尽管他没有明确解释什么是"可行的替代性税收",但无疑销售税必在其中。事实上,在随后的研究中,黑格与他的合著者——寿普——高度批判消费税,既包括法国在战后开征的销售税,也包括许多美国地方政府开征的销售税。换言之,黑格虽然强化了美国对所得税的概念性承诺,但也为美国的收入筹集关上了选择其他方式的大门。[①]

梅隆计划和财政国家的加强

这些在1921年被国会否决的各种"可行的替代性税收"提案其实属于一份折中的收入法案,而梅隆曾向海斯建议这份法案。借用丹尼尔·罗珀的精准描述,这份收入法案"仅仅是对原有法案的各种修补"。不过,许多商业领袖和富有的纳税人对于其中的某些"补丁"是非常满意的,其中包括取消超额利润税、将最高附加税率从65％降低至50％、从收入中剔除股票股息、将麦康伯案的裁决编入法典以及降低长期资本收益的税率。[②] 另外,对于民主党的领袖(如罗珀和科德尔·赫尔)而言,新税法也有一些令人满意的地方,如否决了销售税、提高了个人所得税的免税额并且提高了企业所得税的税率。新法案并没有带来所有改革者所期待的"简化结构",不过它确实满足了由赫尔提出的、新直接税体制的"根本原则"。另外,它也没有如赫尔所担心的那样,"取消了所有的累进税"。在此过程中,新税法再一次证明了累进税改革的动力可以追溯到19世纪后期的经济思想家以及由他们带来的概念性革命,当然还有追随其脚步的、财政国家建设者的不懈努力。[③]

[①] Haig, "Concept of Income", 19; Robert Murray Haig (with the assistance of Carl S. Shoup, Alexander Werth and Nathalie Molodovsky), *The Public Finances of Post-war France* (New York, Columbia University Press, 1929); Haig and Shoup, *Sales Tax in the American States*.

[②] Revenue Act of 1921, 42 Stat. 227 (1921). 关于这一时期资本利得税的起源,参见 Marjorie Kornhauser, "The Origins of Capital Gains Taxation: What's Law Got to Do with It?" *Southwestern Law Journal*, 39:4 (1985), 869−928。

[③] Daniel C. Roper, "Administrative Problems in United States Internal Taxation", *South Atlantic Quarterly*, 21 (April 1922), 97−108; Blakey and Blakey, *Federal Income Tax*, 217−22.

但是,1921年的收入法案仅仅代表着美国财政国家巩固(尽管充满争议)的开端,虽然在第二年,贸易保护主义者通过了《佛德尼-马克昆柏关税法》,从而强化了之前的紧急关税措施,并将关税税率提高至空前的水平。[①] 由此可以看出,对于共和党的立法者而言,他们的首要目标是保护东北工业和中西部农民在战后免遭商品价格下跌的影响;而且,旧的政治习惯并不会轻易消亡。但是,新的趋势已经形成,所以尽管这项关税(充满保护主义性质)在一定程度上标志着向旧体制的回归,但最后被证明只不过是徒劳而返。接下来,国会在激烈的辩论之后通过了三项折中的收入措施,而这些新举措和税法(得到了梅隆"科学税收改革"计划的支持)依旧体现出20世纪20年代税制改革的本质——充满了令人困惑的矛盾。[②]

梅隆计划也反映了这种矛盾的本质:一方面,梅隆计划削弱了累进的税率结构,但同时它又强化了美国对新财政政体的投入。到战后十年的尾声,尽管最高的边际税率已经大幅降低,但新财政国家的核心要素依旧得以持续。具体来说,富裕的美国人仍承担更高份额的联邦总税负:最富裕美国人的最高有效税率一直相对稳定,并且远远高于19世纪后期,甚至也高于战前的税率水平。尽管保守党猛烈抨击财富转移税,但联邦遗产税还是得以保留,继续代表着美国"对富人课以重税"的重要象征,另外两个被保留的象征是相对较高水平的公司税税率和税收收入。总而言之,伴随现代财政公民身份的公民义务并没有随着累进税率结构的削弱而消失。

另一方面,尽管这个时期被称为公共部门的紧缩时期,但新财政体制的行政结构在此时成长得更为强大。具体来说,梅隆不仅加强了税法的"科学"或公正的专业管理(通过阻止共和党对财政部的政治任命),他还帮助国会通过了几项关键的财政部制度改革,包括成立税务上诉委员会(联邦税务法院的先驱)和国会税收联合委员会。因此,战后的改造可以说是一种矛盾的组合:既包含了税收体系的倒退,又包含了税收体系的制度建设。

---

① Fordney-McCumber Tariff Act of 1922, 42 U.S. Stat. 858 (1922).
② Revenue Act of 1924, 43 Stat. 253 (1924); Revenue Act of 1926, 44 Stat. 9 (1926); Revenue Act of 1928, 45 Stat. 791 (1928).

第七章 削减的悖论:战后的共和党支配以及现代财政国家的韧性

梅隆的开明资本主义以及对累进税率的攻击

在许多方面,梅隆本人也展现了这种矛盾的气质。一方面,梅隆被美国的精英誉为新时代的"摩西,带领负担沉重的商人走出高税收的沙漠",并且拯救了日益厌烦战时税收的纳税人;[1]另一方面,梅隆对美国财政部和这批纳税人都尽到了责任。尽管他确实遭到民粹主义者(如威廉·詹宁斯·布赖恩)的抨击和诋毁,称其为"政党独裁者",但梅隆绝不是共和党的保守派。

同罗珀和巴兰廷一样,梅隆(从金融家转型为政治家)深刻地理解第一次世界大战的重要意义;也就是说,它标志着美国法律和社会的巨大变迁。因此,梅隆知道自己面对的是战后的动荡转化期,而作为财政部长,他的政治功能是在这种动荡中提供稳定。事实上,在近十年的任期中,他确实成为这个高度不确定时代的"镇流器"。甚至连当代人都经常打趣说:"三位总统在他的麾下就职。"更为难得的是,梅隆绝非一位教条主义式的税收削减者,而是致力于让这个国家重返神话般的黄金时代。实际上,他是一位财政保守主义者,一位相信平衡预算的银行家。作为一位开明的资本家,他意识到一个中度积极的联邦政府(仅仅提供稳定且可预测的政治和社会环境),可以为商业利益做出比任何自由放任政府要高出许多的贡献。这也是他向共和党内过分热情的税收削减者(如威尔·海斯)所含蓄表达的内容。[2]

梅隆在1921年的年报中也向国会传达了类似的信息,而且他还说明了梅隆计划中至关重要的几大要素。不仅如此,梅隆还敦促立法者限制他们"令人震惊的支出率",并建议对税法进行几项修改,其中包括以更高税率的公司所得税替代超额利润税、保留各种各样的战时销售和消费税,以及对金融交易和汽车执照开征新的税收。不过,梅隆提案中最具争议的内容也是它的核心内容,即大幅削减个人所得税的最高边际税率。为响应威尔逊政府时期在任财

---

[1] Paul, *Federal Taxation*, 133.
[2] William Jennings Bryan, "Bryan Calls Mellon 'A Party Dictator'", *New York Times*, May 11, 1924, 3; David Cannadine, *Mellon: An American Life* (New York: Knopf, 2006); Mellon to Hays, November 17, 1921, NARA Ⅱ.

政部官员自战争结束以来的呼吁,梅隆认为高额累进的附加税已经在效果上适得其反,它"给纳税人施加了持续性的压力,促使他们降低自身的应税收入,从而干涉商业交易和资本进入生产性企业的自由流动"。高税率诱使富裕的公民将资金投资于免税的证券(即国家和地方的债券)以逃避税收,而不是用于更具有"生产性"的私人投资。①

尽管国会谴责了 1921 年财政部的多项建议,但梅隆依旧不屈不挠。不久之后,美国的经济和政治环境都发生了巨大的变化,从而为梅隆的减税提案创造了理想的背景条件。具体来说,美国经济从 1922 年开始从战后的衰退中迅速反弹;与此同时,迟到的和平转型开始助力公共开支的降低。联邦政府在这两大因素的作用下产生了大量的年度盈余,从而为财政部带来了削减税率的新机会。另外,经过 1923 年从政治丑闻缠身的哈丁政府到平稳的卡尔文·柯立芝(Calvin Coolidge)政府的政治过渡,梅隆个人对新总统信心十足。不仅如此,共和党次年在国会的胜利也让共和党的减税支持者重振信心。②

为了确保民众对财政部议程的支持,梅隆及其工作人员直接向美国人民传达了他们的想法。1924 年 4 月,梅隆出版了一本商业书籍,题为《税收:人民的事情》(*Taxation: The People's Business*)。梅隆的几位核心助手都参与了这本书的写作,其中包括一位威尔逊政府的留任官员帕克·吉尔伯特(Parker Gilbert,他还是克拉瓦斯律所的前任律师)。这本书综合了数篇梅隆的早期文章以及数篇热门的媒体采访,目的是证明减税以及削减政府支出为何以及如何能够使整个国家都受益。很快,这本书就成为畅销书。③

这本书重申了梅隆之前的观点——高额累进的个人所得税的本质是非生产性的。为了让更多的读者明白这一点,该书详细地解释了当前的高税率如何促使富裕的纳税人将资源集中到生产效率很低的免税证券之上,目的是逃避他们应付的税收负担。梅隆写道:"税收的历史表明一点:本质上过高的税

---

① U. S. Treasury Department, *Annual Report of the Secretary of the Treasury on the State of the Finances for the Fiscal Year Ended June 30, 1920* (Washington, D. C.: Government Printing Office, 1921), 352—3.

② Leuchtenburg, *The Perils of Prosperity*; Cannadine, *Mellon*, 313—15.

③ Ratner, *Taxation and Democracy in America*; Andrew W. Mellon, *Taxation: The People's Business* (New York: Macmillan Co., 1924); Murray, "Bureaucracy and Bi-Partisanship in Taxation".

第七章 削减的悖论:战后的共和党支配以及现代财政国家的韧性

收是不会被真正缴纳的。"

高税率不可避免地给纳税人施加压力,令他们把资金从生产性的商业活动中撤出,并且转而投资于免税的证券(或者其他合法的途径),旨在避免实现任何的应税收入。这个结果不仅导致税收资源的枯竭,也扭曲了资本的投资,所以既不能给政府提供收入,也不能为人民带来利润。[1]

梅隆坚持认为,这个问题的解决方案是在降低税率的同时减少政府的公共支出,这意味着同时削减全部个人所得税的税率和社会福利性支出(如第一次世界大战的士兵奖金)。毫无意外地,这本书在精英纳税人和商业组织中吸引了大量的读者,从而很快就引发了一系列前所未有的支持梅隆计划的全国宣传运动。[2]

不过,梅隆计划的宣传运动花了一段时间才最终成功地塑造了公共舆论,并影响到政治领袖的立场。所以,1924年的收入法案同前一个法案一样,依旧没能推动梅隆计划的议程。具体来说,关键的累进税立法者,在拉福莱特、赫尔和约翰·南斯·加纳(John Nance Garner,得克萨斯州的民主党人)的领导下,成功抵制了大幅税收削减的提案。不仅如此,他们还提高了财富转移税,并且在柯立芝总统的最初否决下成功通过了授予退伍军人的奖金。[3] 然而,1924年税法的成功非常短暂。在柯立芝总统勉强签署新税法之后的仅仅数月,共和党就在日益繁荣的经济中成功获得了国会的选举胜利。无论如何,咆哮的20年代依旧走在自己的康庄大道上,而梅隆的贡献极为巨大,他甚至被一些人誉为"自亚历山大·汉密尔顿以来,最伟大的财政部长"[4]。

具体来说,随着经济的稳定增长,支持梅隆计划的草根运动在1925年开始不断增强。在整个南部和中西部,支持该计划的税收俱乐部开始大力游说国会以通过梅隆计划的核心提案——降低个人所得税的税率。美国税收联盟的阿诺德帮助组织了多个类似的税收俱乐部,它们的主要构成是农民、商人和

---

[1] Mellon, *Taxation*, 13.
[2] Murnane, "Selling Scientific Taxation", 834—6.
[3] Revenue Act of 1924, 43 Stat. 253 (1924); Alstott and Novick, "War, Taxes, and Income Redistribution in the Twenties".
[4] Leuchtenburg, *The Perils of Prosperity*, 98.

农村抵押贷款的银行家,而他们的核心对手是国会中反对梅隆计划(包括其中的税收削减)的群体。① 威廉·R. 格林(William R. Green,威斯康星州的共和党人),众议院筹款委员会的主席,也是梅隆计划的积极反对者,将这些税收俱乐部描述为"在整个美国历史上……最为特别、资金雄厚并且以私立为动机的宣传运动"。在这种沸腾的民意之下,国会颁布了两项税收法案(一项在1926年,另一项在1928年),并在其中采纳了数项梅隆计划的关键建议,其中包括全面减税、将最高个人附加税率降低至20%、提高个人所得税的免征额并且削减财富转移税。终于,梅隆的不懈努力为他带来了巨大的荣耀。他自豪地宣称:"这个国家的所得税不再是国民税,终于是一项阶层税。"②

当然,美国的所得税从诞生伊始就一直是一种阶层税。梅隆计划本质上就是将新的直接税体系集中于真正的富裕者。随着免征额的提高和杂项消费税的废除,承担联邦政府支出的主体基本上是美国最为富有的家庭。尽管财政部发起的一些改革确实缩小了新税收体系的宽度和广度,特别是累进的税率结构,但其他的改革依旧巩固了美国的新财政秩序并且加深了美国对维持公平税负分配的承诺。例如,最富有的美国人几乎缴纳了全部的联邦个人所得税,这一点从来没有发生过任何变化;即使个人的最高边际税率在战后十年大幅降低,但日益繁荣的经济意味着最富有的家庭依旧面对着相对稳定的并且高于战前水平的有效税率,所以,绝大多数的所得税收入依旧来自最富有的美国民众。③

相似地,公司税率也反映出梅隆对税负公平分配的关注。梅隆一直坚信一点:富人的公民责任要求他们为国家的财政贡献自己应付的税负份额。在他的第一份年度报告中,梅隆将超额利润税和高额的个人所得税税率标记为

---

① Martin, *Rich People's Movement*, Chapter 2; Murnane, "Selling Scientific Taxation", 845—7.

② Ratner, *Taxation and Democracy in America*, 432; Revenue Act of 1926, 44 Stat. 9 (1926); Revenue Act of 1928, 45 Stat. 791 (1928); Cannadine, *Mellon*, 338; U. S. Treasury Department, *Annual Report of the Secretary of the Treasury on the State of the Finances for the year 1926* (Washington, D. C.: Government Printing Office, 1926), 12.

③ 1920年边际税率的范围从最低11%到最高73%,而到1929年,这一范围下降至5%~25%。不过,整个20世纪20年代的有效税率一直保持在9%的水平之上,远高于战前的3%。Brownlee, "Historical Perspective on U. S. Tax Policy", Table 2.3; Thomas Picketty and Emmanuel Saez, "Income Inequality in the United States, 1913—1998", *Quarterly Journal of Economics*, 118: 1 (2003), 1—39.

第七章 削减的悖论:战后的共和党支配以及现代财政国家的韧性

"对生产性业务的阻碍",但他也同时强调另外一点:"替代这些税收的,应该是对收入和利润都更为公平的税收。"鉴于当时盛行的假设——公司税主要由股东承担,梅隆特别提议采用更高的公司所得税税率来替代超额利润税,旨在维持新财政秩序的均衡税负分配。因此,在整个战后十年,一般公司所得税的税率和税收收入都保持在相对较高的水平上。虽然1928年的收入法案首次削减了一般公司所得税的税率,但它的削减幅度几乎可以忽略不计,而且削减后的税率依旧接近战时的最高水平12%。[1]

税收政策的分配效应也不断隐隐表达出美国对财政公民身份的关注。具体来说,1922年的《佛德尼-马克昆柏关税法》重新确立了较高的进口关税,而政策制定者深知有必要通过所得税来平衡整体的税负;也就是说,以主要针对最富裕美国公民的所得税来平衡由绝大多数普通美国民众承担的累退性消费税。无论如何,所得税的原始动力是,借用埃德温·塞利格曼和参议员威廉·波拉的名言,恢复财政负担的"均衡"。[2]

同之前的历任政府官员一样,梅隆非常清楚财政部的义务;也就是说,在新的财政公民身份的理念之下,财政部有义务确保税收负担得到公平的分配。就免征额的设定来说,这意味着免征额不能过高,从而保证中等富裕的人群也缴纳所得税。实际上,1925年,两党都日益支持提高所得税免征额,但梅隆迅速遏止了这种危险的想法。这是因为,更高的免征额不仅会降低政府的税收收入,更重要的是,它会让富裕的美国人免于承担自身的公民义务和政治职责。梅隆写道:"就政策而言,让每个公民都与自己的国家利害相关,这是非常明智的。没有什么比让民众向政府缴纳直接税——无论金额多小——更能够令他深深理解一点:保证政府的明智花费(而不是无谓的浪费)与他的利益是

---

[1] U. S. Treasury Department, *Annual Report of the Secretary of the Treasury on the State of the Finances for the Fiscal Year Ended 1921* (Washington, D. C. :Government Printing Office,1921), 352—3;Revenue Act of 1928,45 Stat. 791 (1928).

[2] Edwin R. A. Seligman, *The Income Tax: A Study of the History, Theory, and Practice of Income Taxation at Home and Abroad* (New York: Macmillan Co. ,1914),640; *Congressional Record*,63rd Cong. ,1st sess. (1913) 50,part 4:3838—40.

息息相关的。"①如果普通的美国人承担了进口税和杂项消费税的税负,那么财政部就有责任确保基于阶级的所得税能够覆盖那些有最高支付能力的人群。

事实上,梅隆也认为,税收体系需要保证基于能力或支付能力的累进原则,但他的支持是间接的,并且往往附加诸多的重要警告。在《税收:人民的事情》的扉页,梅隆强调:"明智的税收政策……必须减轻那些最没有承担能力者的税负。"这种对"支付能力"逻辑的巧妙的反向陈述,使梅隆得以在支持税收削减的同时,倡议更高的公司所得税税率。引用类似亚当·史密这样的权威,梅隆进一步阐述了自己的观点:需要以经济背景的视角去评判基于支付能力的税收政策。他认为:"人们应该根据自己的'支付能力'纳税,这当然是合理的,但是,与所有其他的一般性陈述一样,它也有自身的实践局限性和相关的限制条件。""当税收来源明显日益枯竭而财富被转移到非生产性渠道之上,从而既不能给政府带来收入也不能给人民带来利润时,那么就是时候根据合理的原则重新调整我们的税收基础了。"当然,梅隆这里所说的"重新调整"指的是降低税率。②

作为最富裕的美国人之一,梅隆的提案也能够让自己获利,这一点当然没有逃过批评者的注意。在战后的十年中,国会的批评者认为,梅隆计划不过是一项自私自利的尝试:将税收负担重新转移到普通的美国人身上,并且让他的各位同伴——各位百万富翁——大为受益。但是,梅隆计划的细节内容推翻了这种批评。

梅隆计划的主要目标是,在最大化财政收入的同时,保持税负分配的相对公平。无论如何,税收削减的目的是鼓励富人产生更多的应税收入,而非更少。这种财政实用主义也是梅隆建议的核心——对劳动收入比对资本收入课以更低的税率,而且这一点也被纳入1924年的收入法案中。正如我们前文所述的,进步的政治经济学家,其中最著名的是亨利·亚当斯,至少从19世纪

---

① U. S. Treasury Department, *Annual Report of the Secretary of the Treasury on the State of the Finances for the Fiscal Year Ended 1926* (Washington, D. C. : Government Printing Office, 1926), 6; Philip H. Love, *Andrew W. Mellon: The Man and His Work* (Baltimore: F. Heath Coggins and Co., 1929), 148-9.

② Mellon, *Taxation*, 9, 14-16.

第七章　削减的悖论：战后的共和党支配以及现代财政国家的韧性

90年代就开始提出类似的建议。梅隆认同他们观点，即平等的税负分配要求赋予"劳动"收入以税收的优惠。"对工资、薪金和职业服务收入的税收应该低于对商业或投资所得的税收，这是毋庸置疑的。"梅隆在《税收：人民的事情》中写道。劳动收入"不确定而且持续的时间有限；疾病或死亡都能将其摧毁，而且日渐衰老也会让它不断减少"。相比之下，对于资本家来说，"收入来源是持续不断的，而且能被安排到他继承人的手中"。因为税法已经对资本收益规定了较低的税率，所以只有让劳动收入获得更大的税收优惠才是公平的。[①]

梅隆支持对"劳动"收入征收较低的税率并不是因为他对劳动阶层抱有任何的同情；他当然完全不关心那些劳工组织。相反，作为一名致力于平衡预算的财政保守主义者，梅隆支持给予劳动收入特别的税收优惠，其理由与他支持减税是相同的：目的都是增加政府的税收收入。具体来说，这种劳动所得的税收优惠的实际受益人是高收入的职业劳动力，如医生、律师、批发商和商业经理人，因为能够使他们的薪金处于更低的累进税率档次。事实上，薪金在整个战后十年中占个人所得税总收入的比重非常高（见表7.2）。正如降低最高边际税率能够鼓励富裕的公民投资应纳税的证券，对"劳动"收入的税收优惠也是为了增强薪金收入职业人士的工作动机。总的来说，这种税收调整的目的是鼓励经济增长并为财政国家提供额外的收入，以降低战争负债，并同时保证年度预算的平衡。从这个角度来看，梅隆计划可以说是美国首批"供给学派经济学"的一大尝试，而这个名称来自数十年之后的政策分析师。[②]

[①] Mellon, *Taxation*, 9, 56—7.

[②] Veronique de Rugy, "Tax Rates and Tax Revenue, The Mellon Income Tax Cuts of the 1920s", *Cato Institute*, *Tax & Budget Bulletin*, 13 (February 2003); Gene Smiley and Richard H. Keehn, "Federal Personal Income Tax Policy in the 1920s", *Journal of Economic History*, 55 (June 1995), 285—303; Bruce R. Bartlett, *Reaganomics: Supply Side Economics in Action* (New York: Quil, 1982); William Greider, *Secrets of the Temple: How the Federal Reserve Runs the Country* (New York: Simon & Schuster, 1989), 353.

表 7.2　1916—1930 年个人收入来源

	1916 年 金额(千美元)	1916 年 占个人所得百分比(%)	1920 年 金额(千美元)	1920 年 占个人所得百分比(%)	1925 年 金额(千美元)	1925 年 占个人所得百分比(%)	1930 年 金额(千美元)	1930 年 占个人所得百分比(%)
薪金	1 851 276	22	15 270 373	57	9 742 159	39	9 921 952	44
商业所得[a]	2 637 474	32	5 927 327	22	3 688 804	15	2 628 056	12
股息	2 136 468	26	2 735 845	10	3 464 624	14	4 197 303	19
利息	667 566	8	1 709 299	6	1 814 402	7	1 940 437	9
租金收入	601 919	7	1 047 423	4	1 471 332	6	974 325	4
其他个人所得[b]	455 196	5	—	—	5 090 711	20	2 750 369	12
总个人所得	8 349 901	100	26 690 269	100	25 272 034	100	22 412 445	100

注：a. 商业所得包括商业、贸易以及商务收益及利润。
b. 其他个人所得包括合伙所得以及杂项来源所得，如版税。

资料来源：U. S. Treasury Department, U. S. Internal Revenue, *Statistics of Income Compiled from the Returns for 1916, 1918, 1920, 1925, 1930* (Washington, D. C. : Government Printing Office, 1918, 1921, 1922, 1927, 1932)。

第七章　削减的悖论：战后的共和党支配以及现代财政国家的韧性

累进的决心与公正行政专长的加强

如果说梅隆计划的主要特征也展现出美国财政国家持久存在的矛盾本质，那么20世纪20年代的其他税收政策则展示了少数立法者坚定的累进决心。例如，关于财富转移税的立法争斗说明一点：即便是在所谓的倒退时期，美国强大的财政体制也一直延续着高度的"对富人课以重税"的特征。尽管联邦遗产税所产生的税收收入还不到国家总收入的4%，但它依旧是整个战后十年税法的核心部分。事实上，1924年的收入法案（作为国会最初对梅隆计划的部分否决）甚至将最高遗产税的税率从25%大幅提高至40%。另外，这一法案还引入了第一项联邦赠与税，以防止富裕的公民通过赠予逃避遗产税。但是，这些累进税的成功也是短暂的（与国会对梅隆建议的诸多否决一样）。两年后，赠与税被废除，遗产税的税率被大幅削减并且免征额也被提高。到20年代末，只有极少数最为富裕的美国家庭缴纳了这些遗产税。[①]

不过，国会对联邦遗产税的坚持很好地展现了现代财政秩序的稳定性。可以说，几乎完全不存在任何保留遗产税的理由：它的税收收入非常低，而且立法者正在致力于减少战时的债务；它受到有影响力的公民和政府官员的一致厌恶，特别是梅隆，他在任职期间一直试图废除遗产税；不仅如此，联邦遗产税与州级遗产税相互竞争，引发了美国财政联邦主义结构内的政治压力（阿诺德和美国税收同盟试图利用这种压力来推动梅隆计划）。但是，即使存在这些巨大的压力，在格林和加纳的领导下，一群坚定的累进立法者依旧成功地保留了国家遗产税，而代价是对降低个人税率（这也是梅隆坚持不懈的立场）做出让步。[②]

保留遗产税可能是累进政治力量的一次胜利，并且也在一定程度上反映

[①] Revenue Act of 1924, 43 Stat. 253 (1924); Revenue Act of 1926, 44 Stat. 9 (1926); Revenue Act of 1928, 45 Stat. 791 (1928). 1924年的收入法案规定，对超过50 000美元的遗产按起步为1%的累进税率征收遗产税，并且对超过1 000万美元的遗产按最高40%的税率征收遗产税。Blakey and Blakey, *Federal Income Tax*, 249–50.

[②] Blakey and Blakey, *Federal Income Tax*, Chapter 10. 财政联邦制的压力导致联邦同意公民以缴纳的州遗产税抵免联邦的税收，这实际上增强了州政府提高自身遗产税的动机。Martin, *Rich People's Movement*, Chapter 2.

389

了美国新财政国家的稳定性。不过,相比较来说,财政部坚定地捍卫税收管理的中立性和专业性,这可以更好地体现美国新财政国家的持久性。事实上,这种中立性和专业性就是梅隆所指的"科学"的税制改革。梅隆坚称:"税收的修订永远不能成为党派或阶级政治的皮球,而是应该由专业人士进行管理,这些人应该从多方面谨慎研究税收这一主题,并且要推荐符合这个国家最大利益的税收建议。"这绝不仅仅是财政部长的陈词滥调,事实上,梅隆做到了言行一致。从一开始,梅隆就致力于维持一个公正并且由专业人士管理的财政当局。举例来说,他对保护主义周围的各种政党政治几乎没有任何信心。尽管他也尽力确保自己的公司不被排除在关税的保护之外,但梅隆非常厌恶制定关税清单时的政党政治,因为它常常排挤财政部官员的专业知识,从而阻碍了根本性的税收改革。[①]

鉴于他的银行和业界背景,毫不奇怪梅隆会认为专业能力是超越党派政治的。诚然,同麦卡度以及战时财政部的律师一样,梅隆也曾动用他的影响力来帮助朋友和家人在联邦政府内获取职位。但是,梅隆也同战时的财政国家建设者(财政部的律师)一样,坚决划清财政部与公开政治化之间的界限,而且非常警觉地维护这一界限。当哈丁总统在1921年试图将他的朋友詹姆斯·F.麦康诺基(James F. McConnochie)任命为国税局的纽约区负责人——一个负责监管数百名外勤人员的关键职位——时,梅隆果断阻止了这次任命,理由是,麦康诺基是一个完全没有能力的政治仆从。最终,梅隆从国税局内部提拔了一名极富经验的人担任该职位。[②]

梅隆还捍卫了合格公务员的留任权,并且完全不需要考虑他们的党派属性。1922年春天,媒体报道说,哈丁总统最近在梅隆不知情的情况下委任了一位财政部官员(也是哈丁的老朋友)——埃尔默·多弗(Elmer Dover),而他正在策划"重组"国税局。数周之前,多弗就对制版局进行了类似的"重组",可以说是一次完全的政治清洗——大量的公务员被解雇,取而代之的是忠诚的

[①] Mellon, *Taxation*, 11.
[②] Cannadine, *Mellon*, 283—5.

第七章 削减的悖论:战后的共和党支配以及现代财政国家的韧性

共和党人士。多弗自豪地宣称,他和总统正致力于"对政府进行哈丁化的改造"①。

梅隆迅速介入以防止财政部的进一步政治化。他在官方新闻稿中写道:"财政部的事务和运作非常重要,不允许任何一点政治的介入和干预。这个部门专门负责筹集收入和处理公共债务,必须按照商业的原则运行,并且要时刻避免各种有害的影响。"尽管他承认共和党有权通过赢得选举从而根据共和党制定的政策来引导财政部,但他解释说:"在财政部担任职位的民主党人得以留任的原因是,他们具备胜任自身岗位的能力,我完全没有任何证据说明他们参加了任何党派活动。"不过,当财政部部长以辞职相威胁时,梅隆和多弗的战争就立刻结束了:哈丁于1922年7月宣布,多弗将不再在财政部任职。②

除此之外,制度创新的作用也不容小觑。具体来说,20世纪20年代还创建了一些相关的机构,它们也进一步加强了专业官僚的公正权威。作为1924年收入法案的一部分,国会创建了税务上诉委员会(Board of Tax Appeals,BTA)——一个负责裁决纳税人之间以及纳税人与财政部之间争议的独立的半司法机构。BTA起源于多个在战争期间成立的特别委员会,其中包括超额利润税咨询委员会,正是这个委员会把托马斯·亚当斯和亚瑟·巴兰廷聘请到了华盛顿。不仅如此,丹尼尔·罗珀在讨论战后财政国家的发展时,还曾向拉塞尔·莱芬韦尔建议设立类似的法庭。不过,与早期的特设行政机构不同,BTA设立于财政部内部并由财政部负责管理,而且它的专家成员由总统在参议院的建议和同意之下进行任命。当时,国家的审判法庭堆积了大量的税收争议并且还在日益增加,所以这个机构为解决这些争议创造了一个中立的平台。③

另外一个类似的制度创新是国税局联合委员会的创立。联合委员会的目

---

① "Mellon Allays Fears of Revenue Employees: Tells Them Drastic Changes Are Not Planned-Clash with Dover Indicated", *New York Times*, April 5, 1922, 8.

② "Mellon Refuses to Oust Democrats: Replies to Republican Petition that He Will Keep Efficient Treasury Officeholders", *New York Times*, June 16, 1922, 1; Cannadine, *Mellon*, 284—5.

③ Blakey and Blakey, 543—5; Daniel C. Roper to Russell C. Leffingwell, October 17, 1919; Leffingwell to Roper, October 20, 1919; Roper to Leffingwell, Oct. 17, 1919, Record Group 56, Excess Profits Folder, NARA Ⅱ. Harold Dubroff, *The United States Tax Court: An Historical Analysis* (Chicago: Commerce Clearing House, 1979).

的是汇集众议院筹款委员会和参议院财政委员会的重要立法委员,另外它在最初还负责简化税法法典并且提高税收的行政管理效率。在财政专家的引领下,联合委员会在不久之后就开始负责研究改革税法的相关途径、起草税法法案以及充当财政部与国会两院之间的一般联络人。随着税法的日益复杂,联合委员会的责任和权威也不断强大。到战后十年的尾声,议员都称赞"委员会聘请了极为优秀的专业人员",其中包括"许多著名的政治经济学家",并且感谢他们在起草立法和合理化行政规定方面做出的重要贡献。一位立法者指出:"委员会一直在做的工作,其规模之大、范围之宽,完全超出了我们之中很多人,甚至可以说是所有人,在它成立之初的预见。"[①]

20世纪20年代,自由民主党和进步共和党的国会联盟对梅隆计划的诸多层面有所质疑,而这些问题确实对战后十年的税法起到了关键影响。不过,他们的作为更多的是一种防守。考虑到联盟中不多的人数,这些累进税的改革者和政治家很快就发现自己疲于应对保守派的猛烈攻击,并没有足够的能力推进自己的财政议程。正如经济学家以及政治评论员亨利·R.穆西(Henry R. Mussey)在当时所指出的:这个脆弱的改革领袖联盟"在使用国家税收时并没有任何明确的目的,也没有达成任何明确的社会目标"。穆西还预测说,这些活动家和立法者"可能确实令保守派感到了一些尴尬,不过他们的胜利最终将是空洞的"[②]。

穆西的预测只说对了一部分。国会中的新自由主义者(同学术界和司法领域的新自由主义者一样)所做的不仅仅是令保守派感到尴尬,他们的胜利也不是空洞的。总体而言,20年代的累进税改革者虽然在正式并有计划的削减中牺牲了累进的税率结构,但目的是保全新财政体制的系统性基础。事实上,前财政部律师、联邦法官、文章作者甚至是法律教授都参与推动了司法体系对新财政体制的逐步接受。正如巴兰廷所观察到的那样,新财政秩序"必然会被

[①] Blakey and Blakey, *Federal Income Tax*, 546 – 7; *Congressional Record*, 70th Cong., 2nd sess. (1929), 70, part 2: 1198. 更多关于联合委员会历史起源的内容,请参阅 George K. Yin, "James Couzens, Andrew Mellon, the 'Greatest Suit in the History of the World', and Creation of the Joint Committee on Taxation and Its Staff", *Tax Law Review* 66 (forthcoming).

[②] Henry Raymond Mussey, "The Fiscal Ponus Asinorum", *The Nation* (October 26, 1921), 469; Rader, "Federal Taxation in the 1920s", 432 – 3.

第七章 削减的悖论:战后的共和党支配以及现代财政国家的韧性

保留"。

同样地,普通美国人和他们的国会代表也声援了新的税收体系。尽管他们的声音不够统一,所以并不足以在战后保留超额利润税,但他们对销售税的反对(无论最终结果的好坏,如财政短视问题)有助于美国不再采纳其他的联邦税收来源。与此同时,学术界的公共财政理论家也履行了自身的责任,强化了对直接和累进税体系的概念性投入(即使在这个过程中,他们也可能在无意间限制了未来的税收改革者的财政想象力)。

梅隆计划的关键要素在战后十年的下半阶段得以成功实施。由于这项提案对削减累进税率的关注,常常使人们忽视了梅隆计划的根本特征——保留新财政国家的关键层面。具体来说,虽然超额利润税被很快废除,但企业所得税仍然充满活力。尽管不断有废除遗产税的呼声,但它仍然是税收体系中的稳定构成,即使只是象征性的。不仅如此,梅隆对国税局专业自治权的保护也进一步巩固了新财政体制的行政层面。共和党似乎也明白新财政国家的发展历程是路径依赖且不可逆转的,而这正是梅隆的主要观点之一,他曾用这个观点压制支持过度税收削减的同僚,如威尔·海斯。正如约翰·杜威的言下之意,不论累进的税率结构被削弱了多少,整体的渐进税收运动永远不会倒退。

总　结

到20世纪20年代末,新财政秩序的核心基础已然稳固。一系列反对旧有累退、隐匿、政治化和无效税收体系的社会运动在三代人的努力之下,历经数十年,已经演变成一场思想、法律和行政的革命,最终在最大程度上改变了美国财政负担的分配方式、财政公民身份的内在含义以及财政国家的治理范式,并且带来了实现积极的财政国家的机会。1927年,埃德温·塞利格曼在他漫长而杰出的学术生涯(一路与累进税收改革运动相伴而行)的尾声中,开始反思不断变化的经济条件对这场发生在20世纪之交的财政转型的深远影响。通过他著名的经济决定论,这位哥伦比亚大学的教授解释了为什么美国的各级政府都能够拥有一套公平且高效的收入制度。塞利格曼特别说明了为什么联邦政府"主要依赖于直接税,即所得税和遗产税"[①]。

但塞利格曼也警告说,巩固新的财政秩序同样存在负面影响。因为州政府已经开始依赖于所得税、遗产税、交易税和汽油税,而它们是"大体相同,或者至少说是等价的收入来源"。当然,州与联邦政府之间的纵向竞争一直是现代税收改革运动中的潜在紧张关系。无论如何,新财政体制的核心概念、法律以及行政转变涵盖了美国政府的各个层面。但是,正如我们前文所述,现代的集权力量常常迫使决策者屈从于上级政府的权威。州税收委员会为了提高行政效率,致力于把权力从政治委任的地方财产估税官手中上移;相似地,美国财政部也对各州行使了类似的特权。塞利格曼指出,联邦遗产税(开征于西班

[①] Edwin R. A. Seligman, "Need for Readjusting the Fiscal System of the United States", *Annals of the American Academy of Political and Social Science*, 129 (1927), 1—8, 6.

总　结

牙—美国战争和第一次世界大战期间,并在 20 世纪 20 年代得以保留)就很好地反映了这种集权化的趋势。①

尽管如此,财政权力的集中化不断遭到各种阻力。塞利格曼在 1927 年的文章中直接警告了那些意图阻碍的人。对他来说,这种反对都是徒劳的。美国悠久的财政史揭示了一点:经济环境的变动才是塑造新税收制度的根本力量。现在,早已没有回头路可走了。塞利格曼建议道:"让我们不再追随那些受制于宪法传统、常常回看过往的律师;让我们不要听从那些政客的口号,我们早已厌倦了他们陈旧的口号和唠叨的废话;让我们研究实际的经济状况,特别是个体与阶层之间有关财富的所有权和分配,因为这才是本质上最为重要的事情。"②

毫无疑问,塞利格曼夸大了经济条件的影响,也低估了法律和政治的作用。"实际经济状况"确实为美国的财政改革提供了关键背景环境,但是,对经济条件(这种"财富所有权与分配"的巨大差距)做出反应的是民粹主义社会活动家、进步的政治经济学家、强有力的革新立法者以及敏锐的政府官员,正是他们在变动的经济环境中抓住了机遇,从而为美国的现代财政国家创立了思想、法律以及行政的关键基础。

美国的这场财政国家的建设波澜壮阔又极富争议,它开始于一场愈演愈烈的、反对旧税收体制的社会对抗。接下来,民粹团体和独立政党逐步克服自身内部的分裂(他们最初对税收改革的主张完全不统一),并且开始支持累进税的改革运动。为了克服日益严重的不平等问题和对抗的社会关系,新学派的美国政治经济学家开始挑战旧的思想理论,也就是关于国家、社会与经济之间所谓的"自然"关系的公认前提设定。在这个过程中,这些进步的理论家坚持推崇基于"支付能力"原则的税收制度,并且引领了一场美国公共财政界的概念性革命。尽管这种思想(强调基于支付能力原则税收制度的优越性)在长期将导致一些无法预料的负面后果——遏制了美国财政国家的全面发展,但这些具备改革意识的经济学家以及社会活动家在当时的制度背景和重大历史事件下别无选择,只能顺势而为。借用卡尔·马克思的著名言论:"人们自己

---

① Edwin R. A. Seligman, "Need for Readjusting the Fiscal System of the United States", 6.
② 同上,8。

创造自己的历史,但是他们并不是随心所欲地创造,并不是在他们自己选定的条件下创造,而是在直接碰到的、既定的、从过去承继下来的条件下创造。"①

与此同时,州和地方的财政改革者也在这种传承而来的历史条件下,致力于改善地方层面的税收体系。由于不愿意放弃一般财产税,这些改革活动家首先尝试了一系列的行政改革与制度创新,目的是提高财产税的管理效率。接下来,这些制度改革为美国北方的工业州创造了尝试新税收来源的机会,其中包括对个人收入、商业利润以及财富转移的直接税。特别强调一点,这些直接税的基础理念正是推动概念性革命的支付能力原则。换言之,进步的公共财政经济学家的思想和论点再一次发挥了关键的作用。随着时间的不断推移,这些新的财政理念以及由此重构的公民义务感吸引了美国各级政府的注意力,并且,这种强大的吸引力至少持续到大萧条之前(因为大萧条迫使许多州重新考虑自身的所得税)。

毫无疑问,在美国财政体制改革的历史进程中,也出现了各种各样的阻碍,其中最严重的阻碍来自美国最高法院——它于1895年废除了首次在和平时期开征的联邦所得税,即1894年的联邦所得税。不过,最高法院的裁决并没能终止所得税的改革运动,反而激励了税收的改革者。接下来,还是在那些具备改革思想的经济学家的领导下,改革活动家敦促民粹主义者和进步的立法者加倍努力以对抗最高法院。在这个过程中,改革者和立法者借助于大企业日益强大的力量以及随之而来的、社会对公司资本主义不断加剧的担忧,得以成功实施了新的公司消费税。最终,第十六条修正案的批准以及随后颁布的1913年所得税法,正式奠定了新财政体制的法律基础。

在法律基础奠定之后,美国很快加入了第一次世界大战。这为政府官员提供了重要的契机,建议加强必要的行政能力以维持和巩固新生财政国家的权力。在战争的紧急状态下,在财政部任职的一群富有创业精神的律师做出了巨大的贡献,他们帮助创建、管理并且捍卫了新税制的关键法律和行政机器。战争的社团主义无疑为美国公共财政的重大变革提供了"实际的经济条件",但最终塑造这种变革的依旧是关键的历史人物,而推动这种变革的依旧

---

① Karl Marx,"The Eighteenth Brumaire of Louis Bonparte",in *The Marx-Engels Reader*,2nd ed. ,ed. Robert C. Tucker (New York:W. W. Norton & Co. ,1978),594—617,595.

是它的初始动力——长达数十年的社会抗议以及随后发生的思潮激荡(美国公共财政界的概念性革命)。

接下来,战后十年对新财政体制的阻碍进一步加剧。保守派议员在国会占据了多数票席位,这标志着一个全新的削减时代。但即便如此,现代财政国家的基础到20世纪20年代已经完全建成并且难以撼动。虽然新税收体系的反对者成功削减了累进的税率结构,但他们"回到常态"的诉求(回到以消费税为主的税制结构)并不符合前后两个时期(战前革新时期与战后新时期)之间思想与制度的连续性。具体来说,累进的思想早已深入人心,再加上经济环境对财政体制的各种诉求,所以新财政体制在政治和经济的倒退浪潮下不仅没有消亡,甚至它的某些层面还得以长久存续,如公司所得税和财富转移税。总而言之,为了反抗塞利格曼口中不平等的"财富的所有权和分配",这场根本性的税收改革运动开始于19世纪80年代,随后日益壮大,并且最终在20世纪20年代到达顶峰——实现了一个全新的财政秩序(尽管过程充满悖论)。

当然,现代美国财政国家的发展并没有结束于20世纪20年代。尽管20世纪之交的财政转型为存续至今的财政体制奠定了关键基础,但财政体制在20年代也经历了两次同样巨大的变革。第一次发生在第二次世界大战的顶峰时期,时任财政部长安德鲁·梅隆将所得税从20世纪20年代备受称赞的"阶级税"转变为了一种"大众税"——覆盖了数以千万计的美国家庭。具体来说,尽管富兰克林·罗斯福的"新政"曾试图延续原有的政策(即阶级性所得税,要求最具备纳税能力的人承担联邦的公共支出),但新政对现代工业资本主义的结构性批判逐步失势,最终被另一个更适应当时政治经济环境的凯恩斯主义所取代,从而导致税收政策也相应转变。事实上,凯恩斯主义对大众消费力量的关注取代了新政的自由主义;对应地,所得税也从"阶层税"转变为"大众税"。[①] 总的来说,大萧条(触发大萧条的部分原因正是税收体系向高关税的回归)对经济的冲击极其巨大,而且第二次世界大战导致美国对公共收入

[①] Alan Brinkley, *The End of Reform: New Deal Liberalism in Recession and War* (New York: Vintage Books, 1995); W. Elliot Brownlee, *Federal Taxation in America: A Short History* (New York: Cambridge University Press, 2004): 107—19; Joseph J. Thorndike, *Their Fair Share: Taxing the Rich in the Age of FDR* (Washington, D.C.: Urban Institute Press, 2012).

的需求也急剧增加，这使得美国的各级政府都面临巨大的压力，最终使得狭小的、"对富人课以重税"的税法以及税收政策难以维系。

第二次世界大战比第一次世界大战持续时间更长，也更耗费资金，它导致美国的直接和累进税体系快速扩张，也标志着美国财政史上的第二次重大变革。具体来说，所得税的免征额大幅下降，并且最高边际税率再一次飙升至历史高位；超额利润税再次开征，并且财富转移税也大幅提高。这些变化，尤其是免征额的下降，迫使越来越多的美国家庭为联邦缴纳直接税。因此，这种全新的大众所得税体制加速了美国战时国家的社会合法性和文化接受度。[①]

无论如何，第二次世界大战期间的税收制度依旧可以追溯到19世纪创建的现代财政国家的思想、法律和行政基础之上。大众所得税的思想前提依旧是纳税的支付能力原则；第二次世界大战的紧急状态和大政府的需求并没有改变这项原则，但意味着需要更多的美国人承担更高的公民责任以分享国家牺牲和公民身份的广泛义务。富兰克林·罗斯福也坚定地支持支付能力原则，所以他在20世纪40年代坚决反对联邦销售税（它再次被提议作为联邦的收入来源）。[②] 再一次，对联邦销售税的反对表明了上一代理论家和决策者在无意之中带来的财政短视，以及它如何得以持续并且不断限制着未来的财政视野。

相似地，第二次世界大战时期的财政体制在许多方面重复了第一次世界大战时期的税法和政策原则。早在美国正式进入第二次世界大战之前，第一次世界大战时期财政部的前任官员——如阿瑟·巴兰廷——就已经开始标榜超额利润税以及这类税收的有效性，而它在第二次世界大战期间再次出现，并

---

① Bartholomew H. Sparrow, *From the Outside In: World War Ⅱ and the American State* (Princeton: Princeton University Press, 1996); James T. Sparrow, *Warfare State: World War Ⅱ Americans and the Age of Big Government* (New York: Oxford University Press, 2011), 122—33.

② Mark Leff, *The Limits of Symbolic Reform: The New Deal and Taxation, 1933—1939* (New York: Cambridge University Press, 1984); Lawrence Zelenak, *Learning to Love Form 1040: Two Cheers for the Return-Based Mass Income Tax* (Chicago: University of Chicago Press, 2013), Ch. 5.

且成为当时国家税收收入的一大主导性来源。① 另外,两次战时的税制都不需要司法体系做出任何根本性的变革,因为这个变革早已完成,即第十六条修正案以及和平时期首次开征的直接和累进税。最后,财政部的行政能力也在第二次世界大战期间以爆炸性的速度增长,但它的本质与第一次世界大战时期并没有不同,仅仅是规模上的再一次扩大。简言之,尽管第二次世界大战极大地改变了国家与社会之间的关系,但它并没有改变之前的发展趋势,只是再一次的加速扩张而已。

如果说第二次世界大战时期的税收体制(即美国第二次财政政体的变革)是建立在之前的基础框架上,那么美国公共财政的第三次重大变革就是对这一基本框架的直接攻击。在20世纪的最后25年中,新的财政范式开始盛行。在"断裂的年代",借用历史学家丹尼尔·T. 罗杰斯(Daniel T. Rodgers)的描述,税法和相关政策都呈现一种对社会责任和民主义务的破坏。罗杰斯写道,在这个时代,"强大的社会象征,被软弱的所隐喻替代。心中的集体已然萎缩而且结构和权力的理念也日益稀薄"。曾经创建并且抚育新财政秩序的强大的集体归属感也开始败落。②

在这个时代,社会不再是一个国家的集体,反税收政策和反国家的意识形态成为统治性的思想。结构性的经济滞涨从20世纪70年代开始出现,它标志着"宽松金融时代"的终结。宽松金融时代指的是,战后长时期的经济增长让美国政府可以在不提高税收的情况下提高自由裁定的支出。③ 在此之后,经济增长开始放缓,而民众的不满情绪则日益加剧,从而导致一种新的限制州

---

① Arthur A. Ballantine,"War Policies in Taxation,Statement before the War Policies Commission",May 20,1931,Record Group 56—General Records of the Office of the Secretary of the Treasury,Box 187;Folder,"Tax-Excess Profits & War Profits. 1923—32",National Archives and Record Administration Ⅱ,College Park,Md. ; Stuart D. Brandes,*Warhogs: A History of War Profits in America* (Lexington:University Press of Kentucky,1997).

② Daniel T. Rodgers,*The Age of Fracture* (Cambridge,Mass. : Harvard University Press,2011),3.

③ C. Eugene Steuerle,"Financing the American State at the Turn of the Century",in *Funding the Modern American State , 1941—1995: The Rise and Fall of the Era of Easy Finance*,ed. W. Elliot Brownlee (Washington,D. C. : Woodrow Wilson Center Press,1996),409—44. 这一阶段也标志着凯恩斯思想的主导,这一思想依赖税收政策来管理宏观的经济与商业周期。Brinkley,*End of Reform*; Herbert Stein,*The Fiscal Revolution in America* (Washington,D. C. : AEI Press,1990).

级的财产税税率的制度约束。很快,这一限制从加州的13号提案席卷全国。伴随着自由市场意识形态的史诗级复兴,减税和"供给方"经济理论也成为国家财政政策制定的主导性目标和基本原理。最终,根据公民"支付能力"征税的吸引力变得日益衰微,它的呼声大家也充耳不闻。即便是在"9·11事件"和后续的阿富汗战争与伊拉克战争中,爱国责任和共同利益的理念略有复苏,但社会的分解依旧势如破竹,"在面对战争的时候,没有什么比削减税收更重要",一位重要的共和党人如是宣称。①

不可否认,时代已经改变,而且与财政体制有关的思想和信念也随之发生了改变。不过,即便是最近发生的、保守主义的反国家和反税运动(无论是限制州财产税的草根运动,还是"茶党"运动中含糊且时而互相矛盾的反税宣言),也与现代财政国家体制的根源有着千丝万缕的联系。② 这种联系可能非常微弱,但毫无疑问是实质存在的。最近的反税运动是对20世纪之交财政转型的一种回应,而我们的财政体制的思想、法律和行政源头依旧在为当今保守派的各种税收反抗制定相关的议程。

20世纪早期奠定的各种基础也继续影响着当今的辩论,无论是有关税收政策还是有关公民与政府之间的关系。新右派的兴起,同20世纪20年代正式的财政紧缩一样,是对上一个时代社会民主胜利的反抗,不过时间上姗姗来迟。就像安德鲁·梅隆不得不接受他在任时的制度背景和之前历史事件的影响一样,里根革命的继承者很快也不得不承认他们的成就是有限的。在所有关于减税的讨论中,支付能力的观念持续引起众多美国人心中的共鸣。民意调查显示,大多数美国人支持增加对富人的税收。尽管存在各种"饿死野兽"

---

① Rodgers, *The Age of Fracture*, Chapter 1; Isaac William Martin, *The Permanent Tax Revolt: How the Property Tax Transformed American Politics* (Stanford: Stanford University Press, 2008); "The Budge Fight Is Now", *New York Times*, April 3, 2003, A20. 关于精英言论对减税政治文化兴起的重要性,参见 Andrea Louise Campbell, "What Americans Think of Taxes", in *The New Fiscal Sociology: Taxation in Comparative and Historical Perspective*, ed. Isaac William Martin, et al. (New York: Cambridge University Press, 2009), 48—67。

② Jacob S. Hacker and Paul Pierson, "Tax Politics and the Struggle over Activist Government", in *The Transformation of American Politics: Activist Government and the Rise of Conservatism*, ed. Paul Pierson and Theda Skocpol (Princeton: Princeton University Press, 2006), 256—80; Theda Skocpol and Vanessa Williamson, *The Tea Party and the Remaking of Republican Conservatism* (New York: Oxford University Press, 2012).

的宣言,但现代财政体制依旧得以持续。① 本书按时间顺序记载的、建造现代财政国家的长期历史,依旧影响着当今的思想。

不过,本书所记载的关于法律、政治和美国财政国家的建造历程也可以视为一个错失机遇的故事:累进税制的改革者的初衷被逐步边缘化,当前的税收体系乱作一团,并且充斥着各种前后不一致的漏洞,暴露出特殊利益的强力干预。这种普遍性的看法有一定的道理,但它显然不符合历史的背景与发展历程。仅仅根据美国财政国家的现状去判断曾经发生的故事,是片面和错误的,而且会掩盖事实的真相。现代财政国家最伟大的成就是取代了累退、隐匿并且高度政治化的旧税收体系。随着年代日益久远,这项成就逐渐失去光彩,但它依旧提醒着我们不要遗忘过去的真相,也不要放弃现在的可能。

现代财政国家已经建立了约一个世纪,而如今的许多学者认为,我们当今基于所得税的税收体系在经济上是一种无效率的公共收入筹集手段。这些经济学家呼吁向累进的消费税转型,而他们敏锐的分析逻辑常常推动着如今大部分的学术和政治辩论。② 然而,这些经济模型忽略政治、经济和社会理念以及制度的发展历程是复杂和渐进的,而且它们也是如今政策制定者在制定政策时所依赖的基础框架。这种反历史的评估——认为所得税是无效率的——往往忽略了一个事实,即财政公民身份、社会从属关系以及集体责任这些概念

---

① C. Eugene Steuerle, *Contemporary Tax Policy* (Washington, D. C. : Urban Institute Press, 2008),3;Bruce Bartlett, *The Benefit and the Burden: Tax Reform—Why We Need It and What It Will Take* (New York: Simon & Schuster, 2012),226—9;Greg M. Shaw and Laura Gaffey, "American Public Opinion on Economic Inequality, Taxes, and Mobility:1900—2011", *Public Opinion Quarterly*, 76:3 (2012), 576—96; William A. Niskanen, "Limiting Government: The Failure of 'Starve the Beast'", *Cato Journal* (fall 2006),553—8.

② 请参阅,如 Daniel S. Goldberg, *The Death of the Income Tax: A Progressive Consumption Tax and a Path to Fiscal Reform* (New York: Oxford University Press, 2013); Alan D. Viard and Robert Carroll, *Progressive Consumption Taxation: The X-tax Revisited* (Lanham, Md. : Rowman & Littlefield, 2012); Joseph Bankman and David A. Weisbach, "The Superiority of an Ideal Consumption Tax over an Ideal Income Tax", *Stanford Law Review*, 58:5 (2006), 1413—56; Laurence S. Seidman, *The USA Tax: A Progressive Consumption Tax* (Cambridge, Mass. : MIT Press, 1997). 相反,其他公共财政的专家最近开始支持更高的边际所得税率,尽管他们也承认如今所面对的各种政治和社会限制。Peter Diamond and Emmanuel Saez, "The Case for a Progressive Tax: From Basic Research to Policy Recommendations", *Journal of Economic Perspectives*, 25:4 (2011), 165—90.

推动着进步时代的税收改革者不断反复强调强大公共部门的重要性。① 在当前辩论中占主导地位的往往是反政府的言论和反税收的意识形态；同样地，绝大多数的美国普通民众也忘记了上几代改革活动家如何竭尽全力为国家寻找更为强大的收入来源。

随着所得税体系已过百年，法律制定者和政治家抓住一切机会谴责当前税收体系的各种缺点。政治领导人以"税制改革"之名起誓，要从本质上改变累进的所得税体系，并且修正这些缺陷。例如，最近有人呼吁实行"统一税率"，而它能够很好地展现当今的美国对直接和累进税原则的强烈攻击。② 与此同时，21世纪之初还是一个不平等日益加剧的新时代。③ 随着美国进入第二个镀金时代，代表"99%民众"的新社会运动再次出现，并且不断挑战日益集中的财富和机遇。当前这些运动致力于寻找各种途径来抗争后工业化时期看似势不可挡的强大力量，从这一点来说，回顾第一次镀金时代发生的故事可能是有益的，特别是当时的累进活动家如何构想并且推动重大的改革以应对变动的社会与经济环境。④

通过回顾美国历史的较早阶段——那时不仅仅构想而且成功实现了根本性的综合税收改革，我们可以回忆起进行根本性财政改革所必需的情感和想象力、社会与经济条件以及政治意愿。在这个过程中，我们可以体会到现有税

---

① 最近的一份税收改革提案呼吁对富裕的美国人开征所得税，并同时以增值税作为补充，它响应了20世纪20年代的未选之路：即回到20年代，如果国家销售税得以开征并且作为所得税的补充的情况。Michael J. Graetz, *100 Million Unnecessary Returns: A Simple, Fair, and Competitive Tax Plan for the United States* (New Haven: Yale University Press, 2008).

② Neal Boortz and John Linder, *The Fair Tax Book: Saying Goodbye to the Income Tax and the IRS* (New York: Regan Books, 2005); Steve Forbes, *Flat Tax Revolution: Using a Postcard to Abolish the IRS* (Washington, D. C.: Regnery Publishers, 2005).

③ 有关不平等加剧及其原因的更多信息，参见 Thomas Piketty and Emmanuel Saez, "Income Inequality in the United States, 1913—1998", *Quarterly Journal of Economics*, 118: 1 (2003), 1–39; "How Progressive Is the U. S. Federal Tax System? A Historical and International Perspective", *Journal of Economic Perspectives*, 21: 1 (2007), 3–24; Paul Pierson and Jacob S. Hacker, *Winner-Take-All Politics: How Washington Made the Rich Richer and Turned Its Back on the Middle Class* (New York: Simon & Schuster, 2010).

④ Larry M. Bartels, *Unequal Democracy: The Political Economy of the New Gilded Age* (Princeton: Princeton University Press, 2008); Sarah Van Gelder, *This Changes Everything: Occupy Wall Street and the 99% Movement* (San Francisco: Berrett-Koehler, 2011).

收体系的顽强根源,以及它所代表的、社会与经济的公正思想,并且还能够理解之前思想家和政策制定者在无意间所导致的各种自相矛盾的后果。从这个意义上讲,本书对建造现代美国财政国家的研究不仅仅是关注这种新政府治理模式的思想、法律和行政基础。实质上,它是一个关于美国民主的故事,讲述胜利者和失败者如何竭尽全力去改变美国有关财富与机遇的各种架构。

译丛主编后记

财政活动兼有经济和政治二重属性，因而从现代财政学诞生之日起，"财政学是介于经济学与政治学之间的学科"这样的说法就不绝于耳。正因为如此，财政研究至少有两种范式：一种是经济学研究范式，在这种范式下财政学向公共经济学发展；另一种是政治学研究范式，从政治学视角探讨国家与社会间的财政行为。这两种研究范式各有侧重，互为补充。但是检索国内相关文献可以发现，我国财政学者遵循政治学范式的研究中并不多见，绝大多数财政研究仍自觉或不自觉地将自己界定在经济学学科内，而政治学者大多也不把研究财政现象视为分内行为。究其原因，可能主要源于在当前行政主导下的学科分界中，财政学被分到了应用经济学之下。本丛书主编之所以不揣浅陋地提出"财政政治学"这一名称，并将其作为译丛名，是想尝试着对当前这样的学科体系进行纠偏，将财政学的经济学研究范式和政治学研究范式结合起来，从而以"财政政治学"为名，倡导研究财政活动的政治属性。编者认为，这样做有以下几个方面的积极意义。

1. 寻求当前财政研究的理论基础

在我国学科体系中，财政学被归入应用经济学之下，学术上就自然产生了要以经济理论作为财政研究基础的要求。不过，由于当前经济学越来越把自己固化为形式特征明显的数学，若以经济理论为基础就容易导致财政学忽视那些难以数学化的研究领域，这样就会让目前大量的财政研究失去理论基础。在现实中已经出现并会反复出现的现象是，探讨财政行为的理论、制度与历史的论著，不断被人质疑是否属于经济学研究，一篇研究预算制度及其现实运行的博士论文，经常被答辩委员怀疑是否可授予经济学学位。因此，要解释当前的财政现象、推动财政研究，就不得不去寻找财政的政治理论基础。

2. 培养治国者

财政因国家治理需要而不断地变革,国家因财政治理而得以成长。中共十八届三中全会指出:"财政是国家治理的基础和重要支柱,科学的财税体制是优化资源配置、维护市场统一、促进社会公平、实现国家长治久安的制度保障。"财政在国家治理中的作用,被提到空前的高度。因此,财政专业培养的学生,不仅要学会财政领域中的经济知识,也必须学到相应的政治知识,方能成为合格的治国者。财政活动是一种极其重要的国务活动,涉及治国方略;从事财政活动的人有不少是重要的政治家,应该得到综合的培养。这一理由,也是当前众多财经类大学财政专业不能被合并到经济学院的原因之所在。

3. 促进政治发展

18—19世纪,在普鲁士国家兴起及德国统一过程中,活跃的财政学派与良好的财政当局,曾经发挥了巨大的历史作用。而在当今中国,在大的制度构架稳定的前提下,通过财政改革推动政治发展,也一再为学者们所重视。财政专业的学者,自然也应该参与到这样的理论研究和实践活动中。事实上已有不少学者参与到诸如提高财政透明、促进财税法制改革等活动中,并事实上成为推动中国政治发展进程的力量。

因此,"财政政治学"作为学科提出,可以纠正当前财政研究局限于经济学路径造成的偏颇。包含"财政政治学"在内的财政学,将不仅是一门运用经济学方法理解现实财政活动的学科,也会是一门经邦济世的政策科学,更是推动财政学发展、为财政活动提供指引,并推动中国政治发展的重要学科。

"财政政治学"虽然尚不是我国学术界的正式名称,但在西方国家的教学和研究活动中却有广泛相似的内容。在这些国家中,有不少政治学者研究财政问题,同样有许多财政学者从政治视角分析财政现象,进而形成了内容非常丰富的文献。当然,由于这些国家并没有中国这样行政主导下的严格学科分界,因而不需要有相对独立的"财政政治学"的提法。相关研究,略显随意地分布在以"税收政治学"、"预算政治学""财政社会学"为名称的教材或论著中,当然"财政政治学"(Fiscal Politics)的说法也不少见。

中国近现代学术进步的历程表明,译介图书是广开风气、发展学术的不二法门。因此,要在中国构建财政政治学学科,就要在坚持以"我"为主研究中国财政政治问题的同时，大量地翻译西方学者在此领域的相关论著，以便为国内学者从政治维度研究财政问题提供借鉴。本译丛主编选择了这一领域内的68部英文和日文著作，陆续予以翻译和出版。在文本的选择上，大致分为理论基础、现实制度与历史研究等几个方面。

本译丛的译者，主要为上海财经大学的教师以及该校已毕业并在外校从事教学的财政学博士，另外还邀请了其他院校的部分教师参与。在翻译稿酬低廉、译作科研分值低下的今天，我们这样一批人只是凭借着对学术的热爱和略略纠偏财政研究取向的希望，投身到这一译丛中。希望我们的微薄努力，能够成为促进财政学和政治学学科发展、推动中国政治进步的涓涓细流。

在本译丛的出版过程中，胡怡建老师主持的上海财经大学公共政策与治理研究院、上海财经大学公共经济与管理学院的领导与教师都给予了大力的支持与热情的鼓励。上海财经大学出版社的总编黄磊、编辑刘兵在版权引进、图书编辑过程中也付出了辛勤的劳动。在此一并致谢！

刘守刚　上海财经大学公共经济与管理学院
2023年7月

"财政政治学译丛"书目

1. 《财政理论史上的经典文献》
   理查德·A.马斯格雷夫,艾伦·T.皮考克 编　刘守刚,王晓丹 译
2. 《君主专制政体下的财政极限——17世纪上半叶法国的直接税制》
   詹姆斯·B.柯林斯 著　沈国华 译
3. 《欧洲财政国家的兴起 1200—1815》
   理查德·邦尼 编　沈国华 译
4. 《税收公正与民间正义》
   史蒂文·M.谢福林 著　杨海燕 译
5. 《国家的财政危机》
   詹姆斯·奥康纳 著　沈国华 译
6. 《发展中国家的税收与国家构建》
   黛博拉·布罗蒂加姆,奥德黑格尔·菲耶尔斯塔德,米克·摩尔 编　卢军坪,毛道根 译
7. 《税收哲人——英美税收思想史二百年》(附录:税收国家的危机　熊彼特 著)
   哈罗德·格罗夫斯 著　唐纳德·柯伦 编　刘守刚,刘雪梅 译
8. 《经济系统与国家财政——现代欧洲财政国家的起源:13—18世纪》
   理查德·邦尼 编　沈国华 译
9. 《为自由国家而纳税:19世纪欧洲公共财政的兴起》
   何塞·路易斯·卡多佐,佩德罗·莱恩 编　徐静,黄文鑫,曹璐 译　王瑞民 校译
10. 《预算国家的危机》
    大岛通义 著　徐一睿 译
11. 《信任利维坦:英国的税收政治学(1799—1914)》
    马丁·唐顿 著　魏陆 译
12. 《英国百年财政挤压政治——财政紧缩·施政纲领·官僚政治》
    克里斯托夫·胡德,罗扎那·西玛兹 著　沈国华 译
13. 《财政学的本质》
    山田太门 著　宋健敏 译
14. 《危机、革命与自维持型增长——1130—1830年的欧洲财政史》
    W.M.奥姆罗德,玛格丽特·邦尼,理查德·邦尼 编　沈国华 译
15. 《战争、收入与国家构建——为美国国家发展筹资》
    谢尔登·D.波拉克 著　李婉 译
16. 《控制公共资金——发展中国家的财政机制》
    A.普列姆昌德 著　王晓丹 译
17. 《市场与制度的政治经济学》
    金子胜 著　徐一睿 译
18. 《政治转型与公共财政——欧洲 1650—1913年》
    马克·丁塞科 著　汪志杰,倪霓 译
19. 《赤字、债务与民主》
    理查德·E.瓦格纳 著　刘志广 译
20. 《比较历史分析方法的进展》
    詹姆斯·马汉尼,凯瑟琳·瑟伦 编　秦传安 译
21. 《政治对市场》
    戈斯塔·埃斯平-安德森 著　沈国华 译
22. 《荷兰财政金融史》
    马基林·哈特,乔斯特·琼克,扬·卢滕·范赞登 编　郑海洋 译　王文剑 校译
23. 《税收的全球争论》
    霍尔格·内林,佛罗莱恩·舒伊 编　赵海益,任晓辉 译
24. 《福利国家的兴衰》
    阿斯乔恩·瓦尔 著　唐瑶 译　童光辉 校译
25. 《战争、葡萄酒与关税:1689—1900年间英法贸易的政治经济学》
    约翰·V.C.奈 著　邱琳 译
26. 《汉密尔顿悖论》
    乔纳森·A.罗登 著　何华武 译
27. 《公共经济学历史研究》
    吉尔伯特·法卡雷罗,理查德·斯特恩 编　沈国华 译
28. 《新财政社会学——比较与历史视野下的税收》
    艾萨克·威廉·马丁,阿杰·K.梅罗特拉,莫妮卡·普拉萨德 编,刘长喜 等译,刘守刚 校
29. 《公债的世界》
    尼古拉·贝瑞尔,尼古拉·德拉朗德 编　沈国华 译
30. 《西方世界的税收与支出史》
    卡洛琳·韦伯,阿伦·威尔达夫斯基 著　朱积慧,苟燕楠,任晓辉 译
31. 《西方社会中的财政(第三卷)——税收与支出的基础》
    理查德·A.马斯格雷夫 编　王晓丹,王瑞民,刘雪梅 译　刘守刚 统校
32. 《社会科学中的比较历史分析》
    詹姆斯·马汉尼,迪特里希·鲁施迈耶 编　秦传安 译
33. 《来自地狱的债主——菲利普二世的债务、税收和财政赤字》
    莫里西奥·德莱希曼,汉斯—约阿希姆·沃思 著　李虹筱,齐晨阳 译　施诚,刘兵 校译

34.《金钱、政党与竞选财务改革》
　　雷蒙德·J. 拉贾 著　李艳鹤 译
35.《牛津福利国家手册》
　　弗兰西斯·G. 卡斯尔斯,斯蒂芬·莱伯弗里德,简·刘易斯,赫伯特·奥宾格,克里斯多弗·皮尔森 编
　　杨翠迎 译
36.《美国财政宪法——一部兴衰史》
　　比尔·怀特 著　马忠玲,张华 译
37.《税收、国家与社会——干预型民主的财政社会学》
　　Marc Leroy 著　屈伯文 译
38.《有益品文选》
　　威尔弗莱德·维尔·埃克 编　沈国华 译
39.《政治、税收和法治——宪法视角下的征税权》
　　唐纳德·P. 瑞切特,理查德·E. 瓦格纳 著　王逸帅 译
40.《联邦税史》
　　W. 艾略特·布朗利 著　彭浪川,崔茂权 译
41.《日本的财政危机》
　　莫里斯·赖特 著　孙世强 译
42.《美国现代财政国家的形成和发展——法律、政治和累进税的兴起,1877—1929》
　　阿贾耶·梅罗特 著　倪霓,童光辉 译
43.《财产税与税收抗争：第13号修正案的遗产》
　　亚瑟·奥沙利文,特丽 A. 塞克斯顿,史蒂文·M. 谢夫林 著　汪志杰　倪霓 译
44.《国家的兴与衰》
　　Martin van Creveld 著　沈国华 译
45.《财政学手册》
　　于尔根·G. 巴克豪斯,理查德·E. 瓦格纳 编　何华武,刘志广 译
46.《18世纪西班牙建立财政军事国家》
　　拉斐尔·托雷斯·桑切斯 著　施诚 译
47.《另类公共经济学手册》
　　弗朗西斯科·福特,拉姆·穆达杂比,彼得洛·玛丽亚·纳瓦拉 编　解洪涛 译
48.《财政理论发展的民族要素》
　　奥汉·卡亚普 著　杨晓慧 译
49.《旧制度法国绝对主义的限制》
　　理查德·邦尼 著　熊芳芳 译
50.《债务与赤字：历史视角》
　　约翰·马洛尼 编　郭长林 译
51.《布坎南与自由主义政治经济学：理性重构》
　　理查德·E. 瓦格纳 著　马珺 译
52.《财政政治学》
　　维特·加斯帕,桑吉·古普塔,卡洛斯·穆拉斯格拉纳多斯 编　程红梅,王雪蕊,叶行昆 译
53.《英国财政革命——公共信用发展研究,1688—1756》
　　P. G. M. 迪克森 著　张珉璐 译
54.《税收逃逸的伦理学——理论与实践观点》
　　罗伯特·W. 麦基 编　陈国文,陈颖湄 译
55.《税收幻觉——税收、民主与嵌入政治理论》
　　菲利普·汉森 著　倪霓,金赣婷 译
56.《美国财政的起源》
　　唐纳德·斯塔比尔 著　王文剑 译
57.《全球财政国家的兴起（1500—1914）》
　　Bartolomé Yun-Casalilla & Patrick K. O'Brien 编　匡小平 译
58.《加拿大公共支出政治学》
　　Donald Savoie 著　匡小平 译
59.《财政理论家》
　　Colin Read 著　王晓丹 译
60.《如何理解英国的国家福利——是社会正义还是社会排斥》
　　布莱恩·隆德 著　沈国华 译
61.《哲学视角的税收》
　　马丁·奥尼,谢普莉·奥尔 著　倪霓 译
62.《英国财政的政治经济学》
　　堂目卓生 著　刘守刚 译
63.《西方的税收与立法机构》
　　史科特·格尔巴赫 著　杨海燕 译
64.《财政社会学与财政学理论》
　　理查德·瓦格纳 著　刘志广 译
65.《作为体系的宏观经济学：超越微观—宏观二分法》
　　理查德·瓦格纳 著　刘志广 译
66.《税收遵从与税收风气》
　　Benno Torgler 著　闫锐 译
67.《保护士兵与母亲》
　　斯考切波 著　何华武 译
68.《国家的理念》
　　Peter J. Steinberger 著　秦传安 译